高等院校管理学“十四五”规划教材

国际管理

赋能全球企业变革

主　编：连智华
副主编：王　静　陈　颂　戴昕昕

厦门大学出版社
XIAMEN UNIVERSITY PRESS
国家一级出版社
全国百佳图书出版单位

图书在版编目(CIP)数据

国际管理：赋能全球企业变革 / 连智华主编.—厦门 ：厦门大学出版社，2020.8
高等院校管理学“十四五”规划教材
ISBN 978-7-5615-7886-5

Ⅰ.①国… Ⅱ.①连… Ⅲ.①跨国公司－企业管理－高等学校－教材
Ⅳ.①F276.7

中国版本图书馆 CIP 数据核字(2020)第 173018 号

出 版 人 郑文礼
责任编辑 吴兴友

出版发行 厦门大学出版社
社　　址 厦门市软件园二期望海路 39 号
邮政编码 361008
总　　机 0592-2181111　0592-2181406(传真)
营销中心 0592-2184458　0592-2181365
网　　址 http://www.xmupress.com
邮　　箱 xmup@xmupress.com
印　　刷 厦门集大印刷厂

开本 787 mm×1 092 mm　1/16
印张 20.5
字数 462 千字
版次 2020 年 8 月第 1 版
印次 2020 年 8 月第 1 次印刷
定价 58.00 元

厦门大学出版社
微信二维码

厦门大学出版社
微博二维码

前　言

我们生活在一个瞬息万变的世界，进入21世纪以来，在过去的1/5时间，世界遭遇了全球新型冠状病毒危机、贸易保护主义、全球金融危机、欧债危机、东亚金融危机、俄罗斯金融危机、阿根廷金融危机等。与此同时，世界各地发生着冲突和战争，包括伊拉克、叙利亚和阿富汗等地；全球化和市场经济的信心一直不稳定，经济学家和管理学家对世界的看法甚至出现了大幅波动。我们的愿望是引领学生嵌入动荡的国际环境中，在人员和战略之间寻求一种平衡，这种平衡不但是在多元文化环境中丰富心智和规范行为，更是参与企业全球管理、获取利润的一个保障。

在此，我们想提供一个简单的概念和背景信息，当今全球化是全球经济秩序的一部分，全世界从二战后的经济秩序中受益匪浅，为创造有史以来最快的全球经济增长做出了贡献，尤其是新兴市场的成功，数亿人摆脱了贫困——仅在中国就有8亿多人，并创造了新的全球中产阶级。新兴市场开始发出更多的声音，但这些变化并不像人们希望的那样，发达国家的企业和经济利益仍占主导地位；于是，发展中国家的员工和发达国家的员工之间存在着冲突，触及本质，实为世界各地的员工和企业利益之间存在着冲突。究其原因，一方面，是由于跨文化沟通与管理出现了适应性障碍，企业全球化带着不同的文化背景，在生产实践中对话与交锋，此种合作难免会发生龃龉。如何在摩擦与磨合中探索出一条新的国际合作路径，成为国际企业管理者的必修课；另一方面，孤立主义和反全球化思潮日渐抬头，为各国企业全球化的前景蒙上一层阴影。后特朗普世界的全球化可能会是什么样？这样的不确定本身会进一步阻碍贸易和经济一体化。特朗普所奉行的"美国优先"政策极具孤立主义色彩，不仅如此，英国脱欧也使欧洲的一体化推进步履维艰，难民问题迟迟未得到妥善解决，欧盟成员间分歧重大。德国、法国、意大利等国极右民粹主义势力抬头，参与国际合作的意愿减退。因此，全球化是否行将就木？在复杂多变的新全球化时代，企业该如何制定正确的战略才能脱颖而出？与此同时，人和文化的挑战对企业造成的伤害同错误的企业战略等量齐观，甚至更严重。我们将用生动的形式呈现出我们的平衡观点。

从本质上讲，国际管理的核心内容是跨文化管理，亦即，在不同的文化背景下，对不同企业的人、财、物的管理过程。我们认为管理者首先应认识全球，才有可能塑造生产力和竞争优势。希望管理者能广泛了解全球化背景以及国际商务环境，特别是对企业国际管理产生影响的关键趋势以及驱动国际商务的政治和法律因素，比如贸易保护主义、一带一路等，以期在国家政治利益和全球经济逻辑体系之间重塑平衡。同时，管理者必须要有能力应对在全球化背景中随时可能出现的伦理与文化困境，并了解企业在走出国门后应如何解决此类问题。其次，管理者需要掌握在国际舞台上进行有效互动的基本要素，这意味着他必须了解文化是如何潜移默化且理所当然地影响着各种行为和一些基本理念。比如理解不同文化是如何感知和处理信息，培养跨文化沟通技能，如何进行成功的商务谈判等。再次，有效的国际管理意味着能够思考自己的战略框架，识别并利用战略机遇来实现企业利益最大化。这通常是指如何以最佳方式进入海外市场并在当地成功运作。最后，国际管理者要在当前全球化的过程中，完善和改变其管理结构，设置灵活的人力资源管理模式；有能力激励和领导来自不同文化背景的人员，并建立起有效的海外团队。最终目标在于招募和培养满足企业发展需要的合格人才，把握世界各地的市场机遇，促进企业全球发展。所以，了解这些与人相关的问题显得非常重要，换句话说，这些企业的人力资源战略既具备全球化，又兼具本地化的特点。实际上，企业战略也依赖于这方面的理解。本书适合作为高等学校商科专业本科生、研究生的指定教材，也适用于学习国际管理相关知识的高级管理培训学员参考，对于广大企业管理人员提升其全球变革管理水平也具有重要的参考学习价值。相信本教材能够为广大教师提供教学助力，同时也能借助管理理论与实践的变革思维带来良好的阅读体验和收获。

本教材的结构由四部分组成。第一部分描述了全球化与多极格局，包括第一章到第四章，主要探讨了在全球化激荡中，跨国企业经营中所面临的各种挑战。第二部分为跨文化环境中的有效互动，包括第五章到第七章，阐述了跨文化对国际经营间互动的重要意义。第三部分是赢得全球战略机会，包括第八章到第十章，重点讨论了在国际环境中，管理者所面对的战略及运营决策。第四部分为国际人力资源管理，包括第十一章到第十四章，探讨了跨国公司员工的管理问题。国际人力资源管理是为其海外子公司获取和保留所需的人才，制定有效的具有多元文化背景的员工的人力资源管理政策，以实现跨国公司的整体战略目标。

本教材由连智华副教授担任主编，负责整体框架设计、统稿和定稿的工作，王静、戴昕昕和陈颂担任副主编。参加编写的人员及分工为：第一部分（连智华）、第二部分（陈颂、连智华）、第三部分（戴昕昕、连智华、王静）、第四部分（王静）。各案例的编写得益于许多优秀同学的辛勤付出，他们是梁灿、蔡鸿晖、盛赛港、沈天文、田宇星、夏雅茹、金昌诚、王语、左伟唯等。厦门大学出版社对本书的编辑出版给予了大力的支持，在此，对他们表示由衷谢意。

当前全球化时代的颠覆性远超以往，管理变革的频率也越来越快，周期越来越短，案例编写往往无法完全跟上时代变革的步伐。由于时间仓促，本书的部分内容仍不尽如人意，疏漏之处在所难免。衷心希望广大师生、企业管理工作者能够继续给予批评和指正，及时反馈使用意见，以使我们不断改进。

连智华、王静
2020 年 5 月

目　录

第一章　全球化与多极格局 …… 1
第一节　什么是全球化 …… 2
一、全球化的定义 …… 2
二、全球化的发展阶段 …… 6
三、全球主要国际组织 …… 8
四、全球化浪潮下的经济动态 …… 11
第二节　区域重要的经济组织或协定 …… 26
一、亚太地区 …… 26
二、美洲地区 …… 33
三、欧洲地区 …… 40
四、中东地区 …… 43
五、非洲地区 …… 44
第三节　反全球化 …… 46
一、西方“反全球化”浪潮的最新表现 …… 46
二、西方“反全球化”浪潮的原因 …… 49
三、当前西方“反全球化”浪潮的影响 …… 50
四、中国面临“反全球化”浪潮的挑战 …… 51
第四节　中国参与全球化 …… 52
一、中国步伐——中国的全球化脚步 …… 52
二、中国方案——全球化下的“一带一路” …… 54
三、中国企业“走出去”促进建立“人类命运共同体” …… 59

第二章　跨国经营中法律及政治因素的冲突 …… 67
第一节　全球主要法律体系 …… 67
一、全球主要法律体系历史探源 …… 67
二、英美法系和大陆法系的区别 …… 68
第二节　知识产权 …… 73
一、知识产权简介 …… 73
二、主要特点 …… 74

三、《保护工业产权巴黎公约》…… 75
四、与贸易有关的知识产权协定…… 77
第三节 长臂管辖 …… 77
一、长臂管辖概述…… 78
二、长臂管辖制度在跨国知识产权诉讼中的适用…… 78
三、长臂管辖的应对…… 80
第四节 "一带一路"典型案例 …… 81
一、我国与"一带一路"沿线国家间现行投资争端解决方式…… 81
二、调解在完善现行投资争端解决方式中的合理性分析…… 82
三、以调解方式解决投资争端的制度构思…… 83
第五节 国际管理中的政治问题和风险 …… 84
一、什么是政治风险？…… 85
二、政治风险的管理…… 87
三、政府职能…… 87

第三章 正确地做事——国际伦理和社会责任 …… 93
第一节 国际伦理和社会责任 …… 93
一、伦理价值观…… 93
二、中西方商业伦理区别…… 93
第二节 伦理的哲学和观点 …… 95
一、普遍主义…… 96
二、文化相对主义与自我参照标准…… 97
第三节 企业社会责任 …… 98
一、企业社会责任定义及其利益相关者…… 98
二、企业社会责任表现 …… 100

第四章 文化维度 …… 108
第一节 再谈文化…… 109
第二节 国际管理中文化的意义…… 111
第三节 文化维度…… 112

第五章 跨文化的感知和态度…… 125
第一节 感知的概述…… 126
第二节 影响感知的因素…… 127
一、主观因素 …… 127
二、客观因素 …… 127
第三节 文化差异下的感知…… 129
一、对人物的感知 …… 129

二、对事件的感知 …… 129
三、言语交际中的语境感知 …… 133
第四节　跨文化归因的意义 …… 138
第五节　态度概述 …… 140
一、态度的概念 …… 140
二、态度的心理结构因素 …… 141
三、态度的核心 …… 141
四、态度的特性 …… 141
第六节　对自我的态度 …… 142
一、不同文化中的自我观 …… 142
二、不同文化下的自我描述 …… 145
第七节　对他人和群体的态度 …… 145
一、刻板印象 …… 145
二、内群体意识与镜像作用 …… 150
第八节　工作态度 …… 152
一、员工满意度 …… 152
二、员工归属感 …… 153
三、员工忠诚度 …… 156
四、组织承诺 …… 157

第六章　跨文化的沟通 …… 161
第一节　跨文化沟通的一般过程 …… 162
一、沟通的含义 …… 162
二、沟通的一般过程与机理 …… 162
第二节　言语沟通 …… 163
一、口头沟通 …… 164
二、书面沟通 …… 167
第三节　非言语沟通 …… 169
一、人际空间 …… 169
二、身体接触 …… 170
三、声音质量 …… 171
四、手势、姿势、表情语言 …… 171
五、体会高低语境文化 …… 175
第四节　沟通中的情景应对 …… 176
一、沟通中的尴尬和道歉 …… 176
二、沟通中的赞美 …… 176
三、沟通中的批评 …… 177
四、在沟通中观察他人 …… 177

第五节 善于倾听是沟通的关键 …… 177
一、听见,满足自我表达及与他人沟通联系需要 …… 177
二、“被人倾听”这个权利往往不经意受到侵犯 …… 178
三、倾听滋养自我价值 …… 178

第七章 谈判组织和冲突管理 …… 185
第一节 国际商务谈判与文化 …… 186
第二节 世界不同国家的谈判风格 …… 188
一、美国式谈判 …… 188
二、北欧式谈判 …… 188
三、德国式谈判 …… 189
四、中国式谈判 …… 189
五、日本式谈判 …… 189
六、阿拉伯式谈判 …… 190
第三节 国际商务谈判的步骤 …… 191
一、谈判前:充分准备,加强商务谈判跨文化意识的培养 …… 191
二、谈判中:善于运用语言及非语言艺术和感情策略,正确处理文化差异 …… 191
三、谈判后:注重合同的履行及良好关系的维持 …… 192
第四节 国际商务谈判的策略 …… 192
第五节 跨文化冲突管理 …… 194
一、跨文化冲突及其原因 …… 194
二、跨文化冲突管理 …… 195

第八章 国际战略 …… 202
第一节 国际战略概述 …… 203
一、战略的概念 …… 203
二、战略管理 …… 204
三、国际战略相关 …… 205
四、国际战略层级 …… 208
第二节 跨国公司的公司层战略 …… 211
一、公司层战略的分类 …… 211
二、公司层战略选择的考虑因素 …… 215
三、适用于小型公司的国际战略 …… 218
第三节 公司现状评估 …… 219
一、外部环境分析 …… 219
二、内部环境分析 …… 222
第四节 国际战略的制定和执行过程 …… 223
一、确立战略愿景、使命和核心价值观 …… 224

二、设定目标 …… 226
三、制定战略 …… 227
四、执行战略 …… 228

第九章 海外市场进入方式与所有权选择 …… 232
第一节 国际化的发展阶段 …… 233
一、概述 …… 233
二、国际化发展阶段 …… 234
第二节 国际市场进入模式 …… 236
一、不拥有所有权的进入模式 …… 236
二、具备所有权的海外市场进入方式 …… 239
三、国际市场进入模式选择影响因素 …… 243
第三节 战略联盟 …… 244
一、战略联盟的定义与类型 …… 244
二、战略联盟所面临的挑战 …… 245

第十章 有效的国际化运营 …… 250
第一节 国际化运营 …… 251
一、跨国公司组织结构 …… 251
二、跨国企业组织结构的选择因素 …… 254
第二节 跨国公司的技术管理 …… 255
一、技术管理内涵 …… 255
二、技术管理的产生 …… 255
三、技术管理能力 …… 255
四、企业技术管理能力动态表现 …… 256

第十一章 国际人力资源管理与跨文化激励 …… 259
第一节 国际人力资源管理 …… 262
一、国际人力资源管理定义 …… 262
二、国际人力资源管理的特点 …… 263
三、国际人力资源管理的功能 …… 263
四、国际人力资源管理的主要模块 …… 264
第二节 激励理论与跨文化适用性 …… 269
一、内容型激励理论 …… 271
二、激励的过程理论 …… 272

第十二章　战略培养高效能的国际员工 …… 279
第一节　战略性国际雇员配备模式 …… 280
一、战略性国际人力资源管理内涵 …… 280
二、战略性国际雇员配备的基本模式 …… 281
三、从战略的角度看待国际人力资源管理问题 …… 283
第二节　培养高效能的外派员工 …… 284
一、外派员工的定义 …… 284
二、国际外派人力资源管理的特点 …… 284
三、国际外派人力资源管理的作用 …… 286
四、外派雇员的甄选与培训 …… 287

第十三章　国际人力资源绩效管理 …… 296
第一节　国际人力资源绩效考核方法 …… 297
一、目标管理法(management by objectives,MBO) …… 298
二、360 度反馈(360 degree feedback) …… 298
三、平衡计分卡(balanced score card,BSC) …… 299
四、关键绩效指标法(key performance indicator,KPI) …… 299
第二节　外派员工绩效管理 …… 299
一、外派员工绩效计划 …… 300
二、外派员工绩效沟通 …… 301
三、外派员工绩效考核 …… 301
四、外派员工绩效反馈 …… 302

第十四章　国际人力资源薪酬管理 …… 305
第一节　国际人力资源薪酬管理概况 …… 306
一、跨国薪资水平概况 …… 306
二、现代国际企业薪酬法律法规 …… 307
三、薪酬制度设计的一般原则 …… 308
第二节　国际外派人力资源薪酬管理 …… 309
一、国际外派人力资源薪酬管理原则 …… 309
二、国际外派员工薪酬的特征 …… 309
三、国际外派员工薪酬构成 …… 309
四、国际外派员工薪酬方法 …… 311

第一章　全球化与多极格局

1.了解全球化的定义、全球经济状况及各国贸易变化情况。
2.识别全球重要的经济组织及区域一体化组织。
3.正确认识反全球化、全球化过程中面临的诸多挑战。
4.全球化激荡中，中国相应的对策，关注中美贸易战的始末。
5.了解中国的“一带一路”进程，新时代下中国企业在全球化中的参与情况。

案例分析

国际挑战：海尔怎么接招新模式的全球化？

从全球地缘政治角度讲，2016 年称得上波云诡谲。英国脱欧，特朗普当选，孤立主义与反全球化思潮日渐抬头，为各国企业全球化的前景蒙上一层阴影。实际上，这种趋势早有苗头，自 2008 年金融危机以来，全球化各主要指标就裹足不前，甚至出现倒转。一些人士认为，近期黑天鹅事件的连续爆发，是全球化时代行将就木的标志；一些企业领导人甚至开始质疑：“全球化”组织日后是否仍有生存空间。

我们的调查显示，全球化并未走到尽头，而是以新模式出现，它进入一个地缘政治与地缘经济的重新平衡期，或者说迈入“第四阶段”。它与以往所见的全球化模式截然不同。企业领导者须了解新全球化时代的特色，以及它对各自企业产生的影响。

2015 年 3 月，海尔集团在日本推出了一款“手持”洗衣机 Coton，比刮胡刀略大，主要功能是清洗衣物的局部污渍。产品推出后在日本销量持续上升，值得一提的是这款产品从研发、制造到营销都在日本完成。它是海尔近年来海外布局的代表作。

不同于美的和格力，海尔没有做全产业链的战略布局，无法从产业链中获取更大的规模成本优势，因此产品和品牌成为海尔必须做强的两个支点，进军海外市场更是如此。

25 年来，海尔的全球化路线经过了 3 个阶段：国际化战略阶段，全球化品牌战略阶段，以及网络化战略阶段。如今，海尔已在全球建成 66 个营销中心，5 大设计研发基地，24 个海外制造中心，24 个工业园，销售网络覆盖 100 多个国家和地区，完成基本布局。从制造来说，2014 年海尔海外生产和销售占比已经超过整体销售额的 50%。

引导问题

在海尔看来，每到一个新市场，其实都是一次再创业。但现在这场“创业之旅”又遭遇互联网冲击。在这样的新全球化环境下，海尔是怎么进行转型适应全球化的？它是怎么利用全球化资源的？它的转型方式对其他中国企业有什么启示吗？

在阅读这一序篇时，你会发现，变革已经成为无可回避的话题。适应变革是新潮流。请你参考本章的案例分析，用自己学到的知识再对海尔的做法进行评价。

第一节　什么是全球化

一、全球化的定义

托马斯·弗里德曼在《世界是平的》一书中写道：我想亲眼看看这个中国的班加罗尔——大连，所以我继续东行。大连给人留下了深刻的印象，这里有宽阔的林荫大道、众多的科研院校和广阔的软件园区，毫不逊色于“硅谷”。如这个城市一样，很多中国其他城市也正在崛起，它们竭力争取的是知识密集型的商业机会，而不仅仅是大规模的制造业。随处可见的高楼大厦上的标志可以证实这一点：通用电气、微软、戴尔、甲骨文、惠普……

大连市市长夏德仁曾说：“最初日本企业在大连只做些简单的加工工业，慢慢地他们开始将研发和软件开发也转移到这里。过去两年中，美国的软件公司也开始将软件业外包到大连，我们还将逐步赶上印度，大连的软件产品出口每年都在以50%的速度增长，中国正成为拥有大学毕业生最多的国家。虽然总体来看，中国人的英语水平不及印度，但由于我们人口更多，因此我们可以挑选出最聪明、英语最棒的学生。”

迄今为止，日本政府从来没有对第二次世界大战时期在华犯下的罪行向中国正式道歉，大连人民会愿意为日本人工作吗？夏市长这样回应：“我们永远都不会忘记日本侵华的历史，但在经济领域我们将只关注经济问题，特别是在谈到软件外包业务时。年轻一代正努力学习日语，掌握了这门工具，他们就能够和日本的对手竞争，就可以为自己谋得高薪职位。”

夏市长对这个世界的看法直接而形象，他确实看到了世界的变化，而美国人也应该看到这一点。这个共产党的官员向我解释：“市场经济的规则就是，如果某个地方拥有最丰富的人力资源和最廉价的劳动力，全世界的企业和商机都会到这里来。在制造业方面，中国人最初是雇员，为外国制造商打工，几年之后，我们学会了所有的生产流程，我们自己也开始办公司。软件行业也是这样。就像盖大楼一样，今天，你们美国人是设计者和工程师，发展中国家只是泥瓦工，但是我希望有一天我们也成为建筑师！”

正如我们所看到的这样，世界正在变得平坦，或许你会对此充满恐惧，无论是从个人还是职业的角度，但我们仍然有充足的理由相信，全球化是人类发展的里程碑，是世界发展的绝好机遇。虽然这一过程不可避免地存在利益和诉求等差异、摩擦，但互联互通、互助互惠的愿望是共同的，是挥之不去的。

可如今全球化的道路不是一帆风顺的。中东地区战火未熄，难民潮困扰犹在，恐怖威胁未减；美国与全球主要经济体的贸易摩擦加剧，并采取立法、行政限制等措施制造投资壁垒，使得各国贸易增速均有所放缓；从“美国优先”出发推行的“民粹主义”和贸易保护主义政策作用明显。美国经济见顶回调、全球贸易前景不明、英国脱欧、地缘局势动荡等新旧因素都在推高全球避险情绪，阻碍全球化的进程。很多学者曾指出，2020 年国际金融市场震荡或将加剧，世界贸易格局将面临更大挑战：保护主义措施冲击或将继续加大，以双边贸易协定为主导的区域贸易安排或将进一步侵蚀多边贸易体制，WTO 改制步履维艰。

值得思考的是，从经济全球化发展进程中长期受益，而且受益最大最多的美国，为什么今天会抛出“逆全球化”政策？为何试图给经济全球化发展进程开倒车？众所周知，“美国优先”只会加深美国孤立，解决不了美国自身发展面临的问题，更改变不了世界多极化格局。本章接下来将会对全球化以及反全球化展开探讨，深入分析当前全球形势，希望读者学习本章过后，可以从中得到启发。

首先，本节将会对全球化展开详细讲解。全球化(globalization)是一个概念，也是对人类社会发展的现象的描述。全球化目前有诸多定义，通常意义上的全球化是指全球联系不断增强，人类生活在全球规模的基础上发展及全球意识的崛起。国与国之间在政治、经济贸易上互相依存。全球化亦可以解释为世界的压缩和视全球为一个整体。全球化包括生产全球化、市场全球化、科技全球化、金融资本全球化、管理全球化等。

全球化(globalization)

全球化是指全球联系不断增强，人类生活在全球规模的基础上发展及全球意识的崛起。国与国之间在政治、经济贸易上互相依存。全球化亦可以解释为世界的压缩和视全球为一个整体。

(一)生产全球化

经济全球化指的是从全球各地区筹集商品和服务，以利用各国在生产要素(如劳动力、能源、土地和资本)上的成本和质量差异。通过这种做法，公司希望降低其总成本构成以及提高质量或改善它们所提供产品的功能，从而使它们更有效地竞争。以我国最成功的跨国公司华为为例。2016 年华为推出的麒麟 960 助力新款产品 Mate 9 实现全球化。麒麟 960 芯片是华为全球科学家和工程师共同协作、辛勤研发近十年的成果，成为可在世界领域叫板高通、苹果的佼佼者。其中 ISP 来自法国团队，算法来自俄罗斯和日本团队，部分通信成果来自美国、比利时、瑞典团队等。在 16nm Fin FET Plus 工艺的选择上，获得美国加州大学胡正明教授的指点，在金融安全领域得到了银联柴洪峰院士的引导……借助麒麟 960，华为 Mate 9 在更好地满足中国用户体验需求的基础上，真正做到了“一机在手，走遍全球”。

(二)市场全球化

市场全球化是指把历史上独特的和分离的国家市场合并为一个巨大的全球市场。跨国贸易壁垒的降低，使得全球市场的国际销售更为容易。为全球所接受的消费品，诸如可口可乐软饮料、索尼的游戏机、麦当劳的汉堡包、星巴克咖啡、宜家的家具，通常都被认为是这种潮流的典型例子。这些公司不仅是这一潮流的倡导者，而且是该潮流的推动者。通过向世界提供同样基准的产品，它们正帮助创立一个全球市场。一家公司不必达到这些跨国巨人的规模也能促进市场全球化并从中获益。例如，美国出口企业中的 90%都是小企业，其雇员不超过 100 人。500 名雇员以下的企业占全美国出口商的 97%，其出口价值约占全部出口的 30%。

(三)科技全球化

科技全球化指各国科技资源在全球范围内的优化配置，这是经济全球化最新拓展和进展迅速的领域，表现为先进技术和研发能力的大规模跨国界转移。以信息技术产业为典型代表，此时此刻，人工智能、区块链、物联网、大数据、量子计算等数字技术的迅猛发展也给阴云密布的世界贸易前景和全球化转型升级带来了新的希望和动力。例如，数字技术有助于降低货物贸易的成本，将会极大地推动世界贸易的自由化。据《2018 年世界贸易报告》预测，从 2019 年到 2030 年，数字技术将会提振全球贸易增速两个百分点，未来 15 年将额外带来累计 30%的贸易增长。

(四)金融资本全球化

金融资本全球化是以经济与金融全球化为基础，但它又是两者的进一步发展，商品、服务、资本以及劳动等的交换不再面临来自地理距离与民族国家边界的障碍。在一段较长的时期内，各国都采取严格措施对资本的自由流动进行管制。自 20 世纪中后期，陆续有国家放松了对资本流动的限制，自此出现了金融资本全球化的趋势。故而，金融全球化亦可视为以经济全球化为基础的一种高级阶段。世界性的金融机构网络，大量的金融业务跨国界进行，跨国贷款、跨国证券发行和跨国并购体系已经形成。世界各主要金融市场在时间上相互接续、价格上相互联动，几秒钟内就能实现上千万亿美元的交易，尤其是外汇市场已经成为世界上最具流动性和全天候的市场。但我们要明白，金融资本全球化对于中国而言是一把“双刃剑”，它在带来利益的同时也使我国处于巨大的风险与挑战之中。

(五)管理全球化

中国国家主席习近平在达沃斯论坛提出经济全球化的本质是构建人类命运共同体，号召中国国有企业要成为实施“走出去”、“一带一路”建设等重大战略的重要力量。企业“走出去”，不仅是地理空间和业务领域的概念，更是跨文化管理和文化融合的概念。在经济全球化的今天，无论是“走出去”的中国企业，还是“走进来”的外资企业，跨文化冲突已成为一个不得不面对的现实问题。所以管理全球化的概念也随之兴起，它要求我们：

(1)强化“全球战略”的思维。虽然“走出去”企业，可能在国内是一流的，但是如果把国内的一流管理理念全盘运用到国外，很可能南橘北枳。跨国企业必须强化全球化战略思维和开放视野，遵循市场规律，注重吸收国外先进管理经验和外籍人员智慧，融汇中外优势，推动企业全球管理水平的提升。

(2)坚持“员工至上”的理念。跨文化管理的核心就是要把企业坚持以人为本与员工以企为家统一起来。跨国企业要通过做好企业选人用人、奖惩激励和人文关系等手段，消除国籍、民族、区域、种族隔阂和政治干扰，营造平等互信的氛围，增强外籍员工对企业的认同感、归属感、自豪感。

(3)遵循“入乡随俗”的规则。跨国企业做好“入乡随俗”是基本功。唯有充分熟悉目标市场的社会环境、对所在国和当地的经济、社会、法制、媒体、文化有充分了解，重视中外差异，才能“有效”沟通。唯有尊重世界文化的多元性、把握文化差异性、突出文化包容性，坚持“本土化”导向、“属地化”管理，才会被所在国和当地社会接纳。

华为的全球化思维

哈佛大学关于“成功的国际化企业的核心竞争力”的研究表明：在成功的国际化企业中，90%都拥有自己的核心技术；95%都拥有可靠的全球化流程，如卓越的管理和管理创新；88%都拥有良好的外界关系，如与政府、社会、用户、媒体、投资人、关联企业的关系等。我们欣喜地看到，中国已经出现了一批具有上述潜质的企业，比如华为、格力、联想、阿里巴巴等。这些中国本土企业，已经向国际化目标迈进了一大步，积累了一些宝贵的国际化经验。尤其是华为，其产品遍布五大洲、100 多个国家，雇用上千名来自世界各地的外籍员工，海外销售收入所占比重早已超千亿元。从目前来看，在非垄断型产业里，华为是国际化之路走得最远，也是最成功的企业之一。

其实，华为的创始人任正非先生并不喜欢“国际化”的叫法，他更倾向于“全球化”这样的叫法。他在讲话中多次提到这个词：“在这样的时代，一个企业需要有全球性的战略眼光才能发愤图强；一个民族需要汲取全球性的精髓才能繁荣昌盛；一个公司需要建立全球性的商业生态系统才能生生不息”；“走向全球化以后才能有效地提高资源利用率。”

研究华为的国际化可以发现，华为的国际化有几个明显的特点：

(1)由需求拉动，不是为国际化而国际化。

(2)有足够的资本实力支撑，这来自多年来国内市场持续大规模增长，使华为渡过了国际市场迟迟没有大规模启动的难关。

(3)国际化是立体的、全面的，是一个系统工程，不仅仅包括抢占国际市场，雇佣一些国际员工，还包括管理体系、研发、文化建设、资本运作等所有企业发展要素与国际一流企业看齐。职业化管理和国际化人才是成为世界一流企业的必要条件。那些以为抢占了一些国际市场份额、雇用一些外国员工、设立了几个境外机构就认为是国际化的企业是非常幼稚的。

(4)华为的国际化是以拥有自己的核心技术为前提，华为以自主研发的设备抢占国际市场，赚取核心技术所带来的最大比例的利润，而不是购买其他厂家的核心设备，简单组装之后出口。在与众多国际巨头结成广泛合作时，华为因其技术的先进性，摆脱了对国际巨头的技术依赖，在这种情况下，华为与之缔结的合作才是真正平等的、双向的，才是真正的优势互补。企业的技术能力代表着与合作企业交换许可的话语权。从这个意义上说，核心技术是华为国际化过程中最为关键的因素。华为某高层承认，华为当年与思科最终能达成和解，很大程度上是由于华为具有一定的技术实力。在华为，普通的工程师只要两三年就可以成长为一名高级工程师，对自己研发的领域有着独到的看法,而业内一般最少需要四年。

不难看出,华为全球化采取的是引进来和走出去相结合的策略。引进来,即引进先进管理经验、全球人才、世界先进技术。走出去,即参加各种大型展览,在海外设立研发基地、办事处,开拓海外市场等。上述几个特点互相促进、互相制约,其中,拥有核心技术是全球化的基础和前提,管理、员工、文化、资本等要素的全球化是全球化的手段和过程,市场的全球化是最终结果,全球化过程的最大特点是开放与合作。

为了有效利用全球资源,华为在全球化管理方面历经30年的筹划布局,最终形成了较为完善的全球管理体系。其行政中心设在美国、法国和英国等商业领袖聚集区,成立本地董事会和咨询委员会,加强与高端商界的互动,提高全球运营效率。财务中心在新加坡、中国香港、罗马尼亚,还有英国的全球财务风险控制中心,以此降低财务成本,防范财务风险。研发中心则包括俄罗斯天线研发中心、英国安全认证中心和5G创新中心、美国新技术创新中心和芯片研发中心、印度软件研发中心、日本工业工程研究中心等,可以有效利用全球智力资源。

华为,如今已是全球第一大通信设备制造企业,已经成为中国企业的骄傲,其全球化之路也成为所有中国企业的榜样。时至今日,华为在全球化的道路上已是越走越远,越走越清晰,正继续朝着中国企业的世界级梦想稳步前进。

(案例来源:《华为三十年:从土狼到狮子的生死蜕变》)

二、全球化的发展阶段

回顾工业革命以来的全球化发展历程,我们发现并非一帆风顺,而是经历了不同的发展阶段。第一个阶段,即全球化1.0时代,始于19世纪初,以蒸汽机的发明为触发点;随后西欧出现了大规模的电气化。第一次世界大战爆发让这一阶段戛然而止。

20世纪50年代,全球化进入了第二个发展阶段,即全球化2.0时代:规模化生产进入视野,美国企业率先在新兴市场建立出口供应链。20世纪70年代中期爆发的石油危机标志着这一阶段的结束。

20世纪80年代末,随着互联网的发展,低成本制造和服务得以外包,加上供应链趋于全球整合,全球化迎来了第三次发展高潮,即全球化3.0时代。2008年金融危机的爆发,标志着这一阶段的结束。尽管过去几个阶段有着明显的分界,但从根本上讲,均是基于相同的模式。这种模式背后的推动力有三种:

(1)一个或者几个国家利用新技术手段,大幅提升生产力和产出。

(2)某个或某几个国家——在过去三个阶段,西欧、美国和中国先后扮演经济"增长极"角色,成为带动全球增长的火车头,推动国内生产总值增长20%到25%,全球贸易增长约为15%,继而带动其他国家,尤其是其贸易伙伴国的经济增长。

(3)良好的全球治理体系和稳定的博弈规则,促进了跨境金融业务的增长和以贸易为引导的国内生产总值上扬。

上述三种力量互相集结,形成利于经济增长和全球更大范围融合的良性循环,使全球化经济利益继续盖过地区政治利益。

当前，全球化已经迈入第四个发展阶段，要想了解这一阶段，首先应当认识全球，了解全球经济新的塑造力。数字化技术的发展正在改变全球贸易。2019 年召开的世界经济论坛上施瓦布主席说："中国和其他新兴国家的崛起正在改变全球力量格局。我们必须更新策略，迈向更高级别的全球化，可称为全球化 4.0。"作为全球最为重要的非官方经济盛会，它见证了全球化从 2.0 阶段迈向 3.0 阶段的蓬勃发展。在全球化面临巨大挑战，亟须转型的当口，打造第四次工业革命时代的全球结构意味深长。用论坛创始人兼执行主席克劳斯·施瓦布的话来说："全球化 4.0 才刚开始，仅仅对现有的流程和机制小修小补无济于事，只有对其重新设计，我们才能在未来抓住大把的新机遇，并规避当前面临的各种问题。"

首先，解决经济全球化过程中出现的问题必须对症下药。国家应当积极进行结构性改革，把握好公平和效率之间的关系，采取有效政策措施避免收入分配失衡加剧，应对好新技术和市场竞争给部分地区、行业造成的冲击，使民众可以从不断发展中普遍受益。

其次，新兴经济体将成为全球化发展中的一股主力军。全球化作为历史潮流不可阻挡，"逆全球化"只是暂时现象。专家预测，如果说上一轮全球化主要由发达国家主导推动，那么新一轮全球化可能将由新兴市场经济体来推动。以中国为例，作为目前全世界最大的贸易国和按购买力计算的全球第一大市场，中国深知全球化的益处，于是主动开放市场，并成为全球第一个主办国际进口博览会的国家，成为全球化的"旗手"。

另外，数字技术广泛而深入的发展和应用，有助于塑造全球化新的发展路径。日本前首相安倍晋三在论坛上呼吁，有必要开展讨论，促进消费者与企业活动产生的大数据在国际上自由流通。阿里巴巴集团董事局主席马云在论坛上提出，通过大胆拥抱数字技术，支持可持续发展，实际上也是为了通过技术创新为全球化增添动力。他强调："数字经济时代，一方面有担忧，另一方面要抓住忧虑伴随的机会。"

在这些新的力量作用下，全球化正在呈现与以往截然不同的趋势。过去一家独大、单一技术主导、单一管控体系的模式，正被多极化世界所代替。企业必须应对多极化经济体、林林总总的管控组织和规则以及各种技术。全球整合不再单纯依靠现实高速公路进行；相反，无形的数据高速公路成为新的道路和运输路线，云存储技术也将成为新的运输载体和仓库。在这一新阶段，增长依赖于全球贸易的程度将进一步减弱。新兴国家将更多地通过内部结构性改革（而非出口）来扩大内需和拓宽产业足迹（尤其是商品生产国），从而实现增长。此外，随着云中心化管控体系的出现，将会带来复杂性更高、波动性更大的新规则，其中包括地方性与区域性的规则，以期在国家政治利益和全球经济逻辑体系之间重塑平衡。这些规则会受到一些新机构（如：亚洲基础设施投资银行和新发展银行）的影响，其决策会更多地考虑国家和区域利益，而非全球性的问题。

对于中国企业而言，劳动力成本低和高速经济发展这两大优势在未来都将慢慢消逝。企业必须放弃过去粗放的管理模式，加强战略思考。例如在海外并购方面，过去中国企业大都瞄准优质的战略性资源和技术能力等，很少考虑并购和整合等提升并购价值的环节。过去这些做法无可厚非，但在未来更加严苛的环境下，企业必须加强这方面的思考。而在风险管理方面，中国企业还有很长的路要走，尤其在未来监管风险可能成为企业国际化面对的最大风险。

全球化并未终结,只是表现形式与以往不同。认清现状、采取行动,正当其时。企业只有洞悉变革背后的推动力,打造能够适应多极世界格局的业务形态,才能在全球化第四个阶段成为赢家。

三、全球主要国际组织

随着市场全球化和跨国商务活动的不断增加,需要有机构来管理、规范和监督全球市场,并促使各经济体制定多国协议来治理全球商务秩序。在过去的半个世纪中,许多重要的全球机构应运而生来帮助实施这些职能,包括《关税及贸易总协定》(General Agreement on Tariffs and Trade,GATT,以下简称《关贸总协定》)和它的继任者世界贸易组织、国际货币基金组织及姊妹机构世界银行,以及联合国,所有这些机构都是各国在自愿协议的基础上创立的,它们的职能在国际条约中被视为是神圣的。接下来将进行简单的介绍。

(一)世界贸易组织(World Trade Organization,简称 WTO)

1995 年 1 月 1 日,世界贸易组织正式开始运作,该组织负责管理世界经济和贸易秩序,总部设在瑞士日内瓦莱蒙湖畔。其基本原则是通过实施市场开放、非歧视和公平贸易等原则,来实现世界贸易自由化的目标。目前拥有 164 个成员,成员贸易总额达到全球的 98%,有"经济联合国"之称。其主要目标是通过协议与谈判的手段降低关税和减少其他贸易壁垒以此促进全球自由贸易。

WTO 取代了此前的临时性全球贸易协议——关税及贸易总协定(GATT)。1995 年 1 月 1 日世界贸易组织正式开始运作,"关贸总协定"与世界贸易组织并存 1 年,1996 年 1 月 1 日,WTO 正式取代关贸总协定临时机构。关贸总协定的基本原则是通过实施市场开放、非歧视和公平贸易等原则,来实现世界贸易自由化的目标。2001 年 12 月 11 日开始,中国正式加入 WTO,标志着中国的产业对外开放进入了一个全新的阶段。

1.WTO 的职能及基本原则

与关贸总协定相比,世贸组织管辖的范围除传统的货物贸易外,还包括长期游离于关贸总协定外的知识产权、投资措施和非货物贸易(服务贸易)等领域。其基本职能包括:制定监督、管理和执行共同构成世贸组织的多边及诸边贸易协定;作为多边贸易谈判的论坛;寻求解决贸易争端;监督各成员贸易政策,并与其他制定全球经济政策的国际机构进行合作。此外,其五大职能有:

(1)管理职能:世界贸易组织负责对各成员的贸易政策和法规进行监督和管理,定期评审,以保证其合法性。

(2)组织职能:为实现各项协定和协议的既定目标,世界贸易组织有权组织实施其管辖的各项贸易协定和协议,并积极采取各种有效措施。

(3)协调职能:世界贸易组织协调其与国际货币基金组织和世界银行等国际组织和机构的关系,以保障全球经济决策的一致性和凝聚力。

(4)调节职能:当成员之间发生争执和冲突时,世界贸易组织负责解决。

(5)提供职能:世界贸易组织为其成员国提供处理各项协定和协议有关事务的谈判场所,并向发展中成员提供必要的技术援助以帮助其发展。

WTO 的基本原则包括互惠原则、透明度原则、市场准入原则、促进公平竞争原则、经济发展原则、非歧视性原则。

2.WTO 的最新发展动态

全球化一直是推动人类社会进步、经济增长和国际规则变革的重要动力。然而，因发展和收入分配失衡，近年来全球民粹主义、保守主义抬头，逆全球化思潮涌动，以 WTO 为代表的全球体系日趋边缘化，贸易规则制定、组织全球谈判及国际贸易争端仲裁机制陷入停摆状态。以谈判难度相对较小、具有较直接的贸易创造效应和贸易转移的双边贸易协定为主导的区域贸易安排异军突起，对 WTO 原则产生较大冲击。世界贸易组织发布 2020 年第 1 期《全球商品贸易晴雨表》报告显示，2020 年全球商品贸易增长仍将呈疲弱之势。

对于经济学家和大多数贸易官员来说，一个没有世贸组织的世界是无法想象的。国际贸易是经济全球化的生命线，尤其对高度依赖贸易的欧洲国家而言，比如在德国 4.7 万美元的人均收入中，依赖出口获得的就超过 2.1 万美元。当前，世贸组织面临的危险显而易见，体现在四个方面：

首先，现有 164 个成员方的贸易谈判代表无法就目前面临的最重要问题取得进展——既包括服务贸易自由化、减少农业补贴等老问题，也包括数字贸易等对 21 世纪经济至关重要的新问题。

其次，世贸组织面临的最紧迫、最直接的威胁，是特朗普政府无视世贸组织的现有规则。尽管美国政府也强调这一机构的重要性，但实践中屡屡玩法律文字游戏，来证明其单边主义行动的正当性。

再次，美国无视世贸规则的同时，还对世贸组织争端解决机制合法性提出挑战。美国既拒绝延长现有 WTO 上诉机构成员的任期，也不同意任命新成员。资深的贸易官员已经在私下讨论认为，美国实质上已经退出了世贸组织。

最后，全球最大的出口经济体中国、欧盟等，必须减少各种形式的显性或隐性补贴，改变强制知识产权转让的做法。不过，与美国政府无视世贸组织不同，中国承认自己是以规则为基础的多边贸易体制的主要受益者，并对此予以官方支持

（二）国际货币基金组织（International Monetary Fund，简称：IMF）

国际货币基金组织简称“基金组织”，是于 1944 年 7 月在美国新罕布什尔州布雷顿森林召开的一次联合国会议上构想建立的。参加此次会议的 44 个国家试图建立一个经济合作框架，避免再次出现加剧了 20 世纪 30 年代大萧条的竞争性货币贬值，签订了《国际货币基金组织协定》，IMF 于 1945 年 12 月 27 日正式设立，总部设在华盛顿。其与世界银行同时成立，并列为世界两大金融机构，为二战后以美元为中心的国际货币体系的建立和发展奠定了组织基础。我们常听到的“特别提款权”就是该组织于 1969 年创设的。主要宗旨是确保国际货币体系，即各国（及其公民）相互交易所依赖的汇率体系及国际支付体系的稳定。目前 IMF 成员有 189 个。

国际货币基金组织的主要职能：

(1)制定成员间的汇率政策和经常项目的支付以及货币兑换性方面的规则，并进行监督；

(2)对发生国际收支困难的成员在必要时提供紧急资金融通，避免其他成员受其

影响；

(3)为成员提供有关国际货币合作与协商等会议场所；

(4)促进国际金融与货币领域的合作；

(5)加快国际经济一体化的步伐；

(6)维护国际间的汇率秩序；

(7)协助成员之间建立经常性多边支付体系等。

IMF的职责是监察货币汇率和各国贸易情况，提供技术和资金协助，确保全球金融制度运作正常。当成员在国际收支困难时，可以向基金申请贷给外汇资金。对于严重财政赤字的成员，基金可能提供资金援助，甚至协助管理财政。

(三)世界银行(International Bank for Reconstruction and Development，全称国际复兴开发银行，英文简称：IBRD或World Bank)

世界银行是世界银行集团的简称，国际复兴开发银行的通称，成立于1945年，总部设在华盛顿，并在巴黎、纽约、伦敦、东京、日内瓦等地设有办事处，此外还在20多个发展中成员设立了办事处。现共有188个成员，中国是世界银行的创始成员之一，新中国成立后，中国在世界银行的席位长期为中国台湾当局所占据。1980年5月15日，中国在世界银行和所属国际开发协会及国际金融公司的合法席位得到恢复，1981年起中国开始借用该行资金。我国在世界银行有投票权，在世界银行的执行董事会中，我国单独派有一名董事。世界银行的使命是以可持续的方式消除极端贫困和促进共享繁荣。其资金来源为各成员国缴纳的股金、向国际金融市场借款、发行债券和收取贷款利息。

1.世界银行的三个限制条件

(1)只有参加国际货币基金组织的国家，才允许申请成为世界银行的成员，贷款是长期的，一般为15～20年不等，宽限期为5年左右，利率为6.3%左右。

(2)只有成员国才能申请贷款，私人生产性企业申请贷款要由政府担保。

(3)成员国申请贷款一定要有工程项目计划，贷款专款专用，世界银行每隔两年要对其贷款项目进行一次大检查。

2.世界银行的宗旨及目标

世界银行的宗旨是向成员国提供贷款和投资，推进国际贸易均衡发展。世界银行向发展中国家提供长期贷款和技术协助来帮助这些国家实现它们的反贫穷政策。此外，世界银行为全世界设定了到2030年要实现的两大目标：

(1)终结极度贫困，将日均生活费低于1.25美元的人口比例降低到3%以下。

(2)促进共享繁荣，促进每个国家底层40%人口的收入增长。

(四)联合国(United Nations，简称UN)

联合国是第二次世界大战后由主权国家组成的国际组织，世界上绝大多数国家都是联合国的成员国。1945年10月24日，在美国旧金山签订生效的《联合国宪章》，标志着联合国正式成立。总部设立在美国纽约，现在共有193个成员国。“联合国”这一名称是由美国前总统富兰克林·D.罗斯福设想出来的，该名称于1942年1月1日发布《联合国宣言》时首次使用。联合国的正式语言共有6种，包括4种创始国的语言：汉语、英语、法语、俄语，以及后来增加的使用广泛的阿拉伯语和西班牙语。联合国的所有会议都有这些语言的口译，所有的官方文件都会印刷或在互联网出版这些语言的翻译版本。不过，秘书处仅将英语和法语这两种语言确定为工作语言。

近年来改革联合国的呼声日益高涨，联合国机构改革中最常被提到的就是安理会常任理事国的改动。现在的 5 个常任理事国是 1945 年联合国成立之初时建立的，包括中国、法国、俄罗斯、英国和美国，反映的是二战的胜负结果，以及战后不久的世界权力格局，与今日的世界局势已有明显落差。2004 年，日本、德国、印度和巴西明确表态共同寻求成为安理会常任理事国，但因各自面临来自不同方面的反对声音，而未能如愿，其原因是改动常任理事国既复杂又敏感。复杂在于某些西方大国和地区大国把进入安理会视作本国在新世纪战略定位、实现自身战略利益、进入政治大国或主要国家行列的重大举措，改革计划无法在西方大国内部和地区集团达成一致；敏感在于新常任理事国应否拥有否决权，也无法达成一致。上文提到的国际货币基金组织与世界银行都属于联合国的专门机构，此外专门机构还包括联合国教科文组织、世界卫生组织等。

当前，联合国的行动使命为维护国际和平和安全、保护人权、提供人道主义援助、促进可持续发展、维护国际法。但联合国并不是一个世界政府，而是让世界各主权国家讨论议题并采取共同行动的组织。既然世界大多数国家已经成为民主国家，那么联合国从某种程度上而言是一个间接民主的组织，联合国内的大多数成员国（至少在理论上）会按照国内人民的普遍意愿来投票。

1.联合国主要宗旨

联合国的宗旨是维持世界各地和平；维护发展国家之间的友好关系；帮助各国共同努力，改善贫困人民的生活，战胜饥饿、疾病和扫除文盲，并鼓励尊重彼此的权利和自由；成为协调各国行动，实现上述目标的中心。

2.联合国主要成就

近年来，联合国的作用主要体现在维护世界和平、保护人权与妇女、缓和国际紧张局势、裁军与防止武器扩散、解决地区冲突方面，在协调国际经济关系、国际法建设、对付环境问题和艾滋病方面以及促进世界各国经济、社会与可持续发展、科学、教育、文化、卫生等合作与交流方面。自 20 世纪末以来，通过联合国的调解或通过第三方在联合国支持下采取的行动缓和了国际紧张局势，其中包括海湾地区战争、巴以冲突、黎以危机、西撒哈拉冲突、也门冲突等。

四、全球化浪潮下的经济动态

（一）全球经济的动荡与变化

20 世纪 80 年代末，美国作为世界出口主导国的地位开始受到了威胁。尽管如此，美国一直是世界最大的出口国，领先于德国、日本、法国，以及经济快速上升的中国。2017 年，伴随世界经济复苏，全球贸易量价齐升。旺盛的个人消费和企业投资是全球贸易增长的主要动力，原油等商品价格上涨则是助推因素。基于此，有学者预测，如果中国保持现有的增长势头，不久将能取代美国成为世界最大的经济体和最大的出口国。世界银行也估测，今日的发展中国家至 2025 年将占世界经济活动的 60%以上，而当今的富裕国家目前占世界经济活动的 55%，届时将只占 38%左右。如果一些新兴的经济体诸如中国、印度和巴西等国继续发展，那么美国以及其他老牌的发达国家在世界产出和世界出口中的相对份额似乎还会下降。就其本身而言这并非坏事。美国地位的相对下降反映了世界经济的发展和工业化进程，这与美国经济数据的绝对下降不同，后者的问题从各方面看都要严重得多。

当今全球经济较几十年前发生了重大变化，2018 年全球贸易总额达到了 40 万亿美元的水平，虽然持续保持着快速增长的势头。但是，全球经济下行和贸易摩擦背景下的各国经济难以独善其身。自 2018 年年末起，全球经济在经过一年多的复苏之后增长动能明显下降，加上欧洲政局动荡和中国经济放缓，全球经济正面临巨大的挑战。国际贸易方面，由于贸易摩擦的不断升级，据统计，全球国际贸易额同比增速自 2018 年四季度开始持续下滑，一直维持在 0 附近，国际贸易形势不容乐观。这些因素除了直接削弱经济增长，更是带来了消费者和企业家对未来不确定性的担忧，从而有可能进一步抑制投资和消费，令全球经济落入“不确定性”陷阱。

值得关注的是，从消费结构而言，发达国家私人消费的主要形式已经转向服务性质的消费模式，服务业成为经济发展的主要引擎，发展服务贸易是各国政府的重要战略目标。此后，世界贸易组织于 2019 年年底在日内瓦发布的《2019 年全球贸易报告》中指出，服务贸易已成为国际贸易中最具活力的组成部分，其作用在未来几十年里还将继续增强。从全球来看，服务贸易近年来增长显著，这不仅为全球经济发展提供了更多的可能性，也为各国经济复苏提供了新的发展契机。同时，由于数字化技术带来的远程交易量增加以及相关贸易成本降低，服务在全球贸易中所占份额在未来 20 年里还将继续快速增长。

进入 2020 年初，一场突如其来的新型冠状病毒席卷全球各国，截至 2020 年 8 月 21 日，共 215 个国家和地区存在确诊病例，全球确诊数超过 2249 万，全球累计确诊病例破 10 万的国家已有 12 个。美国感染者累计超 554 万例，全球居首，成为新冠疫情“震中”。这种病毒的迅速扩散促使世界各地的企业都在计算相关成本，全球股市同时遭受重创。超过 100 多个国家已因新冠病毒疫情而出台旅行限制措施，50 多个国家的央行均已降息，试图借此加强本国经济。根据经济合作与发展组织（OECD）报告，受新冠病毒疫情暴发的影响，2020 年的全球经济增速可能会下降至自 2009 年以来的最低水平。该组织目前预测，2020 年的全球经济增长率仅可达到 2.4%，经济合作与发展组织还表示，随着工厂暂时停工，工人们不得不待在家里以试图遏制病毒的传播，“持续时间更长、强度更大”的疫情可能会导致 2020 年的经济增长率减半至 1.5%，见图 1-1。与此同时，国际货币基金组织发布声明，疫情令全球经济在 2020 年陷入衰退，其程度将会比 2008 年至 2009 年的全球金融危机引发的衰退更严重。联合国秘书长古特雷斯也致函 G20 国家，呼吁采取以“战争时期”级别的“万亿美元计”的经济刺激措施协助贫困国家，取消关税、配额及其他贸易限制，也希望暂停对个别国家的制裁，以帮助这些国家得到粮食和医疗用品。世界卫生组织总干事谭德塞表示，他希望 G20 领袖可以共同努力，提高个人防护装备及医疗设备的产量，取消出口禁令和确保公平分配。

随后，二十国集团（G20）领导人应对新冠肺炎特别峰会于 2020 年 3 月 26 日晚 20 时举行。峰会由沙特阿拉伯发起主办。这是 G20 历史上首次以视频方式举行的领导人峰会，也是自疫情暴发以来，各国领导人当时出席的首场重大多边活动。G20 采取了迅速有力措施，包括向全球经济注入超过 5 万亿美元资金，保护劳动者和企业，尤其是中小微企业以应对新冠肺炎疫情及其影响。在疫情大流行加速发展、金融市场一片动荡、世界经济面临潜在衰退风险的危急时刻，此次峰会意义重大，释放出团结一致应对疫情挑战、维护世界经济稳定的积极信号。

从全球经济影响层面来看，G20的5万亿美元主要在以下几个领域发力：一是增大对疫苗和药品研发资金投入力度；二是为全球的贸易正常化提供贸易融资的资金安排，优先确保国际市场供应原料药、生活必需品、防疫物资等产品。同时，通过降低关税和补贴的方式，为全球贸易企业提供资金支持，保障全球供应链不因为疫情而中断，确保全球生产的连续性。各国政府还应加强金融合作，注资IMF、向世界银行增强国际组织的贷款能力来帮助那些可能陷入债务危机的新兴市场国家，增强国际组织统筹协调的救助能力。同时启动多边的货币互换安排，确保全球流动性充裕，避免发生大规模的跨境资金异常流动，特别是新兴市场的资本外逃，维护全球金融稳定。

二十国集团(G20)涵盖世界主要发达经济体和新兴市场经济体，是2008年国际金融危机直接催生的全球经济治理新平台。二十国集团成员国的人口占全球三分之二，面积占60%以上，国内生产总值约占全球的85%，贸易额约占80%，对世界经济社会的重要性和稳定性作用不言而喻。短期来看，此举可稳定金融市场、提振全球金融市场信心，长期来看，伴随着资金注入各个领域，将切实带动实体经济复苏。

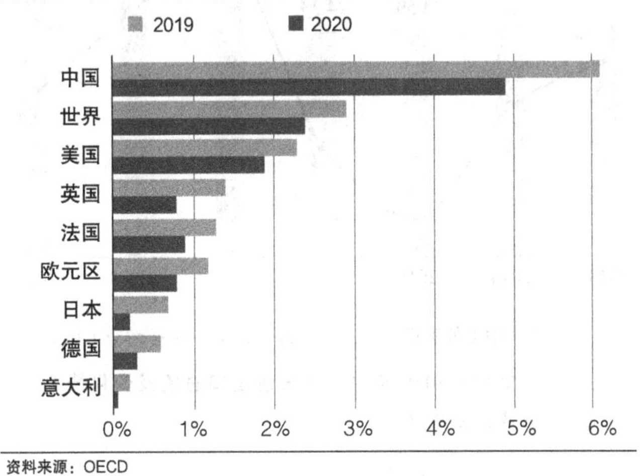

图1-1　经济合作与发展组织下调全球经济增长预期

(二)中国经济进入新常态

“新常态”的提法及其背后的政策含义，在政策层面和经济学界已经达成了共识。中国国家主席习近平指出，“我国发展仍处于重要战略机遇期，我们要增强信心，从当前我国经济发展的阶段性特征出发，适应新常态”，具体而言，新常态是中国经济从旧稳态调整至新稳态的过程，也就是从过去20年平均10%左右的GDP增速逐渐过渡到更为持续、健康、均衡的增速上。长久以来，影响贸易发展有多方面因素，经济、货币政策、贸易保护政策等不一而足。但经济形势对贸易形势的活跃度有重大影响。当前，我国经济继续放缓，并重新塑造平衡。工业生产增长的放缓被服务业更具活力的增长所抵消，财政政策的放松以及货币政策对经济增长的支持有助于中国平衡国内与国外的风险因素。大体而言，由于制造业产出疲软、中美贸易战以及全球经济增长乏力，中国的贸易流量仍然稍显强劲不足。尽管如此,放置国内外复杂的经济政治形势的情境中,中国对外贸易总体尚保持较好的发展态势,无论从贸易量上来看,还是从贸易效率上看,中国贸易格局在保持全球地位的同时也呈现出新的格局,如东盟成为中国第二大贸易伙伴、民营企业首次成为我国第一大外贸主体。

1.贸易规模、国际市场份额双双迈上新台阶

现阶段,在货物贸易上我国已经超过美国,但在总贸易额上仍然居美国之后。2019年我国进出口总额 31.54 万亿元人民币,增长 3.4%(见图 1-2)。其中,出口 17.23 万亿元,增长5.0%,进口 14.31 万亿元,增长 1.6%,进出口、出口、进口规模均创历史新高。需要指出的是,中国出口占国际市场份额稳步提升,根据世贸组织统计,2019 年前三季度,出口增速较全球高 2.8 个百分点,国际市场份额较 2018 年提高 0.3 个百分点至 13.1%。不过,与美国不同的是,我国在对外贸易中是出口大于进口,保持贸易顺差(见图 1-3)。中国外贸发展不仅在国内经济社会发展中发挥着重要作用,也为全球贸易增长和经济复苏做出了积极贡献。

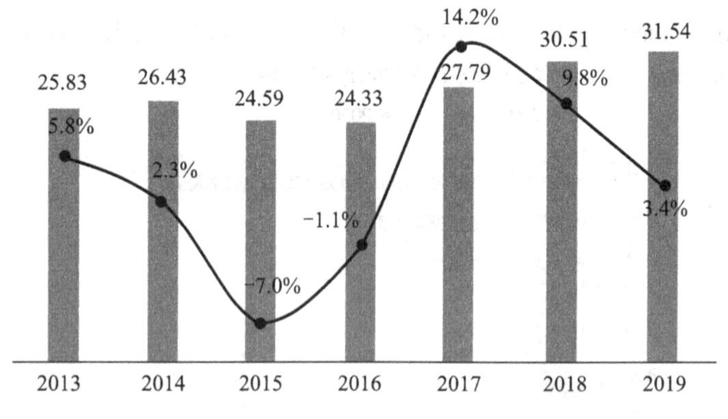

图 1-2 2013—2019 年中国外贸进出口总值及变化情况

资料来源:商务部、前瞻产业研究院

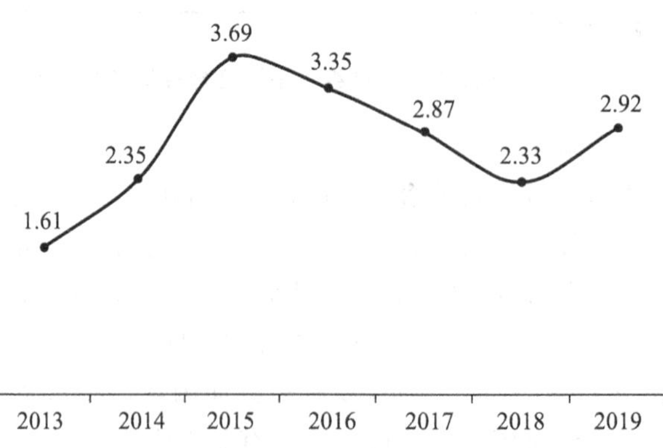

图 1-3 2013—2019 年中国贸易顺差变化情况(单位:万亿元)

资料来源:商务部、前瞻产业研究院

2.贸易质量提升、结构优化取得新进展

众所周知，受益于“一带一路”的推动，近年来我国的进出口稳步增长。分国别和地区看，对于欧盟、美国、日本等传统市场，中国一直保持较大的出口比重，特别是欧盟和美国，一直是中国最大的出口市场(见图 1-4)。对于东盟、拉丁美洲等新兴市场国家则保持稳定的增长。国际市场布局明显优化，与“一带一路”国家进出口增长 10.8%，占比提高 2 个百分点至 29.4%。对欧盟、东盟、拉美、非洲进出口也分别增长 8%、14.1%、8%和 6.8%。

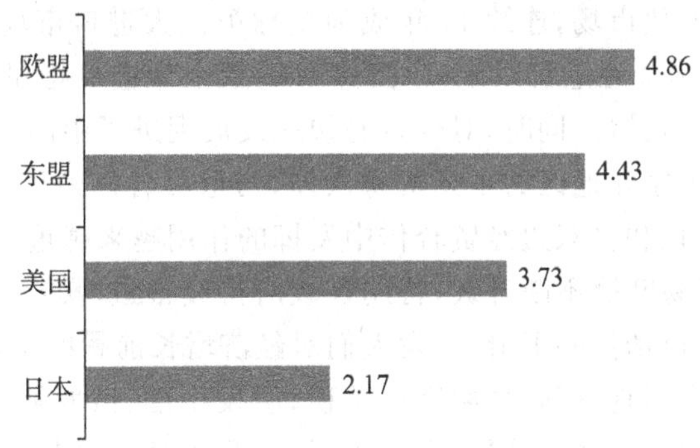

图 1-4　2019 年中国与主要贸易伙伴的进出口总额情况(单位:万亿元)

资料来源:商务部、前瞻产业研究院

而国内区域布局更加合理，中西部地区出口占比 18.3%。其中，加工贸易出口中西部占比近 23%，承接加工贸易产业转移取得积极成效。商品结构不断升级，机电产品出口占比达 58.4%，集成电路、汽车整车等高质量、高技术、高附加值产品出口分别增长 25.3%和 8.2%。一般贸易贡献增强，出口占比提高 1.5 个百分点至 57.8%，增强了产业链价值和贸易竞争力。

各类经营主体活力充沛，外资企业进出口占比 39.9%，持续担当骨干力量；民营企业进出口占比 43.3%，成为外贸发展新主力。

3.贸易创新能力不断增强，正在形成外贸竞争新优势

目前，中国跨境电商交易仍以出口为主。根据电子商务研究中心监测数据显示，2018 年我国出口跨境电商交易规模为 7.1 万亿元，同比增长 12.7%，占整体交易规模的 78.9%；而进口跨境电商交易规模为 1.9 万亿元，同比增长 26.7%，占整体的 21.1%。出口跨境电商交易规模占据着重要的地位，原因在于我国一直以来都是世界上重要的产品出口大国，在我国整体出口总量相对稳定的情况下，出口跨境电商成长性良好。2019 年我国新设跨境电商综试区 24 个，跨境电商零售和市场采购贸易出口占比达 3.5%，海外仓数量超 1000 个，先行先试 8 个加工贸易保税维修项目，支持 10 个省市开展二手车出口试点并实现批量出口。

外贸对产业升级引领促进作用更加突出，越来越多的企业加大研发投入，持续创新，自主开拓多元化市场能力明显增强，国际竞争力持续提升。与此同时，科技创新、制度创新、模式和业态创新不断强化，新业态新模式成为外贸增长新动能。

4.为国民经济社会发展做出新贡献

对外贸易作为“三驾马车”之一，为我国经济稳增长大局提供了强劲动力。2019 年前

三季度的数据显示,货物和服务净出口对GDP增长贡献率达19.6%。外贸带动就业人数约1.8亿人,进口环节税收贡献11.6%的全国税收总收入。

货物贸易顺差4215.1亿美元,增长19.8%,是经常账户顺差的重要来源,有力保障了国际收支平衡。扩大进口促进了全球范围资源合理配置,优化了国内供给体系,提升了出口产品和服务水平。

5.为全球经济复苏和贸易增长注入新活力

中国主动向世界开放市场,连续11年成为全球第二大进口市场,进口额占世界进口总额的10%以上。国际金融危机以来,中国进口贡献全球进口增量的六分之一,是全球经济复苏的助推器和稳定器。同时,对外贸易快速发展促进了中国经济与世界经济融合,中国已经是120多个国家和地区的主要贸易伙伴,与世界各国经贸联系和互利往来越来越密切,在全球经济治理和多双边经贸合作中发挥的作用越来越重要。

此外,随着中美贸易摩擦不断升级,特朗普政府持续推进"美国优先"的执政理念,频频出台贸易限制措施,市场信心下滑,引发人们对经济增长前景的担忧。美国对进口钢铁和铝产品开展国家安全调查,征收高额进口关税,引发中国、俄罗斯和印度等国担忧。美国还依据对华知识产权301调查结果,自2019年6月1日0时起,对已实施加征关税的600亿美元清单美国商品中的部分,提高加征关税税率,分别实施25%、20%或10%加征关税。对之前加征5%关税的税目商品,仍继续加征5%关税。对此,我国在世贸组织争端解决机制下提起诉讼。美方的征税措施严重违背中美两国元首大阪会晤共识,中方提出强烈不满和坚决反对。中方将根据世贸组织相关规则,坚定维护自身合法权益,坚决捍卫多边贸易体系和国际贸易秩序。因此,受"逆全球化"的贸易影响,企业和消费者信心出现波动。国际货币基金组织表示,如果保护主义持续加剧、政治和贸易紧张升级,恐将破坏全球经济增长势头。

值得一提的是,新冠肺炎疫情在海外呈快速蔓延态势,将对全球经济贸易增长带来一定压力。中国在全球供应链中的地位会不会受影响、世界经济会不会受到大的冲击等问题备受各方关注。疫情作为外生冲击,会对中国经济增长带来短期的影响,也会对世界经济发展产生一定冲击。疫情发生及其防控,不可避免地带来了流动性受限,无疑会给中国的交通运输业、服务业、旅游餐饮、文化娱乐等带来直接冲击,短期内也必然会对中国就业增长、消费增长、外商投资预期等产生影响,带来短期经济增长预期下行。而中国作为推动世界经济增长的主要动力源,目前在全球价值链和供应链体系中占据十分重要的地位,世界很多大的零售市场的大量商品来自中国,许多制造业企业大量的中间产品、零部件等也都来自中国。全球经贸增长面临一定压力,中国外贸企业的复工复产和新订单的获取也将受到一定影响。只有加强全球范围内的合作,才能努力将疫情对中国外贸和世界贸易发展的影响降到最低。客观上,可以从中国与世界经济的关系和全球化大背景的角度进行分析,在这种彼此相互依存的新格局下,中国经济的任何变化,都必然会影响世界经济发展和短期波动;反过来,世界经济发生的任何风险和波动,也一定会给中国经济带来影响。

(三)全球国际投资数据的变化

当一家企业在外国直接投资于生产或销售一种产品的设施时就形成了国际直接投资(FDI)。企业一旦进行了国际直接投资,就成为跨国公司。国际直接投资有两种方式,一种是新设投资，我们通常称之为绿地投资（greenfield investment），即在外国开设新的企业；另一种是在外国并购一家现成的企业。

> **国际直接投资（FDI）**
> 当一家企业在外国直接投资于生产或销售一种产品的设施时就形成了国际直接投资。

跨国直接投资是推动世界经济增长、促进产业链高效合理分布、推动技术扩散和进步、加快全球脱贫步伐、带动人类文明进步的重要力量。但是，近年来，全球外商直接投资出现了持续下降的趋势，从 2016 年的 1.75 万亿美元依次降至 2017 年的 1.43 万亿美元和 2018 年的 1.3 万亿美元，2019 年全球投资对外直接投资则为 1.39 万亿美元。在这一趋势下，最大的三个 FDI 流入国家和地区分别为美国、中国内地和中国香港，最大的三个 FDI 流出国则是日本、中国和法国。从几大区域分布看，美国依然是全球最大的 FDI 流入国，金额为 2520 亿美元；亚洲是最大的流入地区，2018 年增长 4％至 5120 亿美元，吸收了全球 FDI 流入的 39％；欧洲的 FDI 流入大幅度减少一半至 1720 亿美元，稍显出乎意料；流入非洲的 FDI 增长 11％至 460 亿美元，虽然速度相对较快，但由于基数较低，规模依然不大；拉丁美洲和加勒比地区 2018 年 FDI 流入减少 6％至 1470 亿美元。就全球 FDI 发展空间特征来看：亚洲、美洲、欧洲地区的 FDI 流入规模明显高于非洲与大洋洲。美洲与欧洲 FDI 流入波动性比较大，亚洲地区 FDI 流入上升趋势明显且稳定。一定层面上显示出发展中国家 FDI 流入和 FDI 流出集中在收入水平相对比较高的国家。

1.1970 年至 2021 年全球 FDI 的发展与挑战

20 世纪 70 年代起，国际直接投资开始进入发展快车道，FDI 流入和 FDI 流出都集中在富裕国家，尤其是美国、英国、德国、日本等国家。1980 年至 2000 年，全球 FDI 迅速增长，美国、德国等发达国家仍然是全球 FDI 的重要目的地和来源国。2000 年至 2015 年，全球 FDI 流入和流出出现了三次大的负增长，但仍然保持快速发展势头。2008 年国际金融危机发生以来，跨国投资波动加剧。2018 年 6 月联合国发布的《世界投资报告 2018》显示，2017 年国际直接投资同比下降 23％，在国际资本流动低迷的情况下，全球价值链以及世界范围内外资政策环境出现了一些值得高度关注的新动向、新趋势。2019 年，受地缘政治动荡、贸易摩擦加剧以及欧美国家投资审查力度加大等因素影响，全球 FDI 活跃度明显下降。根据全球金融市场数据提供商路孚特（Refinitiv）的数据显示，2019 年前三季度，全球跨境并购活动总额约为 8417 亿美元，同比下降 32％，是近 6 年来增速最慢的三个季度。

进入 2020 年，全球 FDI 趋势可以用“谨慎乐观”四个字概括：谨慎在于全球经济仍处于下行周期，新冠疫情、贸易摩擦以及发达国家的保护主义抬头趋势在短期内很难有彻底改变。但 2020 年也有一些积极因素，包括中国在市场开放、欢迎外商投资方面的决心和多措并举、G20 引领全球各国共同抗疫等。科尔尼（AT Kearney）则进一步发布了《外商直接投资信心指数报告》，对 2020—2021 年全球投资者热衷的投资目的地进行了分析预测。认为未来 3 年，全球 25 个最热门的外商投资目的地除中国、印度和墨西哥外均为发达经济体，美国、德国、加拿大、英国、法国位列前五。中国是自 1998 年科尔尼发布年度外商投资信心指数排名报告以来，始终位列榜单的两个发展中经济体之一，2002—2012 年连续 11 年位居全球最热门投资目的地之首。中国经济放缓、出口下滑、高企业债务水平以及中美贸易战使得国际投资者对中国未来三年的经济前景看法不一,2019 年中国位列第七,较上年下滑 2 个位次,较 2017 年下滑 4 个位次,但依然是排名前 10 大投资目的地经济体中唯一的发展中经济体。

(1)全球价值链参与度增速呈现下降态势

全球价值链是当今全球经济的一个主要特征。随着现代运输和通信技术的高速发展,跨国公司在全球范围内的资源配置能力逐渐增强,产品的生产过程实现了模块化、标准化和国际化管理,不同国家和地区融入不同的生产工序、生产阶段和生产环节中,成为世界经济体的一部分,构成全球价值链体系并承担不同的国际分工,见图 1-5。与此同时,贸易与投资、服务和技术扩散高度连接,使全球产业链复杂度加深,贸易不再是单纯的商品货物的运输,更与劳动力素质、公共基础设施建设、知识产权等紧密相关。

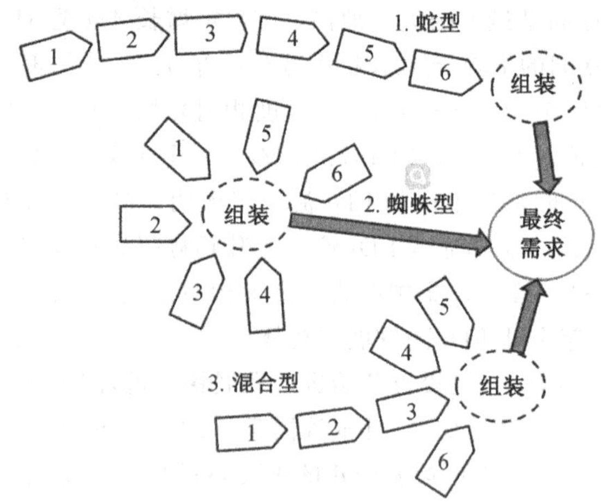

图 1-5　全球价值链分工模式:蜘蛛型、蛇型和混合型

资料来源:世界银行 2017 年全球价值链发展报告

基于全球价值链的全球一体化生产网络是国际资本流动的主要载体,也是全球化的重要标志。然而,近年来国际分工深化的方向和范式正在发生改变。一方面,随着国内配套能力不断增强,中国作为世界第一制造大国和货物贸易国,参与全球价值链分工的方式不再局限于承接国际产业转移,而是凭借更加完善的产业体系和日益活跃的创新活动向全球价值链更高端环节攀升。1999 年,加工贸易出口在中国出口总额中占比达 56.9%,反映出中国在全球价值链上的角色以及出口企业(包括在华跨国公司)供应链布局的变化。另一方面,新一轮科技革命和第四次工业革命蓬勃兴起,人工智能、工业互联网、高端机器人等新科技的发展和应用带动制造业向智能化、绿色化、服务化发展,不仅催生了新产业群,而且使得纺织服装、机械加工、化工建材等传统产业的部分环节被重新布局到发达国家的可能性增大。经合组织(OECD)的一项最新研究指出,虽然回流尚未取代外包成为全球价值链分工的主导范式,但越来越多的制造业新增投资流向了发达国家。《世界投资报告 2018》的数据则显示,过去 10 年间,持续了 30 年的全球价值链扩张势头出现停滞和重大变化。发达国家消费需求的下降、保护主义的扩张蔓延、新兴经济体间的经济融合、全球生产的加速整合都带来了全球贸易和投资格局的趋势性变化。全球价值链的重构不仅关系到产业空间结构的趋势性转变，也对各个经济体国际分工变化、未来产业格局的战略性调整及国家发展机遇具有深远影响。

全球价值链变化主要体现在三个方面：一是全球价值链的增长陷于停滞。自 2011 年以来，全球价值链的增长处于停滞状态，全球贸易与投资活跃度有所减缓。导致这一现象的原因包括：第一，发达国家消费驱动减弱，居民实际购买能力下降减少了对商品进口和劳务的需求。第二，智能技术革命使发达国家出现了一定程度的制造业回归现象。新技术革命为发达国家制造业回归提供了科技支持，减弱了全球产业链延伸的动力。日本、欧洲等多个国家制造业企业已经回归本土，拉动本国制造业就业岗位持续增长。第三，发展中国家产业升级减少了中间品贸易需求。生产加工国将一部分全球价值链分工进行内化，实现了进口替代，从而放缓了全球产业链的空间延伸速度。

二是全球价值链的日益“东渐”。近 10 年来，全球价值链参与度增长最快的区域是东亚、东南亚和南亚，年均增长达到 4%以上。亚洲国家全球产业链参与度的提升与这些国家的制造业兴起密切相关。自 1995 年起，亚洲地区多数经济体制造业占 GDP 比重超过全球平均线 20%。其中中国占比最高，接近 40%。除参与度提升外，东亚、东南亚、南亚地区在全球产业链的生产力也在不断增强，见图 1-6。尤其是 2008 年金融危机以后，高科技产品占出口比重迅速加大。参与全球产业链分工过程也带动了亚洲国家的就业增长。印度、泰国、马来西亚、印度尼西亚和越南就业增长幅度高达 4%，柬埔寨、孟加拉国涨幅高于 5%。

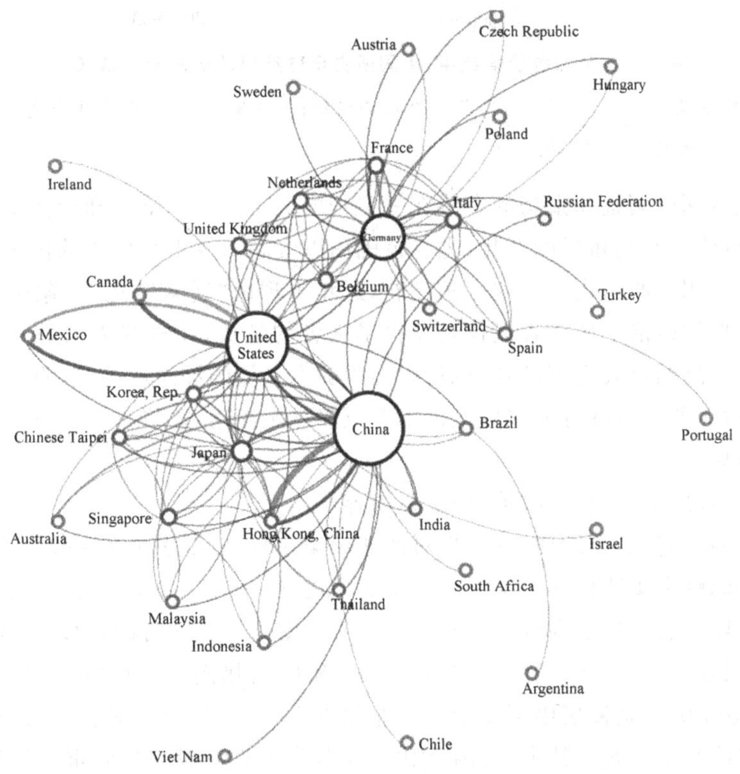

图 1-6　零部件贸易凸显出三个互联的生产中心

资料来源：Diakantoni and others 2017，based on the UN Comtrade database

三是中国在全球价值链中的地位逐渐变化。近年来，中国世界工厂的优势地位有所减弱。劳动成本上升使中国劳动密集型产品的优势逐渐丧失。同时，中国的制造业实现了一定程度的技术转型升级。在通用专用设备、资本密集型和技术密集型制造业产业链中不断向价值链高附加值环节攀升。智能设备、大数据、物联网技术在中国发展迅速，已经出现国际领先水平的科技突破。中国的出口产品中，技术复杂产品占比逐年递增(见图1-7)。

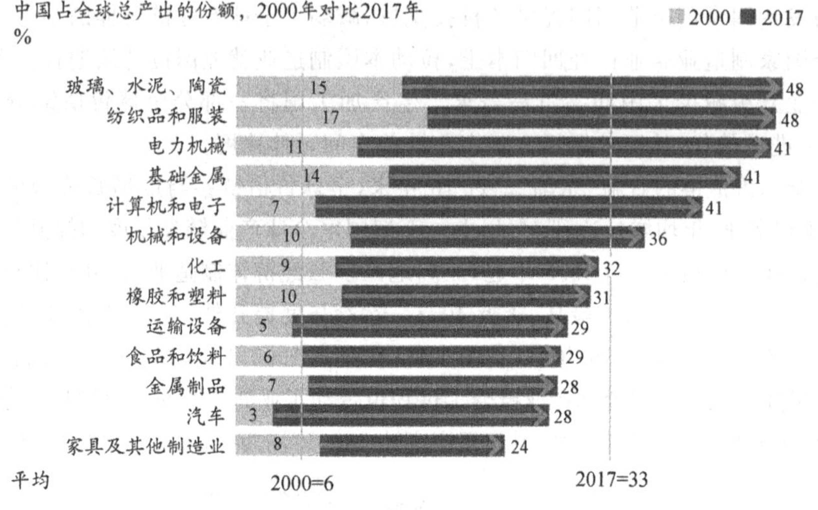

图 1-7　全球各价值链中，中国所占全球产出的份额明显增长

资料来源：世界投入一产出数据库；国际货币基金组织；世界贸易组织；联合国贸易与发展局；经济合作与发展组织；麦肯锡全球研究院

全球价值链深度调整和重构的态势在一定程度上是新科技革命和产业革命演进的结果，随着全球价值链空间布局的变化，世界范围内以劳动力成本为核心的传统比较优势对全球化的推动作用有所弱化。从这一角度看，近年出现的“逆全球化”现象不应被简单解读为一连串的偶发政治事件或者仅仅是民粹主义者的鼓噪，在这些表象的背后实则是世界实体经济正在酝酿重大变革，同时也折射出中美贸易战的深层次原因，意味着单边主义增强、全球化放缓的倾向有可能在更大范围向更多领域渗透，这将直接影响未来跨国公司的投资战略布局。

(2)吸引外资成为“新产业政策”的主要内容

通过现有的研究，不难发现，理论界对产业政策及其效果的争议从未停止，近期美国也在不同场合罔顾事实地指责中国产业政策的合规性。然而，一个不容忽视的事实却是，国际金融危机爆发后世界范围内产业政策却进入了密集投放的时期，出现了所谓“新产业政策”(new industrial policy) (UNCTAD，2018)实践的热潮。不论发达国家推动“再工业化”应对工业 4.0，还是发展中国家加快工业化进程，世界各国普遍、广泛地运用产业政策工具推动实体经济发展。其中，美国、德国、日本等工业强国的政府重新认识产业政策的作用和角色，纷纷通过实施功能性产业政策，在微观层面刺激企业的创新活动，发现并识别新兴产业的技术路线；而在产业层面，发达国家将产业政策的作用领域聚焦在创新活动以及产业链的创新环节，强化固有优势，对经济结构“过度虚拟化”进行纠偏，从而占据新工业革命下全球竞争的制高点，见图 1-8。再从应用方向和实施工具看，投资促进成为“新产业政策”最重要的内容之一。根据 UNCATD、世界银行等机构的统计，2008—2017年，占世界生产总值(GDP)90%以上的 101 个经济体制定实施了产业政策，其中 90%的产业政策包含促进投资的目标，另外，2010 年以来，全球 80%的外资政策集中应用到产业层面，采用的政策手段主要包括投资便利化、投资项目筛选，设立吸引外资的经济特区等，反映出产业政策、创新政策以及外资政策日益融合，相互支撑的趋势，这势必进一步加剧各国的引资竞争。

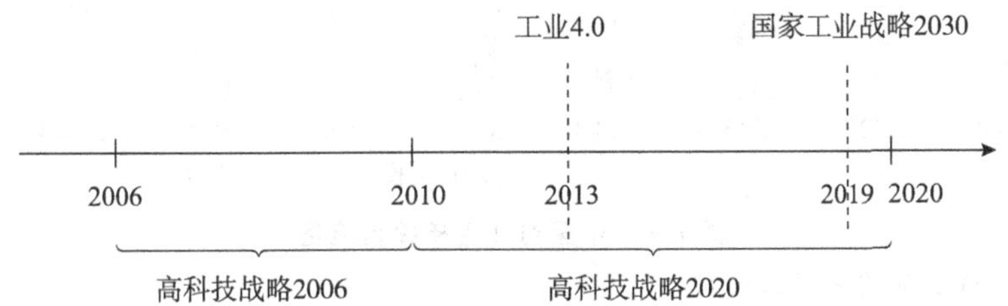

图 1-8　德国国家工业战略 2030 的新产业政策规划

资料来源：德国国家工业战略 2030 报告

上述现象是非常具有代表性的一个趋势，这些产业政策 80%是在过去 5 年之内制定的，是新一代产业政策，全球形成了一系列新一代产业政策。一方面发达国家在前些年面临着不断加剧的去工业化和制造业空心化，制造业特别是高端制造业的产业竞争在加剧，这使得发达国家加大了产业政策的力度。另一方面，从低收入和中等收入发展中国家角度看，他们想模仿东亚、东南亚国家的经济发展模式，因为东亚、东南亚前些年的产业政策属于成功的经验，所以他们希望借此走出发展中国家的发展陷阱和中等收入陷阱。60%的产业政策是针对制造业，1/4 的产业政策与新一轮产业革命相关；90%新一代产业政策对于外资有明确的要求。通过扶持制造业可以更有效地参与全球价值链。通过梳理，这些产业政策有三个模式：一是新建产业模式；二是在现有产业基础上升级换代，再跟上全球产业链发展步伐的模式；三是专门针对新的第四次产业革命而制定的产业政策。

(四)中国国际直接投资的特征、趋势与展望

近 10 年来，中国对外投资年均增长 28.2%，现已跻身对外投资大国行列，虽然取得了比较快的发展，但是由于中国对外投资起步比较晚、规模较小，最初的企业以国企为主，盈利较少，跨国企业的国际竞争力比较低，与其他发达国家相比还存在着很大的差距。2017年，对外直接投资存量为 1.4 万亿美元，位居世界第 8 位。2018 年中国对外直接投资流量为 1430.4 亿美元，同比下降 9.6%，流量规模略低于日本(1431.6 亿美元)，全球排名升至第二位，占全球比重上升至 14.1%，对外直接投资存量达 1.98 万亿美元，全球排第三，仅次于美国和荷兰，中国对外直接投资已跻身全球第一梯队，创历史新高，见图 1-9。根据商务部、外汇局统计，2019 年我国对外直接投资流量为 1171.2 亿美元，同比下降 9.8%。其中，我国境内投资者共对全球 167 个国家和地区的 6535 家境外企业进行了非金融类直接投资，累计投资 7629.7 亿元人民币，同比下降 4.3%(折合 1106 亿美元，同比下降 8.2%)。超过 60%的对外直接投资流向租赁和商务服务业、制造业、批发和零售业。房地

产业、体育和娱乐业对外投资没有新增项目,非理性投资得到遏制。

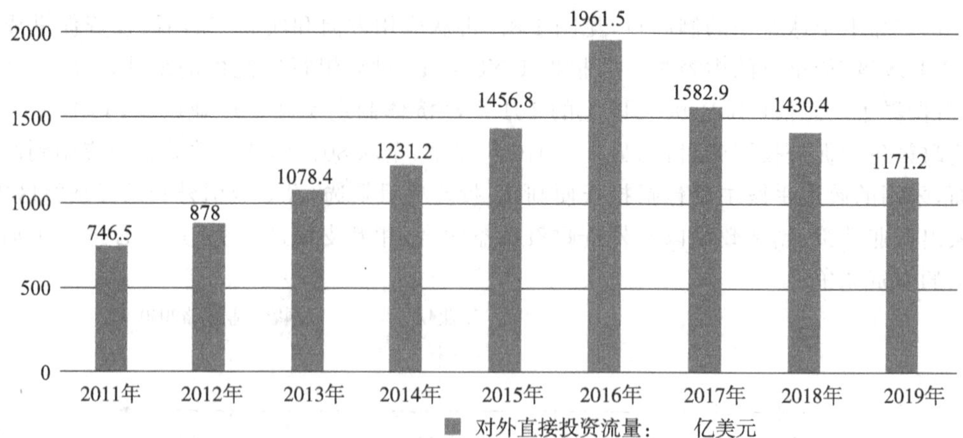

图 1-9 中国对外直接投资流量

数据来源:商务部、华经产业研究院

当前,我国企业在“一带一路”沿线对 56 个国家非金融类直接投资 150.4 亿美元,同比下降 3.8%,占同期总额的 13.6%,主要投向新加坡、越南、老挝、印度尼西亚、巴基斯坦、泰国、马来西亚、阿联酋、柬埔寨和哈萨克斯坦等国家。对外承包工程方面,我国企业在“一带一路”沿线的 62 个国家新签对外承包工程项目合同 6944 份,新签合同额 1548.9 亿美元,占同期我国对外承包工程新签合同额的 59.5%,同比增长 23.1%;完成营业额 979.8 亿美元,占同期总额的 56.7%,同比增长 9.7%。

世界经济已经进入新旧动能转换期,新一轮科技革命和产业变革蓬勃推进,新兴市场国家和发展中国家群体性崛起正在改变全球政治经济版图,但不稳定、不确定因素明显增多。自 2020 年始,中国将加强制度性、结构性安排,促进更高水平对外开放,以共建“一带一路”为引领,不断健全促进对外投资政策和服务体系,鼓励对外投资合作高质量发展。

与此同时,受外部环境因素影响,2019 年上半年,中国企业海外并购总额和交易数量大幅下降,并购总额为 200.4 亿美元,同比降六成;并购交易数量为 257 宗,同比减少近四成。中国企业海外并购前 5 大行业是 TMT(科技、媒体和通信)、消费品、先进制造和运输、房地产与酒店及建造、医疗健康和生命科学。未来中国企业海外投资的主要趋势包括:“走出去”和“引进来”形成良性循环,重塑中国企业全球价值链角色;“一带一路”倡议对中国外向型经济的贡献将进一步增加;抓住数字经济时代发展机遇,企业加速拓宽对外投资领域。此外,企业还需制定与其国际化发展匹配的人才战略。

(五)跨境电商在全球升温

近年来,全球 B2C 电商市场增长迅速,未来几年仍将保持近 15%的年均增速,交易规模从 2014 年的 1.6 万亿美元增至 2020 年的 3.4 万亿美元。其中,全球跨境 B2C 电商的增长尤为强劲,年均增长高达 27%,将使全球市场规模由 2014 年的 2300 亿美元升至 2020 年的接近 1 万亿美元。2018 年,全球 B2C 跨境电商交易额突破 6500 亿美元,同比 2017 年增长 27.5%,2019 年全球 B2C 跨境电商交易额突破 8000 亿美元。阿里研究院与埃森哲在中国北京联合发布全球跨境 B2C 电商趋势报告,预测 2020 年全球跨境 B2C 电商交易额将达到9940亿美元，惠及9.43亿全球消费者(详见图1-10)。此外，跨境B2C电商消费者总数也将由2014年的3.09亿人增加到2020年的超过9亿人，年均增幅超过21%，形成一支强劲的消费大军。其中，以中国为核心的亚太地区以53.6%的新增交易额贡献度位居首位。

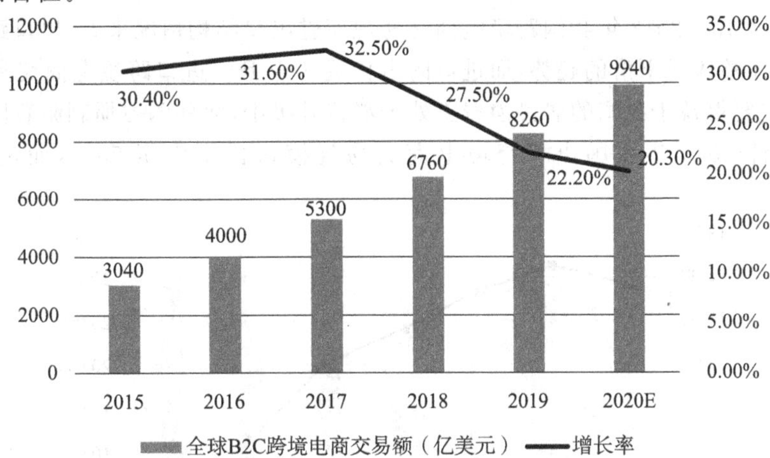

图1-10　2015—2020全球B2C跨境电商交易额及其增长率

资料来源：阿里研究院、iiMedia Research(艾媒咨询)

随着全球跨境电商行业不断发展，全球跨境网购普及率达51.2%，中东地区使用跨境电商进行网购的消费者占中东地区网购者的比例最高，达到70%；服饰鞋帽为消费者通过跨境电商购买最多的品类。西欧是欧洲最大的电子商务市场，在欧洲各国中马其顿地区和葡萄牙跨境网购普及率最高，其次是卢森堡，瑞士紧随其后。欧洲跨境网购普及率体现了较大的地区差异，排名第一的地区高至85%，排名末位的地区低至2%，购买力为25%～36%的国家较多。与此同时，跨境电商在澳大利亚电商市场份额占25%，澳大利亚网购者青睐跨境购买英美产品。在拉丁美洲，巴西电商发展较成熟，阿根廷电商发展迅猛。除此之外，截至2018年，数据显示全球消费者使用跨境电商平台进行跨境购物，24%的消费者选择了亚马逊，16%的消费者选择了阿里巴巴旗下的全球速卖通(AliExpress)，14%的消费者选择了eBay，10%的消费者选择了Lazada。

尽管互联网可以减少国际贸易中的一些障碍，但是跨境电子商务仍然受到各种因素影响，比如不可靠且漫长的运输时间、复杂模糊的退货流程、海关延误、缺乏透明度的交付和定价、改变交货时间和地点的能力有限等。

(六)中国跨境电商数据

随着中国进入经济新常态，云计算、大数据、人工智能等数字技术被广泛运用于跨境贸易生产、物流和支付等环节，行业效率将得到大大提高，叠加国家政策支持的趋势下，跨境电商正成长为推动我国外贸增长的新动能。预计2020年我国跨境电商交易额将达到12万亿元，跨境消费用户超过2亿人。其中，成熟家庭依旧是跨境消费的核心群体，然而年轻一代的消费实力正在崛起，为进口消费增长注入了强劲的原生动力，并呈现出多元化的消费新趋势。

目前，中国跨境电商交易仍以出口为主。根据电子商务研究中心监测数据显示，2018

年我国出口跨境电商交易规模为7.1万亿元,同比增长12.7%,占整体交易规模的78.9%;而进口跨境电商交易规模为1.9万亿元,同比增长26.7%,占整体的21.1%,见图1-11和1-12。出口跨境电商交易规模占据着重要的地位,原因在于我国一直以来都是世界上重要的产品出口大国,在我国整体出口总量相较稳定的情况下,出口跨境电商成长性良好。但从2013—2018年我国跨境电商交易规模进出口结构情况来看,出口跨境电商交易规模的占比整体呈下滑的趋势,而进口的占比逐年上升。进口跨境电商交易规模占比不断上升,主要得益于我国的居民消费正处于消费升级中,海外购习惯刺激着国内跨境消费需求。预计2020年我国出口跨境电商交易规模占比下滑至75%,而进口占比升至25%。

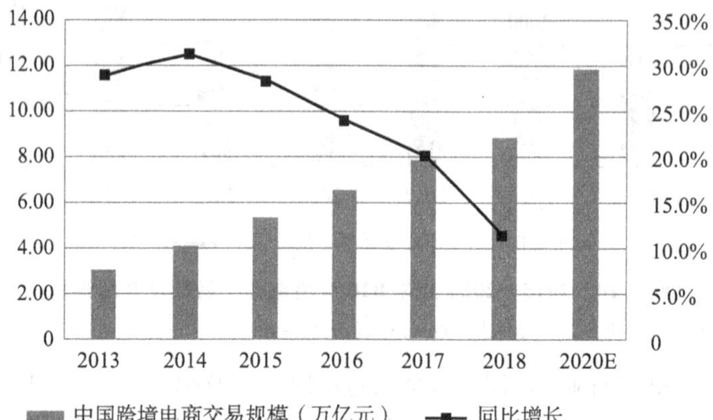

图1-11　2013—2020年中国跨境电商交易规模情况和预计

资料来源:商务部、前瞻产业研究院

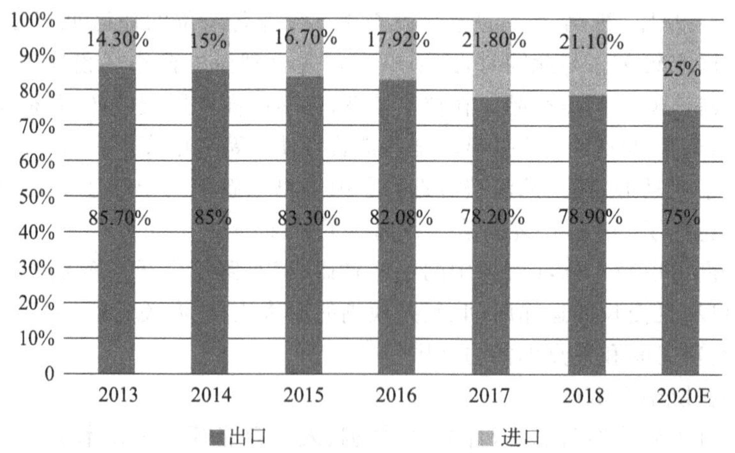

图1-12　2013—2020年中国跨境电商交易结构情况和预计

资料来源:商务部、前瞻产业研究院

需要关注的是,我国绝大部分的跨境电商都存在企业品牌建设不足的问题,仍然扮演的是国际品牌代工厂的角色。但跨境电商品牌建设之路即将开启,越来越多的Business-to-Business(B2B)平台及平台上的企业开始注重品牌化建设,通过品牌溢价来提升公司产品及整体的价值。从2018年开始，我国出口跨境电商领域就出现了跨境电商企业纷纷开始自建独立平台，通过独立站的方式把产品及服务卖给消费者。主要原因在于平台因涌入大量卖家导致竞争激烈，卖家需要寻找新的增长渠道，再者是营销自动化升级带来的趋势。近年来，品牌商出海正成为我国出口电商的一道风景线，各大传统外贸企业加快品牌化建设的步伐。加之各大跨境电商平台也倾力打造及孵化更多的出海品牌企业，企业通过互联网打造品牌化的道路迎来发展黄金期。展望我国进口跨境电商的未来，或将有如下两个趋势：

1.进口跨境电商由线上转向线下拓展

2018年以来，进口跨境电商纷纷在线下开实体店，网易考拉首家线下实体店"海淘爆品店"在中国杭州开业，并接连在宁波、郑州等地开业，抢占新零售、新消费风口带来的机遇。除此之外，天猫国际线下店也于杭州开始营业。

2.平台下沉至中小城市

进口跨境电商的用户目前大部分集中在一、二线城市，在农村消费升级和新零售的大背景下，电商平台未来将逐步下沉到中小城市。

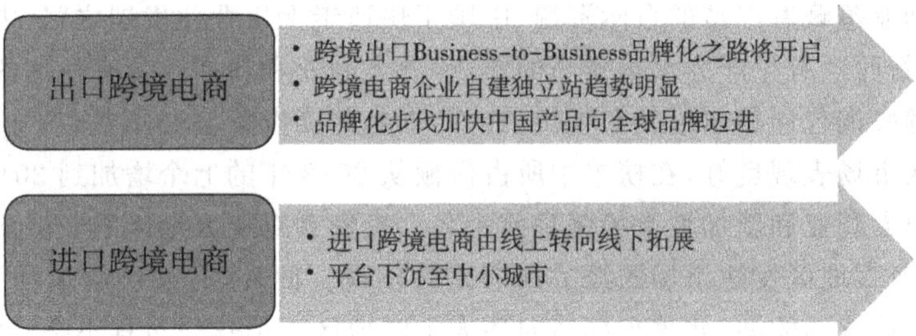

出口跨境电商
· 跨境出口Business-to-Business品牌化之路将开启
· 跨境电商企业自建独立站趋势明显
· 品牌化步伐加快中国产品向全球品牌迈进

进口跨境电商
· 进口跨境电商由线上转向线下拓展
· 平台下沉至中小城市

图1-13　中国跨境电商未来发展趋势

资料来源：商务部、前瞻产业研究院

(七)全球化浪潮下隐藏的问题

以上各项数据无不向我们展示了世界正在联成一体，但全球化过程中的问题也必须引起我们的重视。全球化的过程中我们不能只关心"平坦"一词，因为全球化并非一条单行线，近几年来一些逆全球化的事件纷纷以"黑天鹅""灰犀牛"的形式出现，让不明就里的人仿佛走进动物园。无论是美国总统特朗普"退群成性"，还是英国在一地鸡毛间不断逼近无协议脱欧，过去三年中发生的种种都让全球化遭遇波折。一个发达国家的蓝领工人和发展中国家的银行家比起来，更会被贴上全球化中弱势群体的标签。机会不均等存在已久，直到"沉默的大多数"站出来，揭开全球化一直就存在的伤疤。更加触目惊心的是，民粹主义、保护主义和孤立主义在"平"的世界重新树起"三座大山"。

推翻"三座大山"是必须的，因为脱贫、气候变化等问题需要全球协同才能解决。不论对全球化是爱是恨，都不能否认各国相互依赖的格局已然形成，解决各种挑战的最佳方法就是团结合作，而非在山脚下各自为战。虽然这并不容易，毕竟之前人类用几十年才达成共识，现在重来要付出高昂的机会成本，但这些成本又是必须付出的。

第二节　区域重要的经济组织或协定

一、亚太地区

亚太地区(Asia & Pacific),地域术语,又称环太平洋地区,是亚洲地区和太平洋沿岸地区的简称。亚太地区的地域概念有广义和狭义的区分。广义上,包括整个环太平洋地区,太平洋东西两岸的国家和地区,即包括加拿大、美国、墨西哥、秘鲁、智利等南北美洲的国家和太平洋西岸的俄罗斯远东地区、日本、韩国、中国东盟各国和大洋洲的澳大利亚、新西兰等国家。狭义上,指西太平洋地区,主要包括东亚的中国、日本、俄罗斯远东地区和东南亚的东盟国家,有时还延伸到大洋洲的澳大利亚和新西兰等国,狭义上的亚太更常用。

亚太地区在自然和经济方面具有丰富的多样性,经济发展上有世界上排第二位和第三位的国家中国、日本;根据国际货币基金组织(IMF)在其最新发布的《亚洲及太平洋地区经济展望》中表示,亚太地区的经济增长率位居全球前列,在过去几年对全球经济增长的贡献率高达66.7%,这种趋势仍将持续。日本和韩国是重要的技术策源地;俄罗斯远东地区和澳大利亚蕴藏着丰富的自然资源;中国正快速走上工业化发展之路;中国具有丰富的人力资源;新西兰有生产力水平极高的农业,澳大利亚和新西兰具有发达的畜牧业。

全球管理咨询公司科尔尼发布了《2019年外商直接投资信心指数(FDICI)报告》,其指出亚太地区市场表现良好,在榜单中所占份额从2018年的七个增加到2019年的八个。中国、日本、澳大利亚和新加坡市场跻身前十名。投资者对亚太地区的经济前景也最为乐观,特别是对亚太地区发达市场的经济预期尤其乐观。此外,有经济学家预测,未来世界的经济中心由传统的欧洲、北美东部转向环太平洋地区。但这一过程不会一帆风顺,亚洲国家间有一些相似之处,但也有很多差异。存在结构问题(如高额政府债务、公司治理不力、缺乏法律保护)和高度依赖海外市场的国家对经济冲击的抵抗力会很差。亚洲经济的另外一个有趣现象是本地区大多数成功的企业是家族企业。这些家族企业往往是令人生畏的竞争者,在国内和国外寻求机会。不过,不同地区家族控制企业的程度是不一样的。在某些亚洲国家(如马来西亚),当地50%的企业由为数不多的几个家族所控制。日本则相反,家族对企业的控制要弱得多,其家族控制程度与欧洲相似(不到企业总数的10%)。

(一)亚洲太平洋经济合作组织

亚洲太平洋经济合作组织(Asia-Pacific Economic Cooperation,APEC),简称亚太经合组织,是亚太地区重要的经济合作论坛,也是亚太地区最高级别的政府间经济合作机制。

亚太经合作组织诞生于全球冷战结束的年代。20世纪80年代末,随着冷战的结束,国际形势日趋缓和,经济全球化、贸易投资自由化和区域集团化的趋势逐渐成为潮流。同时,亚洲地区在世界经济中的比重也明显上升。1989年11月5日至7日,澳大利亚、美国、加拿大、日本、韩国、新西兰和东盟6国在澳大利亚首都堪培拉举行亚太经济合作会议首届部长级会议,这标志着亚太经济合作会议的成立。1991年11月,在汉城亚太经合组织第三届部长级会议上通过的《汉城宣言》,正式确定该组织的宗旨和目标是:相互依存,共同受益,坚持开放性多边贸易体制和减少区域内贸易壁垒。1993年6月改名为亚太经济合作组织,简称亚太经合组织或APEC。亚太经合组织没有组织首脑,没有常设机构,各成员轮流举办。中国于1991年以主权国家身份、中国香港和中国台北以地区经济体名义，正式加入亚太经合组织。2001年7月在中国上海举行非正式首脑会晤，这是自该组织成立以来首次在中国举办，这对让世界了解中国，展示中国20多年来改革开放的成果具有非常积极的意义。

该组织在推动区域贸易投资自由化、加强成员间经济技术合作等方面发挥了不可替代的作用。它是亚太区内各地区之间促进经济成长、合作、贸易、投资的论坛。亚太经济合作组织的宗旨是：保持经济的增长和发展；促进成员间经济的相互依存；加强开放的多边贸易体制；减少区域贸易和投资壁垒，维护本地区人民的共同利益。

APEC现有21个成员，分别是澳大利亚、文莱、加拿大、智利、中国（中国香港、中国台北）、印度尼西亚、日本、韩国、马来西亚、墨西哥、新西兰、巴布亚新几内亚、秘鲁、菲律宾、俄罗斯、新加坡、泰国、美国、越南，此外，APEC还有3个观察员，分别是东盟秘书处、太平洋经济合作理事会和太平洋岛国论坛。

亚太经合组织是截至2014年世界上规模最大的多边区域经济集团化组织，APEC成员的广泛性是世界上其他经济组织所少有的。APEC的21个成员，就地理位置来说，遍及北美、南美、东亚和大洋洲；就经济发展水平来说，既有发达的工业国家，又有发展中国家；就社会政治制度而言，既有资本主义国家，又有社会主义国家；就宗教信仰而言，既有基督教国家，又有佛教国家；就文化而言，既有西方文化，又有东方文化。成员的复杂多样性是APEC存在的基础，也是制定一切纲领所要优先考虑的前提。

APEC是一个区域性的官方经济论坛，比较松散的"软"合作特征，很容易把成员之间的共同点汇聚在一起，并抛开分歧和矛盾，来培养和创造相互信任及缓解或消除紧张关系，从而达到通过平等互利的经济合作，共同发展、共同繁荣，同时推动世界经济增长，以实现通过发展促和平的愿望。

APEC是一个开放的区域经济组织。APEC之所以坚持开放性，其中一个重要原因是APEC大多数成员在经济发展过程中，采取以加工贸易或出口为导向的经济增长方式及发展战略。这样的发展战略所形成的贸易格局使这一地区对区外经济的依赖程度非常高，而采取开放的政策，不仅可以最大限度地发挥区域内贸易长处，同时也可以避免对区域外的歧视政策而缩小区域外的经济利益。

亚太地区是中国对外经济贸易的重要依托。中国对外贸易总额和吸引外资的大部分均来自亚太经合组织成员，中国的发展受益于区域经济，中国的发展也为亚太经合组织注入了独有的活力和动力。中国一直是亚太经合组织的积极参与者、贡献者，为推动建设亚太大家庭发挥了重要作用。

（二）亚太自由贸易区

亚太自由贸易区（Free Trade Area of the Asia-Pacific，FTAAP），亚太自由贸易区是指为APEC成员消除贸易壁垒，但维持对非成员的歧视性、更高的门槛的一种地区性自由贸易区。在APEC成立之初，特别是《茂物宣言》（1994年）提出亚太地区在2020年前实现贸易和投资自由化的目标以来，亚太自由贸易区就开始成为人们谈论的话题。1999年召开的奥克兰会议期间，美国曾支持个别成员提出亚太自由贸易区的建议，只是由于无人迎合，会议才没有就此展开讨论。但美国并未善罢甘休，而是借新西兰、墨西哥与新加坡讨论双边自由贸易之机，顺势提出了包括美国、智利、澳大利亚、新西兰和新加坡的太平洋五国自由贸易区。2010 年横滨 APEC 部长级会议上，与会部长表示，将在各国之间 43 项双边及小型自由贸易协定的基础上，在亚太地区建立自由贸易区（Free Trade Area of the Asia-Pacific，FTAAP），见图 1-14。2014 年 11 月 11 日下午，中国国家主席习近平出席 2014 年亚太经合组织（APEC）领导人非正式会议记者会并讲话。会议决定启动亚太自由贸易区进程，批准了亚太经合组织推动实现亚太自由贸易区路线图，这是朝着实现亚太自由贸易区方向迈出的历史性一步，标志着亚太自由贸易区进程的正式启动，体现了亚太经合组织成员推动区域经济一体化的信心和决心。

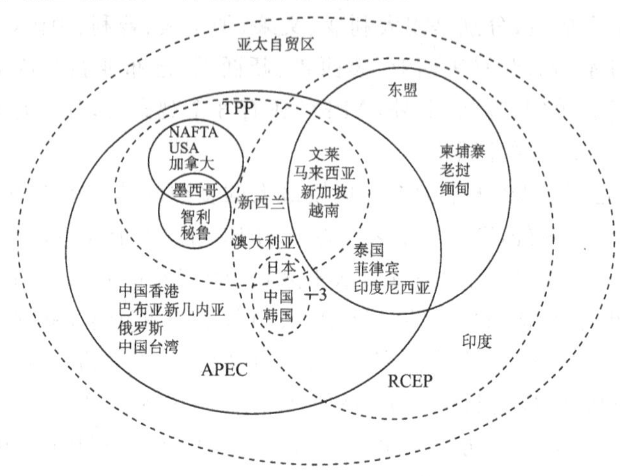

图 1-14　亚太自由贸易区范围分布

资料来源：CBRE Research

亚太自由贸易区的优势：

1.亚太自由贸易区将为成员经济体注入新的活力。这也是一份可以立即开始执行的战略性规划文件，它与中国提出的建设丝绸之路经济带和 21 世纪海上丝绸之路以及筹建亚洲基础设施投资银行等一系列重大构想一道，将为 APEC 各方创造可持续的经济增长。

2.亚太自由贸易区推动全球贸易发展。亚太地区作为全球最具有活力的地区，如统一的贸易区顺利完成，无疑将能够推动全球的多边贸易谈判，成为真正意义上的全球最大的经济体。

3.自由贸易为亚太自由贸易区奠定了基础。自《茂物宣言》提出 2020 年实现贸易和投资自由化的目标以来，经 APEC 历次峰会的推动，各成员的贸易和投资自由化已经取得了实质性的进展。

4.密切合作为亚太自由贸易区奠定了相互信任的基础。

5.亚太自由贸易区有望成为自贸协定的典范。FTAAP 与 TPP 和 RCEP 不是竞争关系，是繁荣共生的合作伙伴关系，因为 FTAAP 更具包容性，更加注重通过建设一体化的基础设施为发展中国家提供贸易上的便利往来，FTAAP 无疑是该地区的发展中国家的最佳选择。因此，FTAAP 建成之后，非常有可能成为全球自贸协定的典范。

(三)东南亚国家联盟

东南亚国家联盟(Association of Southeast Asian Nations,ASEAN),简称东盟。成员国有马来西亚、印度尼西亚、泰国、菲律宾、新加坡、文莱、越南、老挝、缅甸和柬埔寨。

东盟成为东南亚地区以经济合作为基础的政治、经济、安全一体化合作组织,并建立起一系列合作机制。东盟的宗旨和目标是本着平等与合作精神,共同促进本地区经济增长、社会进步和文化发展,为建立一个繁荣、和平的东南亚国家共同体奠定基础,以促进本地区的和平与稳定。

东盟成立之初只是个保卫自己安全利益及与西方保持战略关系的联盟,其活动仅限于探讨经济、文化等方面的合作。1976 年 2 月,第一次东盟首脑会议在印尼巴厘岛举行,会议签署了《东南亚友好合作条约》以及强调东盟各国协调一致的《巴厘宣言》。此后,东盟各国加强了政治、经济和军事领域的合作,并采取了切实可行的经济发展战略,推动经济迅速增长,逐步成为一个有一定影响的区域性组织。

东盟成立形成了一个人口超过 5 亿、面积达 450 万平方公里的 10 国集团。巴布亚新几内亚为其观察员国。20 世纪 90 年代初,东盟率先发起区域合作进程,逐步形成了以东盟为中心的一系列区域合作机制。1994 年 7 月成立东盟地区论坛,1999 年 9 月成立东亚—拉美合作论坛。

此外,东盟还与美国、日本、澳大利亚、新西兰、加拿大、欧盟、韩国、中国、俄罗斯和印度 10 个国家形成对话伙伴关系。2003 年,中国与东盟的关系发展到战略协作伙伴关系,中国成为第一个加入《东南亚友好合作条约》的非东盟国家。

为了早日实现东盟内部的经济一体化,东盟自由贸易区于 2002 年 1 月 1 日正式启动。自由贸易区的目标是实现区域内贸易的零关税。文莱、印度尼西亚、马来西亚、菲律宾、新加坡和泰国 6 国已于 2002 年将绝大多数产品的关税降至 0～5%。越南、老挝、缅甸和柬埔寨 4 国于 2015 年实现这一目标。

(四)跨太平洋伙伴关系协定

跨太平洋伙伴关系协定(Trans-Pacific Partnership Agreement,TPP),是目前重要的国际多边经济谈判组织,前身是跨太平洋战略经济伙伴关系协定,是 2006 年由新加坡、文莱、智利与新西兰启动的自由贸易协定。此后,包括上述的四国,以及美国、澳大利亚、越南、马来西亚以及秘鲁、墨西哥、加拿大、日本先后加入 TPP 谈判。2017 年 1 月 20 日,美国新任总统唐纳德·特朗普就职当天宣布从 12 国的跨太平洋贸易伙伴关系(TPP)中退出,至此,TPP 成员国共有 11 个。2017 年 11 月 11 日,日本经济再生担当大臣茂木敏充与越南工贸部长陈俊英在越南岘港举行新闻发布会,两人共同宣布除美国外的 11 国就继续推进 TPP 正式达成一致,11 国将签署新的自由贸易协定,新名称为“全面且先进的 TPP”(CPTPP,Comprehensive Progressive Trans-Pacific Partnership)(以下统称 TPP)。

TPP 原则上要求 100%废除关税,其内容比自由贸易协定(FTA)更为广泛,自由化程度也更高。除消除关税等贸易壁垒的内容外,还包括实现人员、资金流动的自由化,保护知识产权,改善经营环境、国有企业等内容。当然,各国可根据本国实际情况,在磋商过程中争取一定的缓冲期,以保护本国的弱势产业,如智利就为本国的小麦和砂糖保留了 10 年的缓冲期。在 TPP 已经生效的 4 国中,8 成以上产品的关税已被撤销,其余也将在协议生效后10年内撤除。

TPP是跨区域的自由贸易协定，与以往自由贸易协定相比具有以下三个鲜明的特点：

1. 成员国之间存在巨大的差异性和复杂性。从参与主体来看，各成员国在地理、人口、政治、宗教信仰以及经济发展水平和经济结构等方面存在的差异性和复杂性比较突出。各经济体遍及北美、南美、东亚和大洋洲，既有人口大国，也有人口小国；既有资本主义国家，也有社会主义国家；既有基督教国家，也有佛教国家，还包含儒家文化圈；既有发达国家，也有发展中国家；既有以制造业为主导产业的国家，也有以资源为主导产业的国家。这就决定了亚太地区经济体在涉及农业、劳工、环境、知识产权等方面的谈判时将会有着不同的利益诉求和较大分歧。倘若考虑韩国、泰国等潜在成员国，这种差异性和复杂性还会进一步增大。

2. 协议内容的广度和深度超过以往任何自由贸易协定。从本质上看，TPP仍属于一种FTA形式，但其框架协议中明确提出要树立为一个"21世纪自由贸易协定的标杆、全球贸易合作的新标准"，因而其协议内容无论是广度还是深度，都明显超过以往任何一个亚太区自由贸易协定。从广度上看，它体现了全覆盖的特点，既包括商品贸易、服务贸易等传统FTA的条款，也包含知识产权、劳工、环境、临时入境、国有企业、政府采购、金融、能力构建等亚太区绝大多数FTA尚未涉及或较少涉及的条款。从深度上看，它体现了高标准的特点，目前虽未正式签署，但在关税减免、服务贸易、知识产权、劳工、环境、国有企业、政府采购等相关领域的最终标准都明显超出FTA的现有水平。在商品贸易领域，TPP最终有望实现全部贸易品零关税。在服务贸易领域，FTA的条款一般仅允许准入后国民待遇；在市场准入方面，也仅在特定部门中给予外资企业超出国内规定的市场准入待遇。而TPP则采取准入前"国民待遇＋最惠国待遇＋例外条款"这一自由化程度较高的方式，即对所有服务部门均给予准入前国民待遇和最惠国待遇，仅对国防、金融、航空等少数特殊行业设置例外条款。在知识产权领域，FTA只是要求成员国遵守WTO的《与贸易相关的知识产权协议》(TRIPs)，而TPP对知识产权保护所提出的要求则明显高于TRIPs。此外，TPP在劳工、环境、政府采购、国有企业等领域也提出不少高于FTA的内容和标准。

3. 协议内容和标准仍然体现美式自由贸易理念及其战略利益诉求。从价值理念看，TPP在知识产权、劳工和环境及服务贸易等方面设置的"高标准"，带有显著的美式自由贸易特点，其主要目的在于维护美国及其盟友的经济利益和战略利益。首先，TPP框架协议明确指出，要在知识产权领域实施高于WTO(TRIPs)协议的标准。事实上，美国在技术创新和知识技术密集型产业方面具有明显优势，提高知识产权标准将有助于美国继续保持这方面的优势，并从技术贸易、技术转移和专利使用等方面获取更多的技术扩散收益。但对于发展中国家来说，将不利于以低成本获取先进技术。其次，TPP协议中专门增设了劳工和环境条款，并将贸易与之相挂钩，通过强加于他国较高的劳工环境标准等，有助于美国及其盟友借此对其他成员国的出口产品实施贸易制裁，以达到维护其自身利益的目的。最后，美国及其盟友强调TPP谈判要实现统一原产地规则、全面减免关税、服务贸易的国民待遇和最惠国待遇，主要目的还是为了扩大对亚太区域的出口。

通过前述特点，不难看出，TPP与WTO不尽相同。它从传统、单一、狭义的贸易协定拓展成为现代、广义、综合的贸易协定。除了经济元素以外，TPP包含了许多非经济元素。TPP成员不仅要受到贸易机制的制约，而且还要受到法律法规、社会团体、生态环境、商业模式和公众评判等制约。这可以说是西方国家对于“自由贸易”的全新注解，是整体、多层次发展的自由贸易新模式。

值得一提的是，美国总统特朗普于2017年1月23日(美国东部时间)签署行政命令，正式宣布美国退出跨太平洋伙伴关系协定(TPP)。特朗普签署行政命令时表示，退出TPP对于美国工人来说是件“大好事”。

特朗普在竞选中曾多次抨击TPP将“摧毁”美国制造业，承诺当选后不再签署大型区域贸易协定，而是注重一对一的双边贸易协定谈判。他日前表示美国将很快与加拿大和墨西哥就北美自贸协定重新谈判。

退出TPP、减少进口、保护国内就业并不意味着美国将走向贸易政策上的孤立主义，这些政策的根本目的还是为了最大限度地保护美国利益，向特朗普口中的“美国优先”靠拢。特朗普政府的贸易政策，特别是威胁对在美国境外生产但产品销回美国市场的企业征收高额关税，将削弱美国竞争力，并可能导致美国与其他国家贸易摩擦增加。世界银行和国际货币基金组织等机构都警告说，贸易保护主义抬头等风险将威胁全球经济增长。

(五)跨大西洋贸易与投资伙伴协议

跨大西洋贸易与投资伙伴协议(Transatlantic Trade and Investment Partnership，TTIP)，是指美国和欧盟双方通过削减关税、消除双方贸易壁垒等来发展经济、应对金融危机的贸易协定，即美欧双边自由贸易协定，议题涉及服务贸易、政府采购、原产地规则、技术性贸易壁垒、农业、海关和贸易便利化等。

欧美两大经济体占全球经济总量一半、全球贸易额三分之一。该协定的谈判在2013年6月启动，如果欧美达成协议，将会建起世界最大的自贸区，涉及全球40%的经济产出和50%的贸易活动。据欧盟估计，一旦欧美自贸协定生效，每年将分别给欧盟和美国经济创造1190亿欧元和950亿欧元产值，同时也将涵盖目前全世界50%的GDP，覆盖世界上较富有的8亿人口，会对国际经贸规则的制定产生深远影响。

该协定除减免关税外，TTIP谈判将重点致力于解决市场准入和监管法规、非关税壁垒以及市场规则等三个关键性问题，让欧美市场融为一体，包括相互开放银行业、政府采购等，统一双方的食品安全标准、药品监管认证、专利申请与认证、制造业的技术与安全标准，并实现投资便利化等。一旦美欧在产品技术标准上达成一致，将对全球产生重要影响，成为新的国际标准。如果达成，TTIP就将成为新的国际贸易、投资规则的基础，进而影响到整个全球化规则制订，和跨太平洋伙伴关系协定(TPP)一道，大大提升中国参与全球化的成本。TPP理论上无法排斥中国，但由于美欧经济差距更小，TTIP比TPP更容易达成协议，对中国的战略挤压效应更加突出。中国将不得不再次面临着重塑的西方，能否通过将来的中欧FTA或金砖FTA化解之，考验中国的战略智慧。欧美期待此举能为各自的经济注入活力。TTIP谈判将创建世界上最大的自由贸易协定，并可能重振自冷战结束以来跨大西洋关系。TTIP不仅是自贸协定，更要建立起一整套协作机制，最终目标是形成美欧利益共同体，即“经济版北约”，以应对日益变化的国际经济环境带来的新机遇和挑战。

虽然欧美的自贸协定前景光明，但是谈判将异常困难，双方在开放服务业、金融业、音像业、政府采购、农业、交通业等问题上也分歧“非常大”。美欧高调推进 TTIP，并非仅仅因为经济因素，重掌国际贸易，主导全球贸易“话语权”，才是其背后的真正动因。发展中国家的崛起，特别是新兴市场国家经济力量的快速提升，打破了原有的全球经贸、财富聚集的格局。随着经济实力的提升，发展中国家在国际舞台上的影响力和话语权不断增加，使得欧美通过主导全球多边规则获得更多经贸利益的企图化为泡影，这也成为多哈回合谈判久拖不决直至搁浅的最重要的原因之一。同时，发展中国家在全球自贸协定热潮中表现积极，长此以往美欧等国在国际贸易规则制定中的领导地位会逐步丧失。因此，形成新一轮没有新兴市场国家参加的全球规则谈判，重塑全球的新贸易规则，重新掌握国际贸易领导权，抑制发展中国家日益上升的影响力，成为欧美两大经济体的共同目标。

（六）中日韩自由贸易区

中日韩自由贸易区这一设想是 2002 年在中日韩三国领导人峰会上提出的。设想中，中日韩自由贸易区是一个由人口超过 15 亿的大市场构成的三国自由贸易区。自由贸易区内关税和其他贸易限制将被取消，商品等物资流动更加顺畅，区内厂商往往可以降低生产成本，获得更大市场和收益，消费者则可获得价格更低的商品，中日韩三国的整体经济福利都会有所增加。2012 年 11 月 20 日，在柬埔寨金边召开的东亚领导人系列会议期间，中日韩三国经贸部长举行会晤，宣布启动中日韩自贸区谈判。

当前，中日韩作为东亚地区三个大国，GDP 总量已达到 15 万亿美元，占全球 GDP 的 20%，占东亚 GDP 的 90%，已超过欧盟，但三国之间的贸易量只占三国对外贸易总量的不足 20%。建立中日韩自贸区将逐步实现货物、人员和资本的自由来往，促进各国产业调整和经济发展。

中日韩均为亚洲重要经济体，其经济总量约占亚洲的七成。在过去 10 年间，中日两国贸易和中韩两国贸易的结构逐渐趋同。在中日两国贸易方面，中国对日本的机械设备和电子产品的出口比重明显增加，其中很大比例是加工贸易方式，大部分为日本在华企业产品出口，属产业内和公司内贸易。而韩国从中国进口的商品也逐步从初级产品转变为工业半成品或制成品，产业内贸易也日益普遍。

中日韩产业优势的不同带来自由贸易区成立的基础。相对发达的日本和韩国在资本和技术密集型产业上竞争优势明显，而中国的竞争优势仍主要集中于资源或劳动密集型产品上。随着国际形势的变化，以及中日韩经济结构的调整，这种条件是否能够延续，自由贸易区的建立对中日韩的不利因素有哪些，如何通过制度设立将成本降至最低，都需要深入思考。

（七）区域全面经济伙伴关系

区域全面经济伙伴关系（Regional Comprehensive Economic Partnership，RCEP），即由东盟十国发起，邀请中国、日本、韩国、澳大利亚、新西兰、印度共同参加（“10＋6”），通过削减关税及非关税壁垒，建立 16 国统一市场的自由贸易协定。它是由东盟国家首次提出，并以东盟为主导的区域经济一体化合作，是成员国间相互开放市场、实施区域经济一体化的组织形式。RCEP 的达成将涵盖约 35 亿人口，GDP 总和将达 23 万亿美元，占全球总量的1/3,所涵盖区域也将成为世界上最大的自贸区。

在2018年11月14日的会议上,李克强总理表示,RCEP是基于WTO规则基础上更高水平自贸协定的区域合作协议,在当前贸易保护主义、单边主义抬头的背景下,这一协定的达成,有利于区域各国向世界发出积极信号。

RCEP是应对经济全球化和区域经济一体化的发展而提出的。由于推动全球自由贸易的WTO谈判受阻,面对经济全球化中的一些负面影响,要想在世界经济中立于不败之地并有新发展,就必须加强区域经济一体化,为此,部分国家之间实施"零"关税,相互开放市场,密切合作关系,来寻求合作发展。

RCEP的目标是消除内部贸易壁垒、创造和完善自由的投资环境、扩大服务贸易,还将涉及知识产权保护、竞争政策等多领域,自由化程度将高于东盟与这6个国家已经达成的自贸协议。RCEP拥有占世界总人口约一半的人口,生产总值占全球年生产总值的三分之一,其是应对经济全球化和区域经济一体化的发展而提出的。

东盟力推RCEP主要基于四个方面原因:

1.巩固和发展东盟在区域合作中的主导作用,这一主导作用关系到东盟的发展和稳定,关系到东盟国际地位的提升和在国际事务中发挥更大的作用。

2.整合和优化东盟与中、日、韩等6国已签署的自由贸易协定,改变规则过多、操作易乱的现状,以建成一个高质量的自贸区。

3.应对美国主导的TPP和中日韩计划建自贸区而带来的新变化。

4.通过RCEP进一步密切东盟经济关系和提升凝聚力。

二、美洲地区

(一)北美地区

北美(Northern America)地区通常指的是美国、加拿大和格陵兰岛等地区,是世界上经济最发达的大洲,其GDP总量明显超越了欧盟,其人均GDP更是远远地超越了欧盟,是世界15个大区之一。北美最主要的两个国家——美国和加拿大——均为发达国家,其人类发展指数较高,其经济一体化水平也很高。总面积2422.8万平方千米(包括附近岛屿),约占世界陆地总面积的16.2%,是世界第三大洲。人口总共4.62亿,约占世界总人口的8%。

美国和加拿大是经济发达的国家,工业基础雄厚、生产能力巨大、科学技术先进。农、林、牧、渔业也极为发达。北美其他国家除墨西哥有一些工业基础外,多为单一经济国家。北美采矿业规模较大,主要开采煤、原油、天然气、铁、铜、铅、锌、镍、硫黄等,而锡、锰、铬、钴、铝土矿、金刚石、硝石、锑、钽、铌以及天然橡胶等重要的战略原料几乎全部或大部分靠进口。主要工业品产量在世界总产量中的比重为:生铁、钢、铜、锌等均占20%左右,铝占40%以上,汽车约占37%。

北美农业生产专门化、商品化和机械化程度都很高。中部平原是世界著名的农业区之一,农作物以玉米、小麦、水稻、棉花、大豆、烟草为主,其大豆、玉米和小麦产量在世界农业中占重要地位。中美洲、西印度群岛诸国和地区主要生产甘蔗、香蕉、咖啡、可可等热带作物。

北美铁路总长420000多千米。内河通航里程约55000多千米。公路四通八达。美国东北部是交通最发达的地区,其次是美国中部、东南部、西部沿海地区;加拿大东南部;

墨西哥东部，以公路和铁路运输为主。古巴的糖厂铁路专用线较发达。加拿大中部地区的夏季河运、冬季雪橇运输也很重要，北部沿海地区以雪橇运输为主。

1.北美自由贸易协议

北美自由贸易协议(North American Free Trade Agreement，NAFTA)，是美国、加拿大及墨西哥在1992年8月12日签署的关于三国间全面贸易的协议。该协议由美、加、墨三国组成，经过几年协商，在1994年1月1日正式生效。协定决定自生效之日起在15年内逐步消除贸易壁垒、实施商品和劳务的自由流通，以形成一个拥有3.6亿消费者，每年国民生产总值超过6万亿美元的世界最大的自由贸易集团。该协定的目的是通过在自由贸易区内扩大贸易及投资机会，来促进美、加、墨三国的就业机会和经济增长，增强三国在全球市场的竞争力。北美自由贸易协议明确规定三个会员国必须遵守国民待遇、最惠国待遇及程序透明化等原则。在三个会员国关系中，墨西哥和加拿大依赖美国的市场，墨西哥主要向美、加输出制造业、农业等劳动密集型产业制成品，并从美、加获得技术和资本；美国扩大了对墨西哥的投资，转移大量制造业，并增加了旅游、运输、知识产权等产品的出口。2017年，美国对加、墨直接投资分别达到3912亿美元和1096亿美元。三大生产网络之一的北美生产网络形成。

与欧盟性质不一样，北美自由贸易协议不是凌驾于国家政府和国家法律上的一项协议。北美自由贸易协议于生效之日同时宣告北美自由贸易区(North America Free Trade Area，NAFTA)正式成立。北美自由贸易区国民生产总值约6.45万亿美元，年贸易总额1.37万亿美元，其经济实力和市场规模都超过欧洲联盟，成为当时世界上最大的区域经济一体化组织。

北美自由贸易协议是一项国际协议，与条约非常类似。在美国法律中，它被作为国会的行政协定。协定的第一条明确规定，墨西哥、加拿大、美国根据关税和贸易总协定的基本原则，正式建立一个自由贸易区。其成立宗旨是取消贸易障碍，创造公平竞争的条件，增加投资机会，对知识产权提供适当的保护，建立执行协定和解决争端的有效程序，以及促进三边的、地区的以及多边的合作。三个会员国彼此必须遵守协定规定的原则和规则，如国民待遇、最惠国待遇及程序上的透明化等来实现其宗旨，借以消除贸易障碍。

需要关注的是，NAFTA对于原产地的规定为该协议中最重要的部分，其对于原产地证明的规定十分严格且复杂，外国投资企业赴当地投资应认真评估其生产的产品是否能符合该原产地规定，不然仍然不能享有其优惠。而其原产地证明书仅须由出口商填写，如何确保其申报之正确性为NAFTA三国的海关通过事后稽核制度，以及三国间之合作机制，相互提供所需资料与协助，来确保原产地证明之正确有效。在权利方面，北美自由贸易区内的国家，货物可以互相流通并减免关税，但对贸易区以外的国家，则仍然维持原关税及障碍。

2.美墨加贸易协议

美墨加贸易协议(The United States-Mexico-Canada Agreement，简称USMCA)，这是美国、墨西哥与加拿大三国之间的新版地区贸易协议，被认为是前身《北美自由贸易协议》(NAFTA)的延续。相较于旧版NAFTA，此次签署的《美墨加贸易协议》最鲜明的变化在于两点：一是大幅增加了对美国有利的条款内容；二是协定名称上没有了“自由贸易”

的字眼，并具备明显的排外性质。

NAFTA 成立后，美国对加、墨贸易逆差显著增长，大量劳动密集行业向墨西哥转移，导致美国工人就业受到冲击。为此，特朗普在美国总统竞选中曾声称 NAFTA 是“美国有史以来最糟糕的协定”，认为需要大幅调整。在正式就任美国总统后的第三天，特朗普表示将在同加拿大和墨西哥领导人会面时商讨重新谈判事宜。2017 年 8 月，特朗普拒绝续签 NAFTA，并启动了首轮重新谈判，表示将在知识产权、规制措施、海关程序、中小企业等方面改进协议，到 2018 年 7 月，三方已经历 8 轮谈判。2018 年 6 月，美国对加拿大、墨西哥、欧盟征收钢铝关税，引致墨、加两国迅速反制。2018 年 8 月下旬，美墨谈判达成突破性进展，形成美墨自由贸易协议。2018 年 9 月 30 日，加拿大与美国达成一致，USMCA 得以签订。2018 年 12 月，美国、墨西哥与加拿大领导人签署了 USMCA 取代《北美自由贸易协议》，2020 年 1 月 29 日，USMCA 扫清了最后的障碍，美国总统特朗普正式签署修订后的美墨加贸易协议。

USMCA 在汽车制造、知识产权、数字贸易、劳工权益、金融服务、农产品等领域达成协议，共包含 34 章内容。协议对国民待遇与市场准入、原产地原则、海关管理与贸易便利化、贸易救济、投资、跨境贸易服务、数字贸易、知识产权、劳工标准、环境标准、监管实践、争端解决等多个领域的标准与实施做出了细致的规定，其中有约 2/3 的章节与 TPP 重合。除了增加了数字贸易等章节外，USMCA 还增加了诸多排他性条款，具有浓重的贸易保护主义色彩。

与 NAFTA 相比，新协议的名称中已删除了“自由”二字，整体内容并没有进一步降低双边贸易壁垒。该协议是建立以美国为主导的国际双边贸易体系的开端，它将中国等西方社会认定的非市场经济体排除在这一体系外。虽然 USMCA 尚未全面落实，但从特朗普推动全球自由贸易体系改革的方向，可以看出新协议实际上既秉持了其“美国优先”的一贯思路，也和过去的“美式自由贸易”观念一脉相承。美国是新协议的最大受益方，其实现了特朗普政府所谓的“公平、对等”“让美国获益”的贸易准则。USMCA 是特朗普政府利用墨、加经济依赖美国市场的软肋，以威胁退出 NAFTA 重启谈判为开端，以加征钢铝、汽车关税为手段不断施压和墨、加方做出妥协的产物。新协议使得加拿大对美国进一步开放乳制品和酒类市场(加拿大已同意对美国开放约 3.5%)，缓解了美国农产品出口的困境，为特朗普赢得了农业州的选票。作为交换，加拿大和墨西哥换来了美国汽车关税的豁免、延长至 16 年的日落条款以及与加拿大保留的争端解决机制等条款。新协议通过实施汽车产业苛刻的原产地规定以及高工资劳动含量要求，力图培育产业链相关技术人员，提振美国汽车业的同时保证相当部分的制造业生产回流至美国，增加美国本土就业机会。此外，新协议在延长生物制药数据保护期、版权等方面提高原来加拿大主张的标准，有利于对美国医药行业和知识产权的保护。

双边主义(或区域贸易协议)本质上是就是保护主义。所以，哥伦比亚大学教授巴格沃蒂将其称为贸易体制中的“白蚁”，认为其蛀蚀了自由贸易体系。与之相反，中国推崇的“人类命运共同体”，明显是一种全球主义的方案。但是，特朗普及其助理纳瓦罗从来就不承认自己是保护主义者，特朗普总是以退出 WTO、G7、北美自由贸易区等作为威胁，来迫使伙伴国做出实质性让步，并称其终极目标是真正的自由贸易，世界范围内的双边贸易协议是大小形状各不同的石头,很难想象如何将它们用来建立多边自由贸易。

不难看出,美国试图通过 USMCA 建立一定的区域内贸易壁垒和较强的对外贸易壁垒,以达到重建以美国为中心的北美区域价值链的战略目的。作为有史以来对国际贸易规则制定最多、涵盖面最广的协议,USMCA 也在一定程度上反映了国际贸易与投资新规则发展的最新趋势,这值得进一步跟踪研究。

(二)拉丁美洲地区

拉丁美洲是指美国以南的美洲地区,也就是地处北纬 32°42′和南纬 56°54′之间的大陆,包括墨西哥、中美洲、西印度群岛和南美洲。

拉丁美洲东临大西洋,西靠太平洋,南北全长 11000 多公里。东西最宽处 5100 多公里,最窄处巴拿马地峡仅宽 48 公里。北部有墨西哥湾和加勒比海。面积 2056.7 万平方公里。2008 年人口为 5.77 亿,主要是印欧混血种人和黑白混血种人,次为黑人、印第安人和白种人。

就地区居民的语言而论,西班牙语占统治地位(巴西为葡萄牙语,海地为法语),由于本区都隶属拉丁语族(罗曼语族),因此美国以南的众多国家被称为拉丁美洲国家,这个地区被称为拉丁美洲。

拉丁美洲共有 33 个国家和地区,墨西哥、危地马拉、洪都拉斯、萨尔瓦多、尼加拉瓜、哥斯达黎加、巴拿马、古巴、海地、多米尼加、牙买加、特立尼达和多巴哥、巴巴多斯、格林纳达、多米尼加联邦、圣卢西亚、圣文森特和格林纳丁斯、巴哈马、圭亚那、苏里南、委内瑞拉、哥伦比亚、巴西、厄瓜多尔、秘鲁、圣基茨和尼维斯、玻利维亚、智利、阿根廷、巴拉圭、乌拉圭、伯利兹、安提瓜和巴布达。还有仍处于美、英、法、荷统治下的二十个殖民地。

1.南美洲国家联盟

南美洲国家联盟前身为南美国家共同体(South American Community of Nations, CSN,南共体)是由玻利维亚、哥伦比亚、厄瓜多尔、秘鲁和委内瑞拉 5 个安第斯共同体成员国,阿根廷、巴西、乌拉圭和巴拉圭 4 个南方共同市场成员国以及智利、圭亚那和苏里南等国家组成。2008 年 5 月 23 日,上述 12 国领导人在巴西利亚签署《南美洲国家联盟宪章》,宪章指出,南美洲国家将加强成员国之间的政治对话,重点在经济、金融、社会发展、文化、环保、能源和基础设施等领域开展区域一体化建设,并致力于解决贫困、社会不公和被排斥等问题。该组织另有 2 个观察员国。南美洲国家联盟的宗旨是实现地区政治、经济、社会和文化领域的全方位一体化,优先促进政治对话并深化在社会政策、教育、能源、基础设施、金融和环境领域的合作。

在巴西、委内瑞拉等国的推动下,南美洲国家的一体化取得了不少成绩,如成立了南方石油公司、南美输气管道,开设南方电视台,建立了南方银行等,南美洲国家联盟宪章的签署和联盟的正式成立进一步推动了南美洲一体化的进程。正如巴西总统卢拉所说,《南美洲国家联盟宪章》的签署标志着南美洲一体化进程取得了一个里程碑式的胜利,是“朝着正确的方向迈出来历史性的一步”。

联盟成立的主要意义在于,第一,在联盟宪章经过成员国国会通过后,南美洲国家联盟将从此具有国际法人资格,正如巴西总统卢拉所言,“南美国家从此将以一个共同的身份出现在国际舞台上”,南美洲国家联盟将与欧盟、非盟等地区组织展开对话,谋求地区间合作。

第二，南美洲国家联盟是由拉美国家自己建立的独立于美国的一体化组织，它没有让美国参加，南美联盟将在21世纪提高南美洲人的地位。

第三，南美洲国家将加强联盟内部成员国之间的政治对话，重点在经济、金融、社会和文化等领域开展区域一体化建设。南美洲国家联盟将可能建立一个中央银行，为本地区发行一种统一的货币。

第四，准备成立南美洲防务委员会。这个南美洲防务委员会将采用北大西洋公约组织的模式，其目标包括：保卫本地区拥有的丰富的自然资源，防止和制止任何直接干涉南美洲国家的图谋，缓解南美洲国家之间的关系。

2.拉丁美洲一体化协会

拉丁美洲一体化协会（Asociacion Latinoamericana De Integracion，ALADI）是拉丁美洲国家的地区性经济合作组织。其前身是在1960年2月由阿根廷、巴拉圭、巴西、秘鲁、墨西哥、乌拉圭、智利等7国组成的拉丁美洲自由贸易协会。因其建立拉美共同市场的计划没有取得进展。1980年8月12日，该协会11个成员国的外长在乌拉圭首都蒙得维的亚签署了《蒙得维的亚条约》，宣告拉丁美洲一体化协会成立。1981年3月18日拉美一体化协会正式成立，用以代替自由贸易协会。成员国除上述7国外，还有哥伦比亚、玻利维亚、厄瓜多尔、委内瑞拉4国，总部设在蒙得维的亚。该组织的宗旨为促进和协调成员国相互间的贸易，扩大出口市场和经济合作，在双边和多边合作的基础上，实现地区经济一体化，最终建立拉美共同市场。基本职能是为拉美地区一体化组织和拉美国家双边协定提供保护，为双边和多边贸易提供方便和咨询。

目前拉丁美洲一体化协会的成员主要包括阿根廷、玻利维亚、巴西、哥伦比亚、智利、厄瓜多尔、墨西哥、巴拉圭、秘鲁、乌拉圭、委内瑞拉、古巴、巴拿马和尼加拉瓜。各成员国按经济发展水平分为三个等级，巴西、墨西哥、阿根廷为经济“高等发展”水平，智利、哥伦比亚、秘鲁、乌拉圭、委内瑞拉、古巴和巴拿马为“中等发展”水平，厄瓜多尔、巴拉圭、玻利维亚和尼加拉瓜为“低等发展”水平。现在向该协会派常驻观察员的国家有：萨尔瓦多、洪都拉斯、西班牙、葡萄牙、危地马拉、多米尼加、哥斯达黎加、尼加拉瓜、意大利、巴拿马、瑞士、俄罗斯、罗马尼亚、中国、韩国、日本、乌克兰。而向该协会派常驻观察员的国际组织有：联合国拉美和加勒比经济委员会、美洲国家组织、美洲开发银行、联合国开发计划署、欧盟、拉美经济体系、安第斯开发银行、泛美农业合作委员会、泛美卫生组织、世界卫生组织、伊比利亚美洲秘书处。

3.拉丁美洲经济体系

1974年7月，墨西哥总统埃切维里亚提出建立拉美经济合作和协调机构的设想。1975年3月，埃切维里亚总统和委内瑞拉总统佩雷斯发表联合公报并致函拉美各国首脑，正式倡议成立“拉丁美洲经济体系拉丁美洲经济体系（Sistema Económico Latinoamericano y del Caribe，SELA）”。1975年10月17日，拉美23国政府代表签署《巴拿马协议》，宣告成立拉丁美洲经济体系。1976年6月7日协议正式生效，其官方语言为西班牙语、英语、法语和葡萄牙语。拉丁美洲经济体系的宗旨是本着平等，主权，独立，团结，互不干涉内政，互相尊重各国政治、经济和社会制度差异的原则，促进拉美地区合作，推动地区一体化进程，制定和执行经济、社会发展规划与项目，协调拉美各国有关经济和社会问题的立场与战略，切实维护拉美国家的合法权益，为建立公正、合理的国际经济新秩序而努力。

拉丁美洲经济体系常设秘书处，即总部设在委内瑞拉首都加拉加斯。成员国主要有28个，包括了阿根廷、巴巴多斯、巴哈马、巴拉圭、巴拿马、伯利兹、巴西、秘鲁、玻利维亚、多米尼加、厄瓜多尔、哥伦比亚、哥斯达黎加、格林纳达、古巴、圭亚那、海地、洪都拉斯、墨西哥、尼加拉瓜、萨尔瓦多、苏里南、特立尼达和多巴哥、危地马拉、委内瑞拉、乌拉圭、牙买加和智利。此外，有50多个拉美、欧洲和联合国的政治、经济和社会组织为观察员。

当前，该地区性组织在促进该地区的经济合作和一体化，以及在维护拉美国家的合法利益方面发挥着越来越大的作用，它反对美国对拉美国家实行经济封锁和制裁，要求美国取消对古巴的经济和贸易封锁，并谴责美国旨在惩罚同古巴进行贸易、投资的国家和企业的赫尔姆斯—伯顿法。该组织同中国的经济贸易关系发展顺利。

4.美洲国家组织

美洲国家组织(Organization of American States，OAS)是由美国和拉丁美洲的国家和地区组成的区域性国际组织，其前身是美洲共和国国际联盟。成立于1890年4月14日，1948年在波哥大举行的第9次泛美大会上改称现名。现有34个成员国，并先后有58个欧美及亚非的国家或地区在该组织派有常驻观察员。该组织总部设在华盛顿，在日内瓦设有驻欧洲办事处，在各成员国设有办事机构。OAS的宗旨是加强本大陆的和平与安全，保障成员国之间和平解决争端；在成员国遭到侵略时，组织声援行动；谋求解决成员国间的政治、经济、法律问题，促进各国经济、社会、文化的合作；控制常规武器，加速美洲国家一体化进程。

美洲国家组织的前身是“美洲大陆共和国联盟”。1889年10月至1890年4月，美国同拉美17国在华盛顿举行第一次美洲国际会议，4月14日建立了“美洲共和国国际联盟”及其常设机构“美洲共和国商务局”，并定为“泛美日”。1901年10月—1902年1月，第二次美洲国际会议在墨西哥召开，提出改组“商务局”。1910年在布宜诺斯艾利斯举行的第四次会议上，把“美洲共和国国际联盟”改名为“美洲共和国联盟”，把“商务局”改名为“泛美联盟”。1945年3月，在《联合国宪章》签署之前，美洲21国在墨西哥举行的泛美会议决定改组和建立一个美洲区域性组织。1948年在波哥大举行的第九次会议上，通过了《美洲国家组织宪章》，改称为“美洲国家组织”。1967年第三次泛美特别会议通过了宪章的修改议定书，1970年2月27日生效。议定书规定以“美洲国家大会”取代“美洲国际会议”，会期由原每5年举行一次改为每年举行一次，常设机构改称“秘书处”。

5.南方共同市场

南方共同市场(South American Common Market，MERCOSUR)是南美地区最大的经济一体化组织，也是世界上第一个完全由发展中国家组成的共同市场。1991年3月26日，阿根廷、巴西、乌拉圭和巴拉圭4国总统在巴拉圭首都亚松森签署《亚松森条约》(条约于同年11月29日生效)，宣布建立南方共同市场。此后，南方共同市场先后接纳智利(1996年10月)、玻利维亚(1997年)、秘鲁(2003年)、厄瓜多尔(2004年12月)和哥伦比亚(2004年12月)等国为其联系国。该组织宗旨是通过有效利用资源、保护环境、协调宏观经济政策、加强经济互补，促进成员国科技进步，最终实现经济政治一体化。

南方共同市场(MERCOSUR)是拉美地区举足轻重的区域性经济合作组织，由巴西、阿根廷、乌拉圭和巴拉圭等 4 个成员国以及智利和玻利维亚两个联系国组成,近 3 亿人口,年产值超过 1 万亿美元,贸易额达 2000 亿美元,经济总量居全球第五位。南方共同市场建立于 1991 年 3 月 26 日,试运转 3 年后于 1995 年 1 月 1 日正式运行。成立以来,南方共同市场取得了令人瞩目的成绩,2014 年已成为世界第四大经济集团。而且,该组织的合作范围还在向其他领域,特别是政治、外交领域拓展。

南方共同市场成员国间绝大部分商品实行无关税自由贸易,共同对外关税则为 23%。南方共同市场为各成员国带来了巨大的现实利益,成员国间贸易和对外贸易增长显著。共同市场充满活力的运转和广阔的发展前景吸引了众多投资者,2019 年 5 月 23 日总部位于巴西圣保罗的南方共同市场商会中国代表处在北京正式成立,为在"一带一路"框架下进一步促进中拉经贸合作注入活力。

6.美洲自由贸易区

美洲自由贸易区(Free Trade Area of Americas ,FTAA)的设想是在 1994 年美国迈阿密西半球首脑会议上提出的,目的是于 2005 年年初在西半球建立一个世界上面积最大、年 GDP 总值达 14 万亿美元、拥有 8 亿人口的自由贸易区。美洲自由贸易区(FTAA)是冷战后由美国提出的旨在建立美洲地区经济一体化,应对经济全球化和区域集团化挑战,维护美国世界霸主地位的一项重要举措,是冷战后美国全球战略调整的重要内容。加入美洲自由贸易区也是冷战后拉美国家应对经济危机,参与经济全球化的重要机遇。尽管美拉双方实力悬殊,目的各异,但在冷战后世界局势发生历史性变化的转折时刻却找到了彼此利益的契合点。这是继战后罗斯福的睦邻政策、肯尼迪的争取进步联盟政策之后美拉之间的又一次历史性合作。FTAA 成立后,将是全球最大的自由贸易区,与欧盟(European Union,EU)形成对峙之势。

美洲自由贸易区从倡议到构想虽是在美国主导下进行的,但也得到了拉美国家的响应,在最终建成自由贸易区这个问题上,拉美国家和美国是基本一致的。因为组建 FTAA 具有多方面的动因,既有经济上的缘由,同时也有政治上的考虑。面对日益加速的经济全球化和以欧共体为主的区域经济集团化的挑战,美国开始重新审视拉美在美国全球战略中的地位。美国一改传统的自由贸易区主要局限在发达国家之间的做法,主动与作为南方国家的拉美成立自由贸易区,FTAA 的提出对美国来说具有战略意义,即通过取得区域内部主导权,增强对国际经济规则的影响力,以便在大国间竞争中处于有利地位。美洲自由贸易区的提出标志着美拉合作由冷战期间的侧重军事安全转为冷战后侧重经济安全。美国提出建立美洲自由贸易区最终目的是通过取得本地区经济一体化的主导权,即本区域内的"规则制定权",一方面强化拉美国家对美国的依赖,另一方面获得国际经济规则制定过程中的主导权,从而在以集团化的形式展开的大国竞争中确立美国稳定的霸主地位。

然而,美国试图根据自己的意图和标准掌握美洲自由贸易区主导权在拉美国家引起了不同反应。以巴西为代表的南美共同体主张南美国家以一个整体有条件加入美洲自由贸易区,挑战美国主导地位;古巴、委内瑞拉和玻利维亚组成的反美三国同盟坚决反对美洲自由贸易区,并提出玻利瓦尔美洲替代计划。面对世界性的区域集团化趋势,美洲自由贸易区的建立乃大势所趋,美国仍会想方设法推进 FTAA 的最终建立,大多数拉美国家还是希望在平等互利的基础上加入 FTAA，美拉之间围绕 FTAA 的合作仍会继续，但在一些敏感领域的分歧还会存在，合作与冲突并存仍是贯穿未来美拉关系的一条主线。

美洲自由贸易区(FTAA)若正式建立，将形成一个包括 34 个国家、涵盖 8 亿多人口、将近 10 万亿美元产值的世界最大的自由贸易区，并与欧盟(EU)和亚太经济合作组织(APEC)一道构成全球贸易和投资基本格局。因此，FTAA 的建立将是世界贸易体系中一个具有里程碑意义的事件。它将对我国产生何种影响等问题亟待我们深入研究。

三、欧洲地区

欧洲，地球七大洲之一，全称“欧罗巴洲”(Europe)，名字源于希腊神话的人物“欧罗巴”，欧洲的面积是世界第六，约有 7.44 亿人口(2019 年数据)，是世界人口第三多的洲，仅次于亚洲和非洲，99%以上人口属于欧罗巴人种，是人种比较单一的大洲。欧洲是人类生活水平较高、环境以及人类发展指数较高及适宜居住的大洲之一。

自 17 世纪以来，欧洲逐渐成为世界经济中心。18 世纪，欧洲爆发人类第一次工业革命，欧洲成为当时世界经济中心。但经历 20 世纪的两次世界大战欧洲逐渐衰落。可以说，欧洲为推动人类历史进程做出了巨大的贡献，现代文明的一切均是由欧洲人奠定。欧洲经济发展水平居各大洲之首，工业、交通运输、商业贸易、金融保险等在世界经济中占重要地位。在科学技术的若干领域内也处于世界较领先地位。这与欧洲是近代工业发源地，以及 15—16 世纪地理大发现和对外殖民掠夺是分不开的。

(一)欧洲联盟

欧洲联盟，简称欧盟(EU)，总部设在比利时首都布鲁塞尔，是由欧洲共同体发展而来的，创始成员国有 6 个，分别为德国、法国、意大利、荷兰、比利时和卢森堡。该联盟现拥有 27 个会员国(原成员国英国已于 2020 年 1 月 31 日脱离欧盟)，正式官方语言有 24 种。欧盟是世界上一支重要的经济力量。27 国总面积为 243.2 万平方千米，人口 5 亿，GDP 有 18 万亿美元。欧盟的宗旨是通过建立无内部边界的空间，加强空间、社会的协调发展，最终实行统一货币的经济货币联盟，促进成员国经济和社会的均衡发展；通过实行共同外交和安全政策，在国际舞台上弘扬联盟的个性。

欧盟的盟旗是蓝色底上的十二星旗，不是因为欧盟一开始只有 12 个国家，代表了欧盟的开端，而是这个十二星旗代表的是圣母玛利亚的十二星冠，寓意圣母玛利亚保佑欧洲联盟。第二次世界大战后，西欧资本主义国家为了在美、苏两大国之间保证自己的安全、提高国际地位、加快经济发展步伐而密切联系，加强合作。1951 年，法国、意大利、联邦德国、比利时、荷兰和卢森堡六国决定把各自的煤钢工业置于共同管理之下，建立欧洲煤钢联营。1958 年，六国又组成了欧洲经济共同体和欧洲原子能联营。1967 年，三个机构合并，统称为“欧洲共同体”。1986 年，又有英国、丹麦、爱尔兰、希腊、西班牙和葡萄牙等六国加入“欧洲共同体”。“欧洲共同体”的主要目标是争取在成员国之间逐步实现商品、人员、劳务和资本的自由交流，进一步促进经济的发展。随着力量的增强，“欧洲共同体”在国际舞台上发挥了越来越重要的作用。

1991 年 12 月，欧洲共同体马斯特里赫特首脑会议通过《欧洲联盟条约》，通称《马斯特里赫特条约》。1993 年 11 月 1 日，《马斯特里赫特条约》正式生效，欧盟正式诞生。2012 年，欧盟获得诺贝尔和平奖。欧盟的条约经过多次修订，运作方式依照《里斯本条约》。政治上所有成员国均为民主国家（2008 年《经济学人》民主状态调查），经济上为世界上第一大经济实体（其中德国、法国、意大利为八国集团成员），军事上绝大多数欧盟成员国为北大西洋公约组织成员。宗旨是促进和平，追求公民富裕生活，实现社会经济可持续发展，确保基本价值观，加强国际合作。

欧洲联盟是欧洲地区规模较大的区域性经济合作的国际组织。成员国已将部分国家主权交给组织（主要是经济方面，如货币、金融政策、内部市场、外贸），令欧洲联盟越来越像联邦制国家。虽然欧洲联盟还不是真正的国家，欧洲联盟本身也无权行使各成员国的主权，但里斯本条约第一条第八项（款）允许欧洲联盟签订欧洲人权公约成为欧洲委员会的成员国。欧盟的资金中 75％来自各成员国按其国民收入的比例交纳的“会费”。第二个收入来源是增值税，增值税约占总收入的 14％。增值税由成员国征收，然后将 1％上缴给欧盟。其他来源还有关税和农产品进口的差价税等。

欧盟是世界上经济最发达的地区之一，经济一体化的逐步深化又促进了该地区经济的进一步繁荣。2018 年，欧盟各成员国国内生产总值达到 18.75 万亿美元，但 2019 年和 2020 年的经济增速和经济总量数据均有所下降。欧盟为世界货物贸易和服务贸易最大进出口方。欧盟对外贸易中，美国、中国、俄罗斯、瑞士为主要贸易伙伴。欧盟也是全球最不发达国家最大出口市场和最大援助者，多边贸易体系的倡导者和主要领导力量。值得一提的是，2020 年 3 月 30 日，欧盟央行宣布，已经将价值五亿欧元的外汇储备从美元转成了人民币，这是欧盟央行第一次投资中国人民币，是发达国家第一次将人民币纳为储备货币。可以预见，一旦中国和欧洲的货币互为储备货币，尤其是未来大规模地将人民币作为储备货币，那么美元的国际地位将大大降低，美元在全球范围内征收的铸币税将大大缩水。

（二）英国“脱欧”

1.英国“脱欧”背景

文艺复兴以来，英国逐步崛起，与欧盟之间的差距扩大，英国人觉得自己有欧陆无法比拟的优越性，加上英国是岛国，有明显的地理优势，觉得应该与逐步衰弱的欧盟脱离开来。英国是历史强国，有传统的离心倾向，独立性强。英镑货币比较坚挺，而欧元区的债务危机使英国更想置身事外，以免被拖累。欧盟面临的经济危机，很大程度上影响了英国的经济利益。英国迫切希望脱离欧盟，缓解经济压力。

具体而言，英国“脱欧”的原因主要包括了利益冲突不断加剧、相互猜忌快速发酵、欧洲一体化进程中的社会不平等和社会分化等三点因素。首先，由于历史与地理原因，19 世纪晚期以来，英国一直奉行对欧洲大陆事务不干预政策，被称为“光荣的孤立”。“疑欧”的历史传统以及和欧洲大陆经济发展相异的模式使英国长期和欧洲大陆若即若离。而移民问题是利益冲突最重要的一个原因，英国目前的失业率很高，主要原因在于欧盟是一个整体，只要是成员国的公民都可在欧盟各成员国工作、生活。东西欧的发展极不平衡，西欧主要是一些老牌发达资本主义国家，英国又给居民提供较高额的福利，这就使得东欧国家公民对英国的工作虎视眈眈。关于移民还有一个利益冲突问题，也是最为关键的，近些年，叙利亚、利比亚等中东北非一些国家战争不断，大量人员偷渡到欧洲各国，欧盟议会起草了一个议案，按成员国 GDP 的量来分担移民，英国是欧盟第二大经济体，一旦决议通过，英国将面临更大的就业压力以及社会治理难题。

其次，英国保守党内部也有欧洲怀疑派，不仅如此，还认为欧盟内部的政策对于欧盟有负面作用，未来一些政策趋势也可能损害到英国的利益。如果英国作为欧盟成员，就要丧失很多权利和自主制定国策的机会，欧盟就相当于各成员国的核心，欧盟通过的议案，各成员国就要服从或者因地制宜地修改执行，但不能偏离主线。除此之外，欧盟管辖范围和涉及面较大，包括产品的大小、西红柿的颜色等都有严格要求，这就给成员国很大的限制。

此外，欧洲一体化进程中的社会不平等和社会分化，是英国脱欧更为深刻的经济和社会根源。其最富裕的20%人口和最贫困的20%人群之间的财富差距是欧盟中最严重的三个国家之一。近年来，为了应对债务危机，卡梅伦政府采取的一系列政策举措，包括削减社会福利和调整税收政策，被认为恶化了社会阶层之间的不平等现状，是加速的"撒切尔主义"，英国贫富差距的扩大速度比20世纪80年代还快。英国经济学家的研究结果表明，到2015年，英国最贫困家庭的平均收入下降了12%，而次富裕家庭的收入仅下降3%。英国的社会分化为极端政党动员民粹主义提供了空间。在2014年欧洲议会选举中，疑欧的英国独立党获得了超过20%的选票。此次公投，疑欧和脱欧力量正是抓住了民众在一体化面前的不安全感，承诺控制边境、减少移民、保护英国民众的就业机会，争取支持。以下为英国"脱欧"进程。

2013年1月23日，英国前首相卡梅伦首次提及"脱欧"公投。

2016年6月23日，英国全民公投决定"脱欧"。

2017年12月15日，欧盟宣布与英国在"分手费"等核心议题上取得"足够进展"。

2018年11月25日，欧盟正式通过此前与英国达成的退出协议和《英欧未来关系宣言》两份政治文件，统称"脱欧"协议。

2019年1月15日，英国议会下院投票否决了"脱欧"协议。

2019年3月12日，英国议会就修改后的"脱欧"协议进行了再次投票表决，但该协议仍然没有通过 。

2019年4月8日，英国议会正式通过一项法案，要求首相特雷莎·梅再度向欧盟寻求推迟"脱欧"，以防止4月12日出现"无协议脱欧"局面。

2019年4月10日，欧盟各国达成一致，同意将"脱欧"日期延迟至10月31日。

2020年1月23日，英国国会投票通过脱欧协议，欧洲议会将于1月29日对"脱欧"协议进行最后的审议和表决。

2020年1月29日，欧洲议会全体会议投票通过"脱欧"协议。按照既定程序，在欧洲议会表决后，欧盟理事会需批准该协议，从而完成英国"脱欧"问题在欧盟一方所有程序。

2020年1月30日，欧盟正式批准了英国"脱欧"。

2020年1月31日，英国正式"脱欧"。

2. 英国"脱欧"影响

英国"脱欧"会给欧盟带来离心力，从而影响欧元区正在进行的宽松货币政策，并延迟欧盟经济复苏的步伐。简言之，英国"脱欧"不仅形成了地缘政治上的负面标本，也打击了欧元区国家对欧元的向心力。欧洲主权债务危机时的欧元"散伙论"杂音，或重新在欧元区弥漫。欧元不稳，自然会波及美元、日元等全球主要货币。英国“脱欧”对欧盟是一个严重的打击，在此之前，人们普遍认为，二次世界大战以后开始的欧洲一体化进程将是不会逆转的，所以英国的“脱欧”是对欧洲一体化很大的打击。英国“脱欧”历经 3 年，在英国发生的一切事情，也让其他欧盟国家看到了英国面临的问题很多，但是离开了欧盟面临的问题更多，原先主张“脱欧”的法国极右翼领导人等欧洲国家出现的明确政党领导人都悄然放弃了要求脱欧的政治诉求，因为他们目睹了离开欧盟的困境。

总体而言，“脱欧”对英国的影响是多方面的，也是十分严重的。人们对经济、贸易方面分析很多，英国离开了欧盟，必须和欧盟重新谈判，以何种方式进行贸易、进入欧洲的单一市场。我们讨论的“脱欧”其实是两层含义，一个是分手，分手以后还要确立和欧盟新的关系，“脱欧”是两个进程。实际上“脱欧”之后，英国必须决定和欧盟以什么样新的关系来出现。英国还需要同世界其他的国家展开贸易谈判，包括日本、中国等。英国“脱欧”还可能引起苏格兰与英国的关系举行新的公投，北爱尔兰也可能因为与爱尔兰共和国之间出现硬边境而出现暴力冲突，英国的国际地位将因为脱离了欧盟这个重要的合作平台而受到消极影响。

四、中东地区

中东（英语：Middle East）是东半球中间部分，简称中东。指从地中海东部南部到波斯湾沿岸的部分地区，包括除阿富汗外的西亚的大部分与非洲的埃及、地处于俄罗斯边界的外高加索地区。约 24 个国家，1500 余万平方公里，4.9 亿人口。

中东是一湾两洋三洲五海之地，其处在联系亚欧非三大洲、沟通大西洋和印度洋的枢纽地位。其三洲具体指“亚欧非”三大洲，五海具体指里海、黑海、地中海、红海、阿拉伯海。其中里海是世界上最大的湖泊，也是最大的内陆咸水湖。交通便利，海陆空的路线，可顺利运送石油到各国。位于“五海三洲两洋”之地的中东，是沟通大西洋和印度洋、连接西方和东方的要道，也是欧洲经北非到西亚的枢纽和咽喉。中东在世界政治、经济和军事上的重要地位，使其成为世界历史上资本主义列强逐鹿、兵家必争之地。

中东问题系指阿拉伯国家（包括巴勒斯坦）与以色列之间的冲突问题，也称巴以冲突。中东问题是资本主义列强争夺的历史产物，也是世界上持续时间最长的地区热点问题。中东问题的核心是巴勒斯坦和以色列领土问题。由于各种原因，阿拉伯世界内部并不团结，首先，各个国家信奉伊斯兰教的不同派别（很多国家内部也有派别之争，导致政局动荡），教派之间的冲突影响了国家之间的关系；其次是伊斯兰世界又有阿拉伯民族国家与非阿拉伯民族国家之分，从历史来看信仰伊斯兰教的非阿拉伯民族大多遭到阿拉伯民族的歧视与偏见，由于宿怨，在产生矛盾时极易发生冲突；再次，在各个国家争取独立时，由于西方国家为了自己的利益而将一些国家、民族进行拆分，为以后的纷争埋下伏笔，使得各国不断为领土、种族等发生矛盾；最后，在伊斯兰教复兴于现代的道路中，泛伊斯兰主义与伊斯兰宗教激进主义思潮占伊斯兰复兴运动中的主导思想，但是这不切实际的幻想与现实相距甚远，很多抱有英雄主义观点的阿拉伯国家领导人在国家政策上采取与西方强硬对抗，坚决建立伟大统一的阿拉伯国家，彻底消灭以色列，自然遭到以色列与西方国家的制约。在多重原因（如西方国家的控制、内部种族矛盾）的作用下，使得众多阿拉伯国家中分为亲西派与疏西派（如 1978 年埃及与以色列和解，埃及总统萨达特与以色列总理贝京签订戴维营协议遭到一些阿拉伯国家的反对;叙利亚却与以色列政治立场完全不同,坚决与以色列对立)。

中东具有“一多一少”的特征,一方面中东是世界上石油储量最大,生产和输出石油最多的地区,中东石油主要分布在波斯湾及沿岸地区。由于自身对石油的消费量很少,中东所产石油90%以上由波斯湾沿岸港口用油轮运往欧洲西部、美国、日本、中国等国家和地区,是世界上输出石油最多的地区,对世界经济发展具有举足轻重的影响。另一方面,水资源少,中东水资源极度匮乏,与石油资源的丰富形成鲜明的对比。中东气候干燥,河流稀少,还有大面积没有河流的沙漠地区。水资源匮乏严重影响中东人民的生活和生产。随着人口的增长、经济的发展,中东水资源紧缺日趋严重。河流、湖泊水资源分配上的矛盾,也是形成中东紧张局势的原因之一。

(一)阿拉伯国家联盟

阿拉伯国家联盟(League of Arab States,LAS)简称阿拉伯联盟或阿盟,是为了加强阿拉伯国家联合与合作而建立的地区性国际组织。1945年3月,埃及、伊拉克、约旦、黎巴嫩、沙特阿拉伯、叙利亚和也门7个阿拉伯国家的代表在开罗举行会议,通过了《阿拉伯国家联盟条约》,宣告联盟成立。目前共有21个成员国,其宗旨是加强成员国之间的密切合作,维护阿拉伯国家的独立与主权,协调彼此的活动。

阿拉伯国家联盟是世界上最早成立的地区性国际组织。组织机构主要有首脑会议、联盟理事会和秘书处,总部设在开罗。联盟成员国自成立后陆续缔结了一些加强各方面合作的条约、协定,在维护本地区石油国权益、支持阿拉伯国家联盟会议、巴勒斯坦人民正义事业,处理阿拉伯国家间分歧和解决本地区国家间冲突方面发挥了积极的作用,是当代国际社会,尤其是中东地区的重要政治力量。LAS密切成员国间的合作关系,协调彼此间的政治活动,捍卫阿拉伯国家的独立和主权,维护阿拉伯国家的整体利益,推动各成员国在经济、财政、交通、文化、卫生、社会福利、国籍、护照、签证、司法等方面进行密切合作。成员国相互尊重国家政治制度,彼此之间的争端不得诉诸武力解决,成员国与其他国家缔结的条约和协定对其他国无约束力。

目前阿盟成员为21个,包括阿尔及利亚、阿联酋、阿曼、埃及、巴勒斯坦、巴林、吉布提、科威特、黎巴嫩、利比亚、毛里塔尼亚、摩洛哥、沙特阿拉伯、苏丹、索马里、突尼斯、叙利亚、也门、伊拉克、约旦、科摩罗。2017年以沙特为首的阿拉伯联盟发表声明宣布将卡塔尔排除出该组织。阿盟宪章规定,阿盟总部的永久地址为埃及首都开罗。

五、非洲地区

非洲全称阿非利加洲,位于东半球西部,欧洲以南,亚洲之西,东濒印度洋,西临大西洋,纵跨赤道南北,面积大约为3020万平方公里(土地面积),占全球总陆地面积的20.4%,是世界第二大洲,同时也是人口第二大洲(约12亿)。非洲是世界古人类和古文明的发源地之一,公元前4000年便有最早的文字记载,非洲北部的埃及是世界文明发源地之一。依据最新的联合国经济和社会事务部统计司的联合国地理方案,为方便统计,把非洲分为北非、撒哈拉以南非洲(撒哈拉以南非洲分为中非、东非、南非、西非),共60个国家和地区。

自1415年葡萄牙占领休达,欧洲列强开始对非洲进行殖民统治,约19世纪末至20

世纪初达到巅峰，约有95%非洲领土遭到列强瓜分，资源长期遭到掠夺。1847年后殖民地陆续独立，而非洲独立年(1960年)则象征非洲脱离列强统治，非洲殖民时代结束。由于长期种族冲突、热带疾病丛生、工业化引发的环境破坏，从前的西方殖民主义，独立后腐败的政权，使非洲成为发展中国家最集中的大陆、世界经济发展水平最低的一个洲，全非洲一年的贸易总额仅占全世界的百分之一。

根据非洲发展银行公布的非洲经济分析数据，2019年非洲整体所产生的GDP在2.4万亿美元左右，人均GDP接近2000美元，仍是全球各大洲里面最低的。但近些年非洲经济增速有所加快，2019年非洲整体经济实际增速保持在3.4%左右，要比全球整体经济更高。其中，卢旺达在2019年的经济增速预计为8.7%，排在非洲之首。加之非洲大陆成立了自贸区，有助于提升非洲整体竞争力，未来发展仍可期。

(一)非洲联盟

非洲联盟(African Union，AU)简称非盟，是一个包涵了55个非洲会员国的联盟，是集政治、经济和军事于一体的全非洲性的政治实体。

非洲联盟于未来有计划统一使用货币、联合防御力量以及成立跨国家的机关，这包括一个管理非洲联盟的内阁政府。非洲联盟成员共55个。非盟总部在埃塞俄比亚首都亚的斯亚贝巴。

此联盟的目标主要为了帮助发展及稳固非洲的民主、人权，以及能永续发展的经济，除此之外，亦希望减少非洲内部的武装战乱及创造一个有效的共同市场，最终目标是建立“阿非利加合众国”。前身是1963年在埃塞俄比亚首都亚的斯亚贝巴成立的“非洲统一组织”。2002年7月在南非改组。

非盟的宗旨是实现非洲国家和人民之间更广泛的团结和统一，维护成员国主权、领土完整和独立，促进和平、安全和稳定，加快政治、社会和经济一体化进程，促进民主原则、大众参与和良政，促进和保护人权，推动非洲经济、社会、文化的可持续发展，推动在各领域的泛非合作，提高人民生活水平；协调和统一当前和未来的区域经济组织的政策，以逐步实现非盟目标；维护非洲共同立场和利益，加强国际合作，创造条件使非洲在全球事务中发挥应有作用。

(二)非洲大陆自由贸易区

非洲大陆自由贸易区(AfCFTA)是非洲44个国家签署成立的自由贸易区，旨在通过加强人员、资本、货物和服务的自由流动，促进农业发展、粮食安全、工业化和结构性经济转型，从而深化非洲经济一体化。AfCFTA设想将市场整合与工业和基础设施发展相结合，以解决非洲的生产能力问题。2018年3月21日，非洲44个国家在卢旺达首都基加利举行的非洲联盟(非盟)首脑特别会议上签署成立非洲大陆自由贸易区协议。2019年7月7日，非洲联盟非洲大陆自由贸易区特别峰会在尼日尔首都尼亚美开幕，会议正式宣布非洲大陆自贸区成立。

非洲大陆自由贸易区的目标是通过降低关税、消除贸易壁垒，促进区域内贸易和投资发展，实现商品、服务、资金和人员在区域内的自由流动，将非洲各经济体汇聚成单一的大市场。准确而言，非洲大陆自由贸易区是非洲发展的一件里程碑事件，有望最终形成覆盖13亿人口、国内生产总值达3.4万亿美元的大市场，对非洲经济转型、提升其在全球贸易地位和价值链分工意义重大，将给非洲经济发展带来新动力。截至目前，非盟 55 个成员中，除厄立特里亚外，54 个成员已签署《非洲大陆自由贸易区协议》；其中 27 个成员按本国相关法律程序批准协议后向非盟委员会递交了协议批准书。如果非盟 55 个成员最终全部签署该协议，就成员数量来说，非洲大陆自贸区将成为全球最大自由贸易区。

第三节　反全球化

在开始讨论全球化出了什么问题前，我们应该谈谈它的好处。本书第一节提出了目前全球联系不断增强，人类生活在全球规模的基础上发展及全球意识崛起，国与国之间在政治、经济贸易上互相依存。全球化为创造有史以来最快的全球经济增长做出了贡献，尤其是新兴市场的成功，数亿人摆脱了贫困——仅在中国就有 8 亿多人，并创造了一个新的全球中产阶级。在很多方面，我们应该更多地庆祝全球化带来的成功，例如联合国成功地减少了冲突，保护了儿童和难民，有效地抵御了全球疾病，包括艾滋病毒、禽流感和埃博拉病毒。通过国际组织的努力，许多国家的人们预期寿命有所提高。使用氯氟碳化合物气体导致的致癌臭氧洞正修复。这些是在相对较短的时间内取得的显著成就，我们应该承认这些成就并认识到全球化在其中发挥了关键作用。美国学者罗伯特·萨缪尔森指出“全球化是一把双刃剑，它既是加快经济增长速度、传播新技术和提高富国和穷国生活水平的有效途径，但也是一个侵犯国家主权、侵蚀当地文化和传统、威胁经济和社会稳定的有很大争议的过程”。正因为如此，反全球化思想和运动就一直伴随着全球化的整个进程。一定程度上而言，全球化潜在的优势是无穷的，但是不能否认全球化进程中出现的负面影响，全球化的根本问题在于游戏的规则是由发达国家制定，而发达国家却按照自身利益制定了这些规则，更为准确地说，是为了确保金融寡头和大公司的特殊利益。经济全球化已经超越了政治全球化。

全球化作为 20 世纪和 21 世纪最具深远意义的历史进程之一，其在冷战后高歌猛进，席卷了世界的大部分国家与地区，而在 20 世纪末的世界也出现了“反全球化”现象。“反全球化”最早的标志性事件便是 1999 年 11 月世贸组织西雅图会议期间，发生了震惊国际社会的“反全球化”示威活动，并导致会议无果而终。此后，每逢重大国际经济会议召开，此类抗议活动都会如影随形，“反全球化”的声音虽未成为主流，但却未曾停歇。“9·11”后“反全球化”在西方国家一度陷于低潮，但在国际政治经济格局发生深刻变化的后危机时代，“反全球化”势力异军突起。

自 2016 年以来，英国“脱欧”、右翼民粹主义兴起、“特朗普现象”、美国优先立场、意大利修宪公投失败等带来的巨大冲击，使国际社会充满了对全球化的忧虑，逆全球化、“反全球化”、全球化“终结论”等再度甚嚣尘上。这既是国际社会需要面对的重大现实问题，也是学术界需要回应的学理性难题，亟待我们对其进行反思。

一、西方“反全球化”浪潮的最新表现

发达国家过去一直是全球化的主导者，如今已在不同程度上成为全球化的阻碍力量，这主要表现在贸易政策、移民政策、意识形态和对全球治理的参与程度几个方面。本书将分别从政府层面和非政府层面比较分析美、英、法、德四个欧美大国国内“反全球化”的最新表现，并着重讨论它们在“反全球化”上的异同点。

(一)贸易政策与新保护主义

西方“反全球化”首先体现在反对自由贸易上。2018 年 7 月 6 日,美国违反 WTO 规则,对 340 亿美元中国产品加征 25%的关税,发动了迄今为止经济史上规模最大的贸易战;8 月 30 日,特朗普威胁可能退出世界贸易组织(WTO)这一全球多边贸易机构,这或许是为达到“美国优先”的目的而“以退为进”的施压做法,加之美国未能如期与加拿大就更新北美自由贸易协定达成协议,全球多边贸易机制或将再次面临冲击;此后,中美贸易战再次升级,特朗普宣布自 9 月 24 日起对约 2000 亿美元中国输美产品加征 10%的关税,以及采取其他关税升级措施。与此同时,特朗普政府对全球化的争论进行了重新定义,主张双边贸易协定,并借以威胁说,除非得到“更好的协定”,否则他将对墨西哥(20%)和中国(45%)征收高额关税。他甚至得到许多大公司的鼎力支持,尤其是那些与进口竞争的公司,他们将从新保护主义中获益。

特朗普大力推行“反全球化”的贸易保护政策,致使美国企业和消费者成为首当其冲的受害者,并将破坏已建立起来的全球供应链,给全球经济带来严峻挑战。更可怕的危险在于,特朗普的贸易政策将对二战以来美国努力维护的世界自由贸易体系造成不可弥补的损害,同时也将给美国的世界地位带来新的挑战。而特朗普政府发动的贸易战,美国国内民族主义者认为战争给他们提供了展示爱国主义和国家优越性的机会。在贸易方面,他们关注到中国更依赖于对美国的出口,而不是美国对中国的出口,所以他们有理由这样做。但实际上,事情更复杂。中国已经从依赖出口导向型增长转向内需驱动型增长。与美国的贸易战只会加快变革的步伐,美国经济仅占全球产出的 24%,中国可以将其在美国销售的大部分产品卖给其他国家。这可能会压低这些市场的价格,损害美国的出口,并鼓励这些国家向美国出口更多的产品。

与美国不同,无论在政府层面还是在非政府层面,英国对自由贸易都予以支持。英国“留欧派”和“脱欧派”争论的焦点在于英国的欧盟成员国身份是否束缚了英国在全球的自由贸易。同英国政府的立场大体一致,法国政府和德国政府均拥护自由贸易。但与英国不同的是,法、德两国在非政府层面都存在反对自由贸易的声音。在法国,勒庞领导的“国民阵线”一直坚决反对自由贸易,主张退出欧元区、实行贸易保护措施。在德国,不断坐大并首次进入议会的德国新选择党持反欧元、反自由贸易等极端主张。德国民调机构 Infratest Dimap 调查结果也显示,对于欧盟与美国之间的自由贸易协定,大多数德国人持批评态度,70%的受访者认为《跨大西洋贸易与投资伙伴关系协定》(TTIP)带给德国的主要是弊端,4/5 的民众认为该协定会削弱德国对消费者的保护。

(二)移民政策

在欧洲和美国,移民是跨越国家的流动,已经证明是全球化中最具争议的方面,甚至比贸易更具有争议性。“反全球化”浪潮的另一突出表现便是反移民。美国秉持强硬的反移民立场。自上任伊始,特朗普便签署“禁穆令”,要求遣返非法移民,并坚持在美墨边境修建围墙,引起国内外接连不断的抗议和冲突。特朗普还曾描绘过一张墨西哥人成群结队地穿越边境的图片,事实上,近年来,从墨西哥到美国的移民净流量已经成为负数。但是,特朗普签署新版移民限制令,再次尝试限制部分外国公民进入美国,新限令加剧了美国社会在移民问题上的意见分歧。2018 年年初,特朗普政府用另类的言行来强化其颠覆美国传统的移民政策，他有关移民政策的言论再次引起轩然大波。在他看来，移民是一种优待而非既有权利，必须将国民安全放在首位。此外，特朗普政府的“骨肉分离”移民政策也遭到了普遍反对，于2018年6月被迫叫停。即便如此，特朗普仍然表示，美国政府将继续实施针对非法移民的“零容忍”政策。

在英国，政府在社会福利、工作机会等方面对外来移民进行了诸多限制。当前，特雷莎·梅主政的保守党政府也一直主张以严厉措施限制移民，甚至曾明确表示保守党未来的政策将继续限制移民、把每年净移民人数控制在10万以内，脱离欧盟后的英国将能够更有效地控制来自欧盟国家的移民。英国保守党的主要政治主张是反欧盟、反移民、反体制，其竞选纲领主打反移民政策。这些主张具有强烈的疑欧主义色彩，在很大程度上迎合了感到被英国主流政党和全球化进程“抛弃”的白人蓝领阶层。而英国接连发生的恐怖袭击也在一定程度上反映出外来移民融入英国社会的难题，以及英国主流社会对待外来移民的纠结心态，同时进一步加剧了英国社会对外来移民的排斥情绪。

同英国类似，法国在政府层面和非政府层面也存在反移民倾向。马克龙主张限制移民，呼吁欧洲国家加强与移民源头国家和中转国家的合作，查处偷渡的幕后组织者，瓦解非法移民的网络，切实加强安全和司法工作，为源头国家提供相应的援助。勒庞领导的“国民阵线”强调“法国优先”，主张大力限制移民人数，这也成为“国民阵线”崛起的法宝之一。德国政府对移民持包容姿态，默克尔一贯坚持其“打开大门”接纳难民的移民政策。但德国多数民众认为蜂拥而至的难民超出了德国的接纳能力，而且难民问题引发的暴力事件不断增加，致使默克尔的难民政策自实施以来接连受阻甚至遭遇重挫。此外，极右翼民粹主义色彩的德国选择党主张建立移民打分体系，从源头上加强对移民的控制，同时反对福利移民，反对欧盟开放边境。

不难看出，美国以及许多其他国家都面临一个非法移民问题，如何处理那些没有证件的工人，包括那些入境的童工。这些年轻人，生活在“地狱”里，面临着追求梦想的巨大障碍。无良雇主剥削无证工作者很容易，他们支付低于最低工资标准的报酬或提供安全和卫生都不达标的工作条件，因为这些工人不能诉诸法律保护制度，而且他们易受剥削的事实压低了工资，恶化了其他工人的工作条件。因此，需要找到一条实现这些工人完全公民权的途径。

（三）意识形态

在意识形态上“反全球化”体现为民族主义的高涨与全球主义的式微。无论在政府层面，还是在非政府层面，美国都存在民族主义高涨的倾向。特朗普向来坚持带有民族主义色彩的“美国优先”政策，主张用“美国主义”取代“全球主义”，但从“禁穆令”到退出TPP和《巴黎协定》，他上任后推出的一系列行政命令都有着强烈的排外基调与民族主义色彩，这与传统的多元文化主义、开放包容的熔炉精神形成了鲜明的对比。2017年12月的《美国国家安全战略报告》，在宣告传统大国实力政治、权力政治回归的同时，也宣告了世界似乎正在进入民族主义复兴的时代。“美国优先”加剧了美国国内的分裂，扩大了美国与盟友间的矛盾，触发了国际关系大调整，同时也催生了政策上的孤立主义和保护主义，使美国国际信誉渐失，引发了国际社会的普遍担忧，甚至被控诉为预示着美国国际领导力的终结。

(四)全球治理

我们必须看到全球化的逆潮出现是由于全球化治理缺乏产生的,就全球化的关键决策制定过程而言,哪个群体的呼吁受到关注,政府就会做出有利于哪个群体的决策。比如由于有且只有一个国家(美国)在国际货币基金组织中具有有效的否决权,这种情况就产生了扭曲。美国的立场反映了一小部分群体的特殊利益和特定意识形态,即大公司利益,全球化在很大程度上由大型发达国家的大型跨国公司和金融机构运作,并服务于他们。因此,在全球治理上"反全球化"表现为对全球治理的消极态度和抵制。全球治理面临着国家保护主义还是全球主义的抉择。

特朗普对全球治理持非常负面的态度,相继宣布美国退出一系列多边国际机制,如TPP《巴黎协定》,而TTIP谈判也一再搁浅。特朗普政府对WTO争端解决程序的公开批评,是对以WTO为代表的多边贸易体制的权威性和有效性的重大挑战与打击。美国与其他G20成员在自由贸易、钢铁、移民问题上的明显分歧也在一定程度上导致G20这一全球经济治理平台的分化与对立,未来可能削弱其执行效力,增加全球经济治理的难度。作为全球治理的主导力量,美国的这些做法将给其他国家带来不良的示范效应,从而对国际秩序造成冲击,增加全球治理"失序"和"碎片化"的风险。

不同于特朗普政府,英、法、德三国在政府层面均积极参与全球治理,无论在全球经济治理、安全治理,还是在全球发展治理、环境治理上都发挥了积极的作用。但在非政府层面,英、法、德三国都存在一定程度的抵制全球治理的声音。在英国,独立党坚决反对英国参与欧盟一体化进程,主张削减英国对发展中国家的国际援助;在法国,勒庞及其领导的"国民阵线"更是效仿特朗普高喊"法国优先",对全球化、全球治理予以猛烈抨击;在德国,选择党明确要求"德国退出欧元区共同货币市场",公开反对德国政府在欧债危机中的救助政策,这对全球治理具有一定的负面影响。在这些带有明显反建制色彩的民粹势力崛起的同时,主流政党受到不同程度的削弱,加之恐怖主义、难民危机的冲击,全球治理"失序"和"碎片化"有所加重,在欧洲更是遇到了结构性瓶颈及现实困境。

二、西方"反全球化"浪潮的原因

自2016年以来的西方"反全球化"浪潮并非偶然,而是矛盾长期累积、集中爆发的结果。当前西方"反全球化"浪潮的兴起主要有以下三个方面的原因:

首先,西方国家国内日益严重的贫富分化是导致"反全球化"浪潮的最根本原因。全球化在做大蛋糕的同时,却没有处理好分配的问题。全球化的主要受益群体是发达国家的高收入阶层和发展中国家的中上阶层,受损者则是发达国家的中低收入阶层和发展中国家无法摆脱贫困的低收入阶层。2008年国际金融危机至今影响深远,给全球化带来了严重的冲击,全球经济复苏乏力且发展不平衡,欧债危机之后的欧洲经济持续低迷,新兴国家经济增长也有所放缓。经济下滑对以往的社会福利和保障政策产生了重要影响。工作岗位流失,贫富差距进一步加大。例如,2018年6月,联合国关于极度贫困和人权的最新报告指出,美国是发达国家中最不平等的社会,收入前10%的人口占有全国38%的财富,而特朗普政府1.5万亿美元的减税政策在造福富人的同时也加剧了穷人的困境。"反全球化"实则是西方发达国家弱势群体的呐喊,其根源便在于全球化冲击了弱势国家和阶层的利益。正是贫富分化这一根源性原因,才产生了诸如反自由贸易、反移民乃至反全球和区域合作机制的各种诉求。

其次，新兴国家在全球化过程中的群体性崛起给西方大国带来了沉重压力，西方发达国家希望借助“反全球化”来维护自身利益和既有优势地位。西方发达国家作为全球化的发起者，并不能完全掌控这一历史进程，新兴国家在全球化过程中的群体性崛起使其始料未及且倍感压力。随着以金砖国家为代表的新兴经济体加入这一进程，全球经济重心向亚太地区转移的趋势日渐明显，全球化进程的规则在逐渐被改写，“美国制造”的特征在不断弱化，亚洲的崛起将赋予全球化新的形式，“再全球化”和“优化全球化”将取代“美国化”的全球化。之前的全球化以西方国家为主导，其基础为自由贸易，如今的全球化则日渐由中国及其他新兴经济体引领，并在很大程度上以数字技术为驱动力。民粹主义的盛行又使西方国家感到的这种压力被进一步放大，在西方国家之间，如美国与欧盟之间、英国与欧元区国家以及欧元区国家间矛盾不断凸显的情况下，“反全球化”甚至成为极右翼等政治力量吸引民众、获取选票的工具。

最后，作为世界乱象的重要特征，难民问题和恐怖主义加重了民众对伊斯兰的恐惧，降低了民众对多元文化政策的信心，进而加剧了人们对全球化的质疑和反对。自2015年以来，数百万难民涌入欧洲，致使欧洲正在遭受自二战以来最严重的难民危机。接二连三的恐怖袭击更是冲击着社会安全并挑战着人们的心理底线，从欧洲到美国、东南亚的恐怖活动已对民众造成了严重的心理恐慌和安全威胁。面对经济下滑、失业率增加、社会福利减少、治安困境、社会文化冲突等难题，欧洲国家民众怨声载道，“反全球化”的呼声不断高涨，民粹主义下的难民危机正成为欧洲身份认同的真正威胁。

如果我们理解了上述观点，就不难理解人们对全球化的不满，甚至对应该做什么有了一些想法。但是这些讨论也给一些问题提供了思路，为什么很难做出改变，做出让全球化造福全球的改变，公司的力量创造了只服务于它、它不服务于别人的全球化，它们不会轻易且自愿地放弃自己的权力。

三、当前西方“反全球化”浪潮的影响

可以预见的是，在未来一段时期，“反全球化”浪潮将对西方国家内部和国际社会产生深远影响，主要体现在以下方面。

第一，当前的“反全球化”浪潮会在一定程度上阻碍全球化的进程，但并不能使全球化的大趋势发生逆转，在此番浪潮的冲击下，全球化将进入深度调整期。各国经济相互依存度在日益加深，以跨国公司为代表的跨国资本仍然有经济金融实力继续推进生产要素的跨国界流动。全球性议题也在不断增加，更需要国际社会携手应对。据《2018世界投资报告(中文版)》显示，2017年全球外国直接投资(FDI)流量下降23％，2018年全球FDI增长疲软，增幅最高为10％，但仍远低于过去十年的平均水平。作为一个漫长的客观历史进程，全球化具有不同的发展阶段，当前全球化处在低潮期，但仅局限在全球化的现象或者建立在对全球化片面理解的基础上，就此断言全球化正在倒退甚至走向终结，显然不是理性与科学的认知。

第二，“反全球化”浪潮将对大国关系和国际秩序产生重要影响，也将对全球治理造成一定的负面影响，并可能导致全球公共产品供给不足。特朗普推行“反全球化”的单边主义和贸易保护政策，将不断加大其与欧盟之间的分歧与摩擦，进一步损害美欧之间的互信与伙伴关系。2017 年 G20 德国汉堡峰会上，美国与其他国家在自由贸易、气候变化、移民等问题上的分歧明显，反映出西方国家阵营内部的分裂态势，这也将在很大程度上削弱 G20 的执行效力，增加全球经济治理的难度。特朗普政府于 2017 年年底发布的《美国国家安全战略报告》明确界定了战略竞争对手(中、俄)与合作伙伴(美国盟友)两个对立的国际阵营，该报告所反映出来的战略思维无疑使原有的多边主义国际秩序受到重大挑战，甚至意味着世界可能进入一个大国间战略竞争重新凸显的新冷战时代。

第三，"反全球化"浪潮影响着欧洲一体化进程，并助长了民粹主义和极端主义，在一定程度上引发社会动荡。区域一体化是全球化深入发展的重要成果之一，欧盟可谓世界上规模最大、发展水平最高的区域一体化组织。但英国"脱欧"、民粹主义坐大、难民冲击、恐怖主义威胁等多重危机的相互影响与激荡，使欧盟正经历着自欧洲一体化启动以来最严重的综合性危机。

四、中国面临"反全球化"浪潮的挑战

"当前，世界经济复苏势头仍然脆弱，全球贸易和投资低迷，大宗商品价格持续波动，引发国际金融危机的深层次矛盾远未解决。一些国家政策内顾倾向加重，保护主义抬头，'逆全球化'思潮暗流涌动。面对经济全球化带来的机遇和挑战，正确的选择是，充分利用一切机遇，合作应对一切挑战，引导好经济全球化走向。"

——中国国家主席习近平于世界经济论坛 2017 年年会开幕式演讲

当前的"反全球化"浪潮是对中国经济发展的新挑战。改革开放 40 多年来，中国走的是外向型经济发展道路，发展外向型经济已成为新常态。在"反全球化"浪潮下，西方发达国家贸易保护主义抬头，全球金融监管趋紧，机制安排离心化日渐明显，这些致使全球化更加不平衡。作为备受国际社会关注与期待的负责任大国，中国正在采取积极有效的应对策略，进而贡献自己独特的智慧与方案，这主要体现在以下方面。

第一，捍卫自由贸易，反对贸易保护主义。如今，世界多边贸易体制的推动力量正在发生变化，在一些发达国家呈现出保守甚至倒退趋势之时，以中国为代表的新兴市场国家则扛起了捍卫多边贸易的大旗。无论是在全球层面捍卫以世贸组织为核心的全球多边贸易体制，还是在区域层面推动亚太自贸区、区域全面经济伙伴关系等建设，中国都在积极发挥建设性作用，推动建设开放型世界经济。在达沃斯世界经济论坛上，习近平主席高举自由贸易旗帜，强调应坚定不移发展全球自由贸易和投资，旗帜鲜明地反对保护主义。面对特朗普自上任以来"反全球化"的贸易保护政策和对华贸易战，中国予以了坚定的反对和有力的必要反击。中国积极推动的《贸易便利化协定》于 2017 年 2 月正式生效，意味着世贸组织成员通过批准这一协定而成为多边贸易体系的一分子，世贸组织将继续发挥其作为全球多边贸易体制核心的重要作用。

第二，不断推进全球化再平衡、"一带一路"建设，进一步扩大对外开放，推动形成全面开放新格局。十九大报告在坚持对外开放基本国策、主动参与和推动经济全球化进程的基础上，把"发展更高层次的开放型经济"写入新时代中国特色社会主义的基本方略，这是扩大对外开放、推动经济全球化的重要举措。而"一带一路"则从全球更大范围整合经济要素和发展资源，为推动全球化再平衡开辟了新的路径。"一带一路"建设至今五年来，大幅提升了中国贸易投资自由化、便利化水平,推动中国开放空间从沿海、沿江向内陆、沿边延伸,形成陆海内外联动、东西双向互济的开放新格局;中国同"一带一路"相关国家的货物贸易额累计超过5万亿美元,对外直接投资超过600亿美元,中国对外投资成为拉动全球对外直接投资增长的重要引擎。

第三,积极参与、推进全球治理。在特朗普时代,虽然全球治理在一定程度上已成为一个沉重的话题,但在各国利益深度交织之际,中国政府仍在以更加积极的姿态参与全球治理,为国际社会提供更多的物质性和观念性全球公共产品,巩固各国对全球治理的共识,推动全球治理从美国主导的霸权治理向"共商、共建、共享"及更加有效与包容的全球治理转型。例如,在经济治理方面,中国发起成立的亚洲基础设施投资银行(AIIB),便是对现存国际治理体系的创新、补充和发展。如今的亚投行已承担起为亚洲基础设施建设提供融资的重要功能,已成为国际组织的重要一员,也成为中国积极承担国际责任、致力于推动全球化的标志之一,有助于推动全球经济治理体系朝着更加公正、合理、有效的方向发展。共建"一带一路"同样顺应了全球治理体系变革的内在要求,彰显了同舟共济、权责共担的命运共同体意识,为完善全球治理体系变革提供了新思路、新方案。

第四,中国政府应从西方国家的"反全球化"浪潮中吸取经验、总结教训,特别关注全球化过程中财富的创造与分配问题,不断改善国内的贫富分化现状,使利益分配趋向公平合理,更多地关注国内民生,努力消除"反全球化"思潮滋生的土壤。党的十九大再次强调了坚持大扶贫格局、坚决打赢脱贫攻坚战的重要性,"推动经济全球化朝着更加开放、包容、普惠、平衡、共赢的方向发展"也已被写入十九大报告,这些都表明中国将为全球化福祉的公平分配及种种伴生问题贡献自己独特的智慧和力量。全球化进行调整的一个重要特征便是中国作为全球化的推动者已经发出了更大的声音,如果说加入世贸组织意味着中国成为全球化的重要参与者,那么十九大对中国的开放道路作出具体安排则表明中国正成为全球化的有力推动者。

第四节　中国参与全球化

一、中国步伐——中国的全球化脚步

(一)历史进程

我国学术界的主流意见认为全球化开端于15世纪的地理大发现,是近现代的一种社会现象和历史进程。自从1492年哥伦布远航美洲使东西两半球会合之时起,全球化进程便已开始。经济全球化的开始是大航海时代,那些伟大的航海活动以及随后的16、17世纪的进一步发展,首次把世界各大洲联系了起来,使得经济全球化进程得以展开。

我们需要知道的是在16世纪之前,中国就一直在亚洲东部和印度洋东部经济圈中扮演着非常重要的角色。到了16世纪,欧洲人从海路到达中国之后,以中国为中心的亚洲东部地区和以欧美为中心的世界其他地区,开始在经济上紧密地联系在一起,从而掀起了真正意义上的经济全球化大潮。

到目前为止,全球化进程大致经历了三个阶段,第一阶段是从15世纪到19世纪70年代,单一中心对多中心的侵蚀和单一中心确立,英国成为世界中心;第二阶段是从1880年到1972年,单一中心的维持与更迭,世界中心经历了从欧洲向美国的转变;第三阶段是

1972 年至今，多中心的复兴和单一中心的衰落，美国成为世界中心。

现在回望中国的全球化道路中存在着三个重要的转折点，首先，1978 年，中共十一届三中全会的召开，开启了中国改革开放 40 多年的历史进程，改革开放不仅使中国与世界接轨，推动中国加入全球化的进程，更加深了中国对全球化的认识并坚持致力成为全球化的推动者；其次，2001 年，中国加入世界贸易组织，这加快了中国对外开放的历史进程，使中国迅速地成为全球经济贸易大国；此外，2013 年，习近平主席提出了"一带一路"倡议，使中国对外开放进入一个新的、更高的阶段。

中国自改革开放后，通过建设社会主义市场经济制度、加入世界贸易组织等，取得了巨大的经济成就，并于 2010 年超过日本成为世界第二大经济体，以中国为首的新兴经济体对世界经济增长的贡献率日益增大。2017 年，习近平主席在党的十九大报告中提出，坚持和平发展道路，推动构建人类命运共同体，再一次彰显了中国的全球化观——助推为全人类共同利益服务的全球化趋势。

那么，如何在新一轮的全球化进程中发挥中国智慧极具指导意义，这需要各国人民同心协力，共同建设一个持久和平、普遍安全、共同繁荣、开放包容、清洁美丽的世界。唯有同舟共济，促进贸易和投资自由化、便利化，才能推动经济全球化朝着更加开放、包容、普惠、平衡、共赢的方向发展。

(二)政府声音

我们需要了解习近平主席的首脑外交，是编织全球化的重要步骤，习主席每年都接待大量的外国领导人，出访很多国家，首脑外交成为十八大以来中国外交最显著的特点和最活跃的形式。从 2013 年担任国家主席以来，习近平主席已出访 57 个国家和地区，接待外国元首 110 位。更重要的还是他打造的一系列国际合作新机制，为新型全球化注入了巨大的活力。

首先，习近平主席提出了全球化的目标和原则。其中四大原则提到"以平等为基础，以开放为导向，以合作为动力，以共享为目标"。由此不难看出，平等是全球化的出发点，共享是全球化的目标，而开放和合作则是全球化的方法论。这与英式全球化、美式全球化形成了极为鲜明的对照。五大目标指的是平等相待、互商互谅的伙伴关系；公道正义、共建共享的安全格局；开放创新、包容互惠的发展前景；和而不同、兼收并蓄的文明交流；尊崇自然、绿色发展的生态体系。因此五大目标反映了中国特色社会主义的经济、政治、文化、社会、生态文明五个方面建设经验的世界价值。

其次，我们也要承认，经济全球化是一把双刃剑。反全球化的呼声，反映了经济全球化进程的不足，值得我们重视和深思。经济全球化确实带来了新问题，但我们不能就此把经济全球化一棍子打死，而是要适应和引导好经济全球化，消解经济全球化的负面影响，让它更好地惠及每个国家、每个民族。

最后，习近平主席表示中国要下大气力促进全球互联互通，让世界各国实现联动增长，走向共同繁荣。要坚定不移发展全球自由贸易和投资，在开放中推动贸易和投资自由化、便利化，旗帜鲜明反对保护主义，坚持多边主义，维护多边体制权威性和有效性，欢迎各国人民搭乘中国发展的"快车""便车"。

"东风劲吹鼓帆日，破浪前行奋进时。"从扩大开放承诺到可见可行的行动，在以习近平同志为核心的党中央领导下，中国正以更高的站位、更宽的视野、更大的力度谋划和推进对外开放。

遵循“合则强、孤则弱”的古训，中国提出的合作观超越了零和博弈、以邻为壑等陈旧观念，如今，中国朋友遍天下，隔山隔水心相连，在构建新型国际关系的道路上，掀开了国际发展史崭新的一页。

“居高声自远，非是借秋风”，党的十八大以来，中国主张聚焦全球关切，对接各方机遇，同行者越来越多，朋友圈越来越大。一系列合作共赢的坚定诺言和务实举动，勾画出中国与世界深度联通的新图景，架构起中国梦与世界梦交相辉映的新格局。

全球化无远弗届，多极化已成大势。一个坚持开放发展、合作共赢的“中国号”巨轮定能驶向更开阔的水域，并且为世界带来更多机遇。

二、中国方案——全球化下的“一带一路”

（一）“一带一路”从何而来

可以肯定的是，全球化是源于人类意识、人类社会性的一种必然趋势，而且随着世界历史的发展呈现出不同的阶段性特征。在新的时代背景下，虽然南北经济差距依然持续，但是全球化也呈现很多新的特点。比如，2001 年发生的“9・11”事件令美国政府有所警惕，反全球化声音此起彼伏。2008 年全球金融危机爆发，激起了西方世界反全球化浪潮的高涨，形形色色的贸易保护主义盛行，地缘政治重新抬头，反全球化运动频频爆发。导致即便是在一些发达国家，也出现了孤立主义和本土主义复苏的势头，在处理全球事务上呈现出“力不从心”甚至“心不从力”的疲惫之态。

有鉴于此，伴随着新的世界经济局势，美国奥巴马政府启动并主导了跨大西洋贸易与投资伙伴关系协定（TTIP）和跨太平洋伙伴关系协定（TPP），力图“重返亚太”，掌握在两大经济区的主导权，制定符合本国利益的贸易投资规则。然而，2016 年唐纳德・特朗普以反对全球化，特别是承诺改变或是退出美国现有贸易协定，并且扼杀筹备中贸易协定的竞选纲领，当选了美国总统，美国选民最终拒绝了奥巴马政府的国际主义，转而选择了特朗普的孤立主义，TTIP 和 TPP 被扼杀。因此无论是在政治上还是经济上，西方对全球化的态度都达到了极限，在西方国家的新型政治运动中，对全球化的阻力也越来越大。

依此，当前全球化呈现出纷繁复杂的特点。全球化进程受到“逆全球化”“反全球化”的阻碍，在前一小节我们已对反全球化有了较为全面的了解。那么在此国际环境下，中国“一带一路”倡议引领的包容性全球化也逐渐崭露头角，为助推和平、包容、开放的全球化新趋势贡献中国智慧。在 2017 年中国政府工作报告中，李克强总理着重提及“逆全球化”，并指出“一带一路”是中国对“逆全球化”倾向开出的一剂良方。

（二）“一带一路”是什么

事实上，“一带一路”正成为全球化的引领者。它作为中国整体的大战略，具体内容是什么？让我们从其概念、创新之处、意涵几方面来进行了解。

首先，从概念上说，“一带一路”是“丝绸之路经济带”和“21 世纪海上丝绸之路”的简称，贯穿欧亚大陆，东边连接亚太经济圈，西边进入欧洲经济圈。构建丝绸之路经济带为中国打开通向中亚、西亚、南亚和欧洲陆上通道的大门，与沿线国家一起创建新的发展动力，有助于实现中国东西南北开放发展的均衡格局。同时这也是沿线国家的大倡议，是一个跨区域的开放性框架，以多样性、多层次的协议、项目、工程、园区作为支撑，是一项需要各国共同参与、妥善应对风险的长期战略。

与此同时，创新之处在于，"一带一路"倡议着眼于推动南南、南北的发展合作，为地区和世界提供一种创新型发展与合作方式。当今，发展中国家快速发展，一批新兴经济体崛起，更多的发展中国家步入世界舞台，这是大趋势。而发展中国家最需要的有两点，一是一个开放的国际经济体系，二是改善自身的发展环境，特别是基础环境，开展新型的发展合作。"一带一路"可以作为推动发展合作的大平台，把中国经济的发展与其他国家的发展结合起来，通过中国的投入和带动，动员各方的积极性，打造新的发展空间，创建新的发展引擎。长期以来，发展中国家的融资，特别是基础建设、大工程建设融资非常困难。为此，中国倡导成立金砖国家银行、亚洲基础设施投资银行、上海合作组织发展银行并宣布出资成立丝路基金等，体现了中国特色的全球化观，而且它普惠沿线国家的能力彰显了新型全球化的包容性。

其次，"一带一路"设计指导思想超越了自贸区和多边贸易体制，推进了综合发展环境的构建，也突破了中国以我为主的利益观，强调共同建设、共同发展。"一带一路"的合作项目不是通过谈判，而是通过协商，是新型的发展合作方式。从更深的层次上来认识，"一带一路"是中国坚持走开放、发展、合作与共赢的道路的体现。中国的 GDP 总量已经居全球第二，成为名副其实的世界大国，中国必须向世界回答如何践行和平发展承诺的问题。中国提出不走传统大国的崛起之路，不争霸，不称霸，坚持和平发展，并借用"丝绸之路"这个词，意在表明要弘扬古丝绸之路那种"和平合作、开放包容、互学互鉴、互利共赢"的丝路精神。

总体而言，"一带一路"建议正在促进国际敞开开放的新格局，要构成这样的新格局，需要三个方面共同配合。首先是国际层面的广泛一致，事实上"一带一路"也的确得到了全球规模的积极响应，比如杭州的 G20 峰会，就推进全球经济增加达成了广泛的一致；其次是政府层面的战略对接和政策支撑，"一带一路"建议是要发挥各国的比较优势，这不仅要求各国政府拟定战略规划，更要求经过树立双边和多边框架、完善准则设计，加强协作，加快工业结构调整晋级；最后是企业家层面的沟通与协作，企业是"一带一路"倡议和经济全球化的行动主体，"一带一路"倡议为全球资源优化提供了历史性机遇，需要企业家以进取精神和敞开的心态积极响应。总之，"一带一路"既是中国对外开放战略延续和深化的结果，也是国际金融危机治理博弈的结果，是历次全球经济危机治理方案的升华。

2015 年 3 月，中国国家发展和改革委员会、外交部、商务部经国务院授权发布的《推动共建丝绸之路经济带和 21 世纪海上丝绸之路的愿景与行动》将"一带一路"倡议合作重点界定为"政策沟通、设施联通、贸易畅通、资金融通、民心相通"。

加强政策沟通是"一带一路"建设的重要保障。加强政府间合作，积极构建多层次政府间宏观政策沟通交流机制，深化利益融合，促进政治互信，达成合作新共识。

基础建设互联互通是"一带一路"建设的优先领域。在尊重相关国家主权和安全关切的基础上，沿线国家宜加强基础设施建设规划、技术标准体系的对接，共同推进国际骨干通道建设，逐步形成连接亚洲各区域以及亚欧非之间的基础设施网络。

推进贸易合作是"一带一路"建设的重点内容。着力研究解决投资贸易便利化问题，消除投资和贸易壁垒，构建区域内和各国良好的营商环境，积极同沿线国家和地区共同商建自由贸易区，激发释放合作潜力，做大做好合作“蛋糕”。

资金融通是“一带一路”建设的重要支撑。深化金融合作，推进亚洲货币稳定体系、投融资体系和信用体系建设。

民心相通是“一带一路”建设的社会根基。传承和弘扬丝绸之路友好合作精神，广泛开展文化交流、学术往来、人才交流合作、媒体合作、青年和妇女交往、志愿者服务等，为深化双多边合作奠定坚实的民意基础。

截至目前，“一带一路”倡议已经提出近 6 年，经济走廊建设稳步推进，“五通”网络逐步成型，贸易投资大幅增长，重要项目合作稳步实施，对沿线国家经济的巨大拉动作用得以显现，已经成为冲破全球化阴霾的一抹亮色。

在一带一路的建设中有五大方向，首先是丝绸之路经济带三大走向：一是从中国西北、东北经中亚、俄罗斯至欧洲、波罗的海；二是从中国西北经中亚、西亚至波斯湾、地中海；三是从中国西南经中南半岛至印度洋。然后是 21 世纪海上丝绸之路两大走向：一是从中国沿海港口过南海，经马六甲海峡到印度洋，延伸至欧洲；二是从中国沿海港口过南海，向南太平洋延伸。

2018 年 9 月，习近平主席在中非合作论坛的发言中提到了一带一路的建设目标，即把“一带一路”建设成为和平之路、繁荣之路、开放之路、绿色之路、创新之路、文明之路，见表 1-1。

表 1-1　六条道路

和平之路	构建以合作共赢为核心的新型国际关系，打造对话不对抗、结伴不结盟的伙伴关系。各国应该尊重彼此主权、尊严、领土完整，尊重彼此发展道路和社会制度，尊重彼此核心利益和重大关切
繁荣之路	聚焦发展这个根本性问题，释放各国发展潜力，实现经济大融合、发展大联动、成果大共享
开放之路	打造开放型合作平台，维护和发展开放型世界经济，共同创造有利于开放发展的环境，推动构建公正、合理、透明的国际经贸投资规则体系，促进生产要素有序流动、资源高效配置、市场深度融合
绿色之路	我们要践行绿色发展的新理念，倡导绿色、低碳、循环、可持续的生产生活方式，加强生态环保合作，建设生态文明，共同实现 2030 年可持续发展目标
创新之路	坚持创新驱动发展，加强在数字经济、人工智能、纳米技术、量子计算机等前沿领域合作，推动大数据、云计算、智慧城市建设，连接成 21 世纪的数字丝绸之路
文明之路	以文明交流超越文明隔阂、文明互鉴超越文明冲突、文明共存超越文明优越，推动各国相互理解、相互尊重、相互信任

资料来源：中国“一带一路”官方网站

(三)一带一路大事记

2013 年 9 月，习近平主席首次提出了建设“丝绸之路经济带”的构想。

2015 年 3 月初发布的《“一带一路”愿景与行动》将“一带一路”的主旨目标确定为：以新的形式使亚欧非各国联系更加紧密，互利合作迈向新的历史高度。

2016 年 8 月 17 日，习近平主席在推进“一带一路”建设工作座谈会上指出，通过以

"一带一路"建设为契机,提高贸易互通度,提高贸易和投资合作水平等,本质上是通过提高有效供给来催生新的需求,实现世界经济再平衡,这将有利于促进当前世界经济形势的稳定。

2017年1月17日,习近平主席出席世界经济论坛2017年年会开幕式,并发表了题为《共担时代责任,共促全球发展》的主旨演讲,强调要让经济全球化进程更有活力、更加包容、更可持续,当前最迫切的任务是引领世界经济走出困境,并希望"一带一路"可以为实现联动式发展注入新能量,为解决当前世界和区域经济面临的问题寻找方案。

2017年5月,以中国政府举办的"一带一路"国际合作高峰论坛为标志,"一带一路"建设进入了新的历史阶段。论坛期间,30位国家首脑和联合国、世界银行、国际货币基金组织负责人共同签署了《"一带一路"国际合作高峰论坛圆桌峰会联合公报》。该联合公报提出推动"自由包容性贸易",并指出"一带一路"倡议为各国深化合作、共同应对全球挑战提供了重要机遇,有助于推动实现普惠世界的全球化。

2018年4月10日,习近平主席在博鳌亚洲论坛2018年年会开幕式上的主旨演讲中提到,共建"一带一路"倡议源于中国,但机会和成果属于世界,中国不打地缘博弈小算盘,不搞封闭排他小圈子,不做凌驾于人的强买强卖。需要指出的是,"一带一路"建设是全新的事物,在合作中有些不同意见是完全正常的,只要各方秉持和遵循共商共建共享的原则,就一定能增进合作、化解分歧,把"一带一路"打造成为顺应经济全球化潮流的最广泛国际合作平台,让共建"一带一路"更好造福各国人民。

(四)"一带一路"的全球化意义

"一带一路"是中国主动参与国际经济合作的重大倡议,标志着中国逐步迈入了主动引领全球经济合作和推动全球经济治理变革的新时期,是中国融入全球化的战略选择,彰显了中国智慧,可以引领新型全球化的发展。首先,"一带一路"是为了全人类共同利益的全球化,它的建设可以引领全球化为全人类共同利益服务,有助于打造区域利益共同体和人类命运共同体。与此同时,"一带一路"也是包容性的全球化,它作为全球化一种新的表现形式,吸收了"丝绸之路"的文化内涵,即倡导包容性全球化。

一位学者把全球化分为展现东西方互鉴魅力的全球化1.0时代、以西方为中心的全球化2.0时代和包容天下的全球化3.0时代。3.0时代的"一带一路"就是欧亚大陆互联互通,致力实现包容性全球化。同时鉴于"一带一路"使更多的老百姓在其中有参与感、获得感和幸福感,可以说"一带一路"倡议是老百姓版本的全球化,是真正为人类共同利益服务的全球化。

全球治理更加注重互利共赢。"一带一路"倡议提出的根本意义在于找到了新的时代条件下国际经济危机治理博弈总收益为正的道路,为避免负和的国际经济危机治理博弈找到了出路,核心在于互利共赢。目前,已有的国际制度和国际规则继续处在一个"改革"时期。虽然还不可能有一个真正意义上的国际金融新秩序的诞生,但这种理念将越来越成为全球治理的主导理念,推进国际社会更加公正公平。

首先,在信息技术革命引领的今天,科技革命的成果传播很快,技术革命的成果很难为某个或某几个经济体所垄断,传统的金字塔形国际产业转移模式遇到挑战,国际产业转移的网状扁平结构更多地成为现实。一国很难独享科技革命成果的绝大部分,获取较其他经济体更多成果的绝对收益，只能采取互利合作共赢的方式及时收获较自己以往更多成果的相对收益。

其次，随着“一带一路”倡议与沿线各种形式的小“一带一路”倡议对接，互利合作共赢的理念将日益深入人心，成长为沿线经济体国际互动的主导理念，并不断影响全球范围的国际互动，推动全球治理理念取向上更加注重互利合作共赢。

最后，随着“一带一路”建设的推进，欧亚大陆的融合将进一步加深，互利共赢的全球安全治理模式将取代传统的离岸制衡模式。这样，在“一带一路”的推动下，国际合作将更加注重相对收益，更加注重公平，致力于互利共赢，而非垄断排他。这种变化，具体表现在全球治理上，就是更加注重国际行为主体间的互利共赢，更加注重公平公正，而非赢者通吃。虽然还不可能迅速彻底改变现有的国际体系运行规则，但是这个过程是个积少成多的渐进过程。

全球治理将更加注重市场增量的开发。“一带一路”通过投资撬动国际产业链下游经济体市场，为资金找到了有利润回报的市场支撑，找到了新的盈利模式。历史的规律是，大危机之后是大冲突，大冲突之后则是大治理。但是，借助人类历史经验的总结和智慧，人类找到了跨越大冲突的金钥匙——“一带一路”，从而有机会直接跨入治理阶段。这实际意味着，世界经济发展将进入市场和科技驱动的双动力时代。世界经济增长将更加依赖市场增量的开发，通过开发国际产业链下游市场获得发展动力。因此，在“一带一路”倡议的引领和推动下，在当前科技引领的金字塔传统国际产业转移模式难以维系国际体系稳定的情况下，全球治理将表现为引导资金走向国际产业链下游市场，通过开发后发市场增量取得收益，并实现互利共赢。具体到国际合作来讲，国际合作会使各经济体更加注重与国际产业链下游经济体的互利共赢合作。

区域融合由欧亚大陆到全球扩展。当前，“一带一路”倡议产生在中国成为制造业大国之后，中国与“一带一路”沿线经济体有着源远流长的历史文化和经济纽带，中国产品质优价廉，更加适合沿线经济体市场需求，中国产业结构与沿线经济体的产业结构契合度更高。因此，在“一带一路”的推动下，国际社会区域一体化融合首先表现为欧亚大陆内部的融合，沿线的国际融合将出现一轮爆发性高潮。然后，这种融合将蔓延到整个欧亚大陆。在欧亚大陆进一步融合之后或同时，随着美洲、非洲等经济体的逐步卷入，国际社会的融合将会进一步向世界各个经济体延伸，最终形成囊括全球所有经济体的人类命运共同体。

可以说，中国的“一带一路”回应了各类关于全球化的质疑声音，“一带一路”倡议作出了明确回答，中国将继续坚持对外开放的道路。李克强总理在《政府工作报告》指出，“中国是负责任、敢担当的国家，我们愿做互利共赢发展理念的践行者、全球经济体系的建设者、经济全球化的推动者”。面对各方面的怀疑、犹豫和彷徨，作为当今世界最大的发展中国家，中国作出了明确的选择，向世界宣告中国坚定不移地走对外开放之路，“必须实施新一轮高水平对外开放，加快构建开放型经济新体制，以开放的主动赢得发展的主动、国际竞争的主动”。中国的发展离不开世界，中国的国际角色正在从一个现有国际体系的追随者转变为未来国际体系的担当者，这是一个具有重大历史意义的信号。面对经济全球化带来的挑战，只有通过打造更高水平的开放型经济新体系来得到解决。

我们可以看到，作为负责任的世界大国，中国致力于发挥智慧把握全球化积极发展的新趋势,并借助于"一带一路"倡议引领新型全球化的发展。

三、中国企业"走出去"促进建立"人类命运共同体"

当前,中国特色社会主义进入新时代,中国作为具有国际影响力、感召力、塑造力的大国以及世界公认的经济大国,在全球经济中占有举足轻重的地位。通过本章节前面的数据我们可以发现,无论是经济总量,还是国际贸易额以及对外投资额,中国都已进入世界前列。目前,中国正在建立全面开放新格局,培育外贸新模式,探索国际合作新方式,寻求与世界其他国家和地区的共同发展,积极同其他新兴经济体一道推动新型全球化建设。

在全球化浪潮中,中国改革开放 40 多年,经济全面崛起。随着对外投资的迅速发展,"走出去"的中国企业已成为世界经济全球化的重要组成部分,更是中国参与经济全球化中不可缺少的经济主体。作为竞争主体,一方面他们在国内市场面临着越来越多的挑战,另一方面他们努力在海外竞争环境中获得一席之地。加快"走出去"步伐、适应经济全球化形势、把握机遇,是中国企业的必经之路。中国已经由传统的制造大国、出口大国逐步向海外投资大国转变,中国的跨国企业也逐渐向中高端靠拢,他们渐渐采取全球化思维和营销手段,获取国际竞争力,在海外拓展客户群,在海外市场与当地企业竞争,不断显示着中国企业的竞争力。在经济全球化发展新的时间节点上,中国企业"走出去"又被赋予了新的时代意义。

(一)中国企业"走出去"是推动中国企业转型升级的重要手段

所谓经济转型,就是从过去片面地追求发展的数量向更加注重发展质量的方向转移。中国企业"走出去"反映了中国经济转型大的方向,即企业参与对外投资,不仅可以获得先进的技术,获得主流市场的渠道,还可以打造世界品牌,从而培养更好的一流人才,全面提升企业发展质量,完成企业发展模式的更新和换代。

(二)中国企业"走出去"是促进建立"人类命运共同体"的重要组成部分

在党的十八大以后,中国政府适时抓住国际社会变化新趋势,提出了"构建人类命运共同体",形成"你中有我,我中有你"的命运格局的外交新理念。在过去,外国跨国公司到中国来投资建厂主要是实现"我中有你";现在中国企业"走出去",就是要实现"你中有我"。因此在某种意义上,中国企业"走出去"承担着重要的历史使命——为建立全球利益共同体、命运共同体做贡献。

近年来,我们能看见越来越多的中国企业进入国际市场,他们凭借着不断开拓进取和技术创新的精神,提升着中国企业在国际竞争中的话语权,带着中国企业的使命在国际舞台上拥有一席之地。通过美国《财富》杂志向全球同步发布的 2019 世界 500 强排行榜,人们可以了解全球最大企业的最新发展趋势。通过纵向不同年份和横向不同行业的比较,人们既可以了解企业的兴衰,也可以了解公司销售收益率、净资产收益率、全员生产效率等经营质量的变化。与此同时,深入到国家或地区的研究可以揭示大企业群体分布的变化。自 1998 年以来,中国企业上榜数量逐年递增,2019 年世界最大的 500 家企业中,有 129 家来自中国,历史上首次超过美国(121 家)。即使不计算台湾地区企业,中国大陆企业(包括香港企业)也达到 119 家,与美国数量旗鼓相当。这是一个历史性的变化。

根据最新榜单数据,在排名位次的变化上,当前上升最快的是中国的碧桂园,上升 176 位。排名跃升最快的前十家公司中有 6 家都来自中国大陆,除了碧桂园,其余 5 家分别是阿里巴巴（上升118位）、阳光龙净集团（上升96位）、腾讯（上升94位）、苏宁易购集团（上升94位）、中国恒大（上升92位）。此外，值得一提的是，中国公司的整体体量提升。在持续上榜的公司中，有77家中国公司排位比2018年上升。与此同时，世界500强排行榜一共有25家新上榜和重新上榜公司，其中新上榜的中国公司有13家，占总数的一半以上。这13家首次上榜的中国公司分别是：国家开发银行、中国中车集团、青山控股集团、金川集团、珠海格力电器股份有限公司、安徽海螺集团、华夏保险、铜陵有色金属集团、山西焦煤集团、小米集团、海亮集团有限公司、中国通用技术（集团）控股有限责任公司、台塑石化股份有限公司。其中，尤为受媒体和大众关注的是珠海格力电器股份有限公司（第414位）和小米集团（第468位）均为首次上榜。而成立9年的小米则是2019年世界500强中最年轻的公司。但是，与世界500强比较，中国企业盈利指标比较低。世界500强的平均利润为43亿美元，而中国上榜企业的平均利润是35亿美元。中国企业的盈利能力没有达到世界500强的平均水平。如果与美国企业相比，则存在的差距更加明显。

毋庸置疑，在企业全球化的开拓道路上，既有鲜花也有荆棘。中国企业的全球化历程还有很长的一段路要走。在全球化发展动力方面，特别是在科技领域，国内技术与发达国家的高新技术相比差距依然较大；在经济全球化载体方面，我国部分优秀企业开始闯进世界500强，但很多企业是大而不强的现状，缺乏核心竞争力，中国企业作为全球化的载体起引领作用还不够；从经济全球化的内涵角度分析，中国企业大多数产品处在产业链的中低端，要想进入全球产业链的高端区域尚需时间。如何集体做强，如何成为有跨国竞争力的全球企业——这些将成为中国公司亟待关注且更为迫切的话题。

格力电器国际化进程：从巴西开始

格力电器品牌海外化最早开始于1998年。当时，格力品牌开始在巴西各大超市登场，凭借产品质量优异和品种规格齐全等多方面优势，格力空调受到巴西消费者的广泛欢迎。三年之后，格力电器在巴西玛瑙斯自由区投资3000万美元建设的巴西生产基地正式竣工投产，全球化生产之路开始正式起航。

2006年，格力电器的第二个海外生产基地建成投产，地址选在南亚巴基斯坦。2008年，越南市场成为格力电器的第三个目标，当期，格力电器投资设立越南格力电器股份有限公司，注册资本为越南盾500亿，同年10月，其对越南格力进行增资控股，注册资本及投资总额随即增加至800亿越南盾。

2011年到2012年是格力电器大举进行美国市场的年份，2011年6月18日，格力电器美国分公司在美国加利福尼亚州工业市成立，正式进军美国市场，而次年3月16日，格力形象广告片在被称为“世界十字路口”的纽约时代广场的大屏幕上亮相。

经过2017年的发展，格力的新形象——一个多元化的全球工业集团渐显清晰。格力有很多极具前瞻思维的举措：比如，牵头成立中国空调行业知识产权联盟；再如，发布G-IEMS局域能源互联网系统，促进全球能源产业向着清洁化、智能化迈进，打造能源互联网新世界……

总体看来，目前，格力已为全球22个国家和地区搭建了5000套光伏系统。在此基础上，格力进一步升级能源供给与消费整体方案。“接下来，格力将在北美地区建立更多的商用空调展示及培训中心，以责任担当为追求，以技术突破为方向，以品质产品为载体，致力于探索出一条可借鉴的中国制造走向世界之路。”格力电器相关负责人在接受采访时表示。

“‘让世界爱上中国造’是愿景，更是责任和担当。”董明珠在受访时曾表示：“随着国家海外发展布局不断深化，格力的海外发展必将迈上新台阶，我们的优质产品也必将造福更多的国家和人民。”在“先有市场，再有工厂”的全球战略部署下，格力的海外市场布局不断深化，自主品牌的国际影响力不断加大，全球化进程持续加快。发展至今，格力自主创新的产品已远销美国、法国、意大利、西班牙、菲律宾、澳大利亚、巴西、俄罗斯等160多个国家和地区，全球用户超过4亿。在2018年福布斯发布的“福布斯全球上市公司2000强”榜单中，格力电器位居全球294位。

打入全球标准最为严苛的美国市场，其难度不必多言，那么格力凭何脱颖而出？对方的评价很中肯：“格力是中国制造企业走向世界的代表。为解决日益严重的环境污染问题，格力积极探索新能源与空调的结合，自主研发出光伏空调，这与凤凰世贸中心筹建的低碳环保初衷不谋而合。所以，我们选择了中国制造，选择了格力。”

“掌握核心科技”的实力

一个没有核心技术的企业是没有脊梁的企业，一个没有创新的企业是没有灵魂的企业。格力家用空调引领全球市场的背后，是企业锲而不舍、始终如一对核心技术的探索和追求。早在2010年，格力就提出品牌战略：“掌握核心科技”。多年来，坚持走自力更生、自主创新的发展道路，格力培养了大批专业人才，研发出了可观的技术成果，锻造了强大的自主创新能力。

格力现有1.2万名研发人员，已建成15个研究院，拥有94个研究所、929个实验室、2个院士工作站，拥有国家重点实验室、国家工程技术研究中心、国家级工业设计中心、国家认定企业技术中心、机器人工程技术研发中心各1个，同时成为国家通报咨询中心研究评议基地，为核心技术自主创新打下了坚实基础、提供了根本保证。

坚持“按需投入、不设上限”的研发策略，经过长期沉淀积累，格力现有24项“国际领先”技术，已申请国内专利51664项，在2018年国家知识产权局排行榜中排名全国第六，位居家电行业第一。

“站在山顶，头顶仍有星空”

2018年10月，党和国家领导人视察格力电器时，称赞格力在贯彻落实党中央关于自主创新决策部署方面做到了真学、真懂、真信、真用，并指出制造业的核心就是创新，就是掌握关键核心技术，必须靠自力更生奋斗，靠自主创新争取，希望所有企业都朝着这个方向去奋斗。

站在山顶之时，格力电器的目标是更广阔的星空。董明珠说：“在当下‘中国制造’向‘中国创造’的转型过程中，更多的中国企业要用核心技术去改变世界，用高品质的产品去服务世界。格力电器现在是世界上最好的空调企业，但这不意味着我们走到了顶峰,掌握核心技术是当下高质量发展的必经之路,所以这只是代表着又一个新的起点。”

以山巅为起点,格力电器一直在前进的路上。2018年,格力实现了营业总收入2000.24亿元,同比增长33.33%;实现归属上市公司股东净利润262.03亿元,同比上涨16.97%。《2018年度中国中央空调行业研究报告》显示,格力中央空调再拔头筹,实现“七连冠”。

勇立时代潮头,只有奋勇搏击方可到达更美的远方;创新是永恒的话题,挑战是进取的动力,在共同推进实现中国制造强国梦的远大征程上,格力将不忘初心、牢记使命,一往无前、砥砺奋进!

从“制造强国”规划,到党的十九大报告中“加快建设创新型国家”、“质量强国”指引,都无疑为中国企业指明了路径。因此,从宏观层面看,格力的海外决策无疑是“走对了路子”。如果比作一个人,那么当我国市场经济发展到如今阶段,中国企业已经从最初的吃饱饭,到了现在的要吃好并且会做饭、做出花样的阶段。也因此,中国企业在海外市场迈出的每一步,都应当是深思熟虑的。

过去几十年,我们不是没吃过“迈错步子”的亏。因为忽视技术,我们曾经只能获取微薄的利润;因为忽视环保,我们承受过巨大的环境代价;因为缺乏整体布局,很多企业的海外发展曾经举步维艰。因此,随着中国经济、中国企业不断成熟,应当更清晰地知道:海外布局每一步的意义何在?可以预见的是:不论局势如何演变,市场对自主创新的诉求不会变,而格力引领中国制造走向全球化舞台的大趋势也不会变。

本章小结

本章对当前全球化的整体环境进行了基本的描述介绍,首先是定义了全球化,介绍了在此背景下重要的全球机构,以及全球贸易动态。紧接着详细介绍了全球重要的组织和协定,既包含全球也包含区域经济一体化,它们在当今世界经济发展过程中起着举足轻重的作用,也展示了国家及地区间的合作关系。当然,在全球化发展过程中,反全球化也依旧存在,其给全球经济带来了重大挑战,带来了系列问题,与此同时各个国家也相应地采取了不同措施,或促进全球化,或反对全球化。近来愈演愈烈的中美贸易战带来了系列连锁反应,其影响不局限于中美两国,甚至波动了整个世界的经济,这与特朗普政府的政策有关。中国一直积极参与全球化进程,一带一路的提出,官方关于经济全球化的发言和论述,都表明了中国对全球化的积极态度,这也使新时代的中国企业在国际舞台上更加壮大,在全球化的激荡浪潮中扩大了中国声音。

重要名词

全球化	反全球化	全球机构
国际直接投资(FDI)	中美贸易战	一带一路
全球治理	跨国并购	亚太经合组织(APEC)
亚投行(AIIB)	欧盟(EU)	北美自由贸易协议(NAFTA)
东南亚国家联盟(ASEAN)	跨太平洋伙伴关系协定(TPP)	
美墨加贸易协定(USMCA)	全球进出口贸易量	亚太自由贸易区(FTAAP)

案例分析

全球性公司的撤退

公司开始着迷于客户、生产、资本和管理的国际化。学术界将全球“垂直”(生产和原材料采购)以及“横向”(销售到新市场)之间区分开来。但在实践中,许多公司同时走向全球,积极地购买竞争对手,赢取客户并在机会出现的地方开设工厂。尽管这一趋势始于富裕国家,但它很快也在发展中经济体的大公司中流行起来。在调整通货膨胀后,全球85%的跨国投资存量是在1990年之后创造的。

到2006年,IBM的老板萨姆·帕米萨诺(Sam Palmisano)认为,“全球一体化企业”作为一个单一的组织运行,而不是作为一个联邦,它将超越所有边界,因为它寻求“全球生产和价值交付的一体化”。从1999年的西雅图示威活动开始,反全球化的活动家们的意见大致相同,同时从预期中获得了更多的慰藉。唯一抵制正统观念的商业明星是沃伦·巴菲特,他反而在国内寻找垄断。

这样的狂欢不可能永远持续下去,越来越多的证据表明它现在已经结束。2016年,跨国公司的跨境投资可能下降10.15%。由于跨境供应链所占的贸易份额令人印象深刻,它自2007年以来一直停滞不前。西方公司在本国以外地区的销售比例已经缩减。跨国公司的利润正在下降,新的跨国投资流量相对于GDP而言正在下降。跨国公司正在撤退。

要理解为什么会这样,要分析三大主体:投资者、全球公司所在的母国和接受跨国投资的“东道国”。

每个主体都认为跨国公司会提供卓越的财务或经济表现。投资者看到了规模经济的巨大潜力。随着新兴市场出现,企业可以向更多人出售同样的产品。正如咨询公司BCG的Martin Reeves所说,随着联邦模式被全球一体化所取代,公司将能够微调他们从世界各地获得的投入组合——可以提高效率的地理套利。从富裕国家,他们可以获得管理、资金、品牌和技术。从新兴市场,他们可以获得廉价的工人和原材料,以及更低的污染成本。

这些优势使投资者认为跨国公司将更快地增长并获得更高的利润。这一段时间都是如此。今天不是这样。根据富时指数公司 FTSE 的数据，富裕国家 700 多家跨国公司的利润在过去五年中下降了 25%。许多货币对美元疲软是部分原因，但只解释了下跌的三分之一。国内企业的利润增长了 2%。

补充数据来自国际收支平衡表中统计的所有公司的国外利润。尽管这些数据涉及各种规模的公司，但大公司的数据占据主导地位。对于总部设在经合组织（一个主要是富裕国家的俱乐部）的公司而言，五年内国外利润下降了 17%。美国公司遭受的损失较小，下降了 12%，部分原因是它们偏向快速增长的科技行业。非美国公司下降了 20%。

问　题

跨国公司新的谨慎时代来临，企业的业务受到了哪些因素影响？如何影响？（运用全球化的概念思考）在全球化取得了普遍的成功时，大部分的跨国公司，怎么重新考虑其竞争优势？请结合你学到的第一章知识进行思考。

第二章　跨国经营中法律及政治因素的冲突

学习目标

1.了解全球主要法律体系的特点。

2.正确区分大陆法系和英美法系。

3.了解知识产权、长臂管辖制度。

4.了解中国与“一带一路”沿线国家在跨国交易中分歧解决的措施。

5.了解跨国经营中的政治风险。

案例分析

2018 年美国制裁中兴通讯事件

2016 年 3 月，美国商务部对中兴通讯股份有限公司(以下简称中兴通讯)实施出口限制措施，导致公司暂时停牌交易。禁运事件爆发后，在双方政府协调下，美国商务部给中兴通讯颁布了临时许可证，从而保证中兴通讯可以正常采购美国元器件和软件。

2017 年 3 月，总部在深圳的中兴通讯因被控违反美国的制裁，同意接受处罚，支付 11.9 亿美元的罚款。

2018 年 3 月 7 日凌晨(美国时间 3 月 6 日)，中兴通讯主动向美国政府相关部门和监察官报告相关情况。

2018 年 3 月 8 日，中兴通讯对相关在职员工发出惩戒信，并对扣减 2016 年奖金作出安排，将从 2017 年度的奖金中扣减。

2018 年 3 月 14 日，中兴通讯对离职员工寄发惩戒信，将在中国法律允许的情况下进行应扣奖金的追索。

2018 年 4 月 15 日，美国国家网络安全中心发出新建议，警告电信行业不要使用中兴通讯的设备和服务。

2018 年 4 月 16 日，美国商务部工业与安全局(BIS)以中兴通讯对涉及历史出口管制违规行为的某些员工未及时扣减奖金和发出惩戒信，并在 2016 年 11 月 30 日和 2017 年 7 月 20 日提交给美国政府的两份函件中对此做了虚假陈述为由，做出了激活对中兴通讯拒绝令的决定。

美国商务部下令拒绝中国电信设备制造商中兴通讯的出口特权,禁止美国公司向中兴通讯出口电讯零部件产品,期限为7年。此外,美国商务部工业和安全局还对中兴通讯处以3亿美元的罚款。这部分罚款可暂缓支付,主要视中兴通讯在未来7年执行协议的情况而定。

2018年5月13日11点,特朗普发布推文:"我和习主席正携手合作,为中国的通信巨头中兴通讯提供一条快速重返经营正轨的道路。(中兴通讯受制裁)使得太多的工作岗位在中国流失了。我已经指示美国商务部尽快完成手续。"

2018年5月15日,美国商务部长威尔伯·罗斯表示,愿意尽快改变对中国手机制造商中兴通讯的销售禁令,此前一天美国总统特朗普表示,要求美国商务部帮助中兴通讯恢复运营。

2018年5月25日,美国商务部就解除对中兴通讯的销售禁令通报美国国会。美国商务部拟有条件解除限制美国公司向中兴通讯出售配件和软件产品的禁令。

2018年6月7日,美国商务部长罗斯接受采访时表示,美国政府与中兴通讯已经达成协议,只要后者再次缴纳10亿美元罚金,并改组董事会,即可解除相关禁令。

2018年6月19日,根据《纽约时报》报道,美国参议院以85比10的投票结果通过恢复中兴通讯销售禁令法案。他们指责特朗普总统允许一家违反美国规定的公司继续营业,认为这将使国家安全面临风险。

2018年7月2日,美国商务部发布公告,暂时、部分解除对中兴通讯的出口禁售令。公告称:从公告发布之日起至8月1日,在有限条件下解除对中兴通讯公司的出口禁令。这份公告的授权对象是已经与中兴通讯开展业务的公司,期限是一个月。这些公司销售给中兴通讯的产品必须用于以下方面:第一是支持现有网络和设备的持续运行,第二是支持现有的手机,第三是用于网络安全研究和漏洞披露,另外还有一个条件是交易资金必须在美国商务部授权的机构间转移。

2018年7月12日,《美国之音》消息,美国商务部表示,美国已经与中国中兴通讯签署协议,取消近三个月来禁止美国供应商与中兴通讯进行商业往来的禁令,中兴通讯将能够恢复运营,禁令将在中兴通讯向美国支付4亿保证金之后解除。

2018年7月14日早间,中兴通讯在社交媒体上称:满怀信心再出发。与此同时,中兴通讯总部的LED广告牌上也挂出了"解禁了!痛定思痛!再踏征程!"的标语。

中兴通讯事件对中国企业是个镜鉴,中国企业必须进一步提高创新,尽快把核心技术掌握在自己手中。

引导问题

如何看待中兴通讯被美国制裁的事件?中兴通讯该如何应对事件?这次事件将对中兴通讯造成怎样的影响?中国应该如何应对国际贸易的种种情形,避免一些因不同法系而造成的问题,并为自己争取最佳的权益?

第一节　全球主要法律体系

一、全球主要法律体系历史探源

从商业意义角度，世界逐渐缩小为一个地球村，但是法律标准在世界各国仍然不同，国家法律对管理计划和国际经营管理有重大影响。世界上主要国家的法律制度分属英美法系和大陆法系。另外，尚有少数国家的法律属伊斯兰法系和土著法。绝大多数国家的法律系统都不是单一的，而是多种“法系”的混合。一国的法律体系反映了该国的历史、宗教与道德规范、政治哲学、伦理传统以及通过与其他文化接触而吸收的外来文化。

“法系”是西方法学家首先使用的一个概念，对比较法学极为重要，但其含义却很不确定。一般而言，可以理解为由若干国家和特定地区的、具有某种共性或共同传统的法律的总称。本书涉及的三大法系主要是民法法系、普通法系和伊斯兰法系。民法法系又称大陆法系，通常是指以罗马法为基础而形成的法律的总称；普通法系又称英美法系，通常是指以英国自中世纪以来的普通法为基础而形成的法律的总称；伊斯兰法系通常是指以伊斯兰教义为基础而发展起来，并适用于伊斯兰教徒的法律的总称。

大陆法系（又称民法法系）

依赖事先制定的规范，以法典形式存在，法典为第一法律渊源，是在全球范围内应用最广泛的法律体系。

大陆法系是历史发展的产物，经历了长期的形成过程。大体上说，它起源于古代罗马法，具有详尽的成文法，强调法典必须完整，以致每一个法律范畴、每一个细节都在法典里明文规定。在中世纪中期，随着罗马法在欧洲大陆的复兴以及与教会法、习惯法和商法相互影响下发展；到17—18世纪，特别在法国大革命以及古典自然法的理性思潮的刺激下，又进一步发展；在19世纪，随着法典编纂运动在欧洲大陆的广泛开展以及这一法系的影响超出欧洲大陆而扩展到世界广大地区，这一法系终于成为西方世界主要法系之一。大陆法崇尚法理上的逻辑推理，并以此为依据实行司法审判。现在欧洲大陆国家及其前殖民地国家以及部分亚非国家等70多个国家属于这一体系，法国和德国是其中的典型代表。

与大陆法系一样，英美法系也经历了一个长期的形成过程。它首先产生于英国，后扩大到曾经是英国殖民地、附属国的许多国家和地区，包括美国、加拿大、印度、巴基斯坦、孟加拉、马来西亚、新加坡、澳大利亚、新西兰以及非洲的个别国家和地区。一般说来，它起源于12世纪开始出现的普通法。在中世纪末期的英国，衡平法迅速兴起，制定法也不断增多。自17世纪起，在普通法和衡平法之间经历了相互冲突又相互作用的过程。在英国革命以及古典自然法学的理性主义思潮的影响下，英国封建法律逐步向资本主义法律转化。在18—19世纪，英国法进行了大规模的改革。与此同时，英国法的影响扩大到包括美国在内的世界广大地区，普通法系形成。英美法系中存在两大分支，即英国法和美国法，它们在法律分类、宪法形式、法院权利等方面存在一定的差别。英美法系的主要特点是注重法典的延续性，以判例法为主要形式，即简单解释判例法就是以前怎么判，现在还是怎么判。

伊斯兰法系(又称阿拉伯法系)

以宗教和教会信条来确定法律法规,依照《古兰经》的宗教教义制定的法律,也称 Sharia(真主之法)。

伊斯兰教是世界三大宗教之一,是公元 7 世纪阿拉伯先知穆罕默德所传播的一种宗教。"伊斯兰"在阿拉伯语中意为"顺从","穆斯林"指"信徒"。伊斯兰教是三大宗教中最后出现的一个,但其传播是很惊人的。现在它在全世界一百个左右国家和地区有大量教徒。伊斯兰法泛指以伊斯兰教义为基础的法律,阿拉伯语中称沙里阿,即"真主安拉指示的道路"。例如:沙特阿拉伯信奉严格的伊斯兰法律和政治制度,其伊斯兰法以宗教领袖解释《古兰经》的教义和伊斯兰法为基础。此类法系授予宗教领袖最高法律权力,而宗教领袖则通过宗教权力管理社会。伊斯兰商法与其他法律系统没有很大的区别,主要区别之一在于禁止利息,从而在很大程度上影响了银行和金融业的活动。

英美法系(又称普通法系)

以英国普通法为基础发展起来的法律总称,以判例为主要形式,即依赖以往案例或前例的平衡来解决法律纠纷。

这三大法系在分布范围、历史发展、法的分类以及法律渊源等方面各不相同,但在处理法的确定性和灵活性的关系上殊途同归。一方面从显性特征来看,大陆法系因倾向于进行系统化的法典编纂体现了法的确定性;英美法系在适用普通法之外还有一套衡平法体系以弥补普通法的不足,并通过区分先例技术对先例加以选择是法的灵活性的表现;伊斯兰法系由于其严谨的教义给人以刻板的印象,鲜明地体现了法的确定性。另一方面在隐性特征上,三大法系也有其相应的"适应性机制"。大陆法系在进行系统的法典编纂的时候会区分原则性规定和一般性规定,同时在法律解释上相对灵活,可以探究立法者原意进行目的解释;英美法系对于法官解释法律的严格限制和遵循先例的原则都可以看出法的确定性的痕迹;伊斯兰法的教义也不是一味地刻板,在其法律渊源之中也有灵活性的表现。

二、英美法系和大陆法系的区别

大陆法系,源自欧洲大陆文明源头之一的古罗马法,其特点是,在漫长的历史长河中通过无数司法实践和法学精进,一步步制定并完善了一整套成文法典,法官断案完全依法而行。故大陆法系又叫成文法系,其法律又称制定法。

大陆法系大致以德法的法律传统和司法传统为代表,比如拿破仑上台后就制定了著名的"拿破仑法典",主要是民法典。经过历朝历代的创制与完善,法国建立起了包括各个部门法的完备的法典。德国也是。以著名的《德国民法典》为代表,德意志民族也在长期司法实践中建立起了一个完备的成文法典。

拿破仑曾有一句名言,大致是说:我这一辈子打了 40 多场胜仗,不过一个滑铁卢就让它们烟消云散了。而我的《民法典》却是不朽的,它永远不会被后来的人们忘记。

所谓英美法系,源自海洋岛国英格兰,其特点是,法官断案主要依据一系列判例,依例而行,而不是依法而行。而那些判例都是历史上千锤百炼、具有广泛共识的判例,而且它们的形成既有法官的创制,也有人民陪审员依据其良知和常识所做出的贡献,因此具有广泛的法理和民意基础。这个法系又称普通法系、海洋法系。

英美法系还有一个特征,那就是在普通法的基础上,另有一个更加直接体现公平、正义和良心(良知)的“衡平法”;如果普通法与它发生冲突,法官一般会选择适用衡平法。这即所谓司法是公平正义最后一道防线的原则所在。衡平法实际上也可以说是平衡法,主要适用于民商事案件。

中国的司法理论和实践中,是没有衡平法这个概念的。法官比较拘泥于法条,很少有公平正义的考量。

(一)英美法系和大陆法系的联系

二者在经济基础、阶级本质、总的指导思想和基本原则等方面都是一致的。二者都维护资本主义私有制,维护资产阶级专政和代议制政府,反映资产阶级的意志和利益,维护资产阶级的自由、平等和人权。它们的法律本质相同,传统要素接近,都是近代以前的罗马法、日耳曼法和教会法。法律的指导思想相同。法律背后的经济和意识形态等也都相同。

(二)英美法系和大陆法系的本质区别

1.法律的正式渊源不同。属于英美法系的国家和地区主要以判例法作为法律的正式渊源,遵循先例是英美法系的一个重要原则,承认法官有创制法的职能,判例法在整个法律体系中占有非常重要的地位。属于大陆法系的国家和地区主要以制定法作为法律的正式渊源,法院的判例、法理等没有正式的法律效力。

2.法律的基本分类不同。属于英美法系的国家和地区把法律分为普通法和衡平法。普通法是在普通法院判决基础上形成的全国适用的法律,衡平法是由大法官法院的申诉案件的判例形成的。属于大陆法系的国家和地区把法律分为公法和私法。私法主要指民法和商法,公法主要指宪法、行政法、刑法、诉讼程序法,进入20世纪后又出现了社会法、经济法、劳动法等有公私法两种成分的法。

3.法典编纂倾向不同。属于英美法系的国家或地区通常不倾向采用法典形式,制定法往往是单行法律、法规。即使后来英美法系国家逐步采用法典形式,也主要是判例法的规范化。属于大陆法系的国家和地区承袭古代罗马法的传统,一般采用法典形式。

4.诉讼程序和判决程式不同。属于英美法系的国家和地区采用对抗制,实行当事人主义,法官一般充当消极的、中立的裁定者的角色;法官首先要考虑以前类似案件的判例,将本案的事实与以前案件事实加以比较,然后从以前判例中概括出可以适用于本案的法律规则。属于大陆法系的国家和地区一般采用审理方式,奉行干涉主义,诉讼中法官居于主导地位;法官审理案件除了案件事实外,首先考虑制定法如何规定,随后按照有关规定来判决案件。

5.法律适用不同。大陆法系习惯用演绎形式,演绎法律推理,是从一个共同概念联系着的两个性质的判断(大、小前提)出发,推论出另一个性质的判断(结论)。在成文法国家,法律适用通常被认为属于演绎推理的运用。法律规范是大前提,法庭认定的案件事实是小前提,小前提所导致的法律后果是结论。演绎推理是由一般到特殊的推理,即根据一般性的知识推出关于特殊性的知识。演绎推理的典型表现为三段论推理。演绎推理是由普遍性的前提推出特殊性结论的推理。演绎推理有三段论、假言推理和选言推理等形式。而英美法系习惯用归纳的形式。归纳推理是一种由个别到一般的推理。由一定程度的关于个别事物的观点过渡到范围较大的观点,由特殊具体的事例推导出一般原理、原则的解释方法。显然，归纳推理是从认识研究个别事物到总结、概括一般性规律的推断过程。在进行归纳和概括的时候，解释者不单纯运用归纳推理，同时也运用演绎法。

需要指出的是，两大法系之间的差别是相对的。进入 20 世纪后，这两种法系已相互靠拢，它们之间的差异已逐渐缩小，融合也在发生。在人们的解释思维中，归纳形式和演绎形式是互相联系、互相补充、不可分割的。但差异将是长期存在的，某些历史上形成的不同传统还将长期地存在。

(三)跨国经营中英美法系和大陆法系的区别

1.代理权

(1)两大法系代理制度之法理根据比较

大陆法系代理法的立法理论基础是区别论。所谓区别论是指把代理制度中的“委任”与“授权”严格区分。委任是本人与代理人之间的契约关系，它调整本人与代理人之间的内部关系；授权则是代理人为实施本人的授权，代表本人与第三人之间的外部关系。尽管被代理人在委任合同中对代理人权限予以限制，但该限制并不拘束第三人。

英美法系的代理理论基础为等同论。该理论认为本人与代理人等同，这个理论可以用“通过他人去做的行为视同自己亲自做的一样”的短语来表述。与抽象思维所决定的区别论不同的是，等同论表现了一种直观形象的思维方式，英美法系代理法既不区分委任与代理，也不区分内部关系和外部关系，代理权及代理权的授予未能得到法律概念上的抽象。

(2)概念

普通法就概念定义而言，采取“目的导向”或“效果取向”的思维模式，即对特定法律行为的定义，通常不注重其成立要件的分析，关注的多是其具体的法律效果。例如契约在普通法下就定义为“一方于他方未依约定履行时损害赔偿请求权的法律关系”，这其实是在描述契约成立生效后的法律效果而非成立要件。普通法上代理的定义，非常典型地体现了这一思维模式。他们把法律关系描述为一种法律关系。最具代表性的是英国的学者弗莱德曼认为“代理是存在于两者之间的一种合意关系，其中一个人(代理人)在法律上被认为能代表另一个人(委托人)，通过订立契约或处置财产影响委托人与第三人的法律地位。”而《美国代理法重述》第一条第一项规定代理是当事人明示合意由一方当事人遵照他方当事人的指示，为其利益为一定行为的忠实关系。可见，普通法对于代理，更强调因代理行为在本人、代理人和第三人之间所产生的权利义务关系，至于代理行为的来由以及如何表现对代理的形成并不重要。

然而，与普通法系刚好相反，大陆法系就概念定义采取的是“要件导向”的思维模式，这一特点同样反映在代理的概念立法之中。《德国民法典》第 164 条的表述是：“代理人于代理权限内，以被代理人名义所为之意思表示，直接对被代理人发生效力。”或如我国民法学者胡长清认为：“代理者，代理人于代理权限内以本人名义向第三人为意思表示，或由第三人受意思表示，而直接对于本人发生效力之行为也。”不难看出，大陆法的代理概念注重构成要件的规定，代理行为如何发生是构成代理与否的关键所在。

2.工业产权

在英美法系中，对专利、商标、工艺、版权一类的工业财产的所有权以最先使用而确实。但在大陆法系国家，此类产权以注册先后为准。本书以国际商标为讨论对象来比较分析其在两大法系中的区别。

(1)使用在先权利(first to use principle)

使用在先权利是指最早用以确定商标权利归属的原则，根据这一原则，没有对商标的使用即不拥有任何权利，如果双方对商标都进行过使用，商标权利属于首先使用之人。适用使用在先原则的国家不仅认为这样确定的权利归属对于双方才算公平，而且认为唯有在商业中已经使用的商标才有保护的必要。

目前，美国、加拿大、英国和澳大利亚等英美法系国家采用这种归属原则进行商标认定。

(2)注册在先原则(first to register principle)

注册在先原则认为商标的专用权归属于依法首先申请注册并获准的企业。其原则告诉我们，某一品牌不管谁先使用，法律只保护依法首先申请注册该品牌和商标专用权的企业。

与使用在先原则不同，注册在先原则不仅不要求先使用才能取得权利，而且单纯使用不产生任何权利，决定权利取得的唯一标准是注册与否，具体到申请，则依申请的先后顺序确定权利归属。

注册在先原则的确立一方面提高了效率，结束了商标权利归属难以查考的历史，另一方面也在一定程度上牺牲了公平，因为该原则使已经使用的商标在被他人首先注册的情况下可能付出高昂的代价，造成不公平的结果。

目前，国际上采用此原则的国家主要有中国、日本、法国、德国等大陆法系国家。我国《商标法》明确规定“两个或两个以上的商标注册申请人，在同一种商品或者类似商品上，以相同或者近似的商标申请注册的，初步审定并公告申请在先的商标；同一天申请的，初步审定并公告使用在先的商标，驳回其他人的申请”。

3.契约

在英美法系中，双方或多方签订了合同，就得按合同条款办事，不论什么原因都不能违反合同，除非是发生地震、洪水一类不可预见的天灾。而在大陆法系中，除了天灾，发生罢工、骚乱等不可预见的人祸时也可以不执行合同。故而，在不同法系中契约合同的除外责任存在差异。

除外责任亦称“责任免除”。在大陆法系中，过错是承担责任的重要构成要件，在立法中大多确立过错责任原则为一般原则，例如《德国民法典》第275条就规定“债务人除另有规定外，对故意或过失应负责任”。过错责任原则是指在一方违反合同规定的义务，不履行和不适当履行合同时，应当以过错作为确定责任的要件和确定责任范围的依据。具体来说，一方面，过错责任原则要求以过错作为确定责任的构成要件，即确定违约当事人的责任，不仅要考察当事人的违约行为，还要考察违约当事人主观上的过错。即天灾人祸可免责。

英美法系在违约责任方面采纳了严格责任原则。严格责任原则是指不论违约方主观上有无过错，只要其不履行合同债务给对方当事人造成了伤害，就应当承担合同责任。严格责任原则意味着在违约发生以后，非违约方只需证明违约方的行为已经构成违约，而不必证明违约方主观上出于故意或过失。即天灾可免责，人祸不能免责，此种逻辑与英美法系的宗教哲学有关，他们认为只有上帝的力量造成的事件才能成为除外责任。

4.连带责任

连带责任亦称“连带债务”，属于民事责任的一种。一般指有数个债务人就同一债务各负全部给付的一种责任形式。即债权人可对债务人中的一人、数人或全体，同时或先后请求全部或部分给付的一种债务形式。如合伙债务的债权人，对于合伙成员的一人、数人或全体，均可请求其同时或先后，部分或全部地清偿合伙债务。

民事法律关系中的连带责任是连带债务关系中数个债务人向债权人承担民事责任的一种形式。因此，连带责任需具备民事责任的一般构成要件，即：连带责任人主观上须有过错；行为须具有违法性；须造成损害事实；违法行为与损害后果之间须存在因果关系。但是，由于民事立法上允许连带责任无因设置，即当事人自行约定，所以连带责任的构成又有例外。比如担保合同中的保证人，其主观上虽无过错，也未实施违法行为，但其仍应承担连带责任。因此，连带责任的构成还有其自身的条件和特点。

连带责任人必须在两个或两个以上；连带责任人与债权人之间须存在着债的关系且为不可分之债；连带责任所指向的债必须不可分；连带责任的客体必须是种类物；承担须有法律明文规定或者当事人明确约定。

大陆法系出事合伙人一起赔，英美法系出事方个人赔。

5.公司法人

法人是与自然人对应的一个概念。自然人是大自然中的人，即人类，是具体的、有自主意识的。而法人是法律上的人，是组织或机构，是抽象和虚拟的，无自主意识。自然人受限于民法和刑法，而法人只受限于民法，不适用刑法。法人是人类对一个想象的共同体的拟人化，正如《人类简史》所说，人类是善于并乐于创造虚拟共同体的，并依靠这些想象的共同体赖以生存。

企业也可二分为“法人”企业和“非法人”企业，例如公司和分公司先是企业，还是法人类型的企业；而像合伙企业、一人独资企业等机构也是企业，但却是非法人类型的企业。大陆法根据合同成立，要一定人数才成，英美法公司就是法人。

公司是企业的一种，是企业的子集，也是目前市场上最主要的组织形式，而由于合伙企业和独资企业等非公司制企业还是有一些小优势，因此还在市场中保留。他们共同组成了一个概念——企业。

6.董事会和股东

董事会，是由董事组成的、对内掌管公司事务、对外代表公司的经营决策和业务执行机构，公司设董事会，由股东(大)会选举。董事会设董事长一人，副董事长若干，董事长、副董事长的产生办法由公司章程规定，一般由董事会选举产生。董事任期由章程规定，最长三年，任期届满，可连选连任，董事在任期届满前，股东会不得无故解除其职务。

大陆法系和英美法系对于董事会和股东会权力边界的界定大不一样，一般来讲，大陆法系讲究“股东会中心制”，即董事会只拥有股东会明确授予它的权力；而英美法系则奉行“董事会中心制”，即除了股东会保留的，董事会具有一切权力。

大陆法系下，公司内部的员工保护被放在很重的地位。以德国为例，是采用三层结构，股东—监事会—董事会。股东和职工代表选举产生监事，监事会任命董事会成员，监督董事会执行业务。日本与德国类似，区别只在于日本的监事与董事会平级。简单地说，是在董事会外部设立了个单独的监督机制。

英美法系下，董事受股东委托行使职责；同时为了最大限度地确保董事履行职责的合法合规性，又设立一个不从公司拿薪水的独立董事，在很多公司的章程里独立董事的投票是有一票否决性质的。简单地说，即股东下设了一个有自我监督机制的董事会。

第二节　知识产权

中国经济崛起，中国积极发展与世界各国的贸易关系，“中国制造”已越来越得到国际社会高度关注。同时，中国于2001年正式成为WTO成员，全面履行加入WTO时的承诺，将承担在知识产权领域中的权利与义务，全面执行TRIPS协议，保护国际贸易的发展和知识产权不受侵犯，为削减关税及取消歧视待遇和其他贸易障碍，逐步实现贸易自由化而努力。但GATT和WTO的工作侧重于各国削减关税的谈判及贯彻一般性取消数量限制原则，对国际贸易中大量存在的非关税壁垒并没有完全限制。当前国际知识产权保护及权利滥用等问题不但成为国际贸易自由化的一大障碍，也成为中国发展对外贸易的一大制约因素。

国际知识产权保护加强影响中国企业全球化过程，是因为中国企业缺乏自主拥有的知识产权而必须支付巨额的专利费用，或者因为知识产权诉讼所产生的巨额费用大大增加了企业的各种成本，使中国产品的国际市场竞争力显著降低，中国企业对外直接投资和跨国生产也受到影响。在微观层面，知识产权壁垒通过企业付出巨额专利使用费以及侵权费用，降低其产品市场竞争力，减少市场份额并压缩了利润空间，这就是知识产权的短期效应；而从长期来看，由于企业利润降低而减少的资本积累将导致企业对技术研发投入的不足，无法从根本上改善企业的技术结构和产品结构，这在以技术为核心竞争力的时代将使企业不可避免地走上绝境。在宏观层面，整个相关产业将会因为知识产权壁垒而在短期内减少产品的生产和销售数量。在以市场为命脉的营销时代，该产业将无法抵制因为市场缩小而导致的产业萎缩，如果这种局面持续较长时间，产业将最终在竞争中消亡。这对整个国民经济的发展状况、国际经济主权以及未来中国科技的世界地位问题都产生重大影响。毫无疑问，在全球经济进入产业结构重构的时代，缺乏知识产权的中国企业将无力改变自己处在产业链末端和价值链下游的不利局面，在全球化中受制于别人。

一、知识产权简介

知识产权，也称其为“知识所属权”，指“权利人对其智力劳动所创作的成果和经营活动中的标记、信誉所依法享有的专有权利”，一般只在有限时间内有效。各种智力创造比如发明、外观设计、文学和艺术作品，以及在商业中使用的标志、名称、图像，都可被认为是某一个人或组织所拥有的知识产权。

知识产权是关于人类在社会实践中创造的智力劳动成果的专有权利。随着科技的发展，为了更好地保护产权人的利益，知识产权制度应运而生并不断完善。如今侵犯专利权、著作权、商标权等知识产权的行为越来越多。17世纪上半叶产生了近代专利制度；100年后产生了“专利说明书”制度；又过了100多年后，从法院在处理侵权纠纷时的需要开始,才产生了“权利要求书”制度。在21世纪,知识产权与人类的生活息息相关,到处充满了知识产权,在商业竞争上我们可以看出它的重要作用。

发明专利、商标以及工业品外观设计等方面组成工业产权。工业产权包括专利、商标、服务标志、厂商名称、原产地名称,以及植物新品种权和集成电路布图设计专有权等。

知识产权从本质上说是一种无形财产权,它的客体是智力成果或是知识产品,是一种无形财产或者一种没有形体的精神财富,是创造性的智力劳动所创造的劳动成果。它与房屋、汽车等有形财产一样,都受到国家法律的保护,都具有价值和使用价值。有些重大专利、驰名商标或作品的价值也远远高于房屋、汽车等有形财产。

二、主要特点

知识产权是一种无形财产。知识产权具备专有性、时间性、地域性的特点。大部分知识产权的获得需要法定的程序,比如,商标权的获得需要经过登记注册。

1.专有性

专有性即独占性或垄断性,除权利人同意或法律规定外,权利人以外的任何人不得享有或使用该项权利。这表明权利人独占或垄断的专有权利受严格保护,不受他人侵犯。只有通过“强制许可”“征用”等法律程序,才能变更权利人的专有权。知识产权的客体是人的智力成果,既不是人身或人格,也不是外界的有体物或无体物,所以既不能属于人格权也不属于财产权。知识产权是一个完整的权利,只是作为权利内容的利益兼具经济性与非经济性,因此也不能把知识产权说成是两类权利的结合。例如说著作权是著作人身权(或著作人格权或精神权利)与著作财产权的结合,是不对的。知识产权是一种内容较为复杂(多种权能),具有经济的和非经济的两方面性质的权利。因而,知识产权应该与人格权、财产权并立而自成一类。

2.地域性

地域性即只在所确认和保护的地域内有效,除签有国际公约或双边互惠协定外,经一国法律所保护的某项权利只在该国范围内发生法律效力。所以知识产权既具有地域性,在一定条件下又具有国际性。

3.时间性

时间性即只在规定期限内保护,法律对各项权利的保护,都规定有一定的有效期,各国法律对保护期限的规定可能一致,也可能不完全相同,只有参加国际协定或进行国际申请时,才对某项权利有统一的保护期限。

4.属于绝对权

在某些方面类似于物权中的所有权,例如是对客体直接支配的权利,可以使用、收益、处分以及为他种支配(但不发生占有问题);具有排他性、移转性(包括继承)等。

5.法律限制

知识产权虽然是私权,虽然法律也承认其具有排他的独占性,但因人的智力成果具有高度的公共性,与社会文化和产业的发展有密切关系,不宜为任何人长期独占,所以法律对知识产权规定了很多限制:

第一,从权利的发生说,法律为之规定了各种积极的和消极的条件以及公示的办法。例如专利权的发生须经申请、审查和批准,对授予专利权的发明、实用新型和外观设计规定有各种条件(专利法第 22 条、第 23 条),对某些事项不授予专利权(专利法第 25 条)。著作权虽没有申请、审查、注册这些限制,但也有著作权法第 3 条、第 5 条的限制。

第二,在权利的存续期上,法律都有特别规定。这一点是知识产权与所有权大不同的。

第三,权利人负有一定的使用或实施的义务。法律规定有强制许可或强制实施许可制度。对著作权,法律规定了合理使用制度。

6.法律特征

从法律上讲,知识产权具有三种最明显的法律特征:

一是知识产权的地域性,即除签有国际公约或双边、多边协定外,依一国法律取得的权利只能在该国境内有效,受该国法律保护。

二是知识产权的独占性,即只有权利人才能享有,他人不经权利人许可不得行使其权利。

三是知识产权的时间性,各国法律对知识产权分别规定了一定期限,期满后则权利自动终止。

“知识产权是指公民、法人或者其他组织在对创造性的劳动所完成的智力成果依法享有的专有权利,受法律保护,不容侵犯。”

三、《保护工业产权巴黎公约》

《保护工业产权巴黎公约》(Paris Convention on the Protection of Industrial Property)简称《巴黎公约》,于 1883 年 3 月 20 日在巴黎签订,1884 年 7 月 7 日生效。《巴黎公约》的调整对象即保护范围是工业产权。包括发明专利权、实用新型、工业品外观设计、商标权、服务标记、厂商名称、产地标记或原产地名称以及制止不正当竞争等。巴黎公约的基本目的是保证一成员国的工业产权在所有其他成员国都得到保护。

该公约最初的成员国为 11 个,而截止到 2017 年 5 月 14 日,随着阿富汗的正式加入,该公约缔约方总数已经达到 177 个国家,1985 年 3 月 19 日中国成为该公约成员国,中国政府在加入书中声明:中华人民共和国不受公约第 28 条第 1 款的约束。在加入该公约前后,我国还先后制定了与之相配套的诸如商标法、专利法、反不正当竞争法、消费者权益保护法、广告法等法律,使之与其相配套。

由于各成员国间的利益矛盾和立法差别,巴黎公约没能制定统一的工业产权法,而是以各成员国内立法为基础进行保护,因此它没有排除专利权效力的地域性。公约在尊重各成员的国内立法的同时,规定了各成员国必须共同遵守的几个基本原则,以协调各成员国的立法,使之与公约的规定相一致。

1.国民待遇原则

在工业产权保护方面,公约各成员国必须在法律上给予公约其他成员国相同于其该国国民的待遇,即使是非成员国国民,只要他在公约某一成员国内有住所,或有真实有效的工商营业所,亦应给予相同于该国国民的待遇。

2.优先权原则

《巴黎公约》规定凡在一个缔约国申请注册的商标,可以享受自初次申请之日起为期 6 个月的优先权,即在这 6 个月的优先权期限内,如申请人再向其他成员国提出同样的申请，其后来申请的日期可视同首次申请的日期。优先权的作用在于保护首次申请人，使他在向其他成员国提出同样的注册申请时，不致由于两次申请日期的差异而被第三者钻空子抢先申请注册。发明、实用新型和工业品外观设计的专利申请人从首次向成员国之一提出申请之日起，可以在一定期限内(发明和实用新型为 12 个月，工业品外观设计为 6 个月)以同一发明向其他成员国提出申请，而以第一次申请的日期为以后提出申请的日期。其条件是，申请人必须在成员国之一完成了第一次合格的申请，而且第一次申请的内容与日后向其他成员国所提出的专利申请的内容必须完全相同。

3.独立性原则

申请和注册商标的条件，由每个成员国的该国法律决定，各自独立。对成员国国民所提出的商标注册申请，不能以申请人未在其该国申请、注册或续展为由而加以拒绝或使其注册失效。在一个成员国正式注册的商标与在其他成员国——包括申请人所在国——注册的商标无关。这就是说，商标在一成员国取得注册之后，就独立于原商标，即使原注册国已将该商标予以撤销，或因其未办理续展手续而无效，都不影响它在其他成员国所受到的保护。同一发明在不同国家所获得的专利权彼此无关，即各成员国独立地按该国的法律规定给予或拒绝或撤销或终止某项发明专利权，不受其他成员国对该专利权处理的影响。这就是说，已经在一成员国取得专利权的发明，在另一成员国不一定能获得；反之，在一成员国遭到拒绝的专利申请，在另一成员国则不一定遭到拒绝。

4.强制许可专利原则

《巴黎公约》规定各成员国可以采取立法措施，规定在一定条件下可以核准强制许可，以防止专利权人可能对专利权的滥用。某一项专利自申请日起的四年期间，或者自批准专利日起三年期内(两者以期限较长者为准)，专利权人未予实施或未充分实施，有关成员国有权采取立法措施，核准强制许可证，允许第三者实施此项专利。如在第一次核准强制许可特许满两年后，仍不能防止赋予专利权而产生的流弊，可以提出撤销专利的程序。《巴黎公约》还规定强制许可，不得专有，不得转让；但如果连同使用这种许可的那部分企业或牌号一起转让，则是允许的。

5.商标的使用

《巴黎公约》规定某一成员国已经注册的商标必须加以使用，只有经过一定的合理期限，而且当事人不能提出其不使用的正当理由时，才可撤销其注册。凡是已在某成员国注册的商标，在一成员国注册时，对于商标的附属部分图样加以变更，而未变更原商标重要部分，不影响商标显著特征时，不得拒绝注册。如果某一商标为几个工商业公司共有，不影响它在其他成员国申请注册和取得法律保护，但是这一共同使用的商标以不欺骗公众和不造成违反公共利益为前提。

6.驰名商标的保护

无论驰名商标本身是否取得商标注册，公约各成员国都应禁止他人使用相同或类似于驰名商标的商标，拒绝注册与驰名商标相同或类似的商标。对于以欺骗手段取得注册的人，驰名商标的所有人的请求期限不受限制。

7.商标权的转让

如果其成员国的法律规定，商标权的转让应与其营业一并转让方为有效，则只须转让该国的营业就足以认可其有效，不必将所有国内外营业全部转让。但这种转让应以不会引起公众对贴有该商标的商品来源、性质或重要品质发生误解为条件。

8.展览产品的临时保护

公约成员国应按其该国法律对在公约各成员国领域内举办的官方或经官方认可的国际展览会上展出的产品所包含的专利和展出产品的商标提供临时法律保护。

四、与贸易有关的知识产权协定

《与贸易有关的知识产权协定》(Agreement on Trade-Related Aspects of Intellectual Property Rights，TRIPs)简称《知识产权协定》，是世界贸易组织管辖的一项多边贸易协定。《与贸易有关的知识产权协定》有七个部分，共73条。协议保护的范围包括：版权及相关权、商标、地域标识、工业品外观设计、专利、集成电路布图设计、未公开的信息包括商业秘密等七种知识产权，规定了最低保护要求；并涉及对限制竞争行为的控制问题，规定和强化了知识产权执法程序，有条件地将不同类型的成员加以区别对待。该协定宗旨是促进对知识产权在国际贸易范围内更充分、有效的保护，以使权利人能够从其创造发明中获益，受到激励，继续在创造发明方面的努力；减少知识产权保护对国际贸易的扭曲与阻碍，确保知识产权协定的实施及程序不对合法贸易构成壁垒。

在1883年之前，知识产权的国际保护主要是通过双边国际条约的缔结来实现。1883年《保护工业产权巴黎公约》问世后，《保护文学艺术作品伯尔尼公约》《商标国际注册马德里协定》等相继缔结。在一个世纪左右的时间里，世界各国主要靠这些多边国际条约来协调各国之间差距很大的知识产权制度，减少国际交往中的知识产权纠纷。

世界贸易组织的TRIPs协议是1994年与世界贸易组织所有其他协议一并缔结的，它是迄今为止对各国知识产权法律和制度影响最大的国际条约。与过去的知识产权国际条约相比，该协议具有三个突出特点：

第一，它是第一个涵盖了绝大多数知识产权类型的多边条约，既包括实体性规定，也包括程序性规定。这些规定构成了世界贸易组织成员必须达到的最低标准，除了在个别问题上允许最不发达国家延缓施行之外，所有成员均不得有任何保留。这样，该协议就全方位地提高了全世界知识产权保护的水准。

第二，它是第一个对知识产权执法标准及执法程序作出规范的条约，对侵犯知识产权行为的民事责任、刑事责任以及保护知识产权的边境措施、临时措施等都作了明确规定。

第三，它引入了世界贸易组织的争端解决机制，用于解决各成员之间产生的知识产权纠纷。过去的知识产权国际条约对参加国在立法或执法上违反条约并无相应的制裁条款，TRIPs协议则将违反协议规定直接与单边及多边经济制裁挂钩。

第三节　长臂管辖

进入21世纪以来，全球科技创新进入空前密集活跃时期，科技创新越来越成为国家综合实力竞争的决定性因素。与此同时，国际知识产权争端也越来越成为企业乃至国家之间科技竞争的没有硝烟的战场。知识产权司法保护已经成为国际交往和国际竞争中最受关注的核心领域。在国际民事诉讼中，管辖权的确立乃是一国法院对特定纠纷行使管辖权的前提，不同国家法院的管辖将导致适用不同的实体法，从而可能导致不同的裁判结果,而知识产权纠纷的裁判往往涉及巨大的利益乃至产品的存废、市场的份额和企业的兴衰。并且,在新技术时代,对国际上有重要影响力的案件的判决,还可能使一国法院参与甚至引领知识产权前沿领域国际保护和国际规则的创设,增强一国司法在知识产权国际治理规则中的引领力和国际影响力。因此,涉外知识产权民事诉讼领域对纠纷管辖权的争夺愈加激烈。根据国际礼让规则,实践中,各国法院对于他国法域的平行诉讼很少干涉,但是随着我国科技创新的崛起和全球制造业的迁移,欧美部分法院出现了争夺我国司法管辖权的倾向。尽管这些案件尚属欧美个别法院的尝试,并未形成大范围共识和惯例,但是,我国知识产权涉外司法保护正因此遭遇管辖困境,对该问题予以关注并进行深入研究具有重要的现实意义。

一、长臂管辖概述

长臂管辖(long-arm jurisdiction),原意是指当被告住所不在法院所在的州,但与该州有某种最低联系,而且所提权利要求的产生与这种联系有关时,就该项权利要求而言,即使他的住所不在该州,该州对于该被告仍然具有属人管辖权。学者使用的长臂管辖概念,一般是指国际民事诉讼中,对作为非法院地居民且不在法院地,但与法院地有某种联系,同时原告提起的诉讼又产生于这种联系时,法院对于被告所主张的管辖权,是一种用于解决"法律冲突"的管辖制度。相对于一般管辖权,长臂管辖又被称为"特别管辖权"。

除美国外,英国则通过对属地管辖权的扩张达到行使长臂管辖权的目的。传统的属地管辖是基于一国领土主权而言,一国对于自己领土内的人与发生的事应当享有管辖权。英国则依据"实际支配力学说"扩张属地管辖,以实现长臂管辖。即管辖国如果不能就特定案件的判决给予有效的执行,就不得对该案件行使管辖权。该理论不要求该诉因与英国有一定的联系,也不要求被告在英国具有住所或居所,而仅仅要求其"出现"于法院地,而"出现"的判定即是送达传票,即以"出现"和送达作为确定管辖权的依据。

二、长臂管辖制度在跨国知识产权诉讼中的适用

随着新技术的蓬勃兴起和我国创新驱动发展战略的实施,我国科技事业乘势而为、密集发力、加速跨越,在一些前沿领域开始进入并行领跑阶段。发明专利申请量已经连续七年位居世界第一,在一些新技术领域拥有的专利已经打破西方发达国家一枝独秀的局面。于是,以美国为首的西方国家在宏观层面,通过高技术出口限制和防范外国企业通过投资获取技术,加强对我国科技创新的遏制。而充分利用司法管辖制度,争夺国际知识产权诉讼中的管辖权,以最大限度地维护其本国企业的权益,引领世界知识产权裁判规则,增强其在知识产权领域的国际话语权,则成为微观层面重要的策略之一。在这种背景下,长臂管辖由传统上普遍适用的海事诉讼、国际货物买卖合同诉讼及涉外婚姻家庭等诉讼领域扩展至跨国知识产权诉讼领域,并呈现逐渐蔓延之势,主要体现在以下领域。

(一)长臂管辖在跨境电子商务知识产权纠纷中的适用

随着计算机互联网技术的高度发展,我国在成为互联网大国的同时,跨境电子商务发展迅猛,电商平台日渐强大,中小企业和个人参与国际贸易逐渐增多。由于知识产权的创立、运行、保护均以国家权力为依托,地域性是知识产权的基本属性,知识产权保护规则各国并不统一。跨国电子商务中的知识产权侵权往往涉及不同国家或地区的不同当事人,行为的发生和结果也分别涉及不同的国家或地区,一旦发生侵权,由哪国法院管辖直接决定适用不同的实体法，并可能导致不同的结果。因此，管辖成为跨境电子商务知识产权侵权诉讼各方争议的焦点问题。长臂管辖因此成为欧美法院在本领域诉讼中行使管辖权维护本国当事人权益的重要工具。例如，CEPIA，L.L.C.诉阿里巴巴网络有限公司和阿里巴巴集团案。

在该案中，CEPIA，L.L.C.是一家依据美国密苏里州法律成立的位于密苏里州圣路易斯城的有限责任公司，主要从事各种儿童玩具的开发、制造和销售。该公司于2010年在美国专利商标局注册了"ZhuZhu Pets"标识以及图，并拥有Zhu Zhu Pet产品设计和包装的若干著作权。被告阿里巴巴网络有限公司（中国香港）是在中国香港注册的公司，被告阿里巴巴集团是在开曼群岛注册的公司。阿里巴巴网络有限公司是阿里巴巴集团的子公司，其在美国的网站允许大量的第三方卖家向消费者展示其用于销售的商品。原告以阿里巴巴网络有限公司在其网站上将访问者导向由各种未经授权的销售商销售仿制的Zhu Zhu Pet产品的微站点链接为由，向密苏里州东区法院指控被告阿里巴巴网络有限公司和阿里巴巴集团侵害了其对Zhu Zhu Pet拥有的多项知识产权。阿里巴巴网络有限公司、阿里巴巴集团提出法院没有管辖权的动议。最后，法院根据大众公司和国际鞋业公司案所确立的正当程序标准和美国第八巡回上诉法院创立的确定非居民被告与法院地州充分接触的五要素认定：鉴于阿里巴巴网络有限公司针对密苏里州公民的被诉侵权行为充分满足密苏里州的"长臂管辖法案"，其被诉侵权行为损害了原告的知识产权和在密苏里州的利益，故对其行使管辖权符合程序正义原则，并且存在充分的最低接触；鉴于很少有密苏里州法院提及过由于子公司的被诉侵权行为而使长臂法案牵涉到母公司，且阿里巴巴集团在密苏里州没有业务，从来未与密苏里州产生联系，因此不应对阿里巴巴集团行使管辖权。最终，法院判决批准阿里巴巴集团对管辖权的异议，否决阿里巴巴网络有限公司对管辖权的异议。

从该案中，可以看到长臂管辖法案有关标准和限制规则在国际电子商务知识产权侵权诉讼中的应用。随着电子商务的迅猛发展，可以预见长臂管辖法案的适用必将更加广泛。

（二）长臂管辖在跨境标准必要专利纠纷中的适用

标准是以促进最佳公众利益为宗旨，经协商一致制定并由公认机构批准，规定活动或活动结果的供通用或重复使用的规则、指南或特性，其本身具有强烈的公共产品属性；专利权则是指由专利行政部门授予的具有独占性的技术方案，包括发明、实用新型和外观设计。当标准的实施不可避免地会使用专利技术时，便引发了"标准必要专利"。近年来，我国知识产权创造量质齐升，在通信、计算机等新技术领域拥有的标准必要专利已经打破西方发达国家一枝独秀的局面。因此，在标准必要专利领域，西方跨国公司或专利NPE也向我国高新企业发起一系列标准必要专利诉讼。标准必要专利案件的裁判，往往因费率的计算、侵权的判断和禁令的发布等问题而关乎双方巨大的利益冲突及至市场的存废、企业的兴衰。因此，对管辖权的争夺尤为激烈，长臂管辖制度更是越来越成为该领域诉讼中欧美企业争夺司法管辖权的有效工具，我国专利涉外司法保护正因此遭遇管辖困境。例如，Unwired Planet公司（以下简称UP公司）诉华为公司专利侵权案和Conversant Wireless Licensing S.A.R.L公司（以下简称"Conversant公司"）诉华为公司案。

UP 公司于 2014 年 3 月 10 日在英国起诉华为公司侵犯其 6 件专利。英国伦敦高等法院经审理最终判定:只有一种许可是 FRAND 的,即全球许可。华为公司要求只获得 UP 公司英国专利包的许可是 FRAND。但是法院未采纳华为公司只要求裁定 UP 公司专利在英国的费率,而是给予华为公司两个选择:(1)按照法庭给出的全球许可签订协议(包括 UP 公司没有专利覆盖的国家)执行;(2)接受禁令,禁止华为公司的终端产品和基站产品在英国进行销售。为避免在英国的销售受到影响,华为按照一审法庭判决的全球许可条件执行。在该案中,英国法庭在未对 UP 公司在其他国家的专利进行判断,且亦未经双方当事人同意的情况下,裁定了包括 UP 公司中国专利在内的全球费率(包括 UP 公司没有专利的国家和地区),而非仅仅判决 UP 公司在英国的专利,其裁判范围超过了英国的管辖范围。如果华为公司不接受该全球费率,法院将作出禁令判决,华为公司将被迫接受裁决。2017 年 7 月 24 日,Conversant 公司在英国将华为公司和中兴通讯公司诉至法庭,请求判定全球 SEP 专利组合费率。基于华为公司和中兴通讯公司没有直接回答假如英国法院判了费率,他们会不会接受判决付款,Conversant 公司又追加了 FRAND 禁令的诉讼请求。

在 Conversant 公司诉华为公司案中,英国伦敦高等法院也适用了长臂管辖制度。2017 年,Conversant 公司在英国伦敦高等法院提起诉讼,指控华为公司侵犯其标准必要专利。Conversant 公司请求英国法院为其判决一个针对华为公司的全球 FRAND 费率,后追加禁令请求。2018 年,华为公司在南京市中级人民法院提起针对 Conversant 公司所有的 3 件中国专利的确认不侵权之诉,同时请求法院为经司法认定有效且必要的为 Conversant 公司所有的中国标准必要专利判决一个 FRAND 费率。2018 年,英国伦敦高等法院开庭审理认为,虽然中国也已受理案件,未来可能会考虑中国法庭作出的判决,但是明确了对于全球 FRAND 费率的判决请求英国法院有管辖权。在该案中,法院的意见与 UP 诉华为案基本一致,法庭主动对全球费率进行裁定。

上述案件成为英国近年来在知识产权诉讼领域适用长臂管辖制度的典型,不仅违背了国际民事诉讼的属地管辖原则,也是对我国司法管辖权的僭越和对知识产权地域性原则的违反,极大地损害了我国相关企业的利益。并且,上述案件还引起了错误的示范效应,即鼓励专利投机公司(NPE)通过在任意一个国家的诉讼,来要求全球专利许可:只要专利权人主张其有标准必要专利,即使该专利权人没有证明任何一个侵权且有效的专利,或其专利覆盖的国家很少,也可以要求全球许可。这势必极大损害企业的创新能力。

三、长臂管辖的应对

如前所述,长臂管辖本质上是对一般属地管辖和属人管辖原则的突破,一定程度上有助于缓解一般管辖原则的机械性,为当事人诉权提供更多样的保障。

实践中长臂管辖的适用也并非没有限制,而要受到"正当程序原则""不方便法院管辖原则"、效果原则、自愿承认原则等的限制。然而,必须看到,长臂管辖的实践不仅是制度本身使然,更来源于强大的司法自信以及对于本国利益保护的目的,更是一国综合国力的体现。当前,虽然长臂管辖在跨国知识产权诉讼中的适用尚未普遍,但已对我国企业甚至是司法主权产生了重大影响,值得我们深入研究,及时采取妥善应对措施。

当前,欧美法院在中国知识产权诉讼中对长臂管辖的适用呈现扩张之势,不仅在域外甚至在我国领土内，直接导致了中国知识产权司法保护的困境，突出表现在如下方面：一是违反地域性原则，损害我国司法主权。欧美法院不顾"正当法律程序原则""不方便法院原则"等的限制，肆意依照"效果原则"等扩大适用长臂管辖，既是对 WTO 关于知识产权国际保护的地域性原则的违反，更是对我国司法主权的僭越，是对我国司法权威的损害。二是损害我国司法公信力，降低我国司法权威。

第四节　"一带一路"典型案例

近些年，随着经济全球化发展，"一带一路"倡议的实施与推进，我国与相关国家的交往与合作越来越密切，并积极地与相关国家搭建国际合作与交流平台，以此有效地实现国际经济贸易共同发展。"一带一路"倡议是新时期中国推动经济合作、促进共同发展的重要举措，完善"一带一路"投资争端解决方式，对促进"一带一路"倡议平稳、有效运行，保障我国对外投资安全具有重要意义。我国与"一带一路"沿线国家在投资协定中主要规定了诉讼、仲裁的争端解决方式，但这两种方式的弊端不可谓不明显。

调解是相对柔和的争端解决方式，更加尊重争端双方的意愿，是解决纠纷、维护合作的有效方式，已受到越来越多国际组织的认可。鉴于"一带一路"沿线国家现状，需要建立专门的"一带一路"调解员队伍，保证调解的公平与高效。同时，加入调解解决纠纷的方式不等于对其他方式的放弃，在调解不成的情况下需要衔接好调解与诉讼、仲裁的关系，保证纠纷及时得到解决。

一、我国与"一带一路"沿线国家间现行投资争端解决方式

投资争端的解决方式多规定于双边投资协定中。从我国与"一带一路"沿线国家现有的双边贸易协定来看，寻求国内救济和提起国际仲裁，是主要的解决方式。寻求国内救济的方法，主要是将争议提交接受投资的缔约一方有管辖权的法院，更加倾向于对被投资方的保护，而随着"一带一路"倡议的深入实施，我国已逐渐变为"双向投资"大国，这种规定不利于我国对外投资争端的解决。还需要考虑的情况是，"一带一路"沿线国家法治现状"良莠不齐"，在一些发展中国家，司法不公正、不独立现象时有发生，寻求国内救济并不能使投资者的利益一直得到有效的保护，而即使是寻求发达国家的国内救济，也不能完全避免有失公允现象的出现。

仲裁仍是大多数国际争端当事方的首选。2017 年，有两起国际投资仲裁典型案例，中方企业作为申请人。第一起为黑龙江国际经济技术合作有限公司、北京首钢矿业投资有限公司、秦皇岛秦龙国际实业有限公司诉蒙古政府案，中国当事方向常设仲裁法庭(PCA) 提出的审理请求，最终被仲裁法庭以没有管辖权而被驳回，原因是根据两国投资协定，仅"涉及征收补偿款额的争议"方可提交仲裁解决，而本案不属于上述范围。第二起较有影响的中国企业涉及投资仲裁的案件是北京城建诉也门政府案，该案由国际投资争端解决中心(ICSID) 受理。从 ICSID 网站公布的最新细节来看，根据双方协议，从 2018 年 1 月 29 日，案件程序进入中止状态，该案件最终结果目前仍不得而知。但从 2014 年 12 月 3 日，中心对案件的仲裁请求进行登记起算，到目前已过去 3 年时间，时间不可谓不长，而结果却不甚明朗。

投资仲裁的困境远不止以上两个案例所展现出的。国际投资的现状是，没有一个全

球性、专门性条约来规范、调整国际投资活动，没有一个专门的投资仲裁法庭来解决国际投资问题，纷繁冗杂的双边投资协定和区域性条约，让投资争端双方都有手忙脚乱之感。另外，因缺乏统一协调组织，重复管辖问题也较为突出。而现有的国际投资争端解决中心解决投资争端的弊病，除了时间长，诉讼成本也较高，动辄百万甚至千万的诉讼费用对每一个投资方来说都不可谓一个小数目。如果较长的时间成本和昂贵的费用能够换得一个可期待、可预测的仲裁结果，也遂人心愿，但国际投资争端解决中心却存在对同一条款解释不一致和裁决互相冲突的问题。

提起商事仲裁也是各国解决争端的一个可行手段。虽然"一带一路"沿线国家大都有自己的国内仲裁机构，但从国际商事争端诉诸仲裁庭解决的现状来看，西方国家的仲裁机构仍是大多数争端当事方的首选。这样的争端解决方式，既不利于"一带一路"沿线国家发展自己的国内仲裁，也会造成对普通法程序适用上的困难。投资仲裁的弊端，不免引发人们对争端解决机构，乃至争端解决方式的思考，调解制度便逐渐成为国际社会的一个讨论热点。

二、调解在完善现行投资争端解决方式中的合理性分析

鉴于东道国国内司法救济和国际仲裁都存在一定的局限性，因此有必要对现行投资争端解决方式进行完善。完善现行投资争端解决方式，不是"另起炉灶"创设新方式，而是从现有制度中，找出最佳的争端解决方式加以完善。调解是我国民事审判权行使的方式之一，在我国的争端解决体系占有重要地位，可以对现行投资争端解决方式起到完善与补充的作用。将调解作为完善"一带一路"投资争端解决方式是基于如下考虑：

(一)调解有着不同于诉讼、仲裁的特性

调解的价值在于为投资中争端双方提供了一个可选择替代的方式，让双方更加自主地决定争端解决的进程和结果。调解有着不同于诉讼、仲裁的纠纷解决方式：第一，审判和仲裁的目的是为获得法官或仲裁员有利于本方的判决或裁决，而调解则是为了达成双方都可接受的纠纷解决方案，因此，调解不会存在前后矛盾的状况。第二，法官或仲裁员在进行判决或裁决时，除了解决该具体案件，还起到"宣告规则"的作用，以对今后案件起到借鉴作用，这需要法官或仲裁员慎重思考，无形中加重了争端双方的时间成本；而调解需要兼顾之处便相对较少，调解的依据也更为灵活，可以减小时间成本。第三，审判和仲裁从始至终，都必须遵循固定的方式，严格按照法律规定，而调解的方式灵活多变，可以减小"一带一路"沿线国家适用法律的难度，免去争端解决提起的束缚性条件。总之，调解更加尊重双方意愿，更加强调双方主体地位，有利于投资双方化解矛盾，促进未来投资合作的持续开展；同时，调解也可以减少双方适用法律、遵守程序方面的困难，促进沿线国家司法进步。

(二)调解制度符合我国"一带一路"的倡议定位需求

要为"一带一路"投资争端解决提供中国智慧和方案，就必须对我国的"一带一路"倡议有清晰的认识。对我国在"一带一路"倡议中的国家定位进行界定，需要考量的因素包括三个：自我、他者、自我与他者。自我即考量我国自身在政治、经济、外交等方面综合国力水平；他者即"一带一路"沿线国家对中国在该倡议中应发挥作用的期待；自我与他者即我国的国家定位离不开与"一带一路"沿线重要国家的交互关系。基于如上判断，我国的国家定位应该是国际新秩序的倡导者，公平理念的维护者，自身命运的掌控者。我国的国家定位，要求在“一带一路”投资争端的解决方式上，既不能盲目全盘吸收，将现有机制简单地进行生搬硬套，也不能掀翻重建，而是要倡导对现有机制进行丰富和创新，使之有利于维护“一带一路”沿线国家利益，可使“一带一路”沿线国家独立解决争端。而调解是富有悠久历史的“东方经验”。从近年来“一带一路”沿线国家运用调解方式解决纠纷的案件比例来看，调解方式尚能被大多数沿线国家所接受，约有 31.5% 的投资争端案件通过调解方式解决。因此，将调解制度纳入现有争端解决方式，与我国在“一带一路”中的国家定位高度契合。

（三）调解制度可以更好适应“一带一路”沿线国家投资环境

我国倡导与“一带一路”沿线国家“民心互通”，足见造福沿线国家人民、增进彼此间友谊是“一带一路”倡议的重要目标。但光明的前途却常伴有崎岖的道路，我国开展对“一带一路”沿线国家的投资，面临的挑战不可谓不少：一是“一带一路”沿线民族众多，宗教信仰、文化差异较大，政治局面不稳定，政治环境动荡；二是“一带一路”覆盖面积广阔，自然环境变化较大，我国进行对外投资面临的环境压力、自然灾害压力较大；三是“一带一路”沿线国家数量多，法系众多，法律环境不健全。投资过程中面临的这些潜在风险，如果不加以妥善处置，极易加深“一带一路”沿线国家对“一带一路”倡议的猜疑与误解，不利于我国国际投资的稳定发展和“一带一路”倡议的有效实施。因此，解决“一带一路”投资争端，既要充分尊重“一带一路”沿线国家的社会现状、文化习俗，又要妥善解决纠纷，维护我国投资者权益，避免矛盾冲突影响国家宏观战略的实施。

（四）运用调解方式解决争端符合国际发展趋势

调解制度在争议解决方面的独特作用，正逐步得到国际社会的认可。1980 年，联合国国际贸易法委员会便制定了《联合国国际贸易法委员会调解规则》，以此完善国际商事纠纷。从国际投资争端的解决方式来看，被称为“未来与欧盟其他大型贸易伙伴达成经济协议模板”的《欧盟与加拿大全面经济贸易协定》，便将“磋商”“调解”等友好解决方式加入其中，作为对仲裁的替代性解决方法。更多运用调解等友好方式解决争端，既有利于争端的解决，又有利于国际投资合作的进一步开展，被广泛应用。

三、以调解方式解决投资争端的制度构想

现行的投资争端解决方式，并不完全符合我国对“一带一路”的倡议定位，不能完全适应“一带一路”投资环境对争端解决方式的需求，但这并不意味着将仲裁和国内司法救济完全排除在争端解决方式之外；调解纵然有适合于“一带一路”投资争端解决的优势，但并不等同于将调解作为唯一的解决手段。因此，完善“一带一路”投资争端解决方式，笔者倾向于在现有仲裁、诉讼的基础上，加入调解制度，共同组成“一带一路”投资争端解决体系。这种集调解、诉讼、仲裁于一体的投资争端解决体系，给投资争端双方提供了更加多样的选择，并能最大限度地兼顾争端解决与投资合作的关系，更加方便于争端双方参与诉讼。融入调解制度，需要注意以下问题。

（一）建立专门的投资争端调解员队伍

调解员在“一带一路”投资争端解决中起着至关重要的作用，建立专业化和职业化的调解员队伍，符合潮流趋势。建立专门的调解员队伍，首先要实现调解员身份独立。第一，将调解人员与审判人员、仲裁人员相分离。这是基于我国的司法现状而提出的，在我国的司法实践中，审判人员、仲裁人员可以同时担任调解员，调解不成可以进入审判、仲裁程序，在审判、仲裁程序进展过程中，也可以转入调解程序。这样的背景之下，争端双方当事人会“委曲求全”——不是完全出于自愿地接受调解结果，甚至会被法官强制调解。第二，将投资争端调解人员与普通商事、家事调解人员相分离，这是基于“一带一路”投资争端的背景而提出，投资争端所面临的问题复杂程度、专业要求高度等，都不是普通的调解人员所能胜任的。需要强调的是，避免同一人在同一投资争端中先后担任调解员与审判员。笔者认为，调解所达成的结果是双方自愿妥协的结果，并且具有非正式性，因此，不必将法官、仲裁员的回避规定移植到调解员身上，只要确保同一争端先后进行的调解与审判程序不为同一人即可。此外，为充分发挥调解员作用，笔者认为应该对调解员进行专业培训，使调解员更加熟悉“一带一路”投资争端特点及投资争端双方法制、文化背景等，更好发挥调解员的职能。

(二)做好调解与诉讼、仲裁的分离与衔接

要充分发挥调解的作用，需要将调解程序与诉讼、仲裁程序相分离，这也与建立专门的调解员队伍的理念相契合。通过创设分离的程序，可以让各参与方明晰自己的角色定位，进而用适合该种解决方式的口吻、行为进行程序活动。

在实现程序分离的基础上，如若想最大限度地发挥调解在“一带一路”投资争端解决中的作用，就不得不对其适用顺序以及与其他方式的衔接问题作出规定。有学者主张在“聚合司法、仲裁和调解各自优势的‘三位一体’模式”的基础上，主张“调解应该是‘一带一路’争端解决的优先方式”。这种制度构想与我国民事诉讼法第 122 条、133 条规定的“先行调解”制度有不谋而合之处。与我国调解制度存在的模糊规定相同的是，如果将调解作为“一带一路”投资争端解决体系中优先适用的一种，那调解是在诉讼、仲裁开始之前适用还是在开始后先调解。笔者倾向于诉讼、仲裁开始之前便先行调解，一来更加符合制度设计初衷，方便争端双方参与；二来可以减少不必要的司法资源浪费，节约时间和费用。同时，强调“优先适用”并不等同于调解方式的必然适用，应避免对调解的过分推崇，是否适用调解，取决于争端双方当事人自愿选择，避免“确有裁判之必要的案件能够免受调解的变相强迫”，如果双方无法达成调解协议，便需要终止调解程序，转入正常的诉讼、仲裁程序。

第五节　国际管理中的政治问题和风险

我们已经提到，理解一个国家现行的法律体系和方法十分重要。但是，法律体系也会对国家当前的政治状态产生影响，同时也受政治状况的影响，这一点反过来可以影响跨国公司经营其企业的能力。很多跨国公司非常擅长于评估本国的政治环境，但对于判断其他国家的状况却缺乏经验，而这种判断能力对一个公司而言是很重要的。很明显的问题是，在一个政治波动的国家里，跨国公司很难顺利经营，更不用说发生革命或爆发战争了。此外，国际管理者还要注意一些不太显著的风险来源。在本章的这一部分，我们将首先给出政治风险的定义，并举例说明企业面临的不同类型的风险，分析跨国公司用于评估某一子公司风险的指标，然后讨论管理或降低风险的方法。

一、什么是政治风险？

政治风险是一国发生的政治事件或一国与其他国家的政治关系发生的变化对公司造成不利影响的可能性。这个定义包括了很多因素——大到国家爆发革命使得企业资产被没收，小到税率的变更。我们将要讨论的主要是比较大的问题（如不允许向某个国家出口的法律）。我们没有在前面讨论这些问题，而放在这里讨论，是因为尽管这些问题可能是由法律方面的原因造成的，但是它们的存在本身就代表了跨国公司面临的一种政治风险。

政治风险(political risk)
指某一个国家里，对企业的长期或/和短期生存能力产生潜在影响的群体或政府行为的范畴。

国际经济中涉及的政治风险的本质是什么？有人认为其中的因素太多而无法说明，尽管如此，还是有人努力将这些风险进行分类，以便让企业能够应对这些风险。

政治风险主要包括：(1)征收风险；(2)汇兑限制风险；(3)战争和内乱风险；(4)政府违约风险；(5)延迟支付风险。

征收风险是指东道国政府对外资企业实行征用、没收或国有化的风险。东道国中央、地方政府不公开宣布直接征用企业的有形财产，而是以种种措施阻碍外国投资者有效控制、使用和处置本企业的财产，使得外国投资者的股东权利受到限制等而构成事实上的征用行为。

也许在某些情况下给企业带来最严重的风险的是国有化。当政府强制性地将所有权由私人转化为国家控制时，就会出现这种情况。国有化的高峰期出现在20世纪60—70年代之间，在这一期间，大约70个国家的1500多家企业被国有化了。资本密集型和依赖本土资源的产业如原油生产、采矿业、钢铁产业最容易成为国有化的对象。

国有化(nationalization)
国有化是在政府强制把私有产权转化为国家控制的情况下产生的。

如果政府对某一产业或公司实施国有化，然后对受到影响的跨国公司进行了补偿，这种行为被称为征用。很多国家（包括美国）承认一个国家可以通过主权豁免原则征用资产。这个原则的基本内容为，任何国家都无权来裁决或干涉另一个国家的内部事务，只要后者已经通过公正的程序采取行动。尽管公正行为这个概念很复杂而且对它的解释莫衷一是，但是，有一点是非常明显的，那就是要征用任何财产或资产必须满足三个条件：

1.征用必须出于公共目的。

2.不能通过歧视行为征用——外国人的待遇跟本国投资者的待遇一样。

3.投资者的权益必须得到尽快、充足、有效的赔偿。

征用(expropriation)
在对某一公司资产国有化后，政府进行补偿。

主权豁免
(sovereign immunity)
一种原则，认为没有任何一个国家拥有权力来判断或挑战另一个国家的内部事务，如果后者已经通过公正的程序采取行动。

当对外国公司实施国有化而只提供少量补偿或不提供补偿时，这种行为被称为没收。在这种情况下，法院持有的典型观点是资产所有者有权获得全部补偿。无论法院的判决如何有利，没收总会给跨国公司造成伤害。

没收(confiscation)
对外国公司执行国有化，但是却不给予补偿或者很少补偿的行为。

尽管 20 世纪 90 年代到 21 世纪初征用和没收比较罕见，但是跨国公司绝不应该忽视这些事件的风险，因为这些行为一旦发生，后果将十分严重。

汇兑限制风险也称转移风险，是由于东道国国际收支困难而实行外汇管制，禁止或限制外商、外国投资者将本金、利润和其他合法收入转移到东道国境外。

战争和内乱风险，这类风险指东道国发生革命、战争和内乱，致使外商及其财产蒙受重大损失，直至无法继续经营。近来，随着遍布世界各地的民族主义风潮的盛行，内战对跨国公司经营的威胁超过了历史上的任何时期。而在未来的岁月中，导致同样结果的大量冲突依然存在着。显然，内战会导致生产和生产率的下降，更重要的是会伤害员工甚至造成员工的死亡。

同样，恐怖活动和其他形式的暴力活动也给包括美国在内的许多国家带来了很多困难和问题。跨国公司面临的一个特定风险是绑架。新闻中充斥着这类犯罪的消息，其中包括几起外国高级管理人员在伊拉克、哥伦比亚、墨西哥等国家遭绑架的事件。拉美国家是绑架事件发生最频繁的地区，而哥伦比亚每年发生近 3000 次绑架事件，被视为一种新兴的买卖。据估计，在哥伦比亚经商的管理者在安全和协调方面要花费自己 1/3 的时间和上百万美元。

政府违约风险指东道国政府非法解除与投资项目相关的协议或者非法违反或不履行与投资者签订的合同项下的义务。很多国家经常通过关税来限制进口。关税指一国海关依法对通过其关境的进出口货物课征的一种税收。因此，与本地产品相比，关税使得外国产品与服务的价格提高了。通过类似的进口税收，一个国家可以限制进口从而保护本国产业。这类限制也给跨国公司带来了风险。

关税不是限制进口的唯一手段。一个国家可能试图通过进口限制，强制另一个国家扩大市场以接受自己国家的产品。当一个国家认为进口可能会对自己国家民众的健康和安全造成危害时，它也会限制进口。

关税(tariffs)
指一国海关依法对通过其关境的进出口货物课征的一种税收。

出口控制或限制对国际管理者而言是一个很重要的问题。出口限制的类型很多，如制裁、禁运和联合抵制等都是给国际商务带来影响的限制措施。每种限制都可以应用于进口，而且条件可以在进出口之间换用。这三种方式都是一个国家约束自由贸易的手段，采用这些手段更多的是出于政治原因而非经济原因，而且运用范围也有所不同。制裁，即一系列特别的贸易限制，也可以通过多种形式进行。

出口控制(expert control)
一个国家对本国出口产品的限制政策。

制裁(sanction)
政府对国际贸易的一系列限制手段。

禁运指的是对另一个国家全面的贸易限制，而不仅仅是限制几种特定商品或者重要的产品与服务，禁运往往是用来保卫国家安全或促进某项对外政策的实行，禁运一般是在战争中制定，但是在和平年代也一样采用。

禁运(embargo)
政府对另一个国家实施的单方贸易限制。

更加普遍但较不为人所知的是所谓的转移(diversion)问题。这个术语是指通过出口许可证向许可证上没有的第三方提供材料。出口商有责任筛选进口商并努力了解产品的可能用途。违反出口法律的公司将会面临大量的民事和刑事处罚。

转移(diversion)
通过出口许可证向许可证上没有的第三方提供材料。

因为产品可以通过约束不太严格的国家提供，所以出口控制如制裁、禁运和控制名单等有时候是无效的。如果问题足够严重，可能有数个国家会通过联合抵制手段来进一步限制贸易。如果制裁和禁运代表的是单方面非贸易参与意愿，则联合抵制就是通过多边或合作手段达成同样的目的。

联合抵制(boycott)
几个国家联合起来禁止同另一个国家间的国际贸易。

延迟支付风险是由于东道国政府停止支付或延期支付，致使外商无法按时、足额收回到期债券本息和投资利润带来的风险。

二、政治风险的管理

跨国公司回避风险的方法多种多样。实际上，有多少种风险源就会有多少种降低风险的方法。为了实现目标，我们将把这些技术按照可以管理的集群进行分类。例如，跨国公司可以通过防卫/主动的手段来应对风险。这种方法分类就是为了让公司的运作或其他资产摆脱风险因素的控制范围——例如敌对政府。其他方法还有联系/融合战略。这些战略通常能够促进公司制定降低风险的方法，从而进一步靠近风险国家，甚至能把自己提升为当地经济不可或缺的一个部分，这些战略可以是直接的，即直接面对问题，如采取法律行动；也可以是间接的，通过迂回的手段靠近风险，期望能够在长期中降低风险。

表 2-1　风险管理方法分类

方　法	直　接	间　接
防卫/主动	采取法律行动 依靠母公司采取行动 控制管理结构	风险保险 应急计划方法 母国政府压力
联系/融合	长期协议(如 NAFTA) 合资 促进东道国目标的实现	外国政府的游说 成为东道国的良好公司公民

资料来源：百度数据

三、政府职能

政府职能也叫行政职能，是指行政主体作为国家管理的执法机关，在依法对国家政治、经济和社会公共事务进行管理时应承担的职责和所具有的功能。它体现着公共行政活动的基本内容和方向,是公共行政本质的反映。

(一)有效的政府是一个能够治理并且善于治理的政府

在市场条件下,政府的职能是:纠正市场失灵和超越市场、引导市场。一般地讲,对于市场经济自身运用得相当完善的地方,政府无须干预。在这些方面,政府的职能有限,但这并不意味着政府就无事可做了。恰恰相反,政府的作用在市场条件下是相当重要的。首先,政府的作用是纠正市场的固有缺陷。

市场有其自身无法克服的弱点和消极方面。首先,为了弥补市场的这些缺陷,政府就需要担负起相应的经济职能,最大限度地减少市场经济的消极面。其次,政府的作用是超越市场、引导市场。政府干预市场不仅仅是为了纠正市场缺陷,更重要的是超越市场。超越市场就是要求政府能够站在市场之上,控制市场的总体运行,防止其自发发展造成的危害。这样做的好处是可以缩小政府的规模,减少开支,提高效率。因此,有效的政府并不是一个"实干"的政府,不是一个"执行"的政府,而是一个能够治理并且善于治理的政府。

(二)政府对经济的干预应遵循三个基本原则

市场失灵的存在,是政府干预经济活动的理由,但政府干预应确定在什么样的规模和范围之内,却无法准确地作出回答。这是因为一个社会对于政府作用的"需求"程度是有弹性的。它不仅取决于市场一方的缺陷,而且取决于这个社会的政治结构、价值观(如对平等的渴求)、公众意识及各种利益集团的选择。

这种政府职能的不确定性和复杂性,使其在现实中呈现出各种各样的政府干预形式,并在理论上成为现代政治经济学关注的一个焦点。一般认为,政府干预应该适度,即政府在资源配置过程中不要包揽一切,不要去做本来应当由市场去做并且实践已经证明市场能够做好的事情。具体地说,政府对经济的干预应遵循以下三个基本原则:

其一,政府干预的范围应是弥补市场的缺陷和不足,是对市场机制的"拾遗补缺"。按照这一原则,在市场机制能够发挥功能优化资源配置的领域,政府就不要插手或介入,而在市场机制不能有效配置资源的领域才需要政府干预。

其二,政府干预的目的应是促使市场机制恢复功能,而不是去代替市场。按照这一原则,政府干预的方式和力度就不应该是固定不变的,而应随着经济形势的变化而变化。

其三,政府干预的结果必须要比干预前的情况有所改善和好转,否则,就不要干预。按照这一原则,政府在准备伸出"看得见的手"进行干预之前,必须低头看看这只"看得见的手"的不完善的地方,以使政府干预尽可能地降低成本,减少副作用,增加有效性。在我国,由于有着几十年计划经济的传统和几千年封建集权的历史,因而在向市场经济体制转变过程中,更应该警惕和防止政府对经济的过度干预。

(三)在培育和完善市场方面,我国政府面临四个方面的协调问题

在建立社会主义市场经济的过程中,政府具有培育和完善市场的职能;而政府培育和完善市场的过程,实际上就是政府转变职能的过程。如果政府职能不转变,那么无论是市场主体,还是市场客体,都无法快速和健康地发展起来。

所以,社会主义国家的政府是社会主义市场发育的第一推动力。政府培育和完善市场主体包括两个方面:一方面,政府作为社会经济管理者,应退出国有资产的管理和经营领域,即放弃其经营职能;另一方面,政府应加强社会职能,特别是社会保障职能。

在培育和完善市场体系方面，当前我国政府面临四个方面的协调问题：一是商品市场与生产要素市场的协调。二是有形市场与无形市场的协调。三是区域市场与全国市场的协调。四是国内市场与国际市场的协调。

(四)经济全球化和加入 WTO 带来的政府职能转变

经济全球化为中国经济发展带来了利益和机遇，同时也可能带来冲击和风险。入世后中国在保持宏观经济稳定方面将面临新挑战，在收入分配、地区差距、劳动就业等方面也会出现一系列新问题。政府化解经济和社会矛盾、维护经济与社会稳定的作用与能力仍需进一步加强。

在 WTO 背景下政府面临的最大挑战，一方面是现实权力的削弱，另一方面是服务功能的加强。所以，根据 WTO 对政府的要求，我国政府职能还需进一步调整和转变。为此，在明确政府作用的方向、重点和方式的基础上，我国应加快推进政府改革，以应对加入世贸组织带来的机遇和挑战。

政府职能概述为经济调节、市场监管、社会管理、公共服务。

本章小结

本章主要讨论了跨国经营中不同法系之间的冲突。全球主要法律体系现存的有三种：英美法系、大陆法系和伊斯兰法系，我们主要讨论了英美法系和大陆法系的联系和区别，以及两者在国际经营中的实际运用。

随后，我们探讨了知识产权，了解了知识产权的主要特点：专有性、地域性、时间性、属于绝对权、法律限制和法律特征。并联系《保护工业产权巴黎公约》，对国民待遇原则、优先权原则、独立权原则、强制许可专利原则、商标的使用、驰名商标的保护、商标权的转让和展览产品的临时保护等基本原则进行综合分析。论述了与贸易有关的知识产权协定。

接着，我们讨论了在实际跨国经营之中，知识产权涉外司法保护遭遇的管辖困境，知道了长臂管辖的内涵与外延，长臂管辖在跨国知识产权诉讼中的适用，以及我们该如何应对长臂管辖。

然后，我们通过分析"一带一路"典型案例，引出了我国与"一带一路"沿线国家间现行投资争端解决方式，调解在完善现行投资争端解决方式中的合理性分析，以调解方式解决投资争端的制度构思。

最后，我们通过以上的知识，分析了国际管理中的政治问题和风险。跨国公司回避风险的方法多种多样。实际上，有多少种风险源就会有多少种降低风险的方法。

有效的政府应遵循三个基本原则对经济的干预，能够治理并且善于治理风险。

重要名词

普通法	民法或成文法	伊斯兰法	政治风险	国有化
主权豁免	征用	没收	关税	制裁
出口控制	禁运	转移	联合抵制	

案例分析

孟晚舟事件背后:5G 之争,惊心动魄!

近日,华为 CFO 孟晚舟被加拿大拘捕的新闻曝出。

2018 年 12 月 1 日,孟晚舟在温哥华被捕。

2018 年 12 月 5 日,加拿大《环球邮报》援引加拿大司法部发言人的话称,美国已要求引渡她,加拿大法院定于当地时间 7 日就此事举行保释听证会。报道说,加拿大司法部以此事已发布报道禁令为由,拒绝提供其他细节。美国司法部发言人马克·雷蒙迪则拒绝就此事发表评论。

2018 年 12 月 6 日,中国外交部发言人耿爽表示,中方已向美加表明严正立场,要求立即释放被拘押人员。

2018 年 12 月 8 日,中国外交部副部长乐玉成紧急召见加拿大驻华大使麦家廉,就加方拘押华为公司负责人提出严正交涉和强烈抗议。乐玉成指出,加方以应美方要求为由,将在加拿大温哥华转机的中国公民拘押,严重侵犯中国公民的合法、正当权益,于法不顾,于理不合,于情不容,性质极其恶劣。中方强烈敦促加方立即释放被拘押人员,切实保障当事人的合法、正当权益。否则必将造成严重后果,加方要为此承担全部责任。

2018 年 12 月 10 日,加拿大不列颠哥伦比亚省高等法院对孟晚舟女士的保释听证重新举行。当天的听证在该法院警戒等级最高的 20 厅进行。在当天的聆讯中,主要由孟晚舟方面邀请安保公司和 GPS 公司介绍如果孟晚舟获得保释,将采取何种措施保证她不会潜逃。被加拿大拘押的中国公民孟晚舟的保释听证没有得出结论,法官表示 11 日继续举行。

2018 年 12 月 11 日,中国外交部长王毅发表演讲:对于任何肆意侵害中国公民正当权益的霸凌行径,中方绝不会坐视不管,将全力维护中国公民合法权利,还世间公道正义!11 日,加拿大法院作出裁决,批准华为公司首席财务官孟晚舟的保释申请。11 日晚,走出法庭的孟晚舟发朋友圈,以华为为傲,以祖国为傲!

西方针对华为不是一天两天。新西兰、澳大利亚均封杀华为设备,拒绝让华为参加该国建立 5G 移动网络投标;华为在英国的国际业务也面临所谓"技术担忧",英国电信近日亦禁止华为参与竞标公司核心 5G 网络设备的供应合同。

先制中兴,后抓华为。频频针对中国 5G 公司的背后,西方国家打压中国意图昭然若揭。落后就要挨打,先进也要被针对。

路漫漫其修远兮,5G是我国无法绕开之争。

关于5G究竟有多么重要,高通CEO莫仑科夫这么说,

“5G是一种全新的网络,它能为大量设备提供支持。5G的诞生与电力或汽车同等重要,它将对经济和社会产生深远影响。”

5G的影响力如此之大,那么拿下5G的标准,制定5G的游戏规则,重要性可想而知——不仅能够通过收专利费财源广进,更能够定义全球通信格局。

目前可供5G选择的编码方案只有3种:

1.美国高通为首主推的LDPC技术。

2.中国华为为首主推的Polar技术。

3.欧洲法国企业为首主推的Turbo。

而5G技术在上文讲的三个场景里,还分为控制信道编码和数据信道编码两个标准,编码又有长码和短码之分。

目前还处在制定第一个场景eMBB的标准上。伴随我们从3G到4G的Turbo码最先出局,只剩下LDPC和Polar一决高下。

2016年3GPP RAN1 87次会议,在决定数据信道编码的长码方案上,LDPC较为成熟,专利成本低,赢得了多数投票,当然也包括联想及其旗下子公司摩托罗拉的票。

在决定控制信道编码的短码方案上,Polar码虽不成熟,却是目前人类已知的第一种能够被证明达到香农极限的信道编码方法,会上赢得多数支持。

还剩最后一个,数据信道的短码方案,最终还是美国的LDPC拿下,形成现在5G编码方案的格局。

5G标准之争才刚刚开始,未来大家还会要针对mMTC和uRLLC这两个场景的编码方案做投票决议。暗潮涌动之下是各国在技术实力、凝聚力、话语权等综合实力的较量。

中国在全球通信行业的地位已经从受人欺辱,到跟班欧美,再到如今与美国分庭抗礼。

缺乏领先的核心技术就难免处处受制于人。封中兴时,我们确实该反思缺芯、缺技术的痛,痛下自主创新的决心。而华为被禁,让我们看到华为是西方国家打赢5G这场战最大的阻碍。

第三章　正确地做事——国际伦理和社会责任

1.区分中西方商业文化看待伦理的不同观点和做法。

2.区分国际管理中伦理的两种观点：普遍主义和文化相对主义。

3.探究企业社会责任的重要性。

案例分析

苹果公司在全球的代工厂

2014年年底，BBC电视台的Panorama节目组在苹果公司位于中国的上海昌硕公司代工厂进行了一次卧底调查，并推出了令人震撼的新闻纪录片"Apple's Broken Promises"。节目中直指苹果公司没有兑现承诺，代工厂的工人居住环境恶劣，完全处于没有休息连轴转的高强度工作状态。在BBC的纪录片中，上海昌硕代工厂内的1400名来自中国各地的工人们正在为苹果公司组装iPad和iPhone系列产品，工厂强迫工人们每日轮班长达16个小时，而且有部分工人甚至是连续工作18天，而没有一天的休息日。

据《中国劳工观察》2015年3月报道："2月3日，在上海昌硕公司生产iPhone 6的工人过劳死，但只获赔1.5万元。"BBC报道称，苹果公司的员工宿舍为12人共处一室，拥挤狭窄不堪。而且更加骇人听闻的是，BBC的纪录片还揭露了苹果在印度尼西亚的代工厂，竟然聘用尚未成年的儿童劳工，在非常不安全的工作环境下，私自非法冶炼金属锡。"

印度尼西亚的苹果供应商，拥有由数十艘船组成的非法人工岛。这些船被绑在一起，在海床上搅起浑浊的锡矿，很多儿童就在这经常发生山体滑坡的泥浆池里工作。泥浆会从矿井的墙面上冲下，童工们需要在泥泞的池塘底部手工挖掘锡矿。在纪录片中，我们看到了挖掘机挖出的一些由于山体滑坡被活埋的锡矿工人的尸体。这些意外丧生的工人，身上多处骨折，嘴里含满了泥沙尘土。

事后，Williams回应道，"我们的产品中的确会使用到金属锡，公司的调查发现，印度尼西亚的代工厂中的确存在非法开采行为，但是原本对此并不知情，并且也为这个惊悚的事实感到震惊。我们坚决反对非法开采锡矿一事，而且在事后专门成立了印度尼西亚锡矿工作小组，以便在第一时间内查出到底是哪家供应商在进行非法开采锡矿的行为。而且我们会用更加严格的手段重新评估供应商的资格。"

引导问题

1.产品是改善人类生存条件的有效工具,但当产品的开发制造严重损及人类的健康甚至伤害一部分人的生命时,我们又应该如何看待这个问题?

2.规划产品工业设计生产的企业在其中承担着怎样的职责?

3.我们该做怎样的反思来防止类似伦理问题事件的发生?

第一节 国际伦理和社会责任

一般而言,传统上的伦理道德主要关注狭隘的个人问题,而企业社会责任关注的是更普遍的问题,因为后者是由企业整体道德伦理定位所驱动的。

本章讨论与伦理道德和企业社会责任相关的国际问题。有些商业行为看起来并没有违反任何法律规范或政治规则,但它们有可能是错误的行为。不可否认,很多企业在本土已经处理了很多的伦理道德问题。但是,随着贸易壁垒的降低及国际商务的增长,在未来岁月里,它们将不得不直面国际伦理道德问题。

上一章我们讨论过,国际管理者必须了解他们所在国的政治和法律框架。不过,某些商务行为可能在方法上合法或在政治上有利,但是,这并不意味着应该实施。在很多情况下,一项行动可能会引起更多的个人、组织或社会的担忧。所以,从长期观点看,企业最好能够按照一套以价值观为底线的方针来采取行动。或许这些方针很难制定也难以实施,但是,遵循这样的规则可能提高顾客的信任度,避免未来的法律问题,甚至能够带来社会效益。这些论题把我们带入了伦理道德的王国,以及它们对商务行为的影响。

一、伦理价值观

我们将以对伦理价值观的讨论展开话题。这里,我们重点关注的是个体对什么是对什么是错的道德判断。随后,我们将超越个人的道德判断,将社会责任明确地写进自己的国际商务战略中。实际上,目前也有几种框架供跨国公司参考,这几种框架区别了不同的企业社会责任行为和道德行为,为跨国公司指明了方向。

> **伦理价值观**
> (ethical values)
> 个体对是非与否的道德判断。

在过去的25年里,国际商务界尽管已经付出了巨大的努力,但是,很多企业还是感觉到商业伦理这个概念含糊不清,甚至无法实施。其中一部分原因为伦理本身已经是个复杂的问题,当这个概念从一个国家运用到另外一个国家时,问题会变得更加错综复杂。不同国家的政治和经济体系会对国际商务经营者的伦理价值取向产生直接和间接的影响。反过来,这种伦理价值取向也在左右着来自不同文化背景的人们对伦理规范行为的判断。最后,这些观念会驱动行为,例如有争议的工资、工作中的人权问题和对待雇员的标准等。这些问题将在本章逐一讨论。

二、中西方商业伦理区别

中西方商业文化存在显著的差异。在经济全球化和我国企业国际化不断发展的今天,我们有必要充分认识和了解中西方商业文化的差异。中西方商业文化的差异,主要体现在价值观、决策方式、思维模式、商业伦理等几个方面。

（一）中西方商业文化的主要差异

要理解中西方文化差异首先要明确文化的构成与来源。文化是由一组深层的基本假设所构成的模式，这些假设是由某个团体或民族在探索适应外部环境和进行内部整合的过程中所发现、创造和形成的。因为这些假设反复地起作用，所以它们很容易被认为是理所当然的，并可以无意识地起作用。因此，有人把文化比喻成人们大脑里的软件。商业文化是社会文化的一个分支，是人们在商业活动中为探索适应外部环境和内部整合过程中所发现、创造和形成的文化。根据现有研究，中西方商业文化的差异主要表现在以下几个方面。

第一，价值观的差异。价值观差异是中西方商业文化差异的最突出表现，例如，中西方商业文化在目标取向、个人主义/集体主义价值取向等方面存在显著差异。研究发现，人们在确定自身身份定位时有两种目标取向：归属取向和成就取向。成就取向的人努力工作，希望以此获得尊重和经济上的成功；归属取向的人认为社会地位取决于年龄、阶层、教育等，看重“你是谁”而不是“你做什么”。西方人在商业活动中倾向于成就取向，新教伦理强调的“勤勉观”对西方国家商业的发展影响很深。中国人在商业活动中往往看重声誉地位和关系背景等因素，总体来看属于归属取向。中西方商业文化的价值观还存在个人主义和集体主义的差异。个人主义价值观重视自我需要的满足，鼓励人们通过完成工作来实现个体目标和个人成就，鼓励竞争。而集体主义价值观提倡个体相互依赖，个体从属于集体，强调成员有义务为集体利益做出牺牲，重视团队合作与和谐。西方主要国家都倾向于个人主义，在商业活动中，他们更看重维护个人利益和权利平等，重视保护个人隐私，个体之间的竞争被视为常态，认为冲突也可以成为促进组织发展的有利因素。

第二，决策方式的差异。集体主义取向外化在商业决策过程中的特点就是决策的责任承担主体一般是集体，同时由于个人对于集体的服从，下级对于上级的遵从，在中国的商业决策过程中，决策的依据往往是对上负责、对权威负责、对领导负责，而不一定对事情负责，因此，决策本身往往具有较多的非理性和妥协性。相比之下，西方文化表现出较强的个人主义，在欧美商业决策活动过程中往往充满了火药味和对抗性，决策往往形成于激烈的讨论和论证过程，具有相当程度的理性。

第三，思维模式的差异。思维方式的差异反映了中西方心智模式的差异，在商业活动中的表现十分突出。中国人常讲“以和为贵”“和气生财”。这些都是注重协调、求同存异而不强调对立的“和合”思维的体现，“和合”体现了中华民族的辩证思想和系统观念。“和合”在思维上表现出中国人的整体性思维特点，整体性认知系统依赖于经验知识，而不是抽象逻辑。而西方人的思维方式是分析性的，喜欢将事物归类，探索事物的构成，使用形式逻辑以规避任何形式的矛盾。这种思维方式的不同，直接导致中西方商业文化的差异。

第四，商业伦理的差异。中西方对商业伦理的理解也有不同，由此在道德判断和道德行为上会产生差异。例如，“关系”存在于中国社会的方方面面，而且常常被当作一种社会资源或成为商业活动的潜规则，是具有中国特色的文化因素。在我国，很多时候商业上的成功与否并不由自己决定，而在相当程度上受自身背景和关系的影响。而在西方，商业活动以信用为基础，以社会契约为纽带，商业组织通过建立社会契约获得合法性，利用关系进行商业活动会带来合法性质疑，甚至违法。

第五，时间观念的差异。总的说来，西方人具有较强的时间观念，在商业活动中会对自己的日程安排提前做好规划，一旦约定好就按时执行，并且希望一切掌握在自己手中。而中国人的时间观念和行动计划性相对较弱，即使有也是富有弹性的，日程安排比较灵活。在跨国商业活动中，中西方的这一文化差异表现很突出。

第六，习俗与行为习惯的差异。中西方商业文化的差异还表现在习俗与行为习惯方面，具体表现在商业礼仪、商业惯例、商业交往的沟通方式和谈判方式等方面。例如，在高语境文化中，信息的传递与沟通是通过肢体语言、上下文联系、场景等进行的，是一种含蓄的间接沟通。而在低语境文化中，大多数信息是由清晰的符号如语言、文字等表达的，是一种直接的沟通。高语境和低语境的沟通方式会直接影响商业谈判。中国人沟通时多使用含蓄而非直接的语言；而西方人在沟通时更倾向于使用清晰直接的语言。

(二)中西方商业文化差异产生的根源

首先，中西方文化中深层假设的差异导致商业文化中对待人的态度和商业伦理的差异。例如对人性的理解，中国的家族主义文化在社会关系网络中理解人性，把社会性看作人性的核心特征，个体依附于社会关系网络；而西方文化强调人的理性、自利性和人格的独立性，主张每个人都有权利自由选择自己的行动，重视维护人与人之间的平等和社会公平。这在商业文化中，体现为中国人主张经营和运用“关系”的正当性，信任“家人”和“熟人”，情感关系突出，而西方人更加重视现代商业伦理和运用社会契约，通过遵守契约维护个人利益。

其次，社会文化和民族文化对商业活动中人们的价值观、思维方式和行为方式具有重要影响。以霍夫斯泰德民族文化维度结构模型为例，欧美发达国家基本是个人主义文化，权力距离较小，行为的短期取向较明显，而我国的文化属于集体主义文化(有别于日本的集体主义，“关系”色彩较浓厚)，权力距离较大，行为的长期取向较强，“先恋爱后结婚”的商业合作更容易被接受。这导致中国文化下的商业活动更加重视集体利益，领导者的权力影响更突出。而在推崇个人主义和权力距离较低的西方国家中，个人对自己行为和利益负责的意识和要求更高。

商业组织置身于社会之中，深受制度与法律的影响。西方的企业组织内部制度比较规范，社会商业法律法规相对完善，法律监管也很严格，从而使得商业组织必须严格按照法律规范行事。相对而言，目前我国的商业法律法规还有待继续完善，有法不依的现象依然存在，这使得中国商业组织还有投机心理，有时候把情理置于法律之上。

商业文化的发展基础是商业经济活动，与西方发达国家相比，我国的工商管理水平还有一定差距，管理者接受的商业教育参差不齐，粗放式经营现象突出，人们从事商业的目的尚未得到很好的规范，这也导致中西方商业文化在商业信念、心智模式和行为模式上还存在显著差异。在推进改革开放和努力实现中华民族伟大复兴的“中国梦”的今天，我们需要用开放和学习的心态面对中西方商业文化的差异，积极向西方发达国家学习，建设本土的现代商业文化。

第二节　伦理的哲学和观点

我们应该怎样做？别人的行为方式应该如何？这些都是人们争论了多个世纪的重大

哲学问题。无休无止的争论本身就说明,这些问题的答案各种各样,每一个答案都有其充足的理由,每个答案都拥有无数的证据支撑。因为哲学问题不是直接讨论的对象,所以,我们将把它们粗略地分为两大类:“普遍主义”(universalism)和“相对主义”(relativism)。对国际管理者而言,遵循不同的观点也意味着采取完全不同的行为方式。

一、普遍主义

普遍主义,相信有一种为人们普遍接受的、客观的指南,适用于不同的国家和文化。倡导这种定位的人认为,天下有现成的伦理规范,人人都必须遵守。

> **普遍主义(universalism)**
> 认为存在着人们普遍接受的客观的伦理指南,适用于不同的国家和文化。

普遍主义者指出,有一些行为几乎在所有文化中都被认为是错误的(如危害他人或他人财产)。拥护者指出,就商务活动而言,还是存在着人们普遍接受的基本原则。例如,实际上每一个国家都制定了相应的法律来禁止在商务环境下的行贿受贿、欺诈和盗窃行为。当然,不是每一个国家都严格执行这些法律,而且很多国家对此是“睁一只眼闭一只眼”。我们的观点是,很多人相信有普遍的经商“原则”,应该为人们所遵守。普遍主义者并不是被动地站在一边,等待人们去了解这些原则后再来实行。相反,他们采取主动措施,制定出一系列普遍的指导原则。

目前,要求管理者遵守的跨国或全球性伦理规范已经制定出来。例如,普遍主义者已经制定出一套国际雇员最低权利的规则,内容包括身体安全权利、言论自由、生存权利和非歧视待遇等。

为了更清楚深入地研究问题,在表 3-1 中详细说明了其中的一条规范。这条“联合国全球契约”规范描述了跨国公司必须遵守的 10 项伦理原则。

表 3-1 联合国全球契约要点

在人权方面,企业应当做到	
原则一	支持和尊重国际公认的人权保护行动
原则二	确保自身不参与侵犯人权行为
在劳动标准方面,企业应当做到	
原则三	维护结社自由和有效承认集体谈判权
原则四	坚持消除一切形式的强迫和强制劳动
原则五	坚持有效废除童工
原则六	坚持消除就业和职业方面的歧视
在环境保护方面,企业应当做到	
原则七	支持对环境挑战采取预防措施
原则八	采取措施承担更大的环境责任
原则九	鼓励开发和推广环保技术
在反对腐败方面,企业应当做到	
原则十	反对一切形式的腐败,包括勒索和贿赂

资料来源:United Nation Global Compact (2018)

当然，制定这些原则并不是为了强制跨国公司竭尽全力来担负起伦理责任，而只是列举了跨国公司在诚信经营时必须考虑的问题。很多国家并没有通过官方规定，强制企业必须全部（或者部分）遵守这些原则。例如，美国一般被认为是最关注伦理问题的国家，但美国并没有在这些全球性伦理原则上签字。部分原因是美国不同意某些原则的内容，同时也因为国内的政治压力。另外，美国已经在一些国际伦理协议上签了字，却无法获得其他国家的配合。

二、文化相对主义与自我参照标准

文化相对主义，也称入乡随俗，由于上述和别的原因，文化相对主义成为普遍主义的另外一种普遍的选择方式。相对主义支持者认为，任何国家的伦理行为是由那个国家特殊的文化、法律和商务惯例特点所决定的。因此，如果在一个国家里，一般的做法是要给审批进口文件的公务员支付一笔费用。那么，你可能将不得不这样做，尽管这种做法在你自己的国家里属于非法行为。这种入乡随俗的做法经常被认为在多方面是有利的。也许最重要的争议是，如果不按照当地的习惯办事，就意味着你对所在的文化缺乏尊重。这个观点显然表明，国际管理者必须按照所在国家的商务惯例办事。

> **文化相对主义**
> (cultural relativism)
> 认为任何国家的伦理行为是由那个国家特殊的文化、法律和商务惯例特点所决定的。

文化相对主义由学术领域转向实践领域的过程中，由于其与生俱来的理论上的缺陷，在反对普遍文化主义的同时走向了绝对的相对主义。同时，文化相对主义也存在着很难协调极端行为，以及具有特殊利益群体的缺点。

自我参照标准（SRC），是个体无意识地作为决策依据的本国文化的价值观、经验和知识。它会影响人们理解其他文化中的人类行为以及从当地雇员中获取生产力。

> **自我参照标准**
> (self reference criterion)
> 又称 SRC，是个体无意识地作为决策依据的本国的文化价值观、经验和知识。

SRC 的存在会使得国际管理人员一遇到国际市场营销中的具体问题时，就不由自主地利用自己的价值体系作为理解和处理这种状况的尺度和标准，价值文化不同，往往对事物的反应也各不相同。因此，SRC 很可能会招致营销计划的失败。企业一般会要求营销人员摆脱“自我参照标准”，避免“自我参照标准”的影响。而应该如何克服在国际市场营销中产生的 SRC 呢？有以下对策：

第一，按照本国的文化特点习俗和规范来确定业务问题和目标。

第二，按照东道国的文化特点习俗和规范来确定业务问题和目标。

第三，把 SRC 在该问题的影响单列出来，研究 SRC 如何使该问题变得复杂化。

第四，在没有 SRC 的影响下，重新确定业务问题与最佳的业务目标。

与自我参照标准密切相关的是民族中心主义，即认为自己的文化和公司最清楚应该怎么做事情。一般来说，当来自富裕国家的经理在相对不富裕国家的市场工作或与那里的经理相处时，可能出现民族中心主义。

第三节　企业社会责任

在我国，企业社会责任是管理学领域研究的重要课题之一，自改革开放以来市场开放程度越来越高的同时切实推动了市场经济迅猛发展，现代化企业社会责任备受重视，当前社会经济和大环境下我们国家的社会企业迅猛发展的同时，其自身社会责任感程度状况是怎样的，在社会责任方面做了哪些贡献与努力，存在哪些问题，应当如何解决，搞清楚这些问题才会有利于我国企业健康长远的发展。

2018 年 12 月 25 日，丁香医生发表文章《百亿保健帝国权健，和它阴影下的中国家庭》，将涉嫌传销活动天津权健公司再次推上风口。次日，权健回应该文章，称丁香医生诽谤中伤，要求撤稿并道歉，但丁香医生回应称：不会删稿，对每一个字负责。2019 年 1 月 2 日，据联合调查组介绍，经前期工作发现，权健公司在经营活动中，涉嫌传销犯罪和涉嫌虚假广告犯罪。截至 2019 年 1 月 7 日，已对权健公司实际控制人等 18 名犯罪嫌疑人依法刑事拘留，对另 2 名犯罪嫌疑人依法取保候审。同时，公安机关依法查处取缔不符合消防安全规定的火疗养生场所，开展集中打击清理整顿保健品乱象专项行动。

对这件事层层剥开来看，令人震惊的是一些企业职业道德的沦丧，企业社会责任的缺失，所有这些不得不让我们反思一个根本性的问题，那就是企业社会责任问题。

一、企业社会责任定义及其利益相关者

(一)定义

企业社会责任（corporate social responsibility，简称 CSR）是指企业在创造利润、对股东和员工承担法律责任的同时，还要承担对消费者、社区和环境的责任。企业的社会责任要求企业必须超越把利润作为唯一目标的传统理念，强调要在生产过程中对人的价值的关注，强调对环境、消费者、社会的贡献。

企业社会责任

又称 CSR，是指企业在创造利润、对股东和员工承担法律责任的同时，还要承担对消费者、社区和环境的责任。

美国著名的管理学教授斯蒂芬·罗宾斯（Stephen P. Robbins）提出，企业的社会责任详细地讲就是企业在获得经济效益的同时又能够推动社会可持续稳定发展的一种义务，并不受法律约束，企业如何做出决策、如何展开市场运行，既要保证自身经济利益又能够为社会做出实际贡献、谋得福利，最起码应做到不做制约社会发展的行为。

(二) 企业社会责任的利益相关者

随着利益相关者（stakeholders）对企业期望的改变，CSR 政策和计划也相应有所变化。过去 20 年来，利益相关者对企业的期望已经从避免为社会带来负面影响，演进为主动积极解决社会问题，例如不平等和贫困、环境恶化及气候变迁，并且不限于本土，甚至推及全球。不能满足利益相关者（见图 3-1）期望的公司，将可能面临诚信和声誉损失的社会风险，由此影响其长期可持续性，具有良好 CSR 绩效的公司则可能获得良好的信誉和经济效益。企业社会绩效于是成了企业能否持续发展的关键。越来越多的企业把社会创新视为可持续发展动力（Osburg 2013），并将预期的社会和环境绩效，作为企业创造共同价值观和社会创新的新机遇。

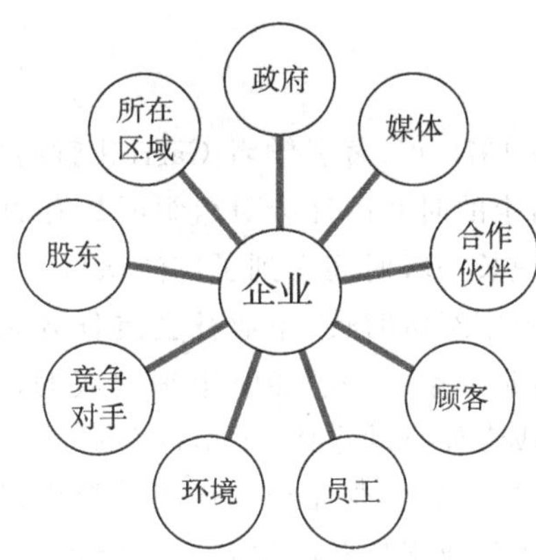

图 3-1　企业面向的利益相关者

一是企业对顾客的责任：提供可供选择的产品及相关产品的选择信息，不弄虚作假，实事求是。

二是企业对员工的责任：不歧视员工，要培训员工，创造舒适的工作环境，提供必要的待遇等。

三是企业对环境的责任：控制污染物的排放，研制并开发“环保型产品”，推动环保技术的应用等。

四是企业对竞争对手的责任：有序竞争，不刻意压制竞争对手，不恶意竞争等。

五是企业对股东的责任：提供有吸引力的投资报酬，为投资者及时、准确地提供财务信息等。

六是企业对所在社区的责任：企业应有意识地以适当方式把利润中的部分回报给所在社区。

尽管企业对 CSR 有所承诺，但违反基本劳工标准的行为仍然普遍存在，例如童工、危险性工作条件、工时过长以及工资低廉等。其中有许多原因，包括全球化竞争的压力、利润最大化、短期盈利主义以及国际供应链的复杂性，而这些问题在新兴市场国家尤其严重。工人的福祉通常都不是管理上的优先事项，政府也未必愿意负责任地执行劳工标准。只要客户不愿意鼓励企业这方面的努力，那么供应商层级确保工作环境的计划就难有成效。作为买家的企业必须保证负责任的标准并不会伤害企业的竞争力。对伦理消费的支持也是推动 CSR 的必要动力，但这种支持经常缺乏。以伦理方式生产的产品价格往往较高，消费者往往因价格高而不愿意购买。如果消费者不愿意为良心消费支付更高的价格，也就无法鼓励良心生产。

CSR 评级的不足在富士康国际身上便可看到。该公司在 CSR 调查中得分很高，在两次调查中都排名第七（Oxfam HK 2008，2009）。富士康与另一家公司在供应链组别调查中都获得最高分数，更一直被纳入“可持续发展指数”。然而，2010 年富士康工厂有 18 名负责生产 iPhone 和 iPad 的员工选择了自杀，这说明工人的一些基本需要可能得不到照顾。据报道指出，生活条件和工作规则有可能令一些工人感到孤立和无助，但这些情况都没有充分反映在 CSR 的调查数据内。

二、企业社会责任表现

(一)中国企业社会责任

谈到企业社会责任，早在1979年，著名学者Carroll就给出了一个综合性的定义，他认为企业社会责任是指，在给定的时间内社会对组织所具有的经济、法律、伦理、慈善方面期望的总和。此概念在之后很长一段时间得到了广泛认可。

只是在互联网加持下的数字经济时代，企业社会责任开始呈现出更加丰富的表现形式，而且承担社会责任已不再是一家"企业"能够单独完成的，尤其是平台型企业，常常是涉及多个利益相关者共同组成责任行动主体，承担社会责任。

阿里巴巴集团在2018年交出的企业社会责任成绩单中，纳税516亿元，带动上下游产业纳税2581亿元，创造直接就业岗位和间接就业机会4082万个，主动为中小企业减负250亿元……阿里巴巴在践行企业社会责任时走出了一条属于自己的路，它的与众不同在于能够将自身的发展与其相对应的社会责任统一起来，在做大规模的同时，其经济价值与社会价值也形成了递进关系。这也是所谓的以财务数据为主的硬实力与企业价值、文化为主的软实力之间的相互促进作用，而阿里巴巴数千亿美元的市值同样离不开企业组织与文化在其中发挥的潜移默化的作用。

对一个国家来讲社会企业如果能够积极踊跃地担负社会责任，那么对我国打造和谐型社会、促进社会和谐发展进步将具有重大的现实意义。现代社会企业应在具体生产运营过程中不断努力做到"爱国、敬业、诚信、守法、贡献"，发扬"致富思源、富而思进、扶危济困、共同富裕、义利兼顾、德行并重、发展企业、回馈社会"，如果国家在打造和谐可持续发展型社会的过程中缺少社会企业的自主参与，那将会是极其困难的。

一位成功的企业家和创业家应保证在自身企业稳定发展的同时能够和社会以及其余利益群体形成良好的交流，以本行业长久可持续发展、自然生态环境、构建和谐社会以及社会大众自身利益之间形成平衡发展状态为企业发展的根本出发点，同时将企业自身发展和国家社会整体发展之间密切联系，保证企业的未来发展具有广阔空间。

(二)全球化过程中企业社会责任

在市场经济中，企业既要考虑经济效益，同时还要承担社会责任。事实上，可口可乐将CSR(企业社会责任)融入企业运营中。"我们需要与我们服务的社会一样变得可持续。"可口可乐公司的董事会主席兼首席执行官穆泰康(Muhtar Kent)说。

可口可乐坚信，明天的美好，来源于今天的共同努力，源自每一个人最简单的"在乎"。作为一家饮料公司，可口可乐将社区视为共同的家，消费者、客户、供应商以及社区中的政府和民间机构都是携手创造共享价值的伙伴。可持续发展对可口可乐来说并不是新事物，公司对它的关注度一直在加强，尤其是水资源、女性和社会福利等项目。比如，可口可乐正努力在2020年前实现"水中和"。目前，公司已经将制造饮料的用水量减少了52%，在800多家瓶装厂中减少用水量帮助公司降低了生产的总成本。

2012年可口可乐与壹基金发起"净水计划"，2013年启动了"净水24小时"应急救援机制。可口可乐高度重视与生态环境和谐的可持续发展，从保护水资源、应对气候变化、发展可持续农业等方面着手，全面评估并参与管理价值链不同环节的环境影响。

2013年，可口可乐生产每升饮料的用水量比上年下降1.5%，不断积极探索和推进中水循环利用新模式。可口可乐将“水回馈”作为水资源管理的重要战略，到 2013 年年底，可口可乐在中国的水回馈量达到 56 亿升，可供 70 万人饮用一年。

同时，可口可乐与联合国开发计划署(UNDP)、世界自然基金会(WWF)、中国水利部、商务部等合作，在中国及全球范围内进行了一系列水资源保护方面的合作。同样，可口可乐致力于在 2020 年前为全球 500 万名女性提供经济支持的计划。这是全球商业机构同类项目中规模最大的。公司在非洲的许多微型分销中心(MDCs)由女性经营，这帮助可口可乐将饮料运送到卡车和火车无法达到的小店铺和零售亭，同时为公司的业务、零售和餐馆客户以及整个社会创造出了价值。

初期的投入并不能带来立竿见影的经济回报，可口可乐认为这没有关系，因为公司相信今天的投资最终将让可口可乐成为更强大、更可持续的企业。

比如植物环保瓶(Plant Bottle)项目，这是一个可以完全回收的包装，其中可再生植物材料的比例高达 30%。这个项目的前期投入很大，但有助于公司实现在 2020 年前将消费者购买的饮料的碳足迹减少 25%的目标。同样会在极大程度上推动公司的达萨尼(Dasani)水饮料品牌，赢得新的消费者和客户。

当被问到可口可乐所尽的企业社会责任与其他公司有何不同的时候，穆泰康认为，许多企业和机构都做得不错，但可口可乐的规模使得公司能够想得更远并且付诸行动。

“我们在 200 多个国家和地区开展业务，这些足迹让公司能够与大大小小的组织建立起合作关系，在本地和全球范围内产生最大的影响力。公司能够为各种项目提供资金，使得结果真的有所不同。”穆泰康称，大多数时候，可口可乐能够利用自身运营模型的规模和性质在很大程度上满足某种需求。

例如，公司同样拥有自己的分销网络，能够与 2400 万零售客户保持直接的联系，并且每周都会拜访他们。随着全球致力于弥合虚拟世界和现实世界之间最后一英里的差距，可口可乐有机会为实现这种连接提供帮助。

此外，可口可乐致力于为人们提供多样化的产品选择，使用明确的产品营养标识，积极倡导健康生活方式，贯彻责任营销。可口可乐一直植根社区，力求以自己的专长来服务所在社区，促进社区的繁荣和进步，为实现企业、社区以及环境的和谐发展而努力。

日前，在北京国家会议中心举办的“创行世界杯”现场，可口可乐中国发布了题为“我们在乎”的《可口可乐中国可持续发展报告 2012—2013》。

“我们在乎企业与社会的共同成长，在乎我们消费者的健康、社区的发展，以及与环境的共生。我们在乎会不会因为我们每个人所做的一点点努力，会使得我们的未来更美好……”可口可乐大中华及韩国区的可持续发展副总裁张华莹解释称。

章末案例

瑞幸咖啡财务造假引发诚信危机

舆情回顾

2020 年 4 月，瑞幸咖啡可以说占满了各大新闻网站头条。微博实时热搜榜首，门店排长龙，外卖小哥跑断腿，瑞幸咖啡 App 和小程序双双宕机……此次瑞幸咖啡的爆火，不是因为折扣，也不是因为当红明星代言，而是因为瑞幸咖啡突然发布公告称，公司 COO 实施 22 亿元的财务造假。

4 月 2 日晚间，瑞幸咖啡向美国证交会(SEC)提交公告，承认公司在 2019 年二季度到四季度虚增 22 亿元交易额。

4 月 3 日，瑞幸财务造假引来系列连锁反应。其第一大股东所持有的另一家港股上市公司——神州租车遭遇投资者抛售，神州优车、宝沃汽车也将面临重重考验……当日瑞幸 App、小程序系统已经无法下单，线下店发现当日订单量激增。

中国证监会在 4 月 3 日发布公告称，不管在何地上市，上市公司都应当严格遵守相关市场的法律和规则，真实、准确、完整地履行信息披露义务。中国证监会将按照国际证券监管合作的有关安排，依法对相关情况进行核查，坚决打击证券欺诈行为，切实保护投资者权益。

4 月 5 日，瑞幸咖啡表示，对于公司涉嫌财务造假事件及其造成的恶劣影响，向社会公众致以最诚挚的道歉。公司涉事高管及员工，现已被停职调查。

此次自曝财务造假，瑞幸咖啡将面临集体诉讼、巨额处罚以及退市的风险，对于瑞幸咖啡来说是无可回避的暴击。

舆情背景

2017 年 10 月，瑞幸咖啡(北京)有限公司正式注册成立。

2019 年 5 月 17 日在纳斯达克挂牌上市。从成立到上市，仅仅 18 个月，便刷新了拼多多和趣头条的历史，创造了国内企业从创立到上市的最快纪录。

回顾瑞幸咖啡的上市之路，可谓是疯狂“烧钱”来的。从 2017 年 10 月正式成立至上市之前，瑞幸咖啡就在各种融资。除了正规融资以外，还有个人借款、贷款、融资租赁、抵押贷款等，估算总额，瑞幸咖啡已经找到了近 10 亿美元(约 68.56 亿人民币)。

2017 年年底，瑞幸在全国仅有 9 家店铺；到 2018 年一季度，猛增至 290 家店铺，第三季度店铺数破千；美国上市前，瑞幸在全国的店铺已达到 2370 家。

从 2018 年一季度净亏损 1.32 亿元开始到第四季度，瑞幸咖啡单季度的净亏损已达到历史峰值的 6.69 亿元。而进入 2019 年，前三个季度净亏损分别达到 5.52 亿元、6.81亿元以及 5.32 亿元。从 2017 年创办至 2019 年三季度末，瑞幸咖啡累计亏损 34 亿元。

相关搜索

截至 2020 年 4 月 6 日 17:00,搜索关键词"瑞幸咖啡财务造假",百度找到相关结果约 109 万个,找到相关资讯约 11.3 万篇;新浪微博找到相关结果约 0.8 万个;腾讯微信找到相关文章约 1000 篇。

各界声音

北京大学光华管理学院会计系副教授罗伟:瑞幸事件,再次给中国企业上了一课。你只能老老实实、真实地增加信息披露,在"合规性"上做更多。如果不在合规上下功夫,存在侥幸心理,那么到最后"出来混的,总是要还的"。

新东方教育集团董事长俞敏洪:瑞幸咖啡造假事件对中国企业和企业家的形象,带来了很多负面影响。

网友声音

@我是锦鲤本鲤啊_:如果道歉有用的话,要法律干吗?

@密斯方:财务造假内部会不知道吗,不要一碰到问题就甩锅好吗,有点担当力。

@叁拾柒点陆度:从来没喝过瑞幸咖啡,只不过你的所作所为确实不地道、不道德,也会受人唾骂。

舆情分析

诚信是不可逾越的道德底线。

对于瑞幸来说,瑞幸咖啡本身就是处于一个风口浪尖的争论焦点,其信用体系有很多人认同,也有很多人怀疑。再加上本身又是属于要不断烧钱融资推动自身发展的,所以在目前的情况下,瑞幸可以说受到了全市场的不信任。对于瑞幸来说,上市只是一个起点却不是终点,但其商业模式很有可能难以继续下去,并将是一场灭顶之灾。

做企业需要扎实耕耘,坚持创新,用可持续的模式开拓市场,用品牌文化培养消费者忠诚度,还要有正确的义利观。而这些都需要付出艰辛的努力。如果同时有一条歧路,沿着这条路走下去,可以用资本工具获得金币,踩着股民的肩膀成为"成功者",不少企业会不会难以拒绝这种诱惑?如果接受了,结果将是毁灭性的。

对于此次事件,如果说造假的瑞幸贡献了什么,那就是为资本市场提供了又一个鉴往知来的案例,也给所有上市公司敲响了警钟:守法、诚信是企业立身之本,有失诚信之德,必遭市场谴责和法律追责。

本章小结

本章主要讨论了伦理价值观和企业社会责任大问题。伦理方面,我们研究了两种主要的观点。第一种观点即普遍主义认为,有一种放之四海而皆准的伦理价值观,很多国际行为准则和公司行为准则就是以它为基础制定的。第二种观点即相对主义认为,每一个国家都有自己独特的伦理价值观,它们以本国独特的法律和惯例为基础形成。按照这种观点，商务运作应该是“入乡随俗”。

随后，我们探讨了中西方商业伦理差别。中西方商业文化的差异，主要体现在价值观、决策方式、思维模式、商业伦理等几个方面。与西方发达国家相比，我国的工商管理水平还有一定差距，管理者接受的商业教育参差不齐，粗放式经营现象突出，人们从事商业的目的尚未得到很好的规范，这也导致中西方商业文化在商业信念、心智模式和行为模式上还存在显著差异。在推进改革开放和努力实现中华民族伟大复兴的“中国梦”的今天，我们需要用开放和学习的心态面对中西方商业文化的差异，积极向西方发达国家学习，建设本土的现代商业文化。

本章最后讨论了企业社会责任的重要性。企业的社会责任对企业的长远发展起着决定性的作用。我们国家的企业目前在企业社会责任方面做得不是很好，但是应该坚信，随着我国市场经济体制的逐步完善，企业家素质的逐步提高，国家政策的逐渐完善，我国企业只要把企业社会责任提高到战略的高度上予以重视，我国企业的社会责任感水平会逐步提高，促使企业更好更快更长远地发展。

重要名词

伦理价值观　普遍主义　文化相对主义　SRC 理论　企业社会责任　利益相关者

案例分析

造假丑闻波及全球 神户制钢或彻底破产

2017 年 10 月 8 日，日本第三大钢铁制造企业神户制钢(Kobe Steel)对外承认，自己在向全球 500 多家用户企业提供的钢铁产品中，均存在提供虚假标识的问题，而这些用户中不乏全球各大汽车制造商。

当地时间 10 月 16 日，美国知名汽车博客 Jalopnik 发文称，神户制钢爆出的这一丑闻在整个日本企业界引发巨大震动。虽然目前还不清楚这一问题造成破坏的严重程度——没有收到任何关于问题产品造成安全问题或伤害的报告——但显然这已经成为一个令全球侧目的巨大丑闻。

上周，神户制钢对外承认，其员工在用户要求提供的产品强度和耐用性报告方面存在捏造数据的行为——这些用户包括来自航空、汽车、航空火箭，以及负责日本子弹头列车制造的各个企业。据汽车新闻网报道，神户制钢估计，从 2016 年 9 月到 2017 年 8 月期间，其生产出售的所有铝、铜金属产品中，有 4%的产品存在伪造标识的问题。

而在上周五，神户制钢 CEO 川崎博也(Hiroya Kawasaki)向外界透露，这一丑闻已经波及大约 500 家企业用户——比最初公布的数量多了一倍以上——而且问题扩大到了该公司的钢铁产品。来自《金融时报》的报道称，神户制钢产品标识中捏造数据的行为，是为了满足用户提出的规格参数要求，而且这种造假行为可以被追溯到 10 年前。

有分析人士指出，日本企业中的临时工数量在不断增加，而给予他们的培训承诺却远少于正式员工，这可能是造成这一丑闻发生的真实原因之一。另外，尽管每家企业都有自己的企业文化，但日本企业通常都存在一个近乎相同的陈腐顽疾，那就是隐瞒错误。在日本企业中，告密者往往被抛弃——有时候甚至还会被打压。

那么，又有哪些汽车制造商会受到影响呢？来自《日经新闻》的报道列出一系列企业名称，其中包括通用、戴姆勒、标致雪铁龙、丰田、日产和本田——但该报道并没有给出以上消息的确切来源。根据彭博社的报道，戴姆勒和标致雪铁龙已经否认了这一报道内容的真实性，而且表示神户制钢并不是自己的供应商。

来自 CNN 的报道则称，日本国内汽车制造商——丰田、本田和日产——均证实自己使用了神户制钢涉及造假丑闻的产品。但他们表示，自己正在对这一问题造成的潜在影响进行评估。而福特汽车公司则表示，其 Mondeo 车型使用的铝合金零部件制品中可能存在问题产品。但这家汽车制造商并没有证实其采购的时间是否与神户制钢公布的造假时间相吻合。而 CNN 的报道还称，通用汽车和马自达则表示，没有在自己同一时间段内的汽车产品中发现受影响零部件。

强度是基本性能数据

神户制钢称，2017 年 8 月底公司内部调查发现，旗下位于枥木、三重、山口 3 县的 3 家铝工厂和位于神奈川县的铜制品子公司长期篡改部分铝、铜制品出厂数据，冒充达标产品出售。

目前的调查发现，2016 年 9 月至 2017 年 8 月，神户制钢大约有 2.15 万吨铝和铜制品流入大批企业，这些问题产品约占该公司年产量的 4%。其中，涉及篡改数据的铝制品累计发货 19300 吨、铜制品 2200 吨，以及 19400 件铝铸锻件。

上述这些涉事工厂在产品出厂前就已发现某些方面不达标，却在产品检查证明书中修改强度和尺寸等数据。

值得一提的是，强度是零部件首先应满足的基本条件，是在外力作用下抵抗变形、断裂等破坏的能力。

前述负责人对澎湃新闻表示，"材料的强度就是所谓的力学性能，包括抗拉强度、屈服强度、延伸率等，是材料综合性能的一个体现。航空材料、汽车材料等分别有各自的规范标准，生产的材料也必须要符合标准，篡改数据意味着肯定不符合行业标准。"

在铝制品的生产过程中，其强度主要由其添加的合金成分决定。前述负责人举例，"产品都有结构设计，设计当中对选材会有不同的类别要求，你要考虑什么样的合金能承受你的结构，如果所在的部位不需要承受太大强度，那就可以选择软一点、强度级别低一点的合金。"

据该负责人介绍，一般而言，每家生产企业在产品出厂前都要经过测试，根据各个产品标准规定的不同，抽样也不同，可能 2%、5%，甚至有 100%。"材料本身的重要性不一样、用的部位不一样、安全性要求不一样等，都会使得抽样体量不一样。"

尽管神户制钢已自爆造假问题，但仍提到一点，虽然这些产品未能达到客户的要求，却满足日本工业标准调查会制定的行业标准。

波及企业目前也纷纷表态。丰田汽车方面称，正在确认使用这些产品的车辆及可能带来的影响，据此决定今后对策。三菱重工的公关部门则说，已经确认相关部件不存在安全问题，预计不会影响MRJ客机今后的开发进程。日本东海旅客铁道公司也称已经确认相关数据，问题产品的强度没有对运行安全构成危害，今后将定期检查车辆并适时更换合格产品。

对于这一点，前述企业负责人则表示难以理解。“不应该存在双重标准的可能性。比如说航空材料，产品标准必须要符合航空航天行业的标准，这个标准是有严格规定的，一般来说，客户、供应厂商都会尊重这样一个标准。”

或可追溯至生产过程管理

此次爆出的铝、铜制品长达十年的造假，是基于成本压力还是企业漠视规则？不得而知。梅原尚人将其归结于按期交货的压力，并同时否认经营层曾因财务赤字向生产一线施压。但在长期造假的事实面前，“按期交货压力”这一说法显然站不住脚。

生产过程管理也就是所谓的生产精细化。“也就是我们说的严格执行规程、严格执行工艺，每种材料都有它特定的工艺。总体来讲，包括人（操作人员）、机（机器装备）、料（材料本身）、法（工艺等法规）、环（整体环境）等每一个环节，这也是工厂中最需要控制的几大要素。”

前述负责人认为，生产企业的产品不达标，除本身就存在的次品率问题之外，就必须得从生产管理过程中找原因。

值得一提的是，神户制钢类似篡改产品出厂性能数据、使之符合供货资格的劣迹并不是首次被曝光。不仅此番在铝、铜制品中篡改数据，其他产品也有类似行为。

2016年6月9日，神户制钢所宣布，该集团下属的神钢不锈钢钢丝公司为减少次品数量，在过去超过9年的时间里，篡改不锈钢钢丝的拉伸强度试验数据，将不合格产品作为合格产品发货，影响热水器等家电及汽车等下游产品。

次品不锈钢钢丝的调查期为2007年4月至2016年5月，公司共发货带有符合日本工业规格(JIS)标识的不锈钢钢丝7400吨，其中不合格的钢丝共计55.6吨，占比0.75%。

而早在2008年，神户制钢的另一家子公司还被爆出违规丑闻，直接将未经过日本工业规格规定测试的钢材发货。

对铝业务寄予厚望

神户制钢传统的三大支柱业务为钢铁、工程机械和电力。不过，这些业务在这几年日益低迷。

近三年来，神户制钢销售额逐年下降。官网数据显示，2014年、2015年、2016年，销售额分别为18868亿日元、18228亿日元、16958亿日元。在2016年度，神户制钢在日本本国的销售额占比为66%，中国占到7%，其他地区为27%。

销售额下降的同时，营业利润也是三连跌，分别为1194亿日元、684亿日元和97亿日元。2016年度，钢铁和工程机械产业更是产生了－191亿日元的经常性损益。

从神户制钢近年的规划不难发现，铝制品被其视作新的盈利重点。根据其计划，到2020财年将铜、铝的税前利润提升至200亿日元，也就是在2016财年的基础上提升近70%。再远期的计划则是，到2025财年，单单铝业务的税前利润将进一步提高至300亿日元。

计划的同时，神户制钢确实也在频频布局。

2016年5月9日，神户制钢宣布，将投资4670万美元在美国新建生产汽车用铝制品的工厂，预计从2017年下半年起陆续投产。神户制钢当时认为，美国计划加强燃效限制，汽车厂商通过车体轻量化来提高燃效，今后对铝的需求将日益扩大。

神户制钢瞄准的另一重要市场则在中国。就在2017年的5月18日，神户制钢在中国设立的子公司神钢汽车铝材(天津)有限公司正式投产，年产能10万吨。这家公司由神户制钢在2013年10月宣布成立，位于天津西青经济技术开发区，面向大众、通用、奔驰等欧美系和丰田、本田等日本系车客户。神户制钢当时主要基于看好中国市场及本土化生产。

早在2010年，神户制钢在中国还成立了神钢汽车铝部件(苏州)有限公司，并于2012年8月实现量产。主要生产及销售汽车用铝制悬挂臂，客户以中国国内的汽车厂商及汽车零部件厂商为主。

神户制钢此前在铝业务板块也保持着良好的信誉，前述负责人就提到，"在汽车用铝等方面，神户制钢之前口碑都是不错的。"只不过，经过此番篡改性能数据事件，神户制钢铝业务，甚至神户制钢未来的命运或都将蒙上阴影。

意料之中的事是，此次丑闻会对神户制钢造成巨大打击。来自《金融时报》的报道称，自丑闻被曝光以来，神户制钢股价已经暴跌40%。这一丑闻很可能会让该日本钢铁企业面临被拆分出售，或者彻底走向破产的命运。

第四章　文化维度

学习目标

1.理解国际管理中文化的重要性。
2.掌握不同理论下国家集群的划分。
3.学会描述不同文化价值观下员工的工作态度。
4.了解国际管理者如何更好地解决跨文化冲突问题。

案例分析

福耀玻璃10亿美元美国建厂却换来起诉和罚款

福耀玻璃董事长曹德旺被称为“玻璃大王”，在福布斯富豪实时排行榜上以25亿美元身家排名全球1014名。2016年10月，由福耀集团投资的全球最大汽车玻璃单体工厂正式在美国俄亥俄州竣工投产，之所以在这里建厂，是因为靠近它的主要客户，美国大型汽车制造商每年都会购买数以百万计的挡风玻璃。该项目投资6亿美元，是该州历史上最大的一笔中国投资。加上2014年福耀玻璃已在美国投资4亿美元生产汽车玻璃，福耀集团在美国投资已高达10亿美元。

然而，由于文化和管理理念上的冲突，福耀玻璃在美国的运营之路走得并不顺畅。特别是在美国遭遇的劳资纠纷令曹德旺感到头痛。福耀工厂进入美国就遭遇了全美汽车工人联合会（United Automobile Workers，简称“UAW”）发起的激烈工会运动。2016年4月，他们举办了一个群情激昂的会议，强调福耀在规则的执行上相当随意，直言不讳者遭到报复。11名福耀玻璃的工人向OSHA递交联名信，称工厂的工作环境不安全等。而福耀也在2016年3月达成协议，投资约700万美元改善工厂的安全相关问题，至此，罚金才从22.5万美元降至10万美元。同时，该公司还将工人的时薪提高了两美元。

除此之外，过去三年中，工厂与员工之间纷争不断。一位名叫丽莎·康诺利（Lisa Connolly）的员工抱怨说，如果没有足够早地提前申请带薪假，福耀就会以旷工为由对工人进行纪律处分；另一名员工德安娜·威尔森(DeAnn Wilson)抱怨工厂内空气不好，她在排放烟雾的机器周围工作，但她所在的区域没有适当的通风设备；还有一个名叫詹姆斯·马丁(James Martin)的前雇员表示，公司让他暴露在刺鼻的化学物质中，令他的双臂起疱，肺活量变小(马丁在2016年1月丢了工作，福耀的理由是旷工记录太多)……而曹德旺在接受《纽约时报》采访时表示，解雇副总经理是因为"他们不尽职，浪费我的钱"。他叹息称，该工厂的生产力"没有我们在中国的工厂高，有些工人是在消磨时间"。即使如此，2018年4月份，福耀工厂宣布对代顿工厂员工的集体涨薪，涨幅约为14%～15%，此前福耀美国工人的时薪为17美元。事后美国的工人们依然不买账。

经过了近两年的磨合，福耀玻璃在美国的发展本已步入正轨，3月17日公布的福耀玻璃2017年财报显示，福耀玻璃在美国已经实现了扭亏为盈，实现营业收入31899.67万美元，净利润75.45万美元。然而好景不长，就在美国当地时间2018年3月20日凌晨5:10左右，其全资子公司位于美国俄亥俄州莫瑞恩市的工厂发生了一起意外事故，一名夜班的叉车操作员不幸身亡。事故正在调查当中，福耀美国将会配合当地工伤局和职业安全与健康管理局进行调查。

引导问题

1.从福耀玻璃的案例中你能得到什么启发？

2.你能为福耀玻璃公司解决文化管理中的冲突提供几种可行的解决方案吗？

事实上，随着中国加入全球经济一体化进程的加快，越来越多的中国企业试图走出国门，无论在哪个国家，中国企业都可能受到来自工会或劳资纠纷的影响。例如，首钢秘鲁公司的劳资纠纷曾让首钢痛苦不堪。由于缺乏对秘鲁工会状况的了解，中方沿用了国内工会思维对待秘鲁工人。面对工人罢工，中方管理层开除了工会主席，与工会水火不容。结果不但激化了矛盾，而且给工厂造成了500万美元的经济损失。有专家表示，中国企业出海的前期调研往往很草率。对于寻求国际化的中国企业来说，国外劳资关系早已成为他们前行的一个重要障碍，仅仅在资金、技术方面准备好是不够的，学会与东道国的工会打交道已经成为必修课。日、美公司在进入境外市场之前，会组织人力，邀请学者对市场趋势、投资国文化和政治环境进行深入分析，甚至邀请国际问题专家咨询或全程参与，这值得中国企业学习借鉴。

第一节 再谈文化

文化(culture)是相对于经济、政治而言的人类全部精神活动及其产品。是一个社会群体独有的特征，通过其成员所遵循的价值观和行为规范与其他的社会群体相区别。文化涉及经济、社会、政治以及宗教体

文化(culture)

文化是相对于经济、政治而言的人类全部精神活动及其产品。是一个社会群体独有的特征，通过其成员所遵循的价值观和行为规范与其他的社会群体相区别。

制,也包括由这些群体所创造的独一无二的产物,如艺术、建筑、音乐、戏剧以及文学。文化影响着事物发展、人类行为和因果关系的心理模式。为了加深我们对文化的认识,考虑下列所有群体都可能包含文化差异:家庭、社会团体和组织中的各部门、组织、行业、州(省)、地区、国家、大陆、半球。而民族、职业团体、社会阶层、性别、种族、部落、公司、俱乐部和社会运动都可能成为具体文化分支的基础。当想到文化及其多样性时,不应把它看成是由单一因素引起的,文化是一个复杂的统一体,所以最好是用众多标准来区分不同的文化。

这里可以采用施耐德提出的文化冰山模型来解释文化。一般来说,冰山有大约 1/9 是可见的,其余部分则浸没在水中(见图 4-1)。文化冰山的顶部(可见部分)是使文化得以区别的行为、手工艺品和制度,包括传统、风俗和习惯等。这些显而易见的行为和手工艺品是深层次的价值观、信仰和规范的表现形式。支撑这些信仰的是对这个世界和人性的基本设想,也就是文化冰山的底座。一种文化特有的手工艺品和风俗习惯不是随意形成的,而是基本世界观的体现。

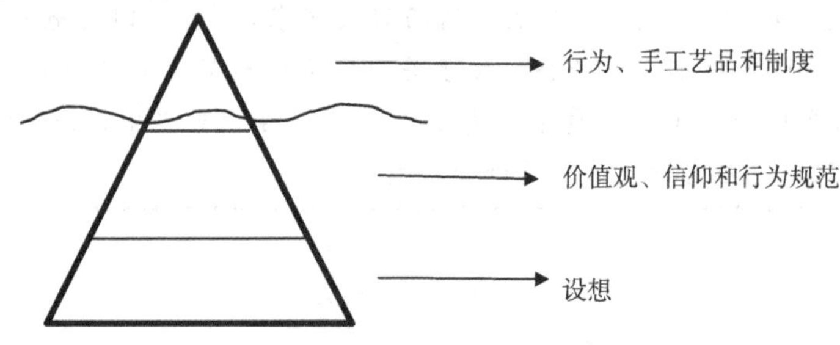

图 4-1　文化冰山

资料来源:Adapted from French, W.L., &Bell, C.H. (1923). Organization Development behavior science in interventions for organization improvement[M]. New Jersey: Prentice-Hall.

步入 21 世纪以来,全球经济化的时代相应到来,国家与国家之间的商务往来日趋频繁,与之相关的管理同时也成为国际商务活动中的重要环节。国际商务活动不仅是经济活动的一种,也是文化活动的一种。而国际商务管理可以看作是跨越国界商务活动中用以人际交往特殊的形式,属经济领域合作,还是文化间的碰撞及交流。因此,制定行之有效的策略和管理办法,将存在于国际商务活动中的文化冲突最大限度地降低,保障企业在参加国际经济的竞争时适应活动主体经济环境,同时能够融入各自文化环境,还能保持竞争优势并获得主动权,是一家企业在经济全球化的大形势下必须关注和研究的重点问题。所以,本章内容会对国际管理观念产生影响的主要文化观点展开详细阐述,并以此为依据分析中国及其他主要大国的文化观念。

文化重要性的小案例

中非在政治、经济及文化等领域的合作与交流更加频繁,因此促进中非人民之间的相互了解和民心互通愈加重要。对非洲国家而言,学习汉语和了解中国符合其利益诉求。因此,中国和非洲各国都非常重视孔子学院。2017 年 12 月,习近平主席与冈比亚总统就共同见证了冈比亚大学孔子学院成立。在非洲,第一所孔子学院肯尼亚内罗毕大学孔子学院于2005年成立。截至2018年5月，非洲41个国家总共建立了54所孔子学院和30个孔子课堂；孔子学院平均注册学生数达到3000人以上，其中有3所孔院的学生注册数已超1万人，在册学生数接近15万。根据数据，非洲可以被视为孔子学院办学成效最显著、发展最快的地区。但是，非洲孔子学院的飞速发展也使得管理面临一系列的问题。

资料来源：徐永亮、徐丽华.非洲孔子学院管理面临的问题及对策研究[J].管理观察，2019(2).

第二节　国际管理中文化的意义

在理解了文化定义的基础上，接下来这一节将讨论文化在国际管理中的重要性。文化差异作为进行国际管理时跨文化管理的核心理念，影响着管理过程中的每个环节和步骤，产生这种影响的因素往往表现在多个方面，如空间的概念、思维的方式和价值的观念等。

(1)价值取向影响着管理者对相关问题的理解和分析。每种文化在传承中都会有着较为独立的价值体系，而人们在进行问题的分析和理解时选用的方式会受价值观念的影响，因此，可以说价值观方面存在的差异对国际商务活动所产生的影响是巨大的。例如，在西方人中特别是美国人，通常客观性较强，提倡公事公办且不会徇私情，能够在从事商务管理时左右他们的一定是冷酷事实，并会以此做出评价与决策；而中国文化背景下决定了群众更加的知礼、谦虚，不是很乐意争强好胜，也不突出个人，因此市场主导地位更倾向于集体，认为个人发展的追求属严重个人主义，会被谴责；再比如，一位美国人外派到日本，每天早晨会先去拜访自己的客户再开会商讨各项公事，而日本商人则更注重办事效率，强调每天第一件事一定是开会商讨公事。由此可见，国际商务管理进行过程中存在不同价值观碰撞不可避免。

(2)思维差异影响国际商务管理。不同的思维方式在一定程度上影响人们认识外界事物、使用话语的规则及相关的管理行为。通常情况下，西方文化背景主导的管理人员的思维方式更多的是注重逻辑分析，线性思维就是如此，而东方文化背景为主导的管理人员体现出的思维方式更多的是在直觉上的整体性，也就是综合性更强的思维。受到我国几千年传统文化传承的影响，中国人会更多地倾向于从总体上去了解事物的特征。不同的思维方式还会反映出在管理策略上的差异，比如在以往商务活动中，我方代表遵循"先谈原则再谈细节"的管理策略，首先会就共同承诺、遵守的原则及利益开始讨论。而西方线性思维为主的管理者多会在开始时就从正题出发，对相关的细节也更加重视。

(3)风俗习惯存在的差异影响商务管理。风俗习惯方面涉及最多的常常是宗教上一些相关禁忌。例如，泰国人民认为左手乃不洁象征，我们在与泰国人初次相见需要交换名片时一定要记住不能将名片用左手递出；美国则认为一些数字不吉利，在礼拜五通常不举行商务活动，甚至会关注其酒店房号、楼层号、门牌号、餐桌号；柠檬香在菲律宾代表疾病相关而在美国则表示活泼、清新；再比如说阿拉伯国家，与其交往时应当避免妇女问题，也不能派遣女性商务代表。

(4)商务管理受到时空概念的差异影响。有学者将时间利用方式分成单一时间利用和多种时间利用两种方式，德国人、瑞士人及北美人的时间利用特点是单一利用，注重专时专用，善于将时间按小段进行规划，也被大多数低语境的国家所采用。高语境的地区与国家会采用多种时间的利用方式，强调多人参与、一时多用，这些地区人们多拥有较宽松的时刻表，做事并不完全按照时刻表来进行。由于所持不同的时间观念，管理者就会用不同的时间管理方式。比方说美国人竞争意识相对强烈，效益和效率被认为是核心观念，也就使得美国商人雷厉风行，会在每个环节上予以重视，将管理时间尽量缩短，做到每一项管理速战速决。而在某些还存在封建意识或传统观念的国家当中，人们不太重视准时性，甚至有时会有意识地将时间拖延，期望显示出尊贵的地位，最突出的体现是南美商人在商务管理活动中迟到一到两个小时都有可能。

总之，国际管理中跨文化的交际是不可避免的，对此问题研究愈发深入，无论对跨文化交流还是对商务管理的实践都具有积极且重要的意义。管理人员语言行为代表着企业、个人甚至整个国家，哪些因素能够影响管理，更多地趋向于管理人员文化取向。管理人员只有能够得体处理在国际管理中存在的文化差异，才可实现高效常务沟通。

第三节　文化维度

在讨论过文化重要性之后，本小节将继续深入探讨文化的相关内容，以不同学者对文化维度的不同划分展开论述，主要介绍如表 4-1 所示的三种文化维度及其优劣性，接着将给管理者个人和国际企业提供一些建议，以便他们更好地理解文化差异，应对可能遇到的文化困境。

表 4-1　文化维度总结

研究者	维　　度
罗南和申卡尔	国家集群理论
霍夫斯泰德	个人主义与集体主义 男性主义与女性主义 权力距离 不确定性规避 长期取向与短期取向 自身放纵与约束
卓皮纳斯	普遍主义与特定主义 中立型与情感型 明确型与扩散型 成就型与归因型 个人主义与社群主义 内控型与外控型

(一)罗南和申卡尔的国家集群理论

首先是罗南和申卡尔的国家集群理论，他们根据员工对工作的态度以及工作如何满足员工的需要这两点的相似性来确定国家所属的集群，将拥有相同核心价值观念的国家进行划分，如图 4-2。

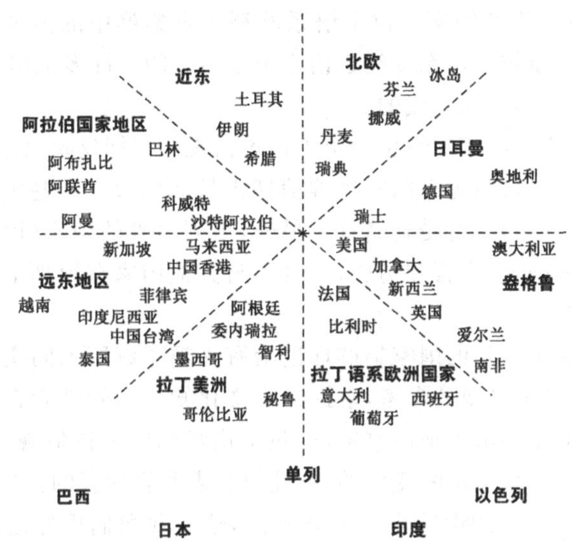

图 4-2 罗南和申卡尔的国家(地区)集群图

资料来源：S.Ronen and O. Shenkar. Clustering Countries on Attitudinal Dimensions: A Review and Synthesis[J]. Academy of Management Review,1985,10(3).

1.罗南和申卡尔的国家(地区)集群图

值得注意的是，在该理论下，罗南和申卡尔对各国进行的是政治地理上的划分。所谓政治区域，是指地球表面上任何按照政治标准划分的地区，它既包括一个国家或国家之下的行政区，也包括数国结成的区域。政治区域作为一个基本范畴是由三个要素组成的：政治组织、一定数量的人口、地理区域。缺少其中一个要素，就不能成为政治区域。我们所说的政治组织，既指各个有主权的国家，也包括各国国内的地方政治组织，如各级地方政府，还包括数国联合起来的国际组织和地方群体。

接下来，我们先来看"东欧"区域，正如我们刚刚所讲到的，"东欧"作为政治地理概念，是指位于欧洲东南部和中部地区的 8 个国家，它们是：保加利亚、罗马尼亚、波兰、匈牙利、捷克斯洛伐克、阿尔巴尼亚、德意志民主共和国和南斯拉夫。这些国家在第二次世界大战后曾经按照苏联模式建立起社会主义制度，并与苏联结盟，成为社会主义阵营的成员(1948 年南斯拉夫因与苏联冲突被开除出社会主义阵营，1962 年阿尔巴尼亚与苏联决裂，退出阵营)。

其次是"北欧"，它在此处特指北欧理事会的五个主权国家 ：瑞典、挪威、芬兰、丹麦、冰岛。

在了解了该图的划分方式之后，接下来将讨论为什么会有此划分方式。在相似性方面，你也许会注意到，属于一个集群的国家，地理位置通常比较接近，并且他们拥有基本的共同价值观。这反映了一个观点：文化价值观通常首先在靠近文化发源地的地区发展起来。而盎格鲁美洲集群国家的地理位置相距遥远，反映了英国的移民特征，他们将盎格鲁文化价值观带到了全球各地。比较富裕、发达的国家靠近中心。例如，在北欧集群中，瑞典被看成是最发达的国家；而在拉丁语系国家集群中，法国是最发达的国家。

集群内国家的另一相似性是语言。例如，拉丁美洲集群包含讲西班牙语的国家，而盎格鲁集群中则包含讲英语的国家。拉丁语系欧洲国家集群中的国家则讲几种不同的语言，这些语言都被认为是拉丁语系或拉丁语中衍生出来的。许多工作价值观、目标和态度都是受其语义和解释所影响而形成的。

宗教态度和信仰之间的相似性也会由工作价值观和目标反映出来。天主教是两个拉丁语系国家集群的主流信仰；远东国家集群信仰佛教和儒教。这些价值观强调人们应该有家庭观念并承担责任，否则将受到谴责。另外，单列出来的国家（巴西、日本、印度和以色列）一般拥有独特的宗教、语言和历史，而日本与其他国家在地理上的隔绝更促进了这种文化独特性的形成。

总体而言，罗南和申卡尔的国家集群理论给有兴趣了解国家间文化价值观和态度异同点的国际管理者提供了简要的参考，掌握这些文化知识的管理者在国际商务管理中会更加有效。目前，人们正在努力把国家集群（包括衡量国家间价值观差异的方法）划分得更加精细。例如，由于文化是不断变化的，因此研究者和管理者的目标也在不断变化。同样，具体的文化差异所带来的影响也有显著不同，这需要我们更好地理解国家间的文化差异。

2.罗南和申卡尔理论的局限

以上所讨论的复杂性必然会造成罗南和申卡尔理论的局限性。例如，集群中遗漏了许多国家（如没有包含苏联解体后的任何一个国家），尤其是几乎没有将任何发展中国家包含在内。这些国家应该放在哪个集群呢？显然，我们无法确定。例如，人们很容易想象，如果界定一个新的亚洲集群，则应该包括日本、中国和韩国这三个国家。三个国家都强调人际关系的和谐，其原因可以追溯到某些共同的儒家价值观。但是，“和谐”在这三个国家中却有不同的含义。在日本，和谐经常指团体活动或者成员关系，而在中国和韩国，和谐经常被定义为个人之间的关系。

（二）霍夫斯泰德文化维度理论

从1967年到1973年，吉尔特·霍夫斯泰德在著名的跨国公司IBM（国际商业机器公司）进行了一项大规模的文化价值观调查。他的团队对IBM公司的各国员工先后进行了两轮问卷调查，用二十几种不同语言在72个国家里发放了116000多份调查问卷并回收了答案。根据调查结果，霍夫斯泰德总结出衡量价值观的六个维度：个人主义与集体主义、男性主义与女性主义、长期取向与短期取向、权力距离、不确定性规避、自身放纵与约束。为了统一自己的研究结果，霍夫斯泰德根据其中四个定位各个国家，绘制了文化“地图”。由于各个国家趋向于聚集为某一类，因此可以评价这些国家间的相似性和不同性。霍夫斯泰德的研究成果对全球的雇员管理具有重要意义。

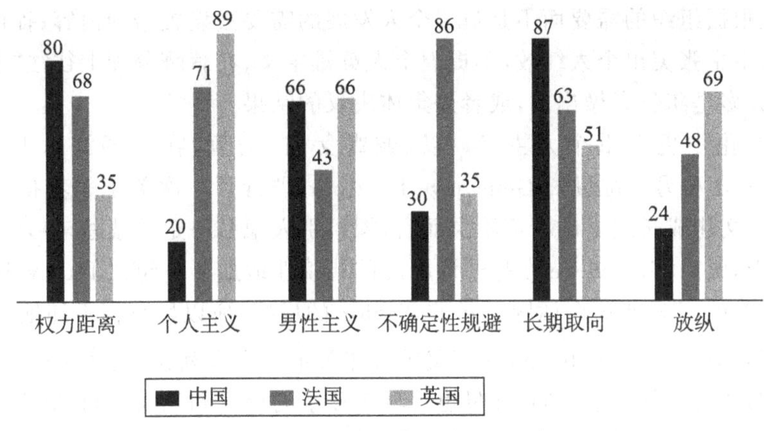

图 4-3　中英法三国文化维度比较

接下来将从霍夫斯泰德的六个文化维度开始讨论，并且重点分析中国在各文化维度下的表现。首先来看图 4-3，即中国在各文化维度下的对比得分情况。

1.个人主义与集体主义

霍夫斯泰德将“个人主义与集体主义”定义为一个社会对个人成就和人际关系的认同程度。高个人主义文化强调个性和个人权利的重要性，重视个人成就，倾向于建立一种松散的组织关系架构；低个人主义（集体主义）文化强调集体的利益和组织的统一性，重视社会关系，主张家族式的组织治理理念，讲求个人对集体的责任和奉献。

根据霍夫斯泰德的研究，中国在个人主义维度上的指数为 20/100，远远低于美国的(100/100)。由此可见，与美国的高度个人主义文化相反，中国是高度集体主义文化。这一点我们可以从中国数千年的农耕村居文化、家族本位和和合文化中找到根由。据载，中国早在公元前 2000 年就出现了村居，为了对抗大自然，人们结成了村落大家庭，并延续了“野蛮时代” 的首领制，产生了村首领。以村首领为首的集体保护着其中的每一个成员，而每个成员也都以对集体忠诚作为回报，这种状况一直延续至今。从家族本位主义和和合文化的观点来看，我们把家族利益放在第一位，每个人都必须为了家族而非个人的利益而奋斗，扩展到国家这个“大家”的层面上，同样也是如此。例如，我们提倡个人利益服从集体利益，并认为“舍己为公”的行为是一种美德。由此可见，中国集体主义文化可谓源远流长。需要注意的是，改革开放至今，中国经济上的发展在一定程度上刺激了集体主义观念的变化。有研究表明，近四十年来，中国的集体主义价值观较之以前有所淡化，而个人主义价值观比以前明显增强。但也有研究认为，这种变化充其量只是社会转型期的一种权变现象，中国集体主义文化的本质没有改变。

在集体主义文化的影响下，我们的组织和员工往往表现出以下行为特点：组织往往是家长制的，一定程度上扮演着家长和老师的角色；员工为了保持某种组织成员的身份，一方面对组织忠诚，另一方面尽量与组织中的每个成员保持良好的人际关系。具体来讲，组织是一个大家庭，照顾到员工的生老病死；员工往往把组织理解为“娘家”，从感情上依赖组织，期望得到组织的关心；管理者倾向于从其喜欢的群体中选拔人才，而这个群体很可能就是管理者以前从属的群体。例如，管理者更青睐于来自他母校的求职者；在员工培训上，企业往往根据组织的需要而不是员工个人发展的需要去设置培训内容；提倡对集体绩效的评估，而不主张突出个人绩效，不提倡个人英雄主义；在薪酬分配上往往“不患寡而患不均”；决策大多是年长者做出的，或者是集体决议的结果。

而美国文化中更看重个人主义。以《蛇蝎女佣》为例，在一场派对上，豪门贵妇 Taylor Stappord 和另一位贵妇 Genevieve Delatour 进行了一次关于领养孩子的私人对话。对于美国文化成长之下的精英阶层而言，探讨别人隐私一定是禁忌，但是又容易引起别人的好奇心，所以 Genevieve 在打开话题之前礼貌性地加了一句：“ I knew it’s none of my business，but...”显然这个话题引起了 Taylor 的反感，所以她直言不讳地答道：“ You are right. It’s none of your business. ”美国人非常重视个人利益，尤其注重个人隐私，哪怕是在相当熟悉的父母孩子之间，父母也得尊重孩子的秘密和私人空间，更不必说面对的是普通朋友。这恰恰是美国个人主义最显著的体现。

2.权力距离

权力距离描述的是一个国家的人民对于社会内权力分配不平等这一事实的接纳和认可程度。高权力距离意味着该社会对于由权力或财富引起的层级差异具有很高的认同度。这样的社会一般倾向于遵从层级制度体系，自下而上的沟通受到严格的限制。低权力距离文化则指此社会不再强调公民间的由权力或财富引起的层级差异，而更加强调人与人之间地位、机会的平等。

根据霍夫斯泰德的研究，中国的权力距离指数为 80/100，高于美国的权力指数(30/100)，更远远高于挪威的(12/100)和丹麦的(6/100)，属于高权力距离文化(见图 4-4)。对于这一点我们不难理解，中国受两千多年封建君主专制体制和儒家“君君臣臣”“父父子子”“三纲五常”等思想的影响，权力、等级的观念深入人心。在此影响之下，我们的国民对父母、长辈、领导、超自然力量等不加批判地服从。即便是民主意识相对增强的今天，我们依然坚持长幼有序、上下有别的思想，在家里听父母、在学校听老师、在单位听领导，力争成为受人称赞的“好孩子”“好学生”和“好员工”，对权威的迷信有增无减。

在组织层面，高权力距离对中国企业管理的影响主要体现在组织结构、人员选拔、领导风格、决策方式及激励方式等的选择上。在组织结构设计上，我们采取金字塔式而非扁平式的组织结构，以便通过层次鲜明的等级加强对员工的控制；在人员选用上，我们倾向于选择来自名校、名企的求职者或者有过国外工作学习经历的人员，因为我们认为名校、名企等是判断人才的权威性指标；在领导风格上，我们的领导大多采用专制式的方式，因为他们潜意识地认为权力上的距离也说明了能力上的差距，所以往往不信任部属的能力，并认为严格的控制要比参与的、民主的和授权的方式更有效；相应地在决策上，我们往往采用自上而下的决策方式，员工不太有机会发表自己的看法；在激励方面，除了物质激励之外，我们的领导者认为通报表扬、把员工划为圈内人等是有效的方式。

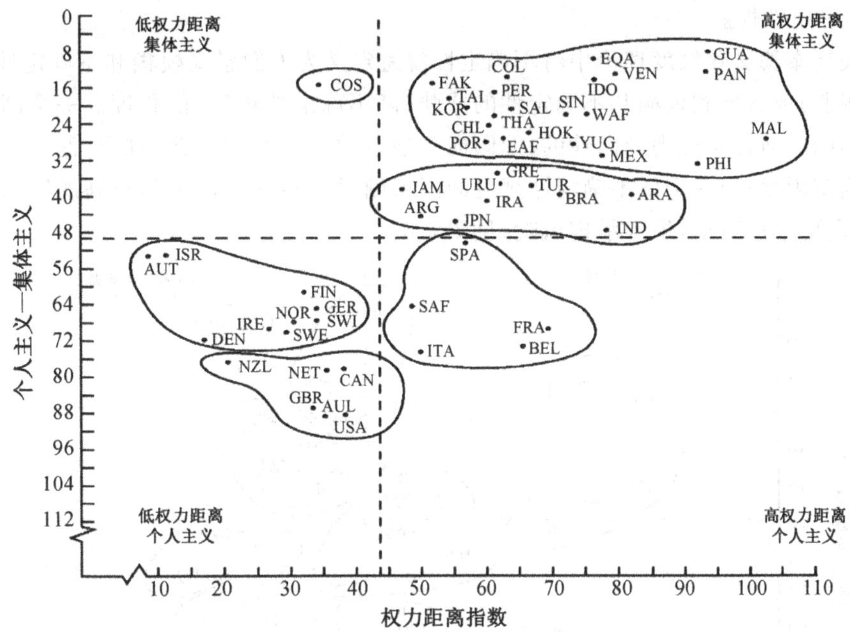

图 4-4 权力距离和个人主义文化地图

资料来源："Cultural Map for Power Distance and Individualism"Grom Cultures and Organizations: Software of the Mind by Greet Hofstede.

3.男性主义与女性主义

这个指标区分的是人们追求生活数量还是追求生活质量的倾向。男性主义文化的社会重视"生活数量",强调自信,鼓励人们竞争、对抗、不妥协并自我肯定;女性主义文化重视"生活质量",强调人与人之间的关系,鼓励谦虚、平和、利他、友善等。因追求生活数量,如热衷竞争、不回避正面对抗等是男性特质的代表,而追求生活质量,如享受闲暇、追求和谐的人际关系等是女性特质的代表,故称此维度为"男性主义与女性主义",见图 4-5。

在霍夫斯泰德文化维度理论研究中,中国在这个维度上的得分为 66/100,表明中国处于中性的地位,即认为我们对生活数量和生活质量的追求不分伯仲。这与我们长期以来既提倡"艰苦奋斗、拼搏进取、锐意创新"又鼓励"男女平等、团结友爱、无私奉献"的举措密切相关。实际上,在中国"追求生活质量"的态势略胜一筹,原因在于虽然我们的工人加班加点、我们的农民农工兼顾、我们的官员和企业家鞠躬尽瘁死而后已,整个国家取得了经济发展和社会进步的巨大成就,但从总体上看,我们的国民回避对抗,讲求仁爱,重视人情,整个社会"和谐"显于"对抗","女性主义"多于"男性主义"。反映在行为上就是表面上鼓励竞争,实际上却逃不出"重人际、重和谐"圈子。反映在企业中就是"竞争"与"人际"的两难境地,即鼓励"竞争、开拓"和提倡"和谐、稳定"的冲突。具体表现在人员选用和晋升上,一方面提倡"竞争上岗、能力优先",另一方面实施"关系主导、论资排辈";在员工薪酬激励上,一方面提倡"按绩分配",另一方面追求"平均主义";在战略决策上,一方面提倡"开拓创新",另一方面讲求"安全稳定"。

4.不确定性规避

霍夫斯泰德文化维度理论中将不确定性规避定义为人们忍受模糊和不确定性（低不确定性规避）或者感到模糊和不确定性的威胁（高不确定性规避）的程度。一个高不确定性规避的国家通常是规则导向性的，即倾向于通过建立一系列法律、规章、制度、限制，来减少不确定因素；而一个低不确定性规避的国家则对于不确定情况具有高的容忍度及适应力，他们更愿意变革，乐于承担风险，见图4-6。

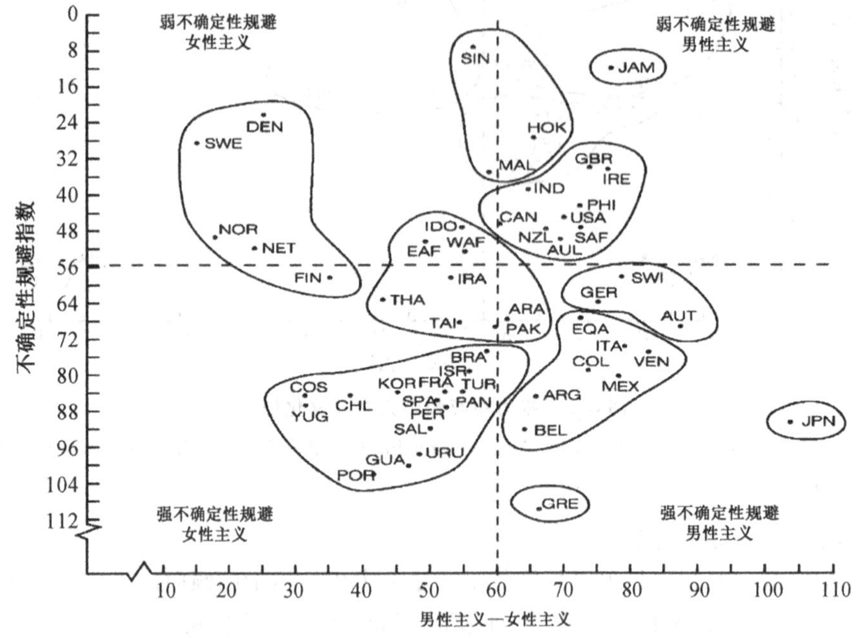

图4-5 不确定性规避和男性主义与女性主义文化地图

资料来源："Cultural Map for Uncertainty Avoidance and Masculinity-Femininity" from Cultures and Organizations: Software of the Mind by Greet Hofstede.

霍夫斯泰德和后来的GLOBE项目组的研究结果一致证明了中国在不确定性规避上属于中低型(30/100)，两种特质的力量不相上下。高不确定性规避的原因在于，我们古人的自然控制论和数千年的农耕经济等因素所导致的民族保守性，低不确定性规避的原因在于我们古人和谐自然观下培养起来的民族乐观性。

中国不确定性规避态度在中国企业管理的不同方面有不同的体现，具体而言在人员选拔和任用上，我们持风险规避的态度，倾向于选择那些资深持重、对组织忠诚度高的求职者；在日常管理上，我们的领导持高风险规避态度，实行集权制，对员工的工作进展进行严格控制；在规章制度制定和执行上，我们倾向于制度执行的灵活性，持低风险规避态度；在决策方面，我们持高风险规避态度，决策往往是谨慎而保守的。

除了霍夫斯泰德和GLOBE项目组的研究之外，也有为数不多的学者对不确定性规避的领域进行了研究，芝加哥大学奚惜元教授和哥伦比亚大学的韦伯教授就是其中之一。他们曾对中美学生冒险行为的领域进行了比较，得出的结论是中国学生在经济领域中比美国学生更敢冒险；而美国学生在社会领域中比中国学生更敢冒险。这个研究结果与我们通常的理解并不完全一致,比如这个研究结论无法解释我们愿意储蓄而不愿意投资的行为。暂且不论这个研究结果的合理性,其研究中所使用的问题对理解中国不确定性规避问题提供了帮助。在该研究中,“社会领域”中的问题大多与人际关系相关,而“经济领域”中的问题则大多与金钱相关。实际上,中国的不确定性规避总体呈中性,在不同事物上的风险规避态度不一而足,但可以确定我们在人际关系上往往持风险规避态度。

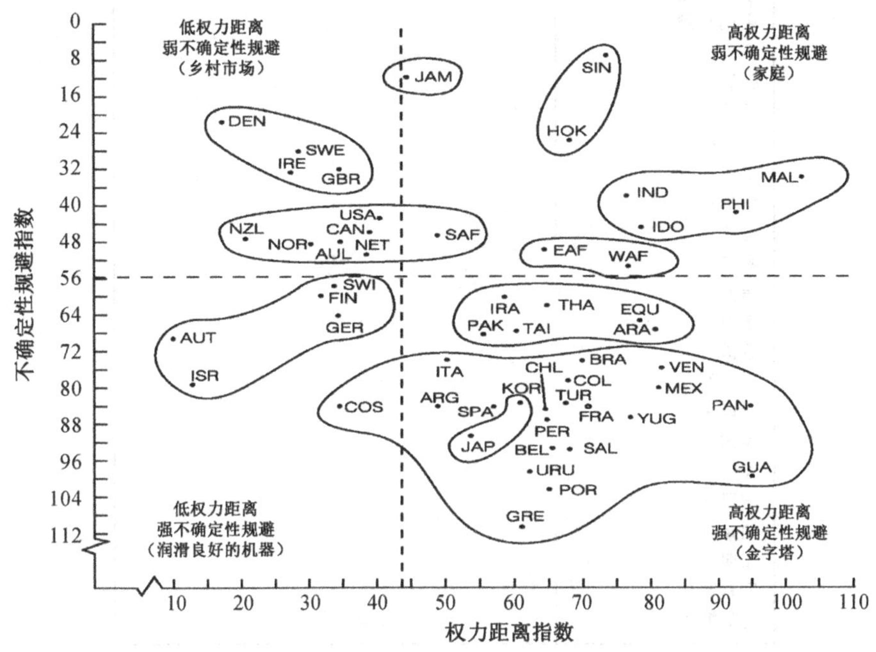

图 4-6 权力距离和不确定性规避文化地图

资料来源:Hofstede, G.(1991). Cultures and Organizations: Software of the Mind. London: McGraw-Hill, U.K.,1991:54.

5.长期取向与短期取向

霍夫斯泰德将长期取向和短期取向定义为“一个社会长期忠诚于传统思想和价值观的意愿程度”,并认为高长期取向的国家强调长期承诺,尊重传统,强调长远发展及为未来着想、崇尚节俭及坚忍的人。短期取向文化的社会则强调实时或短期回报,变革随时发生而不必担心“传统”和“承诺”会成为绊脚石。该维度是在加拿大心理学家迈克尔·哈里斯·邦德集中在远东地区研究(Hofstede and Bond,1988)的基础上进行的补充。

中国是一个典型的长期取向的国家,这一点不言而喻,这源于我们“求久”和“重传统”的文化,见表 4-2。“求久”让我们着眼长远,不计一时之失;重传统帮助我们从前人的实践中汲取经验,不冒险、不激进,稳妥发展。霍夫斯泰德和特龙彭纳斯都将勤俭节约、注重储蓄当作我们长期取向的证明,实际上,除此之外,我们的长期取向随处可见。比如,我们提倡“总结过去、立足现在、把握未来”;我们注重长期关系的建立和维持;我们讲求“从长计议”而不计“一城一池之失”。在组织层面,人员招聘和晋升中我们相信组织认可和长期承诺比拥有直接应用的技术更重要;人员激励方面,我们认为长期的工作保障比短期经济激励更有吸引力;在战略决策上,我们更看重增长和长期回报而不是短期财务指标的变化。

表 4-2　23 个国家和地区长期取向与短期取向的定位

国家和地区	
中国	更加长期取向 ↑
中国香港	
中国台湾	
日本	
韩国	
巴西	
印度	
泰国	
新加坡	
荷兰	
孟加拉	
瑞典	
波兰	
德国	
澳大利亚	
新西兰	
美国	
英国	
津巴布韦	
加拿大	
菲律宾	
尼日利亚	
巴基斯坦	↓ 更加短期取向

资料来源："Cultural Map for Power Distance and Uncertainty Orientation" from Cultures and Organizations: Software of the Mind by Greet Hofstede.

6.自身放纵与约束

霍夫斯泰德将自身放纵与约束这一维度定义为某一社会对人基本需求与享受生活享乐欲望的允许程度。自身放纵的数值越大，说明该社会整体对自身约束力不大，社会对自身放纵的允许度越大，人们越不约束自身。如果用另一个词来表示，更能说明问题，就是幸福指数。虽然幸福指数和生活水平有一定正向关系，但是文化起决定作用。富裕的国家如果是约束型的文化，未必比放纵型文化中的人感觉更幸福。霍夫斯泰德举了一个例子，香港有很多菲律宾女佣，在放假特别是节日时，会成群地集中在中环那里，一圈一圈地坐在地上，享受带来的食物，笑嘻嘻地非常开心。相反，那些香港人，反而不如她们那么高兴，一脸严肃，匆匆而行。南美国家是放纵型，那里的人们以热情和歌舞闻名，没有饭吃也会高高兴兴地跳舞，不为明天忧虑，幸福指数也非常高；相比之下，中国是约束型，忧虑更多，快乐更少；美国是一个比较放纵的文化，感情外露，见人就笑着打招呼。而那些比较严肃的国家来的人，很不习惯看见陌生人打招呼，总觉得很怪异。麦当劳是一个地道的美国文化图标，它的管理方式完全是美式的。当它在俄国开业的时候，训练员工们要对客户笑露全齿。结果，客人们都被吓坏了，觉得这些员工都有毛病。俄国是个约束型文化，陌生人之间都是一副扑克脸，美式笑容在那里完全不合适。从国家政治方面看，放纵型文化认为自由是首位的;约束型文化认为秩序最重要,特别是高权力距离加集体主义再加约束型的文化,社会秩序稳定的要求远超过对自由的要求。从人们性格上看,放纵型文化的人们外向热情,见面就拥抱;约束型文化的人们内向冷静,见面时的礼节最多握握手。日本是典型的约束型文化,见面鞠躬鞠躬再鞠躬,没有身体上的接触。

此外,该指数中国相比之下为最低,法国和英国很高。进一步证明中国是一个内敛的社会,人们倾向于努力和节约时间,素有"一寸光阴一寸金"的谚语;法国人自由散漫,时间观念则相对较差。其次,法国和英国都是发达资本主义国家,人民幸福指数稍高,所以,较中国而言,放纵指数高。

(3)霍夫斯泰德文化维度的局限性

霍夫斯泰德的文化维度理论一经问世,就成为跨文化研究领域的一个里程碑,不仅对跨文化领域的研究方法产生了重大影响,而且对各个相关学科如社会学、心理学、语言学、文化学、传播学、管理学也产生了巨大的影响。然而,霍夫斯泰德的理论也有其局限性:

(1)他的视角是西方的,而不完全是跨文化的,他的问卷设计是基于西方价值观的,难免带有偏见。他的研究从一开始就没有考虑西方价值观以外的价值观如儒家文化价值观、伊斯兰文化价值观。尽管后来他接受了长期在香港中文大学工作的加拿大心理学家彭麦克等提出的质疑,增加了代表儒家文化价值观的第五维度,但未能从根本上消除其不足。

(2)尽管霍夫斯泰德在跨文化领域的研究是开创性的,但他的前期研究是以 IBM 的员工为调查对象,后来的调查对象包括航空公司飞行员、公务员、"高端市场"顾客和社会精英。而在任何社会,有钱人总是少数,有钱的中上阶层与广大的下层人民的价值观有所不同,因此,从某种程度上讲,他的研究不具有足够广泛的代表性。

(3)对于拥有强大亚文化或不同种族的国家,霍氏理论是否仍然适用还有很大争议。如:加拿大文化很独特,讲法语的加拿大地区与讲英语的加拿大地区有相当不同的价值观和行为规范。而新加坡的人口包括中国人、印度人和马来人,他们的文化习俗、宗教信仰也很不相同。

(4)霍氏的研究数据大多都是在 20 世纪六七十年代收集的,当今的世界已发生巨大的变化,这些数据还能否全面反映如今的社会现实?比如:中国在实行改革开放政策之前,个人主义是个禁止的话题,中国社会提倡的是集体主义。而在当今的中国,尤其是在年轻人中间,个人主义的倾向应该是一个值得关注的现象。

如上文所提到的,霍夫斯泰德的文化维度理论并非终结理论,它应该是不断发展的。针对其文化维度抽样的不足,缺少动态的发展等局限性,我们也许可以在以下方面做进一步努力:

(1)区分个人层面和国家、社会层面的文化。什么是基于价值观的社会文化的最好体现有待进一步探究:舒尔茨和英格莱哈特等都在这方面做了一些尝试。从 1992 年起舒尔茨和他的研究小组进行价值观理论模型研究。他们对文化层面和个人层面价值观加以区分。57 种价值观的发现将会带领我们进入一个更广阔的研究领域,去探索主、客观文化层面上人类的差异。

(2)更新数据，囊括更多国家。当今世界发生了翻天覆地的变化，我们要用最新的数据来进一步证实或修正原有的理论。并且要注重研究那些以往研究没有涉及或涉及不够深入的地区如非洲、中东、中东欧，对原来的数据进行扩展，使之成为更权威的参照系数。

(3)文化范畴界定。国家和文化并不一定是个对等的概念。亚文化、一个国家内的不同区域以及成员遍及世界各地的民族社区的文化也是值得进一步研究的方面。

(4)创新理论。在当今全球化进程中也许可以从其他层面如宏观层面去开发、创造新的文化维度，为地球村的各国领导、各个阶层在跨文化沟通时提供更好、更适合的个性化的文化维度。

(三)卓皮纳斯的文化维度划分

1.普遍主义与特定主义

其实普遍主义与特定主义这个概念最早也不是卓皮纳斯的创造，而是由社会学家帕森斯(1951)提出的。普遍主义者强调用法律和规章指导行为，而且这些指导原则不应因人而异。“法律面前人人平等”就是普遍主义者的响亮口号。此外，普遍主义者认为对所有事务都应采取客观的态度，而且世界上只存在一个真理，只存在一种正确解决问题的方法。相反，特定主义者却强调“具体问题具体分析”，不用同一杆秤同一尺度去解决不同情况下的问题，而应因人而异、因地而异。另外，特定主义者认为一切都是相对的，世间没有绝对真理，也不存在唯一正确的方法，而是有多条路可走，殊途同归。

在企业管理方面，普遍主义社会与特定主义社会表现出来的区别也是异常显著的。在普遍主义社会中，管理强调建立制度和系统，同时制度和系统应该是能为大多数人服务并满足大多数人要求的。制度一旦建立，人人都须遵守，对所有人都一视同仁，没有人可以凌驾于制度之上。

2.中立型与情感型

在中立型文化中，情感被良好地控制，人们一般会避免情绪激昂的行为，情绪外露的人常被看成是不稳重、不成熟、缺乏自我控制能力，有时甚至不可靠。这样的人要当领导一般没什么希望。相反，老成持重、含而不露、喜怒不形于色才是值得敬佩的境界。在这样的文化中，城府深的人显得有涵养，容易受到器重和赏识。同时，因为大家都含蓄，不轻易流露感情，所以人们对别人的表情变化就特别敏感，一点点脸部肌肉运动就会引起注意，一个小小的手势就会打破整个会议的气氛。人们察言观色的能力比较强。压抑情绪的能力也比较强，有许多人是表面静如止水，而内心波涛汹涌，一旦发泄起来，就会比较强烈。

在情感型文化中，感情是开放性的，是自然流露的，而且是加强自己的观点的一个重要手段。不表露感情被看成冷血，而且无趣。激情是热爱生活的表现，是生命活力的显示。很多中东国家的文化也比较情绪，如果某人说话表情平平、不动声色，他们会理解成此人尚未“当真”。

3.明确型与扩散型

在明确型文化中，个人拥有较大的公众空间，他们乐意让别人进入和分享，同时，他们也有一个很小的严密保护的私人空间，只与亲密的朋友和亲人分享。例如奥地利、英国、美国和瑞士等。美国人把生活的不同领域分得很清楚，而且领域与领域之间不渗透、不重叠，所以，什么事情都是一是一，二是二，不混淆。例如"对事不对人"就是将事与人分开的思维习惯的结果。他们常常挂在口边的一句话就是"不要将这件事个人化"或"这不是针对你这个人的"(Don't take it personally)。对他们来说，这比较容易做到。

在扩散型文化中私人空间和公众空间在规模上是相似的。例如委内瑞拉、中国等。扩散型文化中的人倾向于把所有的生活领域都联系起来，所有的事物之间也都有千丝万缕的联系，因此，对他们来说，不将具体发生的事情个人化是不可能的。生活在扩散型文化的人有一个重要的特征，那就是特别顾及面子，而任何芝麻绿豆大的负面小事，只要与己有关，就都会损坏自己的面子。所以，在这样的文化中，管理人员应特别关注维护他人的面子，尽量在批评的时候讲清楚不是针对个人，而是针对不良业绩本身，否则不但达不到效果，还把人的自尊伤害了。

4.成就型与等级型

在成就型文化中，一个人的社会地位和他人对该人的评价是按照其最近取得的成就和业绩记录进行的。等级型文化则意味着一个人的社会地位和他人的评价是由该人的出身、血缘关系、性别或年龄决定的，或者是由该人的人际关系和教育背景决定的。

成就型文化造就追求个人成就的个体，而且是越不靠别人、不通过其他途径，只通过个人努力取得的成就越值得敬佩。"自我缔造"(self-made)是一个让人骄傲的字眼。相反，在等级型文化中，人们会千方百计地寻找一切可能的关系或背景为自己增加社会价值，证明自己的重要性。这里，人关注的不是自身的努力和成就，而是能够衬托自己的其他因素。

在管理上，成就型文化中人们尊重那些有知识和技能的管理人员，不论管理人员年轻还是年老，是男性还是女性，是科班出身还是没有上过大学，是出身"名门"还是"平民"。同时，按业绩付酬是大家都能接受的原则，而不是按资历、工龄或其他因素。此外，因为尊重成就，而不是权威，所以，员工敢于对管理人员错误的决策提出挑战，从而为取得成就铺平道路。但在社会等级导向的文化中，情况就不同了，除非上级对决策提出挑战，员工一般都不敢发话，他们尊敬那些资历深的管理人员，而不只是有知识和技能的人员。

5.外控型与内控型

内控型强调所有发生在我身上的都是我自己的事情，他们倾向于将成败的原因归于自己，相信凡事操之在己，将成功归因于自己努力，将失败归因于自己疏忽，自愿承担责任。而外控型则经常发现自己无法对自己的生活方向进行完全的控制，常把成败的原因归于外界因素，视他人和外物为行为活动的控制者，将成功归因于幸运，将失败归因于他人的影响，不愿承担责任。内控型的人较外控型的人更不易感受工作压力，但当确实存在个体以外的力量控制着行为的后果时，外控型人格将具有优势。

属于内控倾向的个人比较关心成就感，而且在遭遇挫折时倾向于采取积极、具建设性的方式来应变突如其来的事件，对挫折的焦虑感也较少；相对的，属于外控倾向的个人，则比较容易感到焦虑，并且在面对挫折时较倾向于非建设性的行为，多关心失败后的恐惧而很少关心成功后的成就。影响个人控制点的因素很多，卓皮纳斯综合各家研究结果，将其影响因素分为家庭因素及社会因素。所谓家庭因素包括父母态度与期望、父母行为及性别差异；社会因素包括社会地位、种族、文化差异等。他的研究还指出，白人较为内控，其次为美籍西班牙人，再次为印第安人。

6.个人主义与集体主义

个人主义是指一种结合松散的社会组织结构，其中每个人重视自身的价值与需要，依靠个人的努力来为自己谋取利益，所以人们把自己看作个体；美国、阿根廷、墨西哥具有高度个人主义。集体主义则指一种结合紧密的社会组织，其中的人往往以"在群体之内"和"在群体之外"来区分，他们期望得到"群体之内"的人员的照顾，但同时也以对该群体保持绝对的忠诚作为回报，所以人们把自己看作团体中的一员，从团队中定义自己。

美国是崇尚个人主义的社会，强调个性自由及个人的成就，因而开展员工之间个人竞争，并对个人表现进行奖励，是有效的人本主义激励政策。中国和日本都是崇尚集体主义的社会，员工对组织有一种感情依赖，因而容易构建员工和管理者之间和谐的关系。这一观点我认为其作用跟第一个有相似之处，但是个人主义更注重的是带给个人的效益，而集体主义相比较而言更注重给集体带来效益。

本章小结

本章开篇通过福耀玻璃在美国建厂说明了文化在跨国管理中的重要性，接着在第一节中介绍了文化的概念，在第二节中介绍了文化在跨国企业管理中的意义，本章主要部分则为第三节：对三种文化维度进行系统地描述，其中又以霍夫斯泰德的六种文化维度最为重要。

重要名词

文化　　文化差异　　罗南和申卡尔的国家集群理论

霍夫斯泰德的文化维度　　卓皮纳斯的六维度系统

第五章　跨文化的感知和态度

学习目标

1.了解感知和态度的定义，体会其在跨文化环境中的应用及意义。
2.正确认识文化差异下的感知，掌握中西方高低语境文化的差异。
3.掌握跨文化背景下，中西方对自我、对他人和群体态度的不同之处。
4.学会应用归因理论，关注不同文化背景下人们归因的不同之处。
5.了解态度的相关知识，尤其是各种工作态度中员工与组织的联系。

不同国家的人们都爱微笑吗？

面部表情和语言一样烙有民族文化的印，每种文化都发展了一系列的规则，这些规则指导个人显露社会所认可的行为，它表达个人在一定的条件下所体验的情绪。不同的文化背景，使得人们的面部表情在感情流露时存在差异，比如微笑。

人们把世界各民族分为微笑民族和非微笑民族两类。一类是美国人、日本人、中国人、西欧人等，称为爱微笑的民族；另一类是斯堪的纳维亚诸国人，称为不爱微笑的民族。

在爱微笑的民族里，微笑成了这些民族日常生活中不可缺少的组成部分。微笑既是出于人们在交往中的礼貌，更是人们发自内心的一种感情表达。在欧美，给陌生人一个微笑，表达友善之意，是相当平常且深植在人民生活的文化的一部分，是一种反射行为，根本无须多加思考。

美国人对陌生人都会报以微笑，而且常伴友好的手势，口中也少不了“How are you?”

日本人对初次见面的人微笑是试图表达自己内心的谦虚、谦恭的态度。所以人们称日本人的微笑是“暧昧的笑”，因为这是世界上其他民族没有的表情。日本人像戴上了面具，当事人把真正的感情完全加以遮盖，把感情和表情严格加以区分。实际上，他们在克制感情，目的是要避免把自己不愉快的感情通过自然表情传染给别人，这是传统日本人处世待人的一种礼仪，在日本人的思想中认为这也是一种美德。

在与中国人打交道时，你会得到充满善意的微笑，即使是对待陌生人。中国文化中的笑的含义是很丰富的，既可以表示感谢、赞赏，又可以表示“没关系”“一笑了之”。

在正式场合"笑容可掬"似乎成了规约似的习惯。中国人已经把"微笑"视为一种"文化"。

俄罗斯人富有同情心，他们善良且好客但不喜欢微笑，因为在其宗教文化中，发笑的是死神，从而产生成语"дьявольскиӣ смех"（魔鬼的笑声）。如果俄罗斯人对陌生人微笑则被认为是不正常的表现。不是因为虚伪假装友好，就是为了掩饰，假装一切事情都很正常。如果哪位俄罗斯先生在马路上对陌生姑娘微笑，或者姑娘朝不认识的小伙子微笑，这在公众眼里会被视为是举止轻佻、无礼的表现。

"掩而不露"是中国人的显露规则，东方人比较含蓄，感情不容易外露，不像西方人，尤其是拉丁语系人那样，从面部可以看到七情六欲的展现。中国人习惯用面部来遮掩感情，而不是显露感情。中国俗语"看脸色办事"和"给人脸色看"更将面部表情运用到了出神入化的境界。所以"察言观色"便成了跨文化感知中必不可少的手段之一。

引导问题

微笑是人类独特和微妙的一种面部表情，是人类的体态语言。世界不同民族对于微笑的理解差异具体体现了跨文化感知下哪一类型的差异，这对于我们的跨文化交际有何启示与借鉴意义？又引起了你关于国家文化感知差异的哪些思考呢？请你带着这些问题仔细阅读本章节的具体内容，从中寻找答案。

第一节 感知的概述

> **感知(perception)**
> 感知是人脑对直接作用于感觉器官的事物的整体反应，是人对感觉信息的组织和解释的过程。

在上一章，我们深入了解了不同的文化维度，知晓了相关概念。本章我们将首先围绕感知展开，实际上，文化经常通过感知以一种微妙的方式影响着我们。感知是个体对环境刺激进行选择、组织、理解反思并赋予其意义的心理过程，即先选择所关注的事件，接着处理被选择的信息，最后诠释这些事件和信息的含义。在我们周围时刻充满着随机发生的事件，然而我们只会有选择地关注那些对我们重要的或是能帮我们制定决策的事件，或是那些与自己的既有兴趣、习惯、需求等一致或接近的部分。拿现在来说，你的周围发生着形形色色的事情，但你正专注地阅读着本页的文字。

感知作为一种重要的精神现象，绝不是仅仅依靠一瞬间的想法，而是在对现实世界深刻的观察和细致的分析之后的准确决断。感知通常是在感觉信息的基础上，由于知识经验的作用，经过人脑的加工，对客观现象作出直接解释的过程。

感知过程是一个有选择性的心理过程，感知概念的关键词是具有"选择性"，其总是过滤掉大多数的内部或外部刺激，而只注意几种关键的刺激，通过感觉器官接收，再根据对象的特点和自身的兴趣选择注意的焦点。

回忆一下，在外界诸多刺激中我们总是仅仅注意到某些刺激或刺激的某些方面，而忽略了其他刺激（选择性注意），然后我们对环境中的一切刺激源进行排序，但是由于个体的心理、感情、经历、需求以及所处环境等的不同，同样内容的信息对不同的受众来说会有不同的理解，有时甚至是相反的（选择性理解），同时由于过多的干扰信息，受众也会产生与传播者主观意图不符的理解偏差。与此同时，人们有选择地将某些信息加以扭曲，使之符合自己的意向，或是按已有的想法来解释信息（选择性扭曲）。在生活中我们总面临着记忆上的取舍（选择性记忆），人们往往只能记忆对自己有利的信息，或只记自己愿意记的信息，而其余信息往往会被遗忘。

我们身处的环境瞬息万变，那么我们应该如何对其进行排序？文化又在这一过程了扮演了怎样的角色？不同文化环境的人们都需要感知，但是其感知是千差万别的，文化以一种微妙的方式影响着人们对他们认为重要的信息和行为的感知。

第二节 影响感知的因素

一、主观因素

动机与需要。凡是能满足人的需要，激发人的动机的刺激都容易被人选择并纳入知觉范围。反之，与人的需要和动机无关的事物往往不被人注意。例如，等待就业的人对招聘信息最为关心。

弗洛伊德的动机理论认为，形成人的行为的真正因素大多是无意识的。随着人类的成长，许多欲望遭到了压制，然而这些欲望既无法消除，也无法百分之百地被控制。它们会出现在梦里，无意的话语中或意念活动中，或最终反映在心理中。因此，弗洛伊德认为一个人不可能真正了解其受激励的真正动机。例如，一名国外的企业家来华，他也许会称自己的动机是“开拓市场”，还可能是为了广交朋友，建立起自己的商业网络，更进一步分析的话，可能是为了圆心中的梦，为了实现儿时的梦想等。但不得不承认的是，一个又一个显性或隐性的动机诱发着我们的感知。

情绪因素。情绪对感知有多方面的影响。愉快的事情，人们乐于感知，效果也好；不愉快的事情，人们往往会有意或无意回避它们。

定势效应。定势是受先前经验的影响而产生的对感知对象的一种预期，这种预期会对知觉产生不同的影响。例如，文化环境中存在着种族定型这一社会因素，其造成的定势会影响人们对事件的记忆。让观察者们观看一张地铁上发生的事件的画片，画片上一个身穿企业家服装的黑人受到一个身穿工装手持小刀的白人的威胁。中产阶级白人一般认为黑人比白人更粗暴，这种定型使他们后来报告说，他们看到黑人手持小刀，有些人甚至回忆说，他们看到白人身穿企业家服装，黑人身穿工装。

个性特征。个性是一个人所特有的感情和行为倾向的总和，个性特征影响着感知的选择性，不同的个性特征会影响人的感知。例如在测验个性与感知关系的试验中，让被试者看一幅图，试想图中所画的男子在想什么，并由此编一个故事。有高度事业心的被试者会想象图中男子为一工程师，他在绘制一套最实际可行的图纸，去投标建造一座大桥且在竞争中取胜；特别看重权力的被试者会认为图上是一位公司总裁，正在为一项投标项目苦思冥想，想在竞争中取得成功。

二、客观因素

文化背景。东西方存在着文化背景的差异，根据知觉风格理论，西方人表现出分析型的知觉风格，他们在感知事物时习惯将目标对象与其背景分离，注意力倾向集中于目标物上；而亚洲人则拥有更为整体模式的知觉风格，更多倾向于将背景与目标对象看作一个整体。例如，在情绪判断上，西方人视情绪为一个人内心感受的自发表现，情绪是个人的，可直接通过查看人们的面部表情来判断其内心感受，而不用去分析其背景信息。亚洲人则会将个体情绪与其所处背景或群体紧密联系在一起，当所在群体中的其他人所表达的情绪与个体情绪一致时，亚洲人判断个体情绪的强度会越强，不一致时，则越弱。

大小。往往外部因素的体积或者面积越大、价值越大，则越容易被感知。例如，在许多公司里，办公室的大小被看作是权力和地位的标志，办公室越大，办公室里的人便越容易受到尊重；商务人士总是对金额庞大的订单、高价值的大客户更加注意。

强度。强度与大小紧密相关，被感知物体在其某一属性中的强度越高，就越容易被感知。例如鲜艳的颜色、突出的标记。

重复。经常重复的因素比只出现一次的因素更容易被感知。例如反复出现在公司各处的企业核心文化标语，对员工们有潜移默化的激励作用。

对比。事物或事件的对比越明显差距越大，则越容易被感知。例如图像和背景之间的对比越明显，人们就越容易从背景中把对象区分出来，1915 年丹麦心理学家 Edgar Rubin 提出了两歧图，体现了知觉选择性中知觉对象与背景的对比关系。两歧图既可以看成是一只杯子，也可以看成是两张人脸，如果你盯着图中白色部分看就会看到一只杯子，那么图中的白色部分（杯子）就是知觉对象，黑色部分（人脸）就会成为知觉的背景；如果你盯着黑色部分看就会看到两张人脸，那么图中黑色部分（人脸）就是知觉对象，白色部分（杯子）就会成为知觉背景。

图 5-1　两岐图

资料来源：百度词条

新颖性和熟悉程度。环境中新颖因素或者是熟悉因素都能引起人们的注意。例如，一家公司发现各个部门间的集体合作有问题。为了搞好公司工作，决定每年都将部门负责人轮换一次。他们每调换一次，都觉得新工作有吸引力，当对各个部门的工作都熟悉之后，他们体会到怎样才能协助其他部门的同事工作，在扩大了工作视野的同时又减少了部门之间的摩擦。

活动程度。活动的对象比静止的对象更容易被知觉选择，被人们感知到。例如会议室外来回踱步的等待者比静坐的等待者更惹人注目，有钟摆的时钟比指针时钟更能引起人的注意。

第三节　文化差异下的感知

一、对人物的感知

不同文化带来的感知差异是不容忽视的，当身处不同文化维度的个体，在对某一人物进行评价感知的时候，自然而然地出现了差异性的结果。如中国文化具有群体倾向性，而澳大利亚文化则具有个体倾向性。

一个研究小组对此进行的有关试验也证实了该观点：在研究过程中，他们要求中国人和澳大利亚人分别阅读对虚构人物的各种描述。这些描述非常详细，包括人物的认真、外向和敏感等特质。中英文的两个版本的描述力求一致，以避免语言因素对结论造成影响。其目的是找出两个群组的人会选择并强调哪些特定的信息。

研究人员发现，一个人对待他人是否具有责任感往往影响着中国人对此人的印象，但是对澳大利亚人而言，此人的外向的性格特征（以个体为中心的性格特征）往往是他们所关注的焦点。在所提供的信息当中，中国人和澳大利亚人选取在各自文化中十分敏感的特质，以形成他们对人物的印象。这一成果使我们知道，理解来自不同文化的人在谈判、沟通或其他商业活动中形成对他人的看法，这对我们十分有益。

此外，有些文化很自然地意识到并尊重人与人之间的权利差异，而其他文化则不太重视权威。例如美国人远不像中国人那样重视个人的身份和地位。

二、对事件的感知

（一）跨文化的面子感知差异

在跨文化环境中，不同国家对面子的感知也存在差异。面子观念在东西方文化中普遍存在，尽管它所代表的含义不尽相同，但是都与尊重、荣誉、社会地位和声望等概念有关，都意指自我在他人面前展示的社会形象。尽管面子意识是全人类共有的，但在东方集体主义文化中会对人们的行为起到更大的作用。中国人在日常行为中会考虑面子问题，而美国人则很少把自身社会价值与面子联系在一起。

> **面子**（face）
>
> 指人们对尊严和名声的需求。不同文化的这种需求有着巨大的差别。

面子是一个至关重要的概念，因为它在社会交往中具有广泛的影响力。在亚洲市场，特别是在中国，正在经营或者计划开展业务的商人必须意识到面子对商业交流的影响。懂得并有效实践“面子”概念的西方商界人士，最有可能与中国企业建立长期合作关系。西方商人在中国文化背景下可能不了解面子，或者对跨文化互动的管理不善，这都可能导致紧张的商业关系和商业机会的丧失。

首先，面子是可以交易的。例如，当业务人员想要进入一个他们既不熟悉也没有地位的特定市场时，他们会向第三方寻求帮助，第三方的关系和地位允许他们将业务介绍给市场。因此，我们可以说第三方给了业务人员面子，满足了他们的请求。对于外国企业来说，重要的是要认识到，中国人经常使用这种“借面子”的策略来实现互惠互利。在中国人的面子使用中，如果一个人能够在给对方面子的同时保全自己的面子，那么他就会获得信任，并在未来的互动或交流中建立和谐的关系。

其次，面子具有互动性的特征。保全自己的面子，给对方面子，是加强沟通与合作的有效策略。在商业环境中，常见的丢面子行为可能包括直接处理冲突，在公共场合表现愤怒和批评他人，以及不善待他人。面子对中国人来说是集体的而不是个人的，员工的错误可能会使公司丢面子。给别人面子是被广泛接受的，而且给予者倾向于期望从接受者那里得到互惠。这说明了为什么中国的四字成语“礼尚往来”在日常生活和商务交往中如此流行。给你的商业伙伴面子的恰当方式包括经常提及对方的成就，避免在公共场合直接提及商业问题，以及用恰当的礼仪对待你的伙伴，比如赠送礼品。

不过，中国人的面子是有等级的。一个人的脸面很大程度上取决于他所处的社会地位。等级越高，个人拥有的面子越多，获得面子的可能性就越大。一般来说，员工也不会为了面子和尊重而和上司争吵。来自个人主义文化的商人应该意识到，冒犯中国商界的重要人物意味着冒犯整个公司，其结果很可能是失去商业机会。中国的面子概念具有多重特征和功能，对不同思想和意见的更大包容，是建立和保持长期业务关系的有效途径，对双方都有利。例如，西方商界人士可能经常听到中国合伙人用“也许”“我考虑一下”或“我们看看”来表示否定的回答。他们不直接说“不”，而是制造不确定性和模糊性，以容忍不同的想法，避免业务冲突。

综上所述，面子是一个影响中国人生活数千年的文化概念。在跨文化背景下，商务人员需要理解并使用这个概念来开发基于互惠义务和利益的业务网络。

而在美国这样的个人主义文化中，面子意识不如在东方文化中那么重要。大多数的美国人有一个“face”的概念，但是美国人对“面子”上的事情看待远不如中国人敏感，美国人在解决问题和事情上比较直接，尤其在工作上，对个人面子感知的重视程度一般，在工作上经常说的一句话就是：“It’s nothing personal（对事不对人）”。所以他们认为有时候在工作上不给人面子没什么不对。

在亚洲生活或者工作，有一件事会使西方人困惑和沮丧，那就是“面子”的概念。面子被描述为社会地位、声誉、影响力、尊严和荣誉的结合。让别人丢面子会降低他们在同龄人眼中的形象。挽回面子或“树立面子”能提升他们的自我价值。

在西方，人们倾向于欣赏那些“极其诚实”的人，或者那些认真做事的人，但在亚洲，情况往往恰恰相反。重要会议开始前，双方会进行数小时的建立信任的互动和闲聊——甚至可能是喝酒——然后再处理实际事务。一些西方高管已经深刻认识到，建立信任和面子比效率和绩效更重要。因此西方媒体给出了一些防止在中国丢面子的简单建议：

1.尽你所能避免所有可能给别人带来的尴尬，避免在同事或陌生人面前公开指出别人的错误。

2.一开始要礼貌地拒绝礼物，但最终一定要宽宏大量地接受。除非送礼者要求，否则不要立即打开礼物，送别人礼物时不要小题大做，最好不要要求他们马上打开。

3.在亚洲谈判价格时，对最终价格要灵活一点。

4.一定要让主人为晚餐买单。你可以提供一些阻力，但最终还是让他们买单，不要主动提供小费。

5.如果你喜欢和工作伙伴一起喝酒，不要试图在酒量上超过其他所有人，要积极地夸赞他们，不要对打翻的饮料或别人喝不完的饮料小题大做。

6.即使你不喜欢正式场合提供的所有菜肴，也可以尝试其中的一小部分，不要全盘拒绝。

7.不要纠正别人的英语，除非他们特别要求帮助。

8.非常谨慎或者完全避免——友好的身体接触，甚至是拥抱异性成员。

9.面子是结交新朋友的好方法，礼貌地转移别人对你的赞美，把他们转过来赞美你的搭档或团队。

(二)跨文化的时间感知差异

当代跨文化理论认为，时间观念是文化深层结构的一部分。时间观则是一种深层文化的积淀，无时不在强烈地影响着人们的行动和思维，并塑造与其相适应的生活方式、思维方式、民族性格和交际行为。

假如你被邀请到一个美国人或加拿大人的家里做客，如果通知你的时间是七点整，那么你应该明白，你应该在七点至七点零三分到达。如果这是在德国、瑞士(或瑞典或其他北欧国家)，邀请你在七点钟到达，就意味着你应该恰好那个时候到达。而对于绝大多数拉丁美洲国家和许多亚洲国家，大多都对“准时”采取宽松态度。

不同文化对时间的看法区分为直线式时间观、环形的时间观以及与事件相关的时间观。西方人受直线式时间观影响，人们的价值观念是未来取向。而东方人受环形式时间观影响，采取过去时间取向，时间观念带有较重的向后看的特点。

中国传统哲学认为时间进程不仅是线性而且是循环性的，所以中国人喜欢回顾过去、尊重历史和传统，通常把过去当作现在生活的指南。人们做什么，要考虑此事过去做过没有，有什么成功的经验或失败的教训，老祖宗是如何做的等。今天做得如何也往往以过去为标准，人们认为时间是不停运动的圆，因此他们的时间观念是环形的。

西方人受直线式时间观的影响，把时间看成是一条直线。人们可以把它分割开来，安排自己的活动，时间被当作实体，一种商品，可以买，可以卖，可以度量。他们习惯于一个单位时间内做一件事，因此特别讲究计划的周密性。由于他们讲究计划性，他们最不喜欢做事落后于计划，所以英语中有关“准时”或“及时”的词语很多：Punctual、on schedule、on time、on the minute、to the minute、on the hour、at the appointed time、at the stated time、in time、in good time、timely。

实际上，在持环形时间观的文化里，人们采取某项行动不是根据有意识的计划，而是根据某个事件的发生。比如，开会时不是按照先前定的时间开始，而是看与会者有没有到齐，或是否绝大部分已到齐，开始以后又迟迟不散会。总的来说，他们对工作安排不是那么固定，时间限制不是那么死，安排更为随便，更讲人情味。那我们就不难理解了，在这种时间观的支配下，人们的关系高于一切。计划是为人际关系服务的，人们往往不重视预约，约定了时间以后，来访者可能到时不来，接待者也可能到时不再等。

在实践中，不同时间观的人们对长期和短期计划的看法也不同。持环形时间观的人们倾向于制订长期的计划，希冀维护长期的人际关系，把坚持和耐心作为一种美德。持直线形时间观的人们喜欢作短期的计划，人际关系变化快，重视短期的目标，追求立竿见影的效果。在美国等西方国家，人们不愿意到老只干一行，更不愿意终身供职一处，他们对未来的看法是有限的，是可预见的未来，他们心中的“将来”往往要具体落实到每月每周，甚至每日的收效，不是中国人那样“长期”的很遥远的未来。在招聘员工时，中国的雇主希望能招到愿意为他们终身服务的员工，政府为经济发展制订有远景规划和十年计划等。

总的说来，未来时间取向富有效率，但有时显得过于呆板，缺少灵活性，只关心时间表而不重视实际问题的解决情况以及与之打交道的人的需要。过去时间取向或现在时间取向虽有人情味，容易对人对事进行变通，但也给人带来不少烦恼。东西方在使用时间方式上的不同之处也在于此。随着中国全球化的发展，中国大陆文化介于过去时间取向与未来时间取向之间，大城市的生活节奏正处于向未来时间取向的过渡阶段。像英美人那样按直线式时间观办事的例子比比皆是，人们愈来愈重视时间的安排。

爱德华·霍尔把时间观分为两类：单时制和多时制，前者强调在一段时间内只做一件事，即"专时专用"，北美人、瑞士人、德国人等具有此类特点；后者则强调一段时间内同时处理多件事情，即"一时多用"，中东和拉丁美洲人具有此类特点。

单时制和多时制
(monochromic vs. polychromic time)
指一段时间只做一件事情以及一段时间内同时处理多件事情。

德国人崇尚的格言是"时间就是金钱"。在商务活动中，德国人非常看重准时，认为准时是一种基本礼貌，也是有责任感的体现。另外，他们喜欢做时间计划，定好议程，并严格按照计划行动，一个一个地解决问题。

中国人也非常重视准时，这是出于我们国民谦虚的本性。为了不耽误对方的时间，中国人通常都会在约定时间前的 10 到 15 分钟到达会面地点。中国人喜欢从全局上把握问题，并且能够在一个时间段同时处理多种事情。因此中国人在谈判时，不会严格遵守议程，也不愿意将整个谈判割裂成一个一个小的议题分别讨论。

表 5-1 列出了单时制文化和多时制文化的一些特点。有趣的是，一些研究发现，发展中国家(如中国、巴西和摩洛哥)在商务谈判中倾向于接受单时制的交流方式，但其实际行为却表现出多时制的文化特点。而美国人的单时制文化特点世界皆知，一些人便利用了美国人缺乏耐心的特点。日本商人曾说过："你们美国人有一大弱点。如果我们让你们等的够久，那么你们什么条件都会答应。"

表 5-1 单时制文化和多时制文化的差异

单时制的时间观念	多时制的时间观念
一次只做一件事	一次做多件事
以任务为导向	以人为导向
倾向于短期的人际关系	需要维持长期的人际关系
严格按计划办事	需更改计划
对议事较为关注	对议事之外的事较为关注

在美国，"时间就是金钱"的观念深入人心，人们有极强的时间观念，在日常生活和商业往来中他们不喜欢相互寒暄浪费时间，喜欢切入正事。在社交活动中，提前预约被视为一种必要的礼貌行为。最后一刻的通知则会引起人的反感，而且赴约会要"恰到好处"，准时是强制性的。美国人把时间分割开来安排活动，即使五分钟也有自己意义的划分，当两

个同级别的人相约会时，早到或迟到两分钟一般都会有所察觉，但还不至于有怨言，迟到三分钟也可以，但早到或迟到四分钟，势必"咕哝"几句道歉话，五分钟必须说几句道歉的话。西方人对待期限和约期的态度非常认真、非常严肃，不守时和不准时要受到真正的惩罚。

在中国人眼中时间不是稀缺商品，很容易就能获得。大家的时间观念不是很强。中国人的准时、守时观念，与西方也多少不同，至少违时不会像西方人那样受到惩罚，因此中国人常常在人际交往中使用"不见不散"等字眼。在中国，期限有时候只是意味着接近最后底线的一个警告，人们似乎心照不宣地都知道，在期限之后还有一个真正的底线。举个例子，如果要想一个会议能准时在 2:30 开始，通知上的时间如果是 2:15 也就不足为奇了。

在中西方文化中，由于感知及思维方式的差异，人们对于时间概念的理解往往会大相径庭。时间感知方式会影响人们对于外部世界的认识，并继而影响其言语表达及行为方式，反过来，一定的言语表述及行为方式又反映出独特的时间观念。

三、言语交际中的语境感知

(一)语境

语境指语言和文字表达之外的、能够帮助我们理解和感知他人的背景信息。某些文化非常重视背景信息，而某些文化则认为它无关紧要。语境在跨文化言语交际中起着关键作用，个人语境水平的高低能够反映其自身文化的沟通方式。

> **语境(context)**
> 指语言和文字表达之外的、能帮助我们理解和感知他人的背景信息。

简而言之，高语境中的言语交际是更加经济、快速和高效的，只要人们理解了交际中的语境的含义，就会十分地有效。往往高语境中的言语交际也会使人们感到更加亲密，说话者会感觉自己与对方关系更加亲近。但同时，对于不太熟悉的陌生人来说，高语境的言语交际是十分困难的，他们往往需要花费很长时间来学习、适应语言环境。

然而，在低语境的言语交际中，人们更多地依靠语言来达到交际的目的。在交际过程中，大部分的信息都由显性的编码负载，只有少量的信息通过语境来传递。所以，低语境中的言语交际就显得更加客观，对那些没有相同经历和文化的人来说，低语境下的言语交际是更加直接有效的方式(见表 5-2)。例如，公司公告栏上的信息，任何人看到都可以清楚地明白说话人想要表达的信息，听话人和说话人之间也不需要存在紧密联系。

表 5-2 低语境与高语境文化的沟通特点

沟通特点	低语境	高语境
一般方式	直接/详尽	间接/复杂
精确度	字面的/精确的	大致/相对
文字依赖程度	高	低
对非语言行为的依赖程度	低	高
对沉默的看法	消极的、糟糕的沟通	积极的、不错的沟通
对细节的关注	高	低
对意图的重视程度	低	高

资料来源：Victor, D.A.(1992). International business communication[M]. New York : Harper Collins.

例如，利奈尔·戴维斯所讲："在宴席上，人们常常谈论食品，彼此敬酒，同时使用一些与相互关系和当时情景相适宜的套话交换一些十分正式的、表示敬意或友谊的词语。从低语境文化的视角出发，人们所谈论的事都不是与个人有关的，也不含有多少信息。人们认为只是在比其他场合更为精确地遵循一套礼仪规范……而来自高语境文化国家的赴宴者将此情景解释为：彼此之间的关系已经发展到可以开始谈生意或谈完生意的地步了。"

（二）高低语境的差异

高低语境国家在不同维度上有差异，见表5-3。中国是典型的高语境的国家，同样的，中国的文化传播也是一种高语境的传播，人们之间的交流很少需要清晰明朗的词汇，仅仅只需只言片语就可以完全传达，谈话双方可以仅仅凭借寥寥数语来理解对方的话语含义。总的来说，言语交际中的一切信息都存在于很深刻的文化内涵中，中国人往往倾向于通过语境来表达隐晦的含义。

表5-3　高低语境国家的对比

不同点	高语境国家	低语境国家
律师	不太重要	非常重要
口头承诺	信誉保证	不足以信赖
犯错承担的责任	最高	最低
空间	很近	私人空间不受侵犯
时间	多元	单一
谈判	相互了解	速度较快
招标（公开）	不常见	常见

与中国相比，美国无疑是处于低语境文化的国家。低语境国家的说话者通常会通过语言词汇、语音语调或者肢体语言来清晰直接地传达自己的信息，其言语交际通常是清晰的、明确的、直接的、细节的表达，从而使说话双方都可以准确、完整地理解话语所要传达的信息，而不需要听话者通过观察来对语言环境进行过多的揣测、分析语言背后的含义。

语言和文化之间存在必然的联系，语言既是文化的载体，也是文化的形象。所以，中国和美国不同的文化在言语交际中表现出了不同的交际风格。

（1）直接和间接的言语交际风格。直接和间接的言语交际模式存在于很多不同国家的语言文化中。一般来说，低语境文化下的人们更加侧重于直接的言语交际风格，而高语境文化下，人们则更加倾向于使用间接的言语交际模式来表达自己的情感。

由上可见，中国人更加习惯于间接的言语交际风格。在中国，面子理论在间接的言语交际活动中是十分重要的，并且人们通常会更加信服权威人士，在谈话中更加关注的是说话双方的面子和谈话感受，所以中国人在交际过程中习惯于礼貌地、温和地表达出自己的个人情感，尽量不使对方感到尴尬和不适。此外，中国人认为谈话时的氛围在语言交际中也是十分重要的，并且他们通常不会直接说出自己的请求，总是采取更加委婉和隐晦的方式来表达。因此，在中国的言语交际中，我们很难仅从语言中获得对方的真实意图。

然而相反的，美国人往往很直截了当，他们更愿意直接用言语信息表达自己的真实意图和意义。当美国人需要帮助时，总是习惯于直接说出自己的请求，因此，"help"常出现在美国人的谈话中。也就是说，在低语境的言语交际环境下，人们更倾向于直接的言语交际模式。因此，在低语境文化下，人们认为交流是交换不同的信息、想法和观点的一种方式，他们更加倾向于清晰陈述并且极少使用非语言的交际模式。美国人通常不了解也不擅长猜测中国人在跨文化交流中的真正意图。他们经常透露出自己的意图，并用直率的语言表达出来。

(2)自我谦虚与自我表扬的言语交际风格。中国的高语境文化和美国的低语境文化同时也影响了他们不同的自我表达。在中国的高语境文化中，谦逊的言语风格也是中国典型的一种交流模式。谦逊的言语风格强调通过口头限制、犹豫不决、谦虚的言辞和自我贬低来降低自己在谈话中的重要性。在高语境的交际文化下，面对他人的赞美和表扬，中国人习惯于用自嘲或自我贬低的表达方式来表现自己的谦虚和谦卑。

我们很容易发现，中国的言语交际中存在许多谦虚的表达方式。例如，“卑职”“令尊”“令堂”“依愚人之见”“依我个人的浅见”“依在下拙见”“对方的高见”等，这些表达方式也表明了中国人自我谦虚的言语交际模式。当中国人受到对方的称赞和表扬时，一般会说“哪里哪里”“谬赞了”，或者首先夸赞对方一番以示自谦，这种交流方式也与中国几千年来以谦虚为美德的传统文化有关。例如，中国人常说：“谦虚使人进步，骄傲使人落后。”可见自谦在中国文化中是相当重要的。

同时相较来说，美国人倾向于自我表扬的言语交际模式。他们自我提高的言语风格强调了自己的成就和能力的重要性，美国人更加注重个人的权利和义务，他们迫切地希望在自我实现和个人成就方面来证明自己。对于美国人来说，自我、自信和自尊在言语交际中是十分重要的。所以，他们希望在谈话中得到其他人的认可和赞赏，但这在中国的言语交际中却不常见。

(3)个人主义与集体主义的言语交际风格。在高语境文化下，中国人在交际中非常重视维护和谐、紧密的人际关系，关心对方，更多地照顾到对方的感受和面子，交际方式间接含蓄，尽量避免争执和不快，因此，中国人在交际中是以他人为取向的，这来源于集体主义的价值观。高语境文化将集体作为社会的重要单位，例如，中国谚语“树要成林，人要成群”“人心齐，泰山移”。集体主义强调集体认同大于个人的身份，集体需求高于个人的需求。因此，个人利益倾向于服从集体利益。例如，当进行群体性决策时，往往以少数服从多数为准则，小部分拥有不同意见的人，也会以大家的意见为主，十分注重集体意识。

然而，在美国的低语境文化中，交际者则重视个体的表现和交际者之间的平等交流，注重自身价值的体现，很少考虑对方的感受和面子。正如美国的谚语所说的那样，“Don’t quarrel with your bread and butter”(勿自砸饭碗)，来自低语境文化的人们优先考虑个人目标而不是效忠集体，他们试图实现自我价值。同样的，在言语交际中，他们也希望表现出个人的优势，以此来突出个人价值。个人主义的言语交际风格源自个人主义的价值取向，强调个人身份、个人利益、个人权利、个人财产和个人兴趣的重要性。

(4)倾向于交流与倾向于沉默的言语交际风格。在中国的高语境文化中，沉默被认为是交际方式的一种，甚至有时候沉默会比语言有着更加重要的作用。为了避免尴尬和困窘，中国人经常通过手势、面部表情，甚至是沉默来表达自己的不同意见。正如中国人常说，“静坐常思己过，闲谈莫论人非”。沉默是中国言语交际的关键手段，又如“祸从口出”

"多言惹祸少说为佳"等，这些谚语在中国广为传播，也说明了沉默在高语境文化的言语交际中起着重要的作用。

然而，在美国的低语境的文化中，人们则认为，在谈话时保持沉默是一种不积极的、缺少注意力和主动性的表现。在言语交际中，美国人对语境的关注较少，他们认为话语在传达信息方面起着重要的作用。众所周知，"Word is sharper than sword"（言胜于剑），美国人把"话语"作为沟通的有力手段，当存在不同想法时，他们更倾向于清晰、大胆地表达个人意见和看法。

（三）语境文化在国际商务谈判中的应用

文化具有语境性，并将语境分为高语境与低语境。高语境文化是指绝大部分信息或储存于社会文化环境中，或蕴含在交际情景中，或内化于交际者本身，极少清晰地存在于被传递的信息中。换言之，高语境文化对交际环境依赖程度较高，许多信息都寓于语境、情景之中，无需语言的直接表达，仅需交际对方注意领会。而低语境文化则相反，大量信息蕴含在清晰的信息编码中，交际双方直接在交流中明确表达信息，从而降低了交际双方对社会文化环境和交际情境的依赖程度。

我们对世界的感知都是发生在某种语境当中的，同一句话可能在不同的语境中有着完全不同的意义。但是不同文化在形成对他人的感知和与他人交往的过程中，对语境的依赖程度会有所不同。表 5-4 是一些国家和地区对语境依赖程度的排序。

表 5-4　高语境文化与低语境文化的比较

文化	语　　境
中国 ↑	高语境
朝鲜	信息为隐性的
日本	需要理解的言外之意比口头/书面意见更为重要
阿拉伯	协议建立在信任之上；商务活动中讲求个人关系
希腊	更依赖非言语行为；更依赖长期关系
西班牙	低语境
意大利	信息为显性的
英国	重视口头或书面所传递的具体信息
美国	得到法律保障的信任；个人关系排除在生意之外
斯堪的纳维亚	对非言语行为传递的信息较不敏感
德国 ↓	更加注重细节和规则

资料来源：改编自 Hall，E.T.(1976).Beyond Culture[M]. Garden City，NY：Anchor Press。

以不同国家的文化交际特点和思维方式为分类依据，以中国为代表的亚洲国家文化属于高语境文化，而美国及大部分西欧国家文化则属于低语境文化。在国际商务英语谈判中，高语境文化的中国代表和低语境文化的美国代表，其谈判文化和风格具有显著差异，主要表现在：中国代表谈判语言委婉含蓄，强调集体意识与群体文化、社会等级和人格身份；而美国代表谈判语言直接明了，倾向于以个人为中心，遵从人人平等的观念。

具体来说，在东西方高低语境文化中，以美国为代表的西方国家，注重自我意识和个人奋斗，强调个人独立；而以中国为代表的东方文化，则重视群众共同努力和集体的作用。

在自我观点表达和情感流露方面，低语境文化下的美国谈判者注重个人价值观的呈现，倾向于自我披露，其交际语言呈现攻击性和直接性的特点；而高语境文化下的中国谈判代表，为了保留情面，一般较少表露真实想法，语言则倾向于相对含蓄和委婉。因此，在跨国商务英语谈判中，谈判双方需先深入了解和把握对方的语言习惯、宗教信仰、思维方式、文化习俗和行为方式等文化情景和语境背景，然后再制定谈判策略。

(1)含蓄与直接。高语境文化依赖非言语交际，交际者会不知不觉地根据交际方情况或交际情境，简化、缩短语言信息而非详细直接说明自己的意图，甚至还会根据对方的社会地位等非语言因素，采用含蓄、隐晦的表述方式表示自己的意思，并寄希望对方能心照不宣、心领神会。在国际商务谈判过程中，高语境文化下的中国方往往重视建立社会信任，高度评价双方的贸易关系和友好关系，强调双方关系的和谐，不直接表露自己的情感，不注重时间的准确度，拘泥于交际形式；而低语境文化下的西方国家则更注重说话效率，说话简单明了，偏好直言不讳，重视时间观念。于是，中美国际商务英语谈判时，中方委婉含蓄，美方直接明了。如下述谈判实例：

中方代表 Mr. Wang：It goes without saying that your quality is excellent, but it doesn't justify such a high price.（贵方产品的质量真的很好，但是价格太贵了。）

美方代表 Mr. John：Things have long since been changed. You may have a look at this quotation sheet.（产品一天一个价。我可以请你看下我的报价单。）

中方代表 Mr. Wang：I view of our friendly partnership. I will accept that.（好吧，鉴于我们的友好关系，我接受你的价格。）

根据实际情况我们不难发现，在中美商务英语谈判和交流过程中，中方针对美方的回应和提议，倾向于做出"点头"的回应，然而这里的"点头"并不意味着完全同意对方所言，其只是出于对对方的尊重及表示理解的一种回应；而美方则根据中方的"点头"回应，认为对方已表示"同意"，这就造成了双方语言交流和谈判的障碍。中国代表在谈判过程中，一般都是话里有话或赋予话语更深的含义，如：

美方代表说："What do you think?"（你们怎么看？）

中方代表往往不会正面回答问题，而倾向于回复："OK, let me make it later."（好，那我们稍后再具体商议这事。）

以上例子说明高语境文化下的中国代表更倾向于采用含蓄和注重双方情谊及面子的谈判方式，而低语境文化下的美国代表则更倾向于采用明确和直接的表达方式，更关注于解决问题。在中美商务英语谈判中，中方更倾向于从双方的共同利益和长期合作方面展开讨论，语言委婉含蓄，崇尚以和为贵和注重人情的维护。而西方则更倾向于开门见山、直截了当，很少考虑对方的情面。

(2)集体与个人。西方崇尚个体主义，强调个人的价值和追求。从《独立宣言》到"天助自助"，以自我为中心的价值主张一直备受西方人的认可。西方文化也因此逐渐具有从局部着手来考虑和解决问题、重个体胜过整体的文化特点。高语境文化下的中国社会，注重人与人之间互相依存的关系，群体文化占主导地位。中美商务英语谈判中，美方代表倾向于以个人为中心，言语直截了当，为达到商务目的而不惜使用各种谈判技巧；而中方代表则更倾向于以对方为中心，考虑对方的情绪，强调个人利益应当服从社会集体利益。这就造成了双方在谈判过程中不同程度的交际冲突。

在中美商务英语谈判中，美国代表一般采用如下方式介绍自己：I am a qualified manager.I am responsible for my group.（我是一名优秀的经理，本次谈判由我负责。）

而中方代表倾向于如下表述：I am the manager of MK Company. We are working together to expect a good deal with you.（我是 MK 的经理，我们希望双方能建立友好的关系。）

以上商务谈判开场就体现了中美文化中集体主义和个人主义的差异，体现出中西方不同的文化价值观。美方代表重视个人的力量，强调个人的能力，展现的是西方社会重契约、重竞争、重理智的价值观；中国代表注重集体，忽略个人表现和能力，表现的是中国社会重人情、重和谐处事方式的价值观。在双方贸易出现经济纠纷时，中方代表习惯于利用人际关系或者社会舆论来解决问题，而西方代表则一般通过法律处理问题。

（3）权威与平等。权威与平等的文化价值观差异是中美国际商务英语谈判不可避免的主题，具体表现在身份地位认知的差异。中国传统社会历来主张尊卑有别、长幼有序、敬老尊师。在日常交际中，人们重视各自的社会等级和人格身份。如在中国古代历史上，人被分为圣人、伟人、凡人、罪人等，不同等级身份的人有着不同的价值和利益，社会地位不同，个人所享受的权利、自由及对资源的占有与分配等均不相同。西方社会的平等观念源于宗教改革，讲究的是上帝面前人人平等，后来延伸至在上帝指引下规范人类行为，形成了法律面前人人平等的平等价值观。

国际商务英语谈判中，中美代表的数量和构成不同，中方谈判成员一般为 2～3 名，其中必有一名担任领导的代表负责和决定关键事项；在具体谈判过程中，中方倾向于下级服从上级，即便存在异议也同样听从上级的指示。而美国的谈判团队则没有专门的领导成员，其谈判队伍一般由专门的技术人员、法律顾问或管理者组成，各司其职，将责任和任务分摊到个人，遇到问题则采取讨论或请示相关专业人士来决策的方式。这充分体现出中国的身份地位观和美国的平等观的差异。

以中美为代表的高低语境文化区别很大，但并不表示二者是完全对立的。罗常培在《语言与文化》中指出："在各国语言里有许多语词现在通行的含义和他们最初的语源迥不相同。如果不明了他们的过去文化背景，我们就推究不出彼此有什么关系来。可是，若知道了他们的历史，那就不但可以发现有趣的语义演变，而且对于文化的进展的阶段也可以反映出一个清晰的片影来。"

对我们而言，掌握和了解不同国家高低文化语境的差异以及产生这些差异的根源，不仅有利于中西文化交流，而且有利于培养国际文化交际意识。

第四节　跨文化归因的意义

由于跨文化下的双方文化共享性弱，文化差异的程度不同和无意识的先入为主等特征，在跨文化交际中，误解、矛盾与冲突频频发生，归因理论在跨文化交际中具有重要作用。

> **归因理论**（attribution theory）
>
> 指我们将他人的行为归因于内部因素或者外部因素的心理模式。

在日常工作与生活中，当交际的双方接触

时，常要推断对方举止的原因、动机或意图，特别是当对方做出异常行为时。人们还时常为自己的行为寻找原因：我为什么这么做呢？解释对方和自己行为的原因即是归因，这种解释有时有事实根据，是正确的，有时没有事实根据，是一种主观猜测。无论是否有根据、是否正确，人们在交际中都为对自己和对方行为寻找原因的倾向。

归因理论通过对行为的两种不同解释展开。内因，即把行为的原因归结为个人本身，认为能力、努力、习惯、心理反射、遗传因素、种族特点和其他属于个人的特征因素决定的。外因，即把人的行为的原因一是归为他人，二是把人的行为归为个人所处的"情境"或外部环境，因而把人的行为看作基本上是由社会条件，即由行为时的环境、文化、生态影响决定的。

归因的三维理论认为可以使用三种不同的解释说明行为的原因：行为者、行为者的对手和行为产生的环境。以一位上司批评下属为例，我们既可以归因于下属，如下属懒散；也可以归因于上司，如上司是个爱批评人的人；还可以归因于环境，如环境使上司误解了下属。这三个原因都是可能的，问题在于找出一个真正的原因。要找出真正的原因主要使用三种信息：

1.一致性，指行为者的行为是否与他人的行为相一致。如果每个上司都批评这个下属，则上司行为的一致性高。

2.一贯性，指行为者的行为是否一贯。如果这位上司总是批评这位下属，则其一贯性高。

3.特殊性，指行为者行为在相同的情况下，对不同的人是否相同。如果这位上司在相同的情况下只对这位下属如此，而对其他下属并不如此，则其特殊性高，见表 5-5。

表 5-5 三维归因理论

根据三维归因理论判别内外因	高	低
一致性——其他人在相同情况下作出行为的可能性	外因	内因
一贯性——同一个人在不同时间表现相同行为的可能性	内因	外因
特殊性——不同情境下同一个人表现相同行为的可能性	内因	外因

无论内因还是外因，都可以分为积极性归因和消极性归因。积极性归因指归结出的原因可以被大家接受，能起到积极的作用，是积极性的正面归因。在跨文化交际中，积极性归因可以减少交际的失误与障碍。消极性归因指归结出的原因难以令人接受，这种归因起到消极的作用。在跨文化交际中消极性归因往往导致交际的失误或障碍。对同一行为作出不同的归因，会产生不同的行为后果，产生不同的感情、行为和期望。

把归因理论运用到跨文化环境中，那么人们所作的不同的归因，取决于他们来自高语境文化还是来自低语境文化。首先，高语境文化的成员在归因上是敏感的，倾向于从环境的角度进行归因，并作基于环境方面的解释；低语境文化的成员在归因上也是敏感的，倾向于从个人素质方面进行归因，并作基于个人素质特点的解释。例如，中国文化属于高语境文化，在归因方式上倾向于从环境的角度来进行解释，归因于环境因素，因而某事"自然而然发生"。美国文化属于低语境文化，在归因方式上倾向于从个人素质方面进行解释，不满足于对事实的陈述，直到他们确定谁对此负责——谁干的，或谁导致这么干的，才肯罢休。自然而然发生的事情对美国人来说是难以接受的、不习惯的，而对中国人来说是可以接受的。

文化背景影响归因的参照标准，文化背景不同，对同一行为的解释就会有差异。归因理论在跨文化环境下发挥着重要作用，正确的归因有益于跨文化交际。

自利偏差指在对自己的行为进行归因时，人们倾向于将成功归为内部因素，而将失败归为外部因素。有一项关于自利偏差的研究，受访者近 700 人，他们来自 5 个国家——美国、日本、印度、南非和南斯拉夫，每个受访者需要填写一张表格，该表格衡量了对生活中一系列成功与失败事件的归因。

自利偏差(self-serving bias)

指人们倾向于将成功归结为内部因素(内部归因)，将失败归结为外部因素(外部归因)。

在这一研究中，所有国家的参与者都更倾向于将成功而不是失败归结为内在的因素。但是，通过比较各国的研究，可以发现一些有趣的差异。首先，与其他国家的人相比，日本人更倾向于将失败归于内部原因，也就是说，日本人比其他国家的人都更有可能为自己的失败承担责任，低调行为在日本人身上表现比较明显。其次，在这 5 个国家的人中，日本人是最不会贪功的，在研究中印度人和美国人的得分均在 8.0 分以上(10 分制)以上，其余两个国家也超过了 6 分，而日本人的平均得分只有 3.9 分。

低调行为

(self-effacing behavior)

指一些文化的人们倾向于以谦逊的态度对待成功，以敢于承担责任的态度对待失败。

综上可见，此项研究显示出了两个重要之处。第一，自利偏差具有跨国适应性。参与调查者来自文化差异很大的国家，但他们都倾向于将成功归为内在因素而将失败归为外在因素。第二，这种结果并非总是正确(还有可能出现完全不同的结果)。尤其是日本人，他们在遇到失败时敢于承担责任，在成功面前却显得很谦逊。很明显，日本人非常强烈地将自己当成集体的一部分，而不是单独的个人。因此，低调行为以及对团队的责任感在日本很常见。所以，集体倾向的文化重谦逊，而个体倾向的文化则重个人能力和声誉。

如前所述，归因强调了这一核心观点——感知并不局限于有选择性地观察或忽略某个事件。即使许多人都看到了同样一个事件，文化却能够影响着我们对这一事件的起因作出解释和说明，我们每一个人无时无刻不经历着感知上的文化差异。

第五节　态度概述

一、态度的概念

感知常常始于一些孤立的事件——主要是由环境决定(如巨大的噪音会引起我们的注意力)。然而，当这种意识反复发生，人们就会逐渐形成一种固定的态度。

态度作为一种心理现象，既是指人们的内在体验，又包括人们的行为倾向。态度形成于感知反复产生之时，是情绪倾向。

态度(attitude)

指人们对某事物或某人的一种可识别的感情倾向。

一般而言，态度是潜在的，主要是通过人们的言论、表情和行为来反映的。人们的态度对象也是多种多样，诸如人物、事件、国家、集团、制度、观念等。人们对这些态度对象，有的表示接受或赞成，有的表示拒绝或反对，这种在心理上表现出来的接受、赞成、拒绝和反对等评价倾向就是态度。因此，态度又可以看成是一种心理上的准备状态，这种准备状态支配着人们对观察、记忆、思维的选择，也决定着人们听到什么、看到什么、想些什么和做些什么。

二、态度的心理结构因素

态度通常是指个人对某一客体所持的评价与心理倾向。换句话说，就是个人对环境中的某一对象的看法，是喜欢还是厌恶，是接近还是疏远，以及由此所激发的一种特殊的反应倾向。态度的心理结构主要包括三个因素，即认知因素、情感因素和意向因素。

(1)情感因素。情感因素是一个人对某人或某物的感受，指个人对态度对象的情感体验，如尊敬—蔑视，同情—冷漠，喜欢—厌恶等。

(2)认知因素。认知因素指一个人认为自己对某物所拥有的知识，是个人对态度对象带有评价意义的叙述。叙述的内容包括个人对态度对象的认识、理解、相信、怀疑以及赞成或反对等。

(3)意向因素。意向因素也称作倾向因素，是指个人对态度对象的反应倾向或行为的准备状态，也就是个体准备对态度对象做出何种反应，是一个引导行为的要素，不是行为的最后结果。

三、态度的核心

从性质上说，价值观是态度的核心，它代表着一个人对周围事物的看法和行为倾向，也就是个人对某一事物的善恶、是非和重要性的评价。因为一个人的态度总是取决于态度对象对他个人的社会意义，这种社会意义的大小，决定了态度对象所具有价值的大小，而事物价值的大小，往往又取决于个人的需要、兴趣、理想、信念和世界观。

因此，人们的价值观不同，所产生的态度也不同，故一个人的价值观对于他的态度明显地具有一种工具性的功能，能够满足个人的需要，对人有利的事物，便产生肯定的态度。不能满足人们的需要，又对人不利的事物则会产生否定的态度。因此，态度的实质乃是反映了客观事物与一个人主观需要之间的关系。

四、态度的特性

(1)态度的社会性。态度不同于本能，态度不是天生的，它是通过后天的学习获得的。不须学习，与生俱有的行为倾向不是态度。态度是个体在长期生活中，通过与他人的相互作用，以及周围环境的不断影响而逐渐形成的。态度形成以后，反过来又会影响个体对周围事物和他人的反应。在这种相互作用过程中，一个人的态度经过不断的循环和修正，会逐步形成日益完善的态度体系。

(2)态度的针对性。态度必须具有特定的态度对象。态度对象可能是具体的，也可能是抽象的，即一种状态或观念。由于态度是主体对客体的一种关系的反映，所以态度总是离不开一定的客体，总是与态度对象相联系，因此，态度的存在不是孤立的、抽象的，它总是针对着某一事物的。例如，某董事长对员工的态度，员工对奖金的态度等。

(3)态度的协调性。态度是由认知、情感和意向三种心理成分组成的。对一个正常人来说，这三种心理成分是相互协调一致的。例如，一位年轻的创业家，在他认识到学习管理科学的重要性之后(认知)，他会产生对管理科学的热爱(情感)，一旦有机会进行这种学习，他会十分乐于参加，并为此做好各种准备(意向)。这说明态度的三种成分十分协调，并不矛盾。

(4)态度的稳定性。态度是在需要的基础上，经过长期的感知和情感体验形成的，其中情感的成分占有重要位置，并起到强有力的作用。它使得一个人的态度往往带有强烈的情感色彩并具有稳定性和持久性。正是由于态度具有这种稳定性和持久性，才使个体能够更好地适应客观世界。所以，对员工进行教育，最好是在他们态度尚未稳定、尚未形成的时候，因为这时态度的组织结构尚未固定化，引进新的思想和经验，容易促进态度的改变。然而，一旦态度形成，再进行教育就会十分困难。

(5)态度的潜在性。态度是一种内在结构，它虽然包含有行为的倾向，但并不等于行为，所以态度本身不能被直接观察到。又由于态度的稳定性和持久性，一个人的态度往往可以通过他的言论和行为来加以推测。

第六节　对自我的态度

一、不同文化中的自我观

自我观是指个人对自我以及自我与周围世界他人之间关系的感知能力，自我观受文化的影响，对自我的行为起到调节作用。文化这一变量对培养个体的认知能力发挥着重要作用。比如说，集体主义价值倾向文化培育的个体认知能力往往与群体有关，而个人主义价值倾向文化培育的个体认知能力往往与个体有关。在不同的文化里有不同类型的自我，并根据文化的不同把自我分为“独立性自我”和“依赖性自我”。

(一)独立性自我与依赖性自我

东西方文化的巨大差异决定了自我建构的不同。个体的行为、情绪、动机和思维方式都受制于不同的自我观念。

西欧和北美等西方国家的文化是典型的个人主义文化，西方的个人主义文化取向把注意的焦点放在个体身上，强调个体内在的独特性、独立性和自主性，强调个体与他人和群体的不同。从而要求个人依据自己内在的思想、情感和活动来组织和建构行为和心理，把自己理解和解释为一个独立的个体，这就形成了独立性自我。个人在做决定时，其参照系是自我的种种特性和能力，考虑的是个体内在的价值和特征，社会的要求和群体的期望是第二位的。

> **独立性自我**(independent self)
> 将自己视为独立于群体之外的个体，重视自立性和个人成就。

而亚洲的日本、印度和中国等东方国家的文化则是典型的集体主义文化。我们国家长期受儒、道、佛三家思想的影响，中国人自古就爱面子，注重名声。强调人际的依存关系，维护集体荣誉，这就形成了依赖性自我。这种自我观要求把注意的焦点放在群体或社会水平上，强调和睦的关系与人际的相互依赖，个人对社会的义务和职责，高度赞扬个人为集体利益所做的牺牲。个人决断的做出首要参照的是集体的要求和社会的规范，自我的内在特性、价值，个体的潜能是次要的和第二位的。

> **依赖性自我**(interdependent self)
> 将自己视为与其他人或群体紧密联系在一起，重视家长制和集体的凝聚力。

(二)独立性自我与依赖性自我的文化差异

自我观一方面受文化的影响,另一方面又影响着会话的间接性。个体离不开社会,离不开他所生存的文化,也离不开交际,那么交际中拥有不同自我观的个体务必会采用不同的交际方式。令人好奇的是自我观究竟在哪些方面会受文化的影响,进而影响到会话的间接性呢?独立性自我和依赖性自我的文化差异究竟表现在什么地方,进而影响人们对直接和间接方式的理解与表达(见表5-6)?

表5-6　依赖性自我与独立性自我的对比

依赖性自我(非西方国家)	独立性自我(西方国家)
自我是集体的一部分	自我是独立于群体之外的个体
强调与其他人的相似之处	强调自我的独特性
鼓励修身养性	鼓励"寻找自我"
教导孩子要依靠他人	强调孩子的独立性
害怕被排斥在群体之外	怕无法与群体区分开
能"理解他人所想"/意图/情感	相信"说出心中所想"的重要性

资料来源:改编自 Markus, H.R., & kitayama, S. (1998). Cultural and the self: Implications for cognition, emotion, and maturation[J]. Psychological Review, 98, 224－253; Triandis , H.C. (1998). The self and social behavior in differing cultural contexts[J]. Psychological Review, 96, 506－520.

(1)情感方面的差异。情感是自我维护和自我调节的一套具有普遍性内在的方法,虽然任何文化条件下的人都会有喜怒哀乐的情感表现,但情感体验因文化的不同而呈现差异。文化通过塑造不同的自我观,对情感方式的表达产生直接的影响。

首先,对独立性自我来说,其行为的控制点在个体的内部,决定个人行为的更多是个人的气质、信念、需要和意愿。对这类人来说,他们敢用言语直接表达自己的情感,不管这种情感是积极的还是消极的。对依赖性自我来说,他们的情感更多地由个人与他人的关系所引起,而不是由个人主体性所引起。相比较而言,依赖性自我比较内敛、容忍,往往不直接表达消极的或强烈的情感。

其次,在交际中由于文化的不同,拥有不同自我观的个体对同一场景可能拥有不同的情感反应,这种情感反应往往会通过身体语言或对言语交际策略的选择表现出来。拥有依赖性自我观的个体喜欢绕着弯子说话,以避免冲突和伤害他人情感。例如,中国人不习惯直接表达"爱"这类强烈的情感及"愤怒"这类消极的情感,喜欢借助语境间接表达他们这些情感。有时依赖性自我所表达出来的积极情感在独立性自我看来却是消极的。对一个久违重逢的朋友,中国人喜欢说"你还是老样子,一点也没变"。中国人听了之后,一般会认为这是一种恭维,然而美国人会理解为"缺少变化或应该是老了"。

另外,独立性自我易于感受到骄傲等这些以自我为中心的情感体验,体验和表露这些以自我为中心的情感以凸显个体内在的特征,促进个体在公众和私下场合中对自我的肯定,证实自己是独立的实体,从而导致这类自我倾向于用言语直接表达出他们的情感,并有更多的言语输出。依赖性自我倾向抑制表达以自我为中心的情感,抑制以自我为中心的情感表达,往往会导致言语的间接性,有时这些言语带有自我贬抑性。如中国人听到对方表扬自己干得不错时，往往会以“哪里，哪里，做得不好”，“你过奖了，都是集体劳动的结晶”或“哪里，哪里，都是您领导有方”应对，但美国人一般直接回答“谢谢”，这简短的回答充分体现他们的骄傲之情。依赖性自我善于表达一些以他人为中心的情感体验，如同情、羞耻等。体验和表露这些以他人为中心的情感凸显个体的依赖性，促进更多的社会合作行为，维持着自我同他人相互依赖的关系。但有时为表示对对方的同情，往往会有过多的言语输出，违背量的准则，产生了言外之意。如果不理解依赖性自我的这些情感特征，误解就此产生。

(2)认知方面的差异。不同的文化模式导致了不同的自我观，不同的自我观又对认知产生深刻影响，使得来自个体或集体价值倾向文化的人们对自我与他人之间关系的认知产生明显的差异。依赖性自我注重与他人的关系以及他人对自己的评价。和睦的人际关系和自我在群体中所处的地位对他们而言极其重要。这必然要求个体了解他人，知晓个体所处的社会环境和人际关系。对独立性自我而言最重要的是个体内部需要和潜能的实现，他人的评价和人际关系并非第一位的因素。因此相对来说，他们不会像依赖性自我那样关注他人和关系。这些特征造成了两种不同自我观的个体在有关自我知识、他人知识的组织、加工和从记忆中的提取方式不同，从而影响着人们对会话方式的选择。

依赖性自我由于形成了与他人相互依赖的关系，认为批评、怀疑他人的观点易于导致关系的不和谐，因而思维经常缺乏批判性，思维品质中接受的一面要大于怀疑的一面。独立性自我认为个人的一切是个人本身的能力和特质的体现。并且，维护自我的独立也要求他们不轻易接受他人的主张，在一切可能的场合张扬自我，向他人展示自己的独特一面。因此，个体中心倾向的人的思维更富有批判性，对他人观点经常持怀疑的态度，更善于表达怀疑，更倾向于对他人的观点进行评价。从这个角度来说，独立性自我注重关系的平衡性，而依赖性自我注重关系的垂直性，即两种不同的自我观对权威持不同的态度，独立性自我敢于挑战权威，而依赖性自我的权威往往不容挑战，这对间接的表达和理解必然会产生影响。

例如，当一位依赖性的自我观占主导位置的领导对他的下属说：“我的计划是这样的，你们有不同的意见没有？”如下属拥有相同的自我观，他会很快推断出对方不是在征询意见，而只是想表示他的计划已定，你们只需去执行就好了。了解这种会话含义，下属就不会去长篇大论谈论自己的看法，从而造成关系的紧张。倘若下属的自我观是独立性占主导位置，他听了这番话后，可能会畅谈自己的想法，其结果如何便可想而知了。由此可见，两种不同自我观的个体在交际时，由于对自我与他人关系的认知不同，误解在所难免。

(3)动机方面的差异。两种自我观的不同还表现在动机方面，独立性自我的行为动机往往与个人内部的需要和意愿、特质和能力有关，如提高自尊、获得成就、提高声望、逃避认知冲突和潜能的自我实现等。依赖性自我动机的性质更多的是社会取向的，如为他人所接受、实现群体(如家庭)的目标、建立和谐的人际关系、逃避批评等。正如一位跨文化心理学家所说的那样，“集体价值倾向文化的个体动机结构反映了一种对他人的可接受性、适应他人的要求和限制自我的需要和欲望，而个体价值倾向文化个体基本动机结构则反映了他们内部的需要、个人的权力和才能，包括承受社会压力的能力。”

我们需要了解，自我的动机受文化的影响，进而影响着会话的交际风格。依赖性的个体为了顾及他人的面子来维持群体内部的和谐，倾向用间接表达，面子是个体或群体渴望表露和已被他人感知到的自我形象，它是自我观的延伸，使得跨文化交际和协商变得复杂。面子观调节人们社会声望和支持或挑战他人的社会声望，它是言语或非言语的信息，帮助我们维持面子或修复面子损失。依赖性自我持有他人面子观，从而更倾向于间接表达；而独立性自我则持有自我面子观，所以相比较而言，倾向于直接表达。喜欢直接会话风格的个体会被认为“粗鲁，爱出风头”，而倾向于间接表达的个体则会被认为“难以捉摸，虚伪”。在跨文化交际中，需要了解两种自我观之间的差异及它们之间差异的成因，以避免误解的产生。

二、不同文化下的自我描述

西方文化与非西方文化在对自我的描述上就存在着巨大的差别。有人从这一点出发进行了一项非常有趣的研究。研究方法简单直接，让美国和日本的学生描述一下他们自己，描述是开放式的，且没有任何内容、结构上的限制。他们可以用任何方式回答“我是谁”这个问题。

接下来，研究者完成艰苦的分析工作，收集所有回复并将它们分类。其中值得注意的是学生们进行抽象自我描述和具体自我描述的频率。抽象自我描述包括“我很外向”或“我很感性”这样笼统的说法；而“和朋友在一起工作我很开心”或“我在社交场合不是很活跃”这类描述则属于具体自我描述。这两种不同的取向反映了西方和非西方国家的人们对个体的看法。如果西方人果真把自己看成是独立的个体，他们在描述自己时应该会选择较为抽象的词汇，而避免具体形象的评价。相反，非西方国家的人们则会以更具体而不是抽象的方式描述自己。研究结果恰好与这一假设吻合。美国学生与日本学生相比，较多地使用概括性语言而较少使用具体的描述方式。

正如我们所设想的那样，其他国家受试者的测验也得到了类似的结果。研究人员要求来自印度和美国的受试者描述他们几个亲密的朋友。他们发现，美国人的描述中有46%是抽象的、不分场景的(如“他是个小气鬼”、“她很自私”)。而在印度人中，这种一般性的描述只占到20%。他们喜欢把一个人放在特定的场景中来描述(“他总是不舍得给家人钱”)。其他的研究也得出了类似的结果：美国人(40%)比印度人(17%)更多地将某人行为的原因归结为那人的性格(“他不诚实”)，而不是归结为具体的环境因素(“虽然这么干不对，但她这回真的需要钱”)。人们身处文化背景的不同，对自我的描述也存在差异。

第七节　对他人和群体的态度

一、刻板印象

刻板印象是识别和简单地对外界事物分类的感知过程的产物，可视为一种相对简化的、忽略事物细节差别的态度，是指人们根据他人所属的群体(如民族、宗教、文化背景)而对其性格进行的一种推断，是将群体的特征扩大到每一个个体的倾向。如许多人都会认为法国人浪漫、德国人严谨、日本人细致等。

> **刻板印象**(stereotypes)
> 指将群体的特征扩大到每一个个体的倾向。

作为一种复杂的社会和心理现象，刻板印象时常被证明是错误的或有害的。在某种程度上，刻板印象会产生社会不公平，导致工作中较差的决策或低效率、低效能。假设有一天，一个白人男性经理经过咖啡角，注意到两个黑人男员工正在那儿谈话，他对他们在那儿浪费时间感到生气。后来，他又看到两个女员工在咖啡角聊天，他想她们应该在自己的闲暇时间里说闲话。第二天早晨，还是这个经理，又看到两个白人男员工在咖啡角谈话，对此，他却没有任何想法，因为他确信，他们是在讨论生意上的事。这位经理也许对女性和少数民族有这种刻板印象，即他们工作不努力，除非是在严密的监督之下。在多元文化的工作团队里，团队成员常常对共事的外籍员工有刻板印象，而不是在形成印象之前尝试着去了解他们。仅仅因为他们的祖国在经济上或者科技上不那么发达，人们常常就想当然地认为，那些来自不发达国家的团队成员学识不够或生性懒散。像这样的刻板印象会降低团队的生产力，同时也会使士气低落。

有不少文献从经济、文化、政治等角度来定义原产国刻板印象，认为原产国刻板印象是指特定国家的商品在消费者心目中的形象、声誉及固有印象。也有学者认为原产国刻板印象是一国人民对于另一国家的人民或产品所持有的刻板印象及成见。

原产国刻板印象
(country-of-origin stereotypes)
该观点认为某些产品或服务的原产国一定具有一些特定的性质。

理论界普遍认为国际市场上的消费者存在原产国刻板印象，具体表现之一就是消费者普遍认为发达国家生产的产品质量好、技术先进，而发展中国家生产的产品质量低。这种偏见一经形成就会长期存在，而且它的改变会滞后于发展中国家产品质量的实际提升。它和典型的刻板印象一样，会让消费者对产品评估带来或好或坏的影响。如德国产轿车质量可靠、日本产轿车省油、国产奶粉安全度堪忧、进口奶粉安全度高就体现了原产国刻板印象。

在交际过程中，人们不可能不具有刻板印象，它是一个必然现象，也是对他人的初始预测。但是，刻板印象并不完全错误或阻碍交际，它也有符合事实的部分。积极的“模式固见”(即刻板印象)具有一定的代表性和合理性，可以起到与陌生文化成员交际时的导向作用，减少陌生文化环境中行为的盲目性和复杂性。在一些情况下，通过刻板印象，我们可以快速认识一个民族，从而掌握一些与其交往的基本规则。如说德国人“严谨守时”，那么我们在与德国人交往中便知道要严格遵守时间观念，入乡随俗。或者如果了解到亚洲文化较看中长幼尊卑和社会层级，那么在与亚洲人交往时，其他文化的人可能会表现得更加小心翼翼和恭敬。

当然，那些不符合事实的部分，或者过于高度概括的观念，在刻板印象中也大量存在，而这样的现象，我们一般称之为消极的刻板印象，或“文化偏见”。“偏见”是由对一种文化的不了解、不愿了解、太强的自我优越感、过时的观念或是媒体传播的需要等政治因素造成的。这类的刻板印象会严重影响一个群体与其他群体交往的方方面面，造成跨文化沟通的障碍，从而会造成甚至加深不同群体之间的误解。因此，我们在与不同文化背景的人交往时，应特别注意不要以过度概括的刻板印象去认识一个群体或为其打上“标签”，也注意不要完全以自己的好恶或者先入为主的观念去片面地认识一个文化。为了达到有效的跨文化交际,交际者应努力把偏见降到最小。

从刻板印象理论看《撞车》中的跨文化冲突

电影《撞车》由保罗·哈吉斯执导,获美国第78届奥斯卡最佳影片、最佳电影剪辑和最佳原创剧本奖。此外,该电影还荣获日本、意大利、欧洲等国家或地区的众多奖项。

《撞车》的故事发生在多民族、多文化聚集的大城市洛杉矶,由一场撞车事故倒叙展开。呈现在观众面前的是在这个城市生活的各式各样的人物:有野心勃勃的政客、隐忍以行的导演、口若悬河的强盗、一时侠肝义胆一时做贼心虚的警察、鲁莽冲动的波斯裔老板、兢兢业业的锁匠、唯利是图的人口贩子等。这些人中有上层社会的,更多的则是中下层的普通人;这些人中有白人,更多的人物是黑人、墨西哥裔、亚裔、波斯裔,甚至是族裔成分混杂的人。电影采用碎片化叙事,利用独特的开门、关门的剪辑技巧将众多的故事穿插在一起,展现了不同种族和阶层的人如何突破刻板印象,从而跨越文化障碍,实现和谐共处。

影片的开始,波斯裔杂货店店主Farhad跟随女儿一起去枪店买枪,当他们两个在柜台旁用本族语争吵到底买什么样的子弹时,在一旁的枪店老板不耐烦地说:"Osama,要组织你的(Jihad)圣战,别在这儿浪费我的时间!"换言之,白人老板就是把长相符合阿拉伯或穆斯林特征的人都归于一类,认为这些人和恐怖主义头目本·拉登是同类人,并认为Farhad买枪是要组织圣战。这些言语显然反映了"9·11事件"之后,部分美国白人对外表貌似阿拉伯或穆斯林裔美国人的简单归类以及过度紧张的心理。

"9·11事件"后,美式英语中新生了不少与之有关的词语。例如,青少年会说他的寝室是"ground zero"(世贸废墟,指乱得一塌糊涂);受到学校或老师处罚叫作"It was a total Jihad"(一场全面圣战);用"Osama Yo Mama"来称呼不喜欢的人;用"He is as hard to find as Bin Laden"比喻常常找不到的人。

虽然Farhad一再声称自己也是美国人,享有与白人店主同样的作为美国公民的权利,渴望获得主流美国人的认同,但白人店主却毫不留情地讽刺Farhad的蹩脚英语,直截了当地回应:"我无知?难道是我把747客机开到你们的小窝棚,把你的朋友都烧成灰了吗?"言语内容再一次暗指"9·11事件"中的飞机冲撞世贸大楼。由此可见,对于某一种族形成的刻板印象是连贯一致的,无法轻易消除。

这种把阿拉伯或穆斯林裔美国人与恐怖分子联想在一起的思维定式凸显了白人的恐惧,也直接导致店主和Farhad当面的言语冲突。庆幸的是,他的女儿一气之下买走了枪和一盒空弹。

除此之外,Jane对于墨西哥裔锁匠Daniel也使用了"amigo"与"homie"等具有民族特征的词语,她也确信,Daniel剃着光头、身着低腰裤、脖上有文身,不是坐过牢就是黑帮成员,而Daniel则是以沉默回应Jane的指责。事实上,Daniel是一位踏实工作的慈父,从他和躺在床底女儿的交谈中，我们得知，这一家人刚从一个暴力犯罪泛滥的社区搬到这里，为的是女儿有一个更好的成长环境。Daniel 给女儿所讲的无形罩衣的故事给影片增加了一份浪漫主义色彩，也是对 Jane 等白人所持有的刻板印象最有力的反驳。

除了语言，这种对少数族裔的形象定性也表现在给予执法当局更大权力，使其可以拘留和询问他们，监听他们的电话，特别是对来自阿拉伯或伊斯兰国家的人严格检查，暂缓发放签证等。例如，在有些地方的安检中，这些人会被要求当众解开包头露出头发，而这样做其实有悖于他们的宗教信仰。

美式英语中的 racial profiling（种族形象定性）这个词专指警察在公路上不分青红皂白拦截少数族裔驾驶的车辆，并强行搜查，甚至殴打驾驶员致伤、致死。美国司法部将该词定义为警察对某人采取行动并认定其从事某种犯罪行动，仅仅根据其种族、族裔或原国籍，而不是其行为或获得的其他信息。目前警察进行"种族形象定性"一般基于两种推断和猜疑：一是认为驾驶员与车辆不相称，例如黑人开着豪华车；二是在白人住宅区内拦截黑人，认为他们不属于这个地区，来此有犯罪之嫌。白人警察 Ryan 和同事 Tom Hansen 的任务是追踪一辆被抢的林肯汽车，当看到一对黑人夫妇驾驶同款车，尽管车牌与被抢车不符，Ryan 却强令他们下车，Cameron 的妻子 Christine 在众目睽睽下被 Ryan 实施性骚扰。但是 Cameron 心里明白，他之所以能够在这个白人主导的美国社会中获得成功是因为他能隐忍，不去挑战执法人员的权力以避免冲突发生。

影片也探讨了美国社会中黑人和白人剪不断理还乱的复杂关系。电影中人物中有不少的黑人，且多数黑人处于社会的上层，凸显了黑人在这个多民族聚集的大城市的重要性：如洛杉矶警局的 Dixon 队长、刚刚参加颁奖晚会的 Cameron 夫妇、HMO 办公室的 Shaniqua、侦探 Graham Waters 以及地区检察官 Rick Cabot 的助手 Karen。而且，值得一提的是，检察官 Rick Cabot 还希望通过向黑人授奖的方式得到黑人的选票。但是黑人应该符合黑人应有的特征，这在导演 Cameron 的拍摄现场表现得非常清楚。助手 Fred 认为演员 Jamal 的话语越来越不像出自黑人之口，Fred 建议"不要和我说这件事！"重新改为"别跟我扯那事！"因为这样更加符合黑人特征。所以这就印证了社会对于黑人的期待应该是说话粗俗，语法错误百出。殊不知，黑人也有改变自身并且进步的时候，正如电影最后 Anthony 一改往昔抢劫犯的形象，将卡车中的柬埔寨人送到唐人街并施以饭食，而没有接受修车铺白人老板的以每人 500 美元的价格来购买车中之人的提议。

导演 Haggis 曾说，《撞车》获得奥斯卡奖最重要的原因是，它是当年度最打动人心的电影。在洛杉矶这样一个大城市中生活着不同种族、不同肤色、不同语言的人，由一个撞车事件将这些不同背景却又相互关联的人物串联起来，不得不说是一个奇迹。刚开始，几乎所有的人都带着对别人的刻板印象来进行价值观判断，一旦当人抛弃先前成见，我们便看到了人性的光辉和进步。

【国际观察】其他国家的人对美国人的印象

其他文化的人们常说美国人过于以自我为中心，从“丑陋的美国人”这个词中就可以看出这一点。所谓“丑陋的美国人”是一个民族中心主义者，他认为只有美国人的行事方式是唯一正确的方式，对其他文化漠不关心，而且从不试图去理解其他文化中人们的行为。结果，他会很容易得罪来自不同国家或不同文化背景的人。

表 5-7 显示了来自 16 个国家的人们（包括美国本国人）对美国人特征的看法。这项由皮尤中心发起的全球民意调查要求受访者列出最正面的三项特征（努力工作、有独创性和诚实）和最负面的三项特征（贪婪、粗鲁和不道德）。从表中可以看出，美国人对自己的看法显著好于其他国家人民对美国人的看法。例如，除了四个国家，其他国家人民对美国人努力工作、有独创性和诚实三项特征的评价都低于美国人自己。当然，多数国家（除了中国）在美国人努力工作特征上的打分高于 60%。

表 5-7　美国人的正面特征

有独创性		诚实		努力工作	
国家	同意比例(%)	国家	同意比例(%)	国家	同意比例(%)
法国	89	印度	86	美国	63
美国	85	印度尼西亚	84	印度	58
印度尼西亚	84	美国	81	英国	57
荷兰	84	加拿大	76	法国	57
印度	81	德国	76	德国	52
约旦	78	法国	76	黎巴嫩	46
加拿大	77	波兰	73	荷兰	46
英国	76	中国	70	西班牙	45
西班牙	74	荷兰	69	波兰	44
俄罗斯	72	约旦	68	加拿大	42
黎巴嫩	69	英国	64	约旦	37
德国	67	黎巴嫩	58	中国	35
波兰	64	巴基斯坦	57	俄罗斯	32
巴基斯坦	63	俄罗斯	56	巴基斯坦	27
土耳其	61	土耳其	54	印度尼西亚	23
中国	44	西班牙	53	土耳其	16
美国	70	印度	64	约旦	65
土耳其	68	印度尼西亚	58	黎巴嫩	64
荷兰	67	土耳其	55	巴基斯坦	58
黎巴嫩	66	加拿大	53	土耳其	57
英国	64	巴基斯坦	51	印度尼西亚	45
约旦	63	黎巴嫩	50	中国	44
加拿大	62	俄罗斯	48	俄罗斯	42
印度尼西亚	61	中国	44	美国	39
俄罗斯	69	西班牙	38	荷兰	38
巴基斯坦	59	法国	36	法国	37

有独创性		诚实		努力工作	
国家	同意比例(%)	国家	同意比例(%)	国家	同意比例(%)
西班牙	58	美国	35	印度	36
中国	57	英国	29	西班牙	36
波兰	55	印度	27	加拿大	34
德国	45	荷兰	26	波兰	33
印度	43	波兰	21	德国	31
法国	31	德国	12	英国	26

资料来源：Pew Global Attitude Project (2016)

最近的研究表明，欧洲人亲美态度已有所减弱，各国支持美国的人数比例开始降低，抵制美国的情绪在欧洲滋生蔓延开来。在最近由 German Marshall 基金发起的一项调查中，研究人员要求参与者给各国打分，打分范围是 1～100。欧洲国家给美国的平均分是 64 分(比法国得到的分数略高)，美国人给欧洲人打的分数则从 55 分(法国)到 75 分(英国)不等。然而，美国的穆斯林盟友却不以为然——很明显，埃及(6%亲美，69%反美)、约旦、巴基斯坦和土耳其的人民都厌恶美国。表 5-8 在一定程度上反映了上述分析，表中所列出的国家对美国的友好程度明显低于其他国家。

表 5-8　对美国和其他四国的友好态度比例

打分国家/对某国友好态度	美国	德国	法国	日本	中国
美国	83	66	52	66	52
德国	37	65	72	70	57
法国	39	89	68	83	60
日本	63	78	72	77	28
中国	47	54	59	21	94
埃及	30	62	60	63	63
印度	56	47	46	60	47
西班牙	23	72	66	65	45
巴基斯坦	27	31	25	43	69
土耳其	12	43	18	46	33

资料来源：Pew Global Attitude Project(2016)

二、内群体意识与镜像作用

首先，我们需要了解群体意识，因为它是影响跨文化交际活动的重要因素之一，受地域、历史、生活方式等影响，中西方文化的成员有着不同的群体意识，表现出一定的群体倾向。几乎在任何社会中，人们都可以通过社会分类被纳入一定的社会群体。一个社会群体是两个或两个以上的个人，他们有着共同的社会身份，或者认为自己是许多不同社会群体的成员，如家庭、社会阶层、种族、性别、职业群体和国籍。美国社会学家萨姆纳在《社会习俗》一书中，首次将“内群体”和“外群体”的概念引入社会学科，并对有关群体自我形象及邻近群体的态度等现象做了详细的论述，深入研究群体作用如何影响个人对他人和其他群体的知觉、态度和行为。

通常情况下，人们依据其所归属的群体以及该群体的特点来认识和评价自己，如社会地位、肤色、能力、性别等。内外群体正是依照人们的归属感对社会群体所作的一种划分。内群体指的是个人可被看作是其中一员的任何社会群体，即我群。人们会关心内群体的生活和福利，愿与其进行合作却不求回报，与内群体的分离往往会导致不适，甚至痛苦。外群体则与内群体概念相对，泛指内群体以外的所有群体，也称他群。相反，人们对外群体成员的生活状况少有关心，在与其进行合作时也会要求获得相应的回报。

让我们回顾前一章节，霍夫斯泰德在其文化维度理论中指出集体主义以紧密的社会结构为特征，在这个结构中，人们对内群体和外群体严格区分，期望他们的内群体（亲属、氏族、组织）来照顾他们，作为这种照顾的交换条件，他们对内群体拥有绝对的忠诚。集体主义文化中人们对内外群体的区分尤为明显。中国文化是典型的集体主义文化，加之几千年儒家文化的影响，人们有很强的群体取向和内群体意识，正所谓“内外有别”。群体取向对交际行为和交际风格的影响极大，譬如人们交往时习惯讲礼貌，卑己尊人。

出于本能，人们会自我保护以及寻求安全感。在交际过程中，人们会意识到自己所归属的群体类别，与内群体成员进行交际时往往会有较少的焦虑。相反，与群体外的陌生人交际时则存在很大的不确定性。相比较外群体，人们往往在预测内群体成员的行为方面更加准确，因为他们更熟悉和了解内群体成员的思维方式和行为模式。

因此，内群体意识是引起刻板印象的一个原因，人们似乎有一种思维倾向，觉得内群体比外群体更优越，某一群体内的成员往往会强调内群体的正面特征，却抓住外群体的负面特征不放。

镜像作用(mirror imaging)

指一种刻板印象的模式。在该模式下，一些群体总是察觉自身的某些正面特征，同时察觉另一些群体的某些负面特征。

在某些情况下，这种刻板印象会以一种镜像作用的模式表现出来。在这种模式下，每个群体都会察觉到自身的某些正面特征，同时也会察觉到外群体的某些负面特征。这种模式尤其表现在有矛盾的群体之间(例如阿拉伯人和以色列人)。

就算没有镜像作用，我们还是会自然地倾向于认为群体内部的成员是多样的、复杂的，而认为其他群体的人是单一的、类似的。以美国人为例，在他们眼里，不同的美国人之间可能存在着巨大的差别，但俄罗斯人则看起来差不多一个样儿。有人指出，这种反差属正常现象，原因是我们与群体内部的人交流更多，而与群体外部的人交流甚少。

如果这是真的，那么与具有不同文化背景的人（或外群体）频繁地交往应当能使我们对那一文化中的人拥有更清晰的看法。该假设在一次针对中国人和美国人的研究中得到了证实。研究者首先计算了中国人和美国人的实际沟通量，包括直接沟通（两国人之间的直接沟通）和间接沟通（拥有中国/美国朋友的个数、阅读有关中国/美国消息和报道的频率等）。同时研究人员还提出了若干问题，如“越了解中国人，我越觉得他们之间没什么差别”和“在中国，人们的举止行为似乎是一样的”，来测试各群组对其他群组感知到的相似性。研究结果显示，与外群体的频繁交往确实能增强对该群体成员之间差异性的认识。例如，中国人越是频繁地与美国人交往，他们越是能看到美国人在态度、行为和服饰上的多样性。

事实表明，通过群体间接触建立起来的熟悉感不仅能够产生更多样化的态度，还能够帮助增加群体刻板印象的准确度。例如，有人曾比较了同在一家日资商业银行工作的日本和美国的经理对对方员工的感知。研究人员要求他们从不同的角度对自己和另一方的员工作出评价，一方对另一方的评价与另一方对自我的评价越相近，那么该评价的准确度就越高。例如，日本和美国的经理都认为美方员工更外向、更坦率、更自信，不过与日本员工相比则较没有耐性。在美国和中国的交流生中也存在着相似的情况。

虽然刻板印象经常代表着对其他群体成员带有偏见的感知，但并不表示刻板印象是完全错误的。的确，研究表明，某些刻板印象可能正确地反映了某些群体在某种程度上客观存在的特征。一项调查表明，中国人认为美国人比一部分中国人表现出更大的多样性，这一结果与之前提到的通常情况下内群体/外群体的感知效果有所不同。在日本这个非本地人口仅占2%的国家，我们预计可以得到类似的结果，对另一群体的刻板印象至少部分建立在该群体的某些客观存在的特征之上。

第八节　工作态度

一、员工满意度

员工满意度又称雇员满意度，是企业的幸福指数，是企业管理的"晴雨表"，是团队精神的一种参考，体现在员工对企业的忠诚度、凝聚力和工作态度等方面。是组织成员对其工作特征的认知评价，是员工通过比较实际获得的价值与期望获得的价值之间的差距后，对工作各方面满足与否的态度和情绪反映。它与工作卷入程度、组织承诺和工作动机等密切相关。

> **员工满意度**
> (employee satisfaction)
> 指个体作为职业人的满意程度，也就是个体对他所从事的工作的一般态度。

员工满意度调查在企业发展的重要作用已为越来越多的管理者所认识，并成为企业日常管理的重要工具。通过持续的员工满意度调查，企业可以对自身管理中所存在的问题进行"诊断"，进而系统地解决问题，改善企业的管理，提高生产效率、降低人员流失率。因此，科学的员工满意度调查对于提高企业管理的有效性意义重大。

影响员工满意度的关键因素集中在公平性这三个字上，集中反映在薪酬、绩效和职业发展三个方面，其核心管理问题在于如何量化那些抽象的管理指标并与人力资源管理进行有效的结合。

企业的最终目标是做到三个满意：员工满意、顾客满意和股东满意。其中员工满意是顾客满意和股东满意的基础，只有员工满意了才能为工作投入更大的热情，从而让顾客满意，才能保证企业的持续生存和发展，保证企业的利润，从而保证股东满意。美国奥辛顿工业公司的总裁对此总结出一条"黄金法则"："关爱你的客户，关爱你的员工，那么市场就会对你倍加关爱。"

一方面，满意的员工能够创造更高的工作效率。满意的员工心情愉悦，对企业产生归属感、责任感、有主人翁意识，为工作投入更大的热情，从而能够在同样生产技能的情况下创造更高的工作效率。而低水平的员工满意度会导致员工情绪的低迷或过分紧张，而这种状态不利于个人工作效率的提高，还将直接影响企业团队的战斗力。Google 在短短的几年时间里，由名不见经传的小公司发展成为最知名的搜索公司，在于它高效率的优秀员工，而高效率来源于员工高的满意度。Google 为员工提供了自由和信任的工作环境，员工可以带他们心爱的小狗回办公室，可以随时在公司的饭堂免费吃午餐和晚餐，甚至允许员工在不耽误工作的条件下在上班时间内去打曲棍球。结果员工在这种自由和信任的环境下快乐地工作，创造出了"Google 神话"。

另一方面，员工满意度高会增加企业的效益。员工满意度高的企业人员流动率低，减少了由于人员流动频繁给企业带来的损失；满意的员工以更大的热情投入到工作中，创造了更高的工作效率，更高的工作效率意味着更大的利润；满意度高的员工组织公民行为增加，公民行为对于提高企业的效益也是有利的。哈佛商业周刊的一项权威调查显示：员工满意度每提高三个百分点，顾客满意度就提高 5%，满意度达到 80%的公司，其平均利润率要高于同行业其他公司 20%。

与此同时，员工满意也会增加企业中的组织公民行为。组织公民行为(OCB)指一种员工自由决定的行为，不包括在员工的正式工作要求当中，但它无疑会促进组织的有效性。良好的组织公民行为：在工作团队中帮助他人，自觉自愿增加自己的工作量，向工作团队和组织提出建设性的建议和意见。在今天的工作环境中，组织越来越依赖于团队工作和协作精神以完成任务，组织公民行为提高团队凝聚力，保证团队目标的顺利完成。满意度高的企业员工的组织公民行为会增加。

员工满意还会降低企业人员流动率，增强企业凝聚力。满意的员工对企业产生归属感，形成对企业的心理依赖，不会轻易离开，因而员工满意度高的企业人员流动率是比较低的，凝聚力很强，每个人都有强烈的归属感。

二、员工归属感

(一)员工归属感的概念

员工归属感的形成是一个非常复杂的过程，但一旦形成后，将会使员工产生内心自我约束力和强烈的责任感，调动员工自身的内部驱动力而形成自我激励，最终产生投桃报李的效应。

> **员工归属感**
> (employee's sense of belonging)
> 指员工经过一段时期的工作，在思想上、心理上、感情上对企业产生了认同感、公平感、安全感、价值感、工作使命感和成就感，这些感觉最终内化为员工的归属感。

(二)归属感的三个层次

人的归属需要具有多向度和多层次性，员工归属感的形成是一个由浅入深、渐进互动的过程，它可以分为三个层次：

层次一：个体通过各种信息途径对企业有一个整体大致的了解，当企业的薪酬、福利等物质利益和企业的各种文化、价值观等意识形态基本符合个体的价值标准，个体将义无反顾地加入企业当中。

层次二：个体开始了一个对企业全面认知、熟悉的过程。企业通过对员工进行一段时间的培训，使员工逐渐感受、感知、熟悉、适应企业的各个方面，个体将对企业的经营理念、经营决策、企业精神和行为规范产生基本的认同感。

层次三：随着企业对个体在物质上和精神上不断满足他在生理、心理、感情、人际关系等不同方面的需要，导致个体对企业领导者的思维方式和企业的核心价值观产生了深层次的认同感，并逐步提高个体的安全感、公平感和价值感，强烈的工作使命感和成就感使得个体对企业的满意感不断增加，最终形成个体对企业的归属感。归属感形成后，一方面加深了个体对企业的认同，另一方面个体将自发形成自我约束并产生对企业强烈的责任感，体现为个体的主人翁精神，并充分地、自觉地发挥个体主观能动性，最终为企业创造出巨大的价值。

因此，归属感的培养是一个长期的、复杂的、动态的过程。

(三)员工归属感的影响因素

(1)有效沟通影响归属感。杰克・韦尔奇有一句名言是“沟通、沟通、再沟通”，可见沟通在企业中的强大作用。对员工来说，员工通过企业内部的沟通来表达自己各种不同的情感，沟通提供的不仅仅是一种情感释放的情绪表达机制，而且还可以满足员工的社交需要。对企业来说，最重要的一点就是要形成在管理架构和同事之间的公开、自由、诚实、开放的沟通氛围。有效畅通的沟通渠道可以实现领导和员工之间心与心的交流，可以促进员工彼此之间思维的碰撞、感情的升华，从而避免一切不必要的误会以及释放领导或员工产生的不满情绪。

因此，员工在有效沟通性的文化氛围中工作，不仅能够控制和激励员工的行为，实现信息的共享，而且能够使员工体会到被尊重、被信任的感觉，心理上得到了极大的满足，从而对企业产生深深的依恋感和认同感，加深员工对企业的归属感。

(2)公平影响归属感。员工公平感的强弱直接影响员工的工作努力程度、对企业的认同度及满意度，从而进一步影响员工的绩效以及归属感的形成。公平性强调公正、公开，强调的是从企业的核心价值观出发，在遵循基本的行为准则的前提下对员工行为作出相应的评价。公平性文化满足员工的不仅仅是分配上的公平感，还包括程序公平感和互动公平感。分配上的公平感可提升员工晋升和报酬满意度，程序公平感带给员工的是产生对组织的认同和对组织的信任，互动公平感使员工对管理者产生信任感以及采取合作的行为态度，三者互相协调共同提高员工的公平感。

企业要建立公平性的文化，必须将公平观念融入企业的价值观，把对公平的追求体现在对价值的追求上面，为员工创造一个公平的工作氛围，公平性越强，满意度越高，归属感也就越易形成。

(3)创新影响归属感。管理学大师德鲁克认为创新是赋予资源创造财富的新能力，使资源成为真正的资源。创新可以是对新事物的创造，还可以是对旧事物的改造，但创新打造的是企业独一无二的核心竞争力。

创新在于每一位员工的参与，将全体员工凝聚在企业的创新理念中，调动企业内、外部一切有利于创新的因素，在创新的过程中产生巨大的向心力和凝聚力。而企业员工在创新的过程中对创新理念和创新行为产生强烈的认同感，积极参与创新的活动，发挥自身的创新潜能，在满足企业创新需要的同时，也满足了员工在创新成功后带来的成就感，满足员工的自我实现需要。更重要的是，在创新失败后，领导应该给予一定的物质奖励和精神安抚，鼓励员工继续保持和发扬积极创新的思维理念，为企业今后的创新做准备。员工在这种鼓励创新性的文化中，升华了对企业归属的情感。

(4)领导示范影响归属感。企业家的领导风格各有不同，他们往往把自己的个性、气质、偏好等性格因素以及素质、修养等人格因素融入企业。由此可见,领导者对企业起着至关重要的作用,领导的示范性行为时时刻刻影响着员工。

从领导的两维理论上来看,可以将企业领导行为模式分为交换型领导行为和变革型领导行为,已经有大量的实证研究证明变革型领导优于交换型领导。在变革型领导行为的过程中,领导者关心每一个下属的日常生活和发展需要,帮助下属以新观念、新看法、新思路解决问题,利用个人的魅力激励、唤醒和鼓舞下属完成组织目标,同时变革员工的工作态度、信念和价值观。变革型领导者从领袖魅力、感召力、智力刺激以及个别化关怀四个方面满足员工高层次的需求,使员工产生了更大的归属感。

(5)规范的习俗、礼仪影响归属感。习俗和礼仪是企业的价值观的表现形式,塑造着企业的自我形象,员工在习俗礼仪文化的氛围中受到熏陶和感染,自觉地调整不符合习俗礼仪的行为,密切人际关系,激发工作的使命感和成就感,实现"人企合一"。企业习俗是企业员工自觉遵守的道德规范和准则,具有"软约束"作用,它是一种无形的精神力量,规范企业员工的一言一行。约定俗成的习俗让企业的员工无不感受到企业对员工的关心,大大地强化了员工与企业之间的"家庭"情感,员工的归属感不禁油然而生。

企业通过会议、庆典等仪式提高员工的凝聚力和向心力,从仪式中员工不仅受到价值观的潜移默化,而且可以满足他们聚集的心理要求,强化其群体安全感、价值感和自我存在感,使得员工对组织的依赖感、认同感大大增强,从而提升员工的归属感。因此,企业培育良好的习俗,精心设计、组织各种文化仪式活动,对于培养员工的归属感有极其重要的意义。

(6)良好的企业形象影响归属感。企业形象是企业价值观的外在表现。良好的企业形象是企业巨大的"无形财富",它不仅可以赢得公众的信任,引导消费者购买企业产品,而且能够对优秀人才产生巨大的吸引力,另外还有利于建设优秀的企业文化,形成良好的道德风尚,培养员工爱岗敬业、爱厂如家的精神,使员工产生强烈的自豪感、荣誉感和归属感,真正实现"我的心在企业,企业在我心中"。企业形象的塑造不仅仅是广告、报纸、公关等大众传播媒介的宣传,也不仅仅是优质产品的影响,更重要的是员工是企业形象的天然代言人,需要全体员工的共同参与。

因此,企业应该注重把员工的理想、信念、利益、价值、需求与企业的整体目标进行整合,产生共同的行为取向和价值观念,树立良好的企业形象,形成一个和谐、共享、信任的文化氛围,实现员工自身价值,增强员工对企业的认同感,进一步深化员工的归属感。

(7)和谐的人际关系影响归属感。创造一个内部和谐的人际关系,就是要形成一个宽松、祥和、健康、文明的人际环境。领导与员工之间互相尊重、和睦相处、坦诚相待,员工与员工之间感情融洽、心心相通、配合默契,企业上上下下建立起人际沟通的良性循环,同心同德、同舟共济地完成企业目标。要实现内部和谐的人际关系,首先,要统一在价值观上的认识。如果企业员工价值观认识基础一致,相互之间就能够彼此理解,彼此信任,消除彼此间产生的误会,形成良好的人际关系。其次,要在情感上协调好价值观。情感上的交流可以缩短员工间的距离,减少隔阂,建立融洽的关系,从而维持良好的人际关系。最后,要实现价值观在行动上的一致。通过企业规章制度的约束,企业形象、习俗、礼仪等价值观表现形式的调节,使员工不仅在思想上达成共识,更能在行动上达成一致,最大限度地发挥共同价值观的影响力，实现员工彼此间的认同、对领导的认同，从而实现对整个企业的认同，产生"企业员工亲如一家"的感受，真正实现员工归属的需求。

三、员工忠诚度

(一)员工忠诚度的概念

员工忠诚可分为主动忠诚和被动忠诚。前者是指员工主观上具有忠诚于企业的愿望，这种愿望往往是由于组织与员工目标的高度一致，组织帮助员工自我发展和自我实现等因素造成的。被动忠诚是指员工本身不愿意长期留在组织里，只是由于一些约束因素，如高工资、高福利、交通条件等，而不得不留在组织里，一旦这些条件消失，员工就可能不再对组织忠诚了。

所谓忠诚，意为尽心竭力，赤诚无私。员工忠诚度是员工对企业的忠诚程度，它是一个量化的概念。忠诚度是员工行为忠诚与态度忠诚的有机统一。行为忠诚是态度忠诚的基础和前提，态度忠诚是行为忠诚的深化和延伸。

> **员工忠诚度**
> (employee loyalty)
> 指员工对于企业所表现出来的行为指向和心理归属，即员工对所服务的企业尽心竭力的奉献程度。

企业领导者对于员工充满期待，既希望雇佣到忠诚的新员工，也希望老员工对企业忠心付出，不同的员工在敬业爱业方面也有不同的行为表现等级，大致可分为三个层面。第一层：乐于宣传(say)。员工经常会对同事、可能加入企业的人、客户与潜在客户，说企业的好话。第二层：乐意留下(stay)。员工有留在组织内的强烈欲望。第三层：全力付出(strive)。员工不但全心全力地投入工作，并且愿意付出额外的努力促使企业成功。

(二)员工忠诚度的影响因素

(1)工资福利制度。薪酬和福利在员工的心目中是影响其忠诚度的一大重要因素。"金钱绝不是最重要的，但无疑是很重要的"，无论是企业忠诚度还是职业忠诚度都是建立在物质基础上的，良好的薪酬制度，保证了员工基本的物质需要，才会有良好的职业忠诚度、企业忠诚度。

(2)企业的发展潜力。据专家调查，企业发展潜力作为影响员工忠诚度的因素之一获得了最高认可率，回收的有效问卷中有76%认为企业的发展潜力是影响员工忠诚度的因素。马斯洛需要层次理论指出，人的低层次需要满足以后，就不再是一种激励力量。员工基本的物质生活需要满足以后，他们就会更加注重自己发展性需要的满足。故其对企业的发展尤为看重，并渴望自己能与企业共同发展，实现双赢。

(3)企业的人力资源管理制度。人力资源管理是每个企业必修的一门重要课程，如何安排员工在合适的岗位上工作，激励员工，培训和考察员工等，都会在一定程度上影响员工忠诚度。目前，很多企业仍然没有把对人力资源管理的制度建设提上议事日程，忽略了这项制度的重要性。即使是认识到重要性，但制度上的不科学造成企业不公平、流于形式的现象时常发生。而这种不良现象影响到员工的工作表现，甚至导致员工消极怠工、抱怨增多、小道消息弥漫，人心涣散。

(4)培训机会和晋升空间。毋庸置疑，绝大多数员工都渴望在现有的基础上得到更好的发展，提升自己的工作水平和技能，更好地实现自己的价值。如果培训机会少并且晋升空间小，容易使人失去工作的激情。若企业能提供有效培训和设计良好的晋升通道，会让员工始终感觉到自己在企业有发展空间，从而愿意长期留在企业并积极为企业发展做贡献，从而有效提高忠诚度。

(5)领导的个人魅力。企业领导者的个人魅力和对企业具有忠诚度将会在很大程度上影响着员工的忠诚度。调查发现，100%的员工愿意在这种魅力型领导的指挥下、带领下积极而努力地工作。

(三)员工忠诚度的作用

(1)决定了员工的工作绩效。员工是企业的基本成分，他们的热情代表企业的士气，他们的工作自觉性于潜移默化中体现企业的实力。员工忠诚将大大激发员工的主观能动性和创造力，使员工潜在能力得到充分发挥。忠诚是效率，可提高员工的忠诚度与客户满意度。企业每名员工的忠诚度提高了，企业竞争实力也就得到了提升。

(2)维系了员工与组织之间的稳定关系。在现代经济发展中，员工会根据自身的判断不断寻找适合自己发展的空间，人才流动成为一个普遍现象。企业作为经济组织始终处于动态发展中，员工与企业之间的文字契约并不能保证员工与企业之间的稳定关系。要想维持这种长期稳定关系，就需要构建依赖和真诚的雇佣关系，培育并提高员工的忠诚度。

(3)增强企业的核心竞争力。在所有的资源中，人力资源是最具活力的资源，科学地使用人力资源能帮助组织赢得竞争优势。企业员工的创造性思维和劳动是企业发展的根本驱动力。组织的创新能力最终体现为员工的创新能力，但是这种能力的发挥还取决于员工的忠诚度。

(4)减少组织的人员置换成本。当员工的忠诚度降低时，就会对所服务的企业不满，甚至选择离开，从而引起员工流失。而企业为了填补员工离职的空白，又将重新招募、培训新的员工，这期间还要冒着可能的生产率降低、新进员工无法胜任工作的风险，这样就会形成置换成本和交替成本。

四、组织承诺

> **组织承诺**
> (organization commitment)
> 指一个人认定并且忠诚于自己所在的企业，受到激励而代表企业行事的程度。

美国的社会学家 Becker 于 1960 年最早提出了组织承诺的定义，认为组织承诺是员工随着对组织的单方投入的增加而不得不继续留在该组织的一种心理倾向。我国学者普遍倾向于将组织承诺分为几个子概念再分别界定，认为其包括感情承诺、机会承诺、理想承诺、经济承诺以及规范承诺五个子概念。第一，感情承诺是指员工对企业的一种依赖的心理；第二，机会承诺是职工没有更好的就业机会而选择留在原单位；第三，理想承诺关注的是职工人生目标的实现，着眼于员工的成长；第四，经济承诺主要指员工如果离职可能带来的经济利益的减少；第五，由于受长期社会影响形成的社会责任而留在组织内的承诺。

界定五个子概念后，可以认为组织承诺是个人对所属组织的目标和价值观的认同和信任，以及由此带来的积极情感体验，愿意留在企业中，表征员工的忠诚度的指标。组织承诺的提升，有助于降低员工流失率、缺勤率，有助于员工绩效和组织绩效的提升，更能有效地激发员工的主动性和创新能力。

在大多数情况下，人们普遍认为美国员工不像其他国家的员工那样效忠于组织。但有趣的是，很少有人系统地研究跨国家或是跨文化的组织承诺，但有一项研究调查了美国、日本和韩国不同类型企业中 1600 多名员工。研究人员要求这些国家的员工阅读并填写一份组织承诺问卷，例如，“我愿意更努力工作来帮助公司获得成功”，“我会拒绝其他报酬更高的工作机会而继续在这家公司干下去”。

最终研究表明，美国员工的组织承诺水平比日本员工和韩国员工都高出许多。日本和韩国两国员工的组织承诺水平没有差异。这一结果本身就很有意思，人们普遍认为来自亚洲文化的员工更效忠于他们的公司，而结果却与此观点相矛盾。使用更多控制变量的研究也得到了类似的结果。在“我愿意更努力地工作来帮助公司获得成功”以及“我很高兴能为这家公司效力”等问题上，美国员工的打分均高于日本员工。但是，这一点并非对所有与承诺有关的问题都是正确的。例如，在“我会拒绝其他报酬更高的工作机会而继续在这家公司干下去”这个问题上，美国员工（平均值＝2.71）和日本员工（平均值＝2.68）相差无几（根据五点量表得出分值，其中 1 ＝不同意，5＝同意）。事实上，在测量承诺的所有项目中，这一项目得到的赞同度是最低的。显然，美国人和日本人都喜欢接受高薪的工作。然而，美国人似乎比日本人更效忠于他们的组织。

这些研究结果与之前认为日本人会更效忠于企业的观点相结合，构成一个有趣的论题。早期的研究严格地区分组织承诺和工作承诺。组织承诺指的是一个人认定并且忠诚于自己所在的企业，受到激励而代表企业行事的程度；而工作承诺指的是在人的一生中工作的重要性——相对于生活中其他日常活动（如金钱、家庭、闲暇时间等）而言工作的重要程度或激励作用。从研究中可以看出，美国员工和日本与韩国员工一样效忠于自己的组织，甚至效忠程度更高，这与人们普遍的观点相反。但是在工作承诺方面，日本人则更尽职尽责。例如，日本人更倾向于认为工作上的事重于家事。这一结果本身也很有意思，因为人们还普遍认为日本比其他国家更重视家庭。

另一项研究调查了一家大型企业分布于五大洲 20 多个国家的 5000 多名员工的工作参与度。结果表明，很难根据文化（国家）来对工作承诺和工作参与度进行预测，而一个人的职位才是更重要的预测指标。事实上，20 个国家的不同职位的员工表现出来的工作承诺度极其相似。特别是当一个人得到晋升时，不管公司是在韩国、美国、南非还是以色列，他/她的工作承诺程度也随之上升。换句话说，就是有时情境变量或是个人变量——如职位——比文化或是国籍更能准确地预测工作承诺。在这种情况之下，在不同国家内从事同一职业的人拥有的共同之处比同一个国家从事不同职业的人的共同之处要多。

本章小结

本章强调了感知和态度的重要性，在跨文化背景下，身处不同文化环境的人在处理有关人和事件信息的方式上存在着系统性的差异。首先通过了解影响感知的主客观因素，我们感受了不同文化间对人和事件的感知差异，如面子感知、时间感知等。同时感知深受人们言语行为中对语境的依赖程度的影响，高语境文化提供了大量的背景信息以辅助观念的形成，而低语境文化则依赖口头和书面的信息。当我们进一步去理解和解释感知到的事物，归因理论的重要地位便凸显出来，归因的三维理论有助于我们进行正确的归因。当感知反复产生之时，态度便形成了，一方面，我们对自我的态度——自我观和自我描述存在跨文化差异，另一方面，我们对他人和群体的态度差异也在刻板印象与内群体意识的解释下更加明了。在本章节的最后，我们通过员工满意度、员工归属感、员工忠诚度过渡到组织承诺，探讨了员工与组织的内在联系，这是工作态度的重要组成部分。

重要名词

感知	单时制	多时制	语境	高语境文化
低语境文化	非言语行为	归因理论	自利偏差	低调行为
态度	独立性自我	依赖性自我	自我描述	刻板印象
原产国刻板印象	内群体意识	镜像作用	员工满意度	员工归属感
员工忠诚度	组织承诺			

案例分析

福耀在美国——美国工人究竟怎么看待中国老板曹德旺

中国福耀玻璃工业集团股份有限公司是世界上最大的汽车玻璃制造单体工厂，自2014年1月以来，福耀投入了2亿美元对通用汽车的废弃工厂进行改造作为美国工厂所在地。福耀显然是当地的一家明星企业，几乎遇见的每一个当地人都有个朋友或者亲戚在福耀工作或者工作过。

在福耀工作的2年里，Jake和两位中国员工比较熟，他们是明和老王。明不太会讲英语，但他是一位技术主管，他同时教几位美国员工，主要靠打手势来交流。“天啊！这个人简直是个混蛋，不是吗?”Jake听到其他美国员工向他抱怨明的态度粗鲁。“但是我能理解，同样一项工作内容，要重复教好多次，美国人还是学不会，谁的态度都难免有些急躁。”Jake说。

不少离职员工在网上抱怨福耀的企业文化：“他们的政策简直每天一变，让人无所适从……嘴上说这是个大家庭，但实际上对待员工像垃圾。远离福耀。”

“公司好多内部政治，我只是去人力资源要求换班，就惹来好多麻烦……”“这是一个最差的工作的地方，很多中国员工一句英语也不会说，他们没理由就解雇员工。”

“福耀的企业文化很差，从中国来的技术人员非常没礼貌，我从来没见过这么霸道的人……”

“他们解雇美国管理层就是为了给中国管理层让位置，而中国管理层根本不给美国员工任何机会。如果你不是中国人在公司根本没有提升的可能，我希望这个糟糕的地方赶紧加入工会。”

但在Jake眼里，中国员工又聪明又勤快，学得快做得快，而有些美国员工却学得很慢，无法达到工作要求，并完成自己的工作。为此，公司设置了5个点的考核评分体系，主管会根据工作质量和效率来评分。但对于无法完成工作任务的美国员工，福耀的管理者也会睁一只眼闭一只眼，并不想因此引起劳资矛盾或者解雇员工。这让Jake觉得有些不舒服。拿一样的工资，有人在拖工，自己却总是按时完成工作。

几名中国员工印证了这个情况。几年前，当中国技术人员刚到厂里指导美国员工时，能感觉到对方不舒服的眼神。“你一个中国人，跑到人家国家对着人家指指点点，他们肯定不舒服”，从中国福耀总部福清工厂调来的技术人员张青说。但当美国工人看到中国员工居然在一个小时里干完了一天的活儿，也忍不住竖起大拇指来。

“太难教了。”张青说，有些美国员工乐意学，有些就不愿意学，教了几遍还是摇摇头说学不会。“这种情况下，会避免和他们直接冲突，只是客气地让主管领走，再给他们安排别的活儿。”张青说。

中外员工的工资体系也不一样。美国员工按小时领工资，而中国员工仍然拿着在中国每月几千人民币的工资，外加每天50美金的餐食补助，整体比美国员工薪资水平偏低。

但中国员工干活又多又快。张青每隔几个月会出差来美国工厂里待几个月，“通常外国工人搞不定的活儿，中国员工会在周末加班补回来”，他说，“我们就是来收拾烂摊子的。”

“工作节奏完全不一样。”另一位从天津调来的中国员工说，中国工人喜欢一鼓作气把活做完，而美国人工作节奏比较松散，聊个天啊，喝个下午茶啊，刷个Facebook啊，打个电话啊之类的。但公司一般也不会立刻开人，之前开除的员工是因为旷工太严重，根本不来上班。

问题

1.中美员工对待自我与他人的态度差异体现在哪些方面？

2.运用工作态度的相关知识分析此案例，员工满意度、员工归属感、员工忠诚度与组织承诺之间存在哪些联系？

3.请结合本章节中感知与态度的相关内容，提出你认为曹德旺老板在福耀的跨国管理中值得改进的地方。

第六章 跨文化的沟通

学习目标

1.正确认识并记忆沟通方式:言语沟通、非言语沟通方式。

2.认识到存在多种沟通方式,许多文化下都非常重视非言语沟通。

3.体会不同语境文化如何影响跨文化的沟通。

4.找出影响跨文化沟通的几种障碍,并提出相应的解决方案。

案例分析

当文化冲突来袭

西门子(中国)有限公司深圳分公司是一家外商独资企业分支机构,由于雇员队伍的构成复杂,有着来自外国的技术专业人员、高管等,也有着中方职员,因此企业内部频发跨文化沟通障碍。虽然公司早早关注到这个文化差异问题,并且对员工们进行了较为专业的跨文化交流培训,但是收效甚微。以下是两个西门子(中国)有限公司深圳分公司内部较为典型的跨文化沟通障碍的案例。

西门子深圳分公司内的一名德国籍人力资源副总裁和一位被公司管理层认为比较有发展潜力的中国职员进行交谈。这位德国籍副总裁很想知道这个职员对于自己在将来5年时间里的职业规划和职位的期望。当时,那位中国职员并未给出比较正面的答复,而是逐渐地将话题转移到企业在接下来的发展取向、晋升系统等内容,也谈到了其自身在整个组织当中所处的位置。当时这位副总裁感到很困惑,员工还未讲完他的答案副总裁已然有些不耐烦了。这样类似的事情已多次出现过了。在与员工谈话结束后,这位德籍副总裁迫不及待地向人力资源的总监抱怨道:"我仅仅是想知道这个职员对于自身在接下来五年的个人规划,想在公司中达到怎样的高度罢了,可是为何他就不可以比较明晰地回复我一下?"谈话后,中国员工也告诉自己所在部门的负责人:"我感到压力很大,我觉得这位德国老板总咄咄逼人,他问的问题实在不好回答。"

西门子深圳分公司任命了一位中国人作为公司中国区总裁，上一任是德国人。之前德国总裁主政，按照德国人的思维，公司的节奏与德国总部保持一致，十多年过去了，两地员工都适应了这种节奏，尤其是在深圳工作的中国员工，工作节奏要慢于深圳人的正常水平。员工请假也是员工的一项重要权利，德国总裁要求大家要提前提出休假计划这样便于应对人员缺失时给公司运转效率带来的一些不利因素。中国总裁主政后，按照中国的国情和现阶段思维，认为西门子深圳分公司还有很大提升空间，于是从总部获取了更多订单和研发任务，导致深圳公司的员工感觉到工作压力明显变大，员工们纷纷表示抱怨，中国员工还好，适应较快，德国员工就很难适应了。由于中国总裁主政后，提前请假的概念也变成有事才临时请假，有一部分员工对此感到困惑，尤其是德国员工，情绪较大。

引导问题

1.学完本章后，你将了解到跨文化沟通中的重要影响因素，也将了解到如何做好跨文化沟通。在上面的例子中，导致跨文化沟通障碍的因素是什么？

2.如何应对文化差异带来的沟通障碍？

3.通过本章的学习，中德双方职员在跨文化交流中是如何体现其文化差异的？利用上一章的知识内容并联系本章知识点进行分析。

第一节　跨文化沟通的一般过程

一、沟通的含义

沟通(communication)是指在各种管理活动和商务活动中，沟通主体(沟通者)基于一定的沟通背景，为达到一定的沟通目标，在分析沟通客体(沟通对象)的基础上，将特定的信息或思想、观点、态度传递给客体，以期获得预期反应效果的全过程。沟通会由于国别、民族、社会文化的差异而不同。

跨文化沟通，通常是指不同文化背景的人之间发生的沟通行为。因为地域不同、种族不同等因素导致文化差异，因此，跨文化沟通不仅发生在国家间，而且也发生在不同的文化群体之间。跨文化沟通发生的情况为信息的发出者是一种文化的成员，而接受者是另一种文化的成员。

跨文化沟通
(cross-cultural communication)
是指不同文化背景的人之间发生的沟通行为。

二、沟通的一般过程与机理

沟通在人际关系中无处不在，人们通过语言和动作来接收或者是发出诸如观点、意见、态度等信息的过程就是沟通。信息的交流互换是以人作为起点和终点的，在传递以及接收信息时也必然会受到人的因素的影响，不同文化环境、不同知识背景的人在对信息传达的方式和信息的接收角度会存在或多或少的差异，尤其是跨文化沟通，由于沟通的双方所处的文化环境可能大相径庭，对于信息的理解可能存在出入，因此如何使得不同文化环境下的人能够了解文化差异进而采取措施使得彼此能够准确、畅通地解释信息就显得十分必要。

沟通过程分为七个部分：包括发送者、信息、编码、媒介、解码、接收者、反馈。图6-1展示了沟通的一般过程及一般机制，沟通的要素如下。

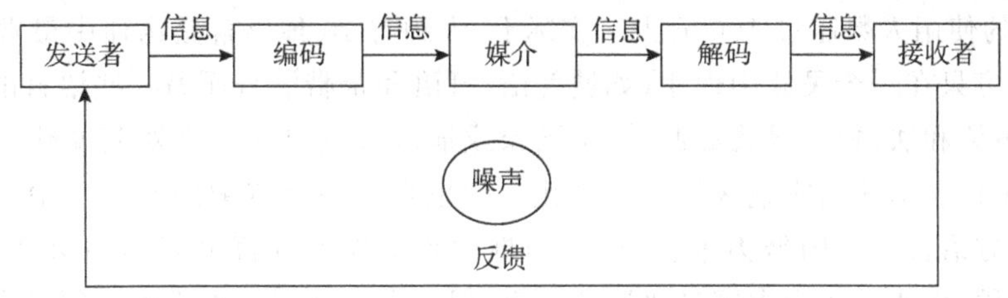

图6-1　沟通的一般过程

(1)发送者。即需要沟通的主动者。沟通和交流源于发送者的内在需要，这种与外界联系的愿望就构成了整个沟通过程的起点。发送者将信息内容表达为某种或某些特定的符号，也就是要发送的信息只有经过编码，才能发送。

(2)编码。编码的过程就是将发送者内心的观点思想编制成符号语言的过程。

(3)信息。信息是编码的结果，是沟通者内心想法的外在表现，信息的表现方式有很多，包括语言和非语言符号。

(4)媒介。媒介是将信息发送者和信息的接收者连接起来的手段，媒介的形式多种多样，包括面对面交流、电话、书信、邮件、手机和网络等现代通信手段。

(5)解码。解码是对信息的加工和翻译过程。

(6)接收者。信息的接收者是信息传达的对象，也是整个沟通过程的目标。接收者是否能正确理解发送者所传递的信息，关系重大，解码错误，信息就会被误解。接收者的专业素质、技术水平、工作经验、心理活动、社会文化背景以及价值观和理解力等都会导致解码过程中出现差异，会使信息接收者发生一定的误解，不利于有效沟通。而语言形式的沟通可能会存在更大的误解。

(7)反馈。发送者对沟通是否有效地做出判断并针对接收者的反馈给予适当的调整。

要实现有效的沟通，就必须拥有共同的编码系统和解码系统，懂得信息意义符号的构成，懂得编码规范和解码规范，才能在共同意义确认上达成共识，实现沟通。在跨文化沟通的过程中由于信息的发送者和信息的接收者来自不同的文化背景，其所形成的价值取向不会完全一致，在对于信息的理解方面就很容易发生误解。在含义编码以及含义解码的过程中，发送者与接收者很有可能使用的是两种完全不同的规则，也就是说接收者使用的解码系统与发送者使用的编码系统的重合度有限，因此信息理解方面会有所偏差。

第二节　言语沟通

沟通的方式可以按信息的传递形式和正式性程度划分，按信息的传递形式划分包括：语言沟通和非语言沟通；按正式性程度划分包括：正式沟通和非正式沟通。

一、口头沟通

(一)世界上的语言

现在世界上存在着超过2500种语言，还有几千种衍生语言或方言。但是，只有大约100种语言的使用人数超过100万人。实际上，大约有10种语言是沟通中最常用到的。

一些语言只在一个民族中使用(如波兰语、日语和希腊语)，而另一些语言的使用超越了国界(如英语和法语)。尽管如此，一个国家或地区最主要的语言对其文化有着深远的影响，它甚至代表了该国或地区特定的文化。这里列举一个有趣的案例。中国政府把普通话作为官方语言在全国努力推行，而中国据说是世界上方言最多的国家，因为有超过50%的人使用，普通话成为中国最普遍的语言，但上海及其周边省份的人很难讲标准的普通话。在那里，人们说的是各种各样的当地方言。

(二)使用第二、三语言

众多的语言给国际管理者带来了一些挑战。首先，为了有效沟通，你必须用你所在国家的语言进行沟通(不然你得相当信赖翻译人员)。

商务沟通中越来越多的人使用英语。例如，不管起点和终点在哪里，英语都是国际航班所使用的语言。不仅如此，仔细阅读法国的招聘广告，你会发现大多数管理和专业性职位都要求会“流利的英文”。英语是法国第二大公司——道达尔菲纳石油公司唯一的工作语言，而法国一向都极其注意保护自己的语言。

首先，许多电子商务活动都是由美国公司控制的。在这一过程中，因特网让世界各地的人们更多地接触到了英语。其次，美国的经济发展程度及其跨国企业的成功使有些人认为，讲英语才是“会做生意”的表现。此外，从语法上来说，英语相当简单易学，因而成为人们在国际商务沟通中的“共同语言”。

在欧盟国家，人们使用着各种不同的语言。但是，现在超过一半的欧盟国家人口声称能够相对熟练地使用英语。这种趋势似乎还在继续。如果把所有将英语作为第二语言使用的人和以英语为母语的人相加，你会发现世界上讲英语的人最多。英语是在欧洲、非洲、日本和中国使用最多的第二语言。

人们采用别的语言来沟通，通常是因为它能带来好处。在中国，会说英语意味着能找到更好、薪水更高的工作。

《哈佛商业评论》有一篇对跨文化沟通有趣的观察，管理专家Erin Meyer说，不同文化反馈意见的时候，说法用字都有很大差距，见表6-1。

表6-1　不同文化间说法用字差距

英国人说……	他的意思其实是……	荷兰人以为是……
With all due respect... 没有冒犯之意……	I think you are wrong. 我觉得你错了。	He is listening to me. 他听我的。
Perhaps you would think about ...I would suggest... 也许你可以考虑……我会建议……	This is an order. Do it or be prepared to justify yourself. 这是命令。照做，不然就等着辩解。	Think about this idea and do it if you like. 考虑一下，觉得可行的话可以这样做。

续表

英国人说……	他的意思其实是……	荷兰人以为是……
Oh, by the way... 附带一提……	The following criticism of the purpose of the discussion is... 整段讨论的目的是接下来的批评……	This is not very important. 要讲不重要的事了。
I was a bit disappointed that... 我有点失望……	I am very upset and angry that... 我非常生气……	It doesn't really matter. 不严重。
Very interesting. 真有意思。	I don't like it. 我不喜欢。	They are impressed. 他们很喜欢。
Could you consider some other options? 你可以考虑看看其他选择吗?	Your idea is not a good one. 你的想法不好。	They have not decided. 他们还没决定。
Please think about that some more. 请你再多想想。	It's a bad idea. Don't do it. 这主意很糟。不要这样做。	It's a good idea, keep doing it. 好主意。继续进行。
I'm sure it's my fault. 一定是我的错。	It's not my fault. 不是我的错。	It was their fault. 是他们的错。
That is an original point of view. 很有原创性的观点。	Your idea is stupid. 蠢想法。	They like my ideas! 他们喜欢我的想法!

资料来源:哈佛商业评论。

不同文化的人,给意见的方式也极为不同。德国人和荷兰人的表达方式接近,也比较容易误解英国人的意思。华人比较不会在其他人面前批评同事,美国人用正面信息包装负面意见,法国人的批评很激情,也很少正面反馈意见。要判断一个文化怎么给负面意见,从他们用字的类型开始。

Meyer 指出,直接型的文化用的字会让感受变强,像是绝对、完全、强烈地。你可能会听到"这完全不可接受""绝对不行"。比较不直接的文化用的字会淡化批评,比如有点、有些、一点、或许、稍微,他们也比较可能说"还有点距离",其实意思可能是"还差得远了"。

和来自世界不同地区的团队工作,因为听者的背景不同,你的意思可能被放大、缩小。面对的人如果来自比较不直接的文化,让信息更含蓄,给意见最后可以说"无论如何,这只是我的看法。""你要不要接受都可以。"如果你的老板是英国人,请忽略围绕着信息的那些温和字眼,以免因为抗命被训一顿。

因此,我们应该充分了解不同国家在口头沟通中存在的文化特性,做到有效的跨文化沟通。口头沟通主要可以分为间接方式与直接方式、详尽方式与简明方式、语境方式与个人方式以及感情方式与工具性方式。

(1)间接方式与直接方式

在高语境的环境中,信息含蓄而间接。一个原因是沟通方——家人、朋友、同事与客户等——趋向于具有紧密的个人关系和庞大的信息网络。因此,每个人都对沟通网络中的其他人了解甚多,他们不仅仅是依靠言语交流。语音语调、时机选择及面部表情都在信息传递中起作用。在低语境文化中，人们交流常常仅是为了完成目标。因为相互之间不是很了解，他们趋向于直接方式，且关注于沟通本身。

比较高语境与低语境这两种类型文化的很好的方法是找出人们接触或出席会议时所问问题的典型类型。在高语境文化中，人们通常会问："谁将出席会议？"个体想为如何相互交流做好准备。这与低语境文化中所问的问题形成对比，在低语境文化中，个体常问："会议是有关什么方面的？"个体想为如何参与议程做好准备。在高语境文化中，个体关心会议所发生的环境，而在低语境文化中，个体最关心的是会议要完成的议题。

(2)详尽方式与简明方式

沟通数量有三种不同的程度——详尽、严格与简明。在高语境环境中，详尽的方式很普通，会存在大量的交谈，描述中包含许多细节，个体也会重复其行为。详尽的方式在阿拉伯国家广泛使用。

严格的方式在下列国家更普遍，如英国、德国和瑞典。这种方式注重精确性及使用合适数量的言语来传递信息。如果一个人使用了太多的言语会被认为是浪费；而使用太少的言语会导致信息的模棱两可。

简明的方式在亚洲国家最普遍，那里人们趋向于说较少的话，并允许用轻描淡写的陈述、停顿与沉默来传递信息。特别是在不熟悉的环境中，沟通方尽量简明扼要以避免丢面子的风险。

研究者发现详尽的方式在对不确定性有着中度规避的高语境环境中更普遍；严格的方式在低度不确定性规避的低语境环境中更普遍；简明的方式在相当高的不确定规避的高情境环境中更普遍。

(3)语境方式与个人方式

语境方式是一种关注说话者及参与者的角色关系的方式。比如，在亚洲文化中，人们使用反映谈话参与者角色与层级关系的言语。因此，在组织环境中，说话者会使用反映他们相对于其他人的地位言语。

日本的白领、中层管理员工，通常被称为领薪阶层。他们通过理解另一方所处的语境及关联团体，很快学会如何与组织中的其他人相处。在日本，一个领薪者在没有绝对弄清楚双方所属的关联团体时，很少会对另一方讲话。因为未能使用合适的语言在社交上是很尴尬的事，对其他人使用正确的日语形式不仅仅依赖于两者之间的关系，还取决于他们所属的相关团体之间的关系。在日本，下属尊敬上级，但是当下属为一个更有声望的组织工作时(如政府机构)，这种关系很复杂。结果可能是双方都使用礼貌性的语言以避免社交尴尬。

个人方式关注讲话者及在彼此之间减少障碍。比如在美国，通常直呼其名，或在平等的基础上与对方非正式地直接对话。

研究人员发现，语境方式通常与高权力距离、集体主义及高语境文化相联系，例如日本、印度和加纳。相反，个人方式在低权力距离、个人主义及低语境的文化环境中更普遍，例如美国、澳大利亚和加拿大。

(4)感情方式与工具性方式

感情方式的特征是需要听者仔细注意信息发送者所说的话并观察他如何传递信息。

通常被传递的信息是非言语的，需要接收者用直觉去解读信息发送者所说的话，被遗漏的部分信息可能和所包含的信息一样重要。相反，工具性方式是目标导向的，以发送者为中心。个体很清晰地让对方知道他想要对方了解的东西。

感情方式存在于集体主义、高语境文化中，如中东地区、拉美和亚洲。工具方式在个人主义、低语境文化中更加普遍，如瑞士、丹麦和美国。

表 6-2 对所选国家使用的四种口头方式做了简要的描述。对该表的仔细分析可能有助于解释为什么日本的管理者会在与美国同行的交流上存在巨大困难。表 6-3 总结出口头沟通方式的主要特征。

表 6-2　十个国家使用的口头沟通方式

国家	间接 vs 直接	简明 vs 详尽	语境 vs 个人	感情 vs 工具性
澳大利亚	直接的	严格的	个人的	工具性的
加拿大	直接的	严格的	个人的	工具性的
丹麦	直接的	严格的	个人的	工具性的
埃及	间接的	详尽的	语境的	感情的
英国	直接的	严格的	个人的	工具性的
日本	间接的	简明的	语境的	感情的
韩国	间接的	简明的	语境的	感情的
沙特阿拉伯	间接的	详尽的	语境的	感情的
瑞典	直接的	严格的	个人的	工具性的
美国	直接的	严格的	个人的	工具性的

表 6-3　口头沟通方式的主要特征

口头方式	主要变化	含　义	文化特征
间接 vs 直接	间接的	含蓄的信息	集体主义、高语境
	直接的	明确的信息	个人主义、低语境
简明 vs 详尽	详尽的	大量的交谈	中度不确定性回避、高语境
	严格的	适度的交谈	低度不确定性回避、低语境
	简明的	少量的交谈	高度不确定性回避、高语境
语境 vs 个人	语境的	关注讲话者和角色关系	高权力距离、集体主义、高语境
	个人的	关注讲话者和个人关系	低权力距离、个人主义、低语境
感情 vs 工具性	感情的	语言是过程导向，以接收者为中心	集体主义、高语境
	工具性的	语言是目标导向，以发送者为中心	个人主义、低语境

二、书面沟通

书面沟通是通过书信或者电子邮件进行沟通。

商务人士每天处理大量的信息，把自己要传达的信息认真地拼凑起来，然后给对方发过去。所以邮件的正确沟通书写可以给他们的工作带来极大的便利。

有人估计,公司里电子邮件的使用者平均每天可以收到30～45封邮件。对国际管理者来说,收到电子邮件的数目就更多了。事实上,国际商务的发展正是得益于电子邮件的普遍使用。不论你相信与否,一些管理者花费在电子邮件上的时间平均占到其办公时间的一半。毕竟,电子邮件带来的便利是相当诱人的。俄亥俄州代顿市的一名经理能快速地写出一份备忘录,发送给在新德里的接收者,而不需要考虑世界的另一头是什么时间。

那么,如何撰写一封邮件,才能够将你的意思传递给对方,让对方明确你的供货要求,或者询问某些关键信息呢?如果是个美国人,可能会这样做:(1)用英语写信;(2)信件简明扼要,多采用个人口吻(即多使用人称代词);(3)避免使用花哨夸张的表达。

但如果换成一个法国人,信或许就没那么简短了(说不定有两页长),而且,开头和结尾的语气也要正式和礼貌得多。在美国人眼里,这类信件可能就显得“过时了”或“太过正式”。日本人写信时,往往喜欢暗示些什么。一部分原因在于,日语本身意思就不太明确;而另一部分原因在于,正如我们所观察到的,直言不讳常被当成一种盛气凌人或让人丢面子的表现。图6-2是封日本人写的邮件。请注意,日本人典型的开场白是对季节和气候的描述,以及形式上与之类似的评述。显而易见,除了中间部分是“真正的”信息之外,其余几句话(包括对季节的描述和自我贬抑的话语)无不表明了日本文化中的沟通准则。即使是坏消息,也要采取很间接的传达方式。

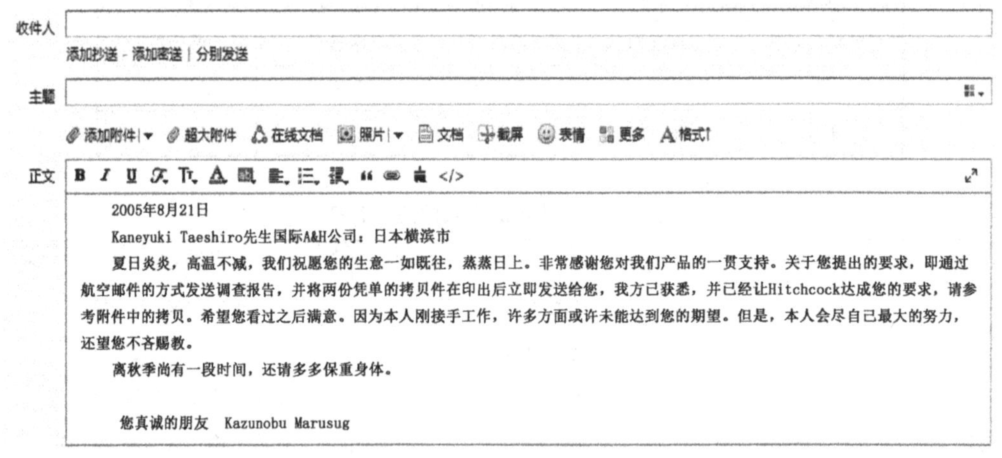

2005年8月21日

Kaneyuki Taeshiro先生国际A&H公司：日本横滨市

夏日炎炎，高温不减，我们祝愿您的生意一如既往，蒸蒸日上。非常感谢您对我们产品的一贯支持。关于您提出的要求，即通过航空邮件的方式发送调查报告，并将两份凭单的拷贝件在印出后立即发送给您，我方已获悉，并已经让Hitchcock达成您的要求，请参考附件中的拷贝。希望您看过之后满意。因为本人刚接手工作，许多方面或许未能达到您的期望。但是，本人会尽自己最大的努力，还望您不吝赐教。

离秋季尚有一段时间，还请多多保重身体。

您真诚的朋友　Kazunobu Marusug

图6-2　日本公司的邮件

而美国人在写给外国公司的信件中,倾向于采用非正式的、轻松的口吻,这与他们收到的国外信件中正式的第三人称口吻形成鲜明的对比。同样,美国人常避免“过分”谦虚和恭维他人,但在其他国家人眼里,谦虚和恭维可能是必不可少的。

通过前面的讨论我们发现,信息传递的方式比信息本身更具价值。

第三节　非言语沟通

除了口头和书面沟通带来的挑战，非言语沟通的重要性也不可忽视。非言语沟通是指人们用语言或文字以外的方式传递信息。通常，除了话语的内容以外，人们的说话方式也含有极大的信息价值。比如，你站立的方式和穿着既能塑造你的形象，也能破坏你的形象。此外，非言语行为还包括表情、身体姿势、目光接触（或不接触）、肢体动作、手势等。下面我们将讨论各个国家和文化中的非言语沟通有哪些不同。

> **非言语沟通**
> (nonverbal communication)
> 指同一文化中及不同文化之间，人们用以沟通的微妙的信息，包括面部表情、外观及肢体动作。

一、人际空间

一种重要的非言语行为即在社会交往中，我们习惯于同对方保持一定的距离，这个距离就是人际空间。与人交往时，我们会“选择”适当大小的人际空间。例如，女性之间的人际空间会比男性小，朋友之间比陌生人小。人际空间的差异以及对其他文化中某些规范的违反能够传递出特定的信息。

> **人际空间**(interpersonal space)
> 指同他人交往时，我们与他人之间保持的距离；文化不同，人际空间也不同。

(1)人际空间距离

美国人类学家爱德华·霍尔博士按照人们的个体空间需求划分了四种人际距离，即公共距离、社交距离、个人距离、亲密距离。

公共距离(public distance)，其近范围为约 370～760 厘米，远范围在 760 厘米之外，一般适用于演讲者与听众、彼此极为生硬的交谈及正式的场合。这是一个几乎能容纳一切人的“门户开放”的空间，人们完全可以对处于此空间的其他人“视而不见”，不予交往，因为相互之间未必发生一定联系。

社交距离(social distance)，其近范围约为 120～210 厘米，远范围为 210～370 厘米，就像隔一张办公桌那样。一般工作场合人们多采用这种距离交谈，在小型招待会上，与没有过多交往的人打招呼可采用此距离，是体现出一种社交性或礼节上的较正式关系。

个人距离(personal distance)，大概为 45～120 厘米，就像伸手碰到对方那样，虽然认识，但是没有特别的关系。这是在进行非正式的个人交谈时最经常保持的距离。和人谈话时，不可站得太近，一般保持在 50 厘米以外为宜。个人距离的近范围为 46～76 厘米，正好能相互亲切握手，友好交谈。这是与熟人交往的空间。陌生人进入这个距离会构成对别人的侵犯。个人距离的远范围是 76～122 厘米。任何朋友和熟人都可以自由地进入这个空间，不过，在通常情况下，较为融洽的熟人之间交往时保持的距离更靠近远范围的近距离(76 厘米)一端，而陌生人之间谈话则更靠近远范围的远距离(122 厘米)一端。

亲密距离(intimate distance)是人际交往中的最小间隔或几乎无间隔，即我们常说的“亲密无间”，其近范围在约 15 厘米之内，彼此间可能肌肤相触、耳鬓厮磨，以至相互能感受到对方的体温、气味和气息。其远范围是 15～44 厘米，身体上的接触可能表现为挽臂执手，或促膝谈心，仍体现出亲密友好的人际关系。一般是亲人、很熟的朋友、情侣和夫妻才会出现这种情况。在西方,当你在电梯或者公共交通工具里碰到拥挤的局面时,有一些不成文的规则是必须遵守的:你不能同任何人说话,即使是你认识的人;你的眼神必须始终避免同他人眼神的接触;面部不能有任何表情;人越拥挤,你的身体越不能随意动弹;在电梯里,你必须看着头上的楼层号码等。

在商务活动的沟通交流中,美国人很少采用亲密和个人距离,美国人在与其他商务人员交谈时总是保持一定的距离;英国人按照英国的习惯,在与他国商务人员交谈时也会保持适当的距离;而阿拉伯人按照自己的民族习惯认为站得近些表示友好,因此在商务活动沟通中与他国商务人员交谈的距离会比较近;来自中东和南美的商务人员在与他国商务人员谈话时也总是靠得很近。

(2)办公室布局

在美国,管理者的职务越高,办公室越大而且通常设有一个前台秘书来审查来往管理者办公室的人流,将管理者不想见的人拒之门外。而在日本,大部分管理者的办公室都不大,而且他们很少待在办公室,大部分时间他们都会走访深入基层员工之中。所以,日本企业内部上下级之间可任意沟通。如果有日本的管理者是经常待在办公室里的,他会被看成是对群体的不信任或者怀有敌意的标志。在欧洲,许多管理人员的办公室之间没有墙壁,大家都在一个大厅工作,而这样的工作环境对美国人来说是令人困窘的,美国人更喜欢有更多的私人空间,有自己的独立办公室。

【国际观察】

一个美国商人到某阿拉伯国家去和一位阿拉伯同行谈生意,商谈进展得很顺利,双方都感到满意。在会谈休息时,两个人站着闲聊。那位阿拉伯经理认为,既然双方已经彼此认识,两个人应该站得更近一些,以表现出双方关系的亲密度。因此,他向那位美国经理靠近了一些。那位美国经理对此感到惊讶,但他转念一想:这或许是阿拉伯经理无意间的举动。因此,他不动声色,只是稍微后退了一点以保持距离。那位阿拉伯经理对那位美国同行悄然后退同样感到吃惊,他认为那位美国同行并没有理解他的好意。于是他决定再向前移动一步,以表示他的诚意。然而他的移动使那位美国经理感到不安(甚至有点不高兴)。然而,由于这是他首次到这个阿拉伯国家做生意,他不希望因为区区这点小事而破坏了这次谈话的气氛,使双方尴尬。于是,他再次悄悄地向后退去。就这样,阿拉伯经理的向前移步和美国经理的后退行为重复了多次,直到那位美国经理的背碰到了墙——他再也无法后退了。两位经理对这一情形都感到非常沮丧,但他们谁也弄不明白为什么对方会对两人间的距离采取相反的行为。

二、身体接触

与空间概念密切相关的是身体接触,或触觉。通常,除了特别熟悉或特别亲密的人,美国人一般不太愿意与他人有过多的身体接触。然而,在其他一些文化里,身体上的接触被视为社会交往中自然且不可或缺的行为。

阿拉伯人常常喜欢与他人有身体上的接触、长久地注视对方等类似的非言语行为，而英国人则相反。当这两国的人相互交往时，阿拉伯人会觉得英国人太冷淡，拒人于千里之外，而英国人则会奇怪为什么阿拉伯人这么咄咄逼人，富有侵略性。实际上，这是一项研究的出发点，该研究的目的在于检验进行非言语沟通的训练是否能改变不同文化之间人们对彼此的印象。首先选出两组英国人。一组人接受培训，学习如何适应阿拉伯文化的非言语行为（如大量的身体接触）。然后，和控制组（即没有接受培训的一组）同时与阿拉伯人交往。随后，结果表明，阿拉伯人更喜欢接受过培训的那组英国人。该研究进一步表明，各文化之间的非言语沟通确实存在差异，并会对人际关系产生影响。此外，研究还表明，人们可以通过接受专门的非言语沟通培训来提高这种技能，这会在国际商务沟通中产生积极的影响。

> **触觉**(haptics)
>
> 指把身体接触当作一种沟通的方式。

三、声音质量

声音质量如说话的速度、音量的大小能够给人留下印象，使你表达明确的信息更加可信。

一直以来，大量的跨文化研究都以此为主题，有人曾做过试验，分别以快慢不同的速度来表述同一话语内容，以比较听话人对此话语内容的反应。受试者分别来自韩国和美国。他们观看了一部有关吸烟致命的演讲录像，录像带的内容没有变，并且用技术保留了录像带的原声，只改变播放的速度，或慢或快或正常语速。

> **声音质量**(vocal quality)
>
> 指声音的特点，如语速、音量，它们都能传递沟通信息。

看完录像后，研究人员要求韩国人和美国人对影片里的演讲人及其演讲进行评价。美国人认为较快的语速能够传递出权力和力量。然而，韩国人却认为缓慢的语速更能增加说话人的可信度。产生这种差异的原因之一，是韩国倾向于集体主义文化，人们更注意言词谨慎，以免冒犯他人。

四、手势、姿势、表情语言

手势指的是人在运用手臂时，所出现的具体动作。在长期的社会实践过程中，手势被赋予了种种特定的含义，具有丰富的表现力，加上手有指、腕、肘、肩等关节，活动幅度大，具有高度的灵活性，手势便成了人类表情达意的最有力的手段，在体态语言中占有最重要的地位。

1.“Okay”

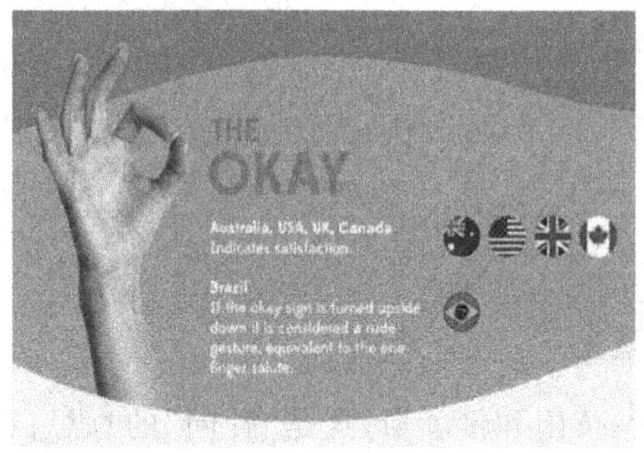

在大部分的国家如美国、加拿大、澳洲、英国等地区，该手势是表示“满意”的意思；然而，如果在巴西把这手势上下倒转来做的话，那可是个粗口手势，就像举中指般呢！

2.“号角”

在美国来说，这手势代表“Rock On(继续摇滚)”，在音乐会上经常看见；但在非洲、巴西、意大利、哥伦比亚、葡萄牙及西班牙的话，这却代表某人向男士告密：他的太太对他不忠了！

3. 所有手指贴在一起

在意大利，该手势代表“你想要什么？”或“这是什么？”而大多数做该手势时会配合挥一挥手腕的动作。

在非洲中部的刚果共和国，该手势则代表“某东西的一小部分”。

在土耳其，该手势代表“漂亮的东西”。

在埃及，该手势却代表你“只会在这里一分钟”！

4.竖起大拇指

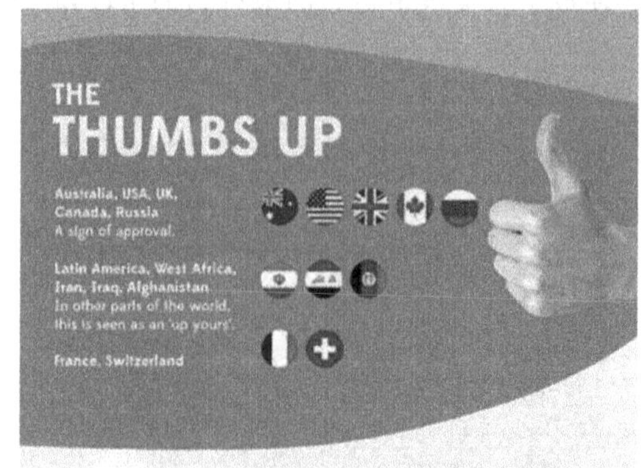

在澳洲、美国、加拿大、英国和俄罗斯，这是“赞同”的意思；在拉美、西非、伊朗、伊拉

克、阿富汗，却又变成了另一粗口手势。

5.食指与中指交叉

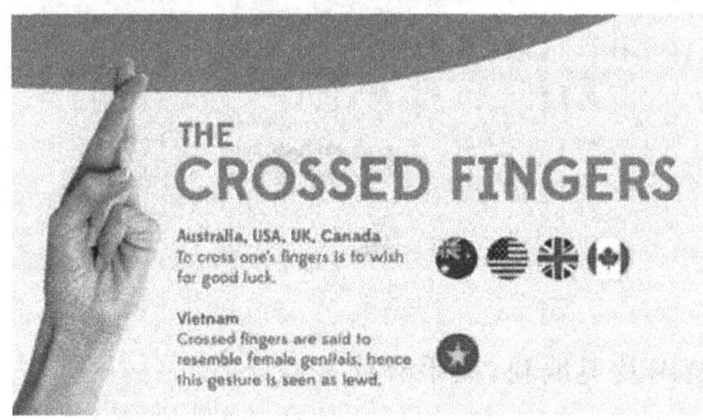

在澳洲、美国、加拿大和英国，这是祝愿对方“好运”的意思；但在越南，却是代表女性的生殖器，这手势更被视为猥亵，所以别随便做呢！

6.V 字手势

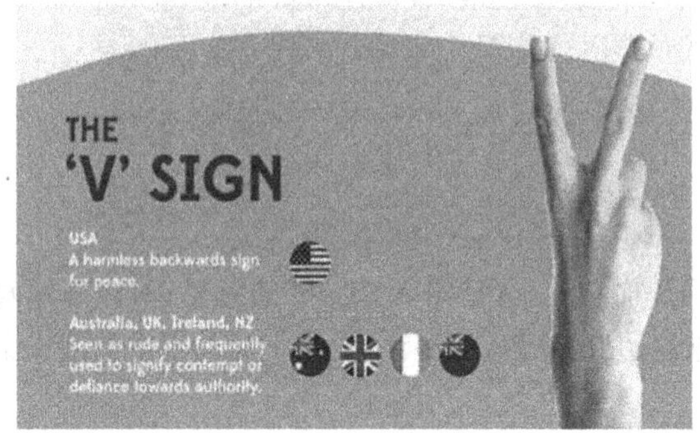

在美国，这是代表“和平”的意思；然而在澳洲、英国、爱尔兰及新西兰，这手势却绝不礼貌，而且更有蔑视权威之意！

7.“过来这边”

在澳洲、美国、英国及加拿大，一般是“过来这里”的意思；但谨记切勿乱在菲律宾做这手势，因为那是专做给小狗当指示的。

8.“剔”

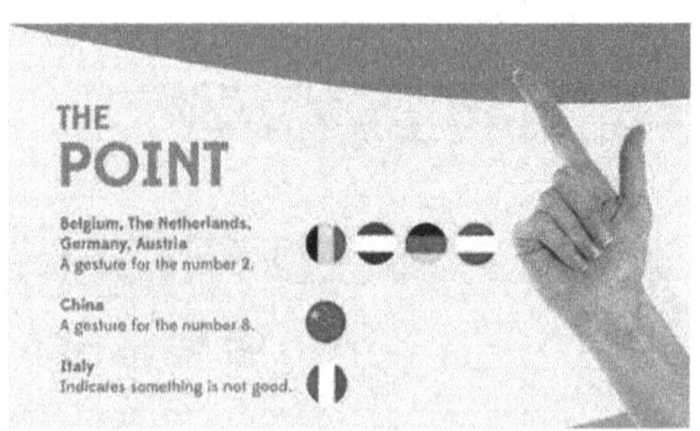

在比利时、荷兰、德国及奥地利,该手势代表数字“2”。

在中国,这代表数字“8”。而在意大利,这却代表“不好的事”。

9. 手掌向下摇动

在澳洲、美国、英国及加拿大,这是叫人“走开”的意思;而在菲律宾、越南、印度及加纳,这却相反,是叫人“过来这边”的意思,但要注意:向上摇动手掌的话又会被视为无礼呢。

10.轻扫下巴

在法国、比利时及突尼斯,这是在宣泄不满,或告诉其他人“我迷路了”。而在意大利,这只是代表“不”的意思。

11.拳头及手肘

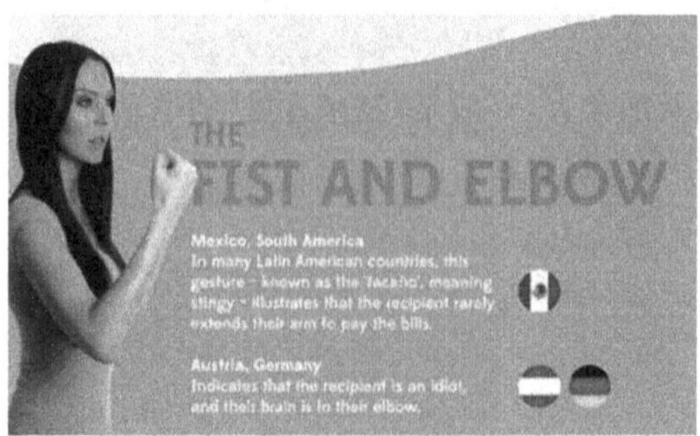

在墨西哥和南美，这有吝啬或不想付钱结账之意；在奥地利及德国，这却指对方是个“傻瓜”，更指他们的脑袋长在手肘。

12.拇指在拳头中间

在澳洲、英国及加拿大，这是成人跟小孩在开玩笑，扮偷走了他们的鼻子；但在土耳其，这则是个无礼兼攻击的表现。

13.把手向外伸

在希腊、非洲及巴勒斯坦，该手势是从古时捡起排泄物而引申出来的，带有侮辱及对抗之意。

14. 双手重叠

在美国，这手势是指一个人在社交或公众场合出丑。同时这亦是“鸭嘴兽”的手语。

五、体会高低语境文化

在低语境文化中，人们需要详尽地陈述事实或结论，以便沟通信息。而在高语境文化中，情况则相反。人们需要借助周围的环境、物体摆设或文化习俗来理解话语，进行沟通。总之，文化能帮助你理解那些看似含糊不清的信息。因此，“语境”从根本上说就是非言语沟通的一种表现。事实上，个人语境水平的高低能够反映其自身文化的沟通方式。

例如，你对书面或口头沟通的依赖程度取决于你对情境的使用程度。在低语境文化中（如德国和美国），人们更喜欢书面的沟通形式，因为文字更能详尽地记录信息且长久保存。而在高语境文化中（如日本），人们更喜欢口头的、面对面的沟通方式。比起书面的文字,口头沟通更具互动性、更灵活且更含蓄。因此,专家指出,国际商务的管理者们应当清楚,许多日本人并不喜欢以书信的方式进行沟通。

然而,不论是以哪种形式进行沟通,其风格都受文化中语境高低的影响。有研究发现,日本人的商务沟通风格含蓄且感性。与之相反的是,美国人和加拿大人则更直白、更理性,喜欢用事实说话。这就证明了我们之前所说的,高、低语境以非言语的形式为沟通提供了重要的背景信息。

还有一项研究发现,喜欢多说话的人往往更受美国人(低语境)的欢迎,而沉默寡言的人则更受韩国人(高语境)的欢迎。所以,当你身处高语境文化时,面对面的沟通会比书面沟通更合适。而在低语境文化中,最好不要"兜圈子"。详细、确切、有逻辑的陈述更能促进沟通的成功。

提高跨文化沟通技巧的4个基本建议:

1.假设每个人都是不同的。

2.不要轻易评价人和事物;注重客观事实的陈述而不是评价、解释。

3.设身处地为他人着想。

4.去深入了解各种文化,并不断调整自己的观点。

第四节　沟通中的情景应对

一、沟通中的尴尬和道歉

不同文化下的人应对冒犯时会有不同表现吗?这其中是否存在文化差异?答案是肯定的。在一项调查中,研究人员要求日本人和美国人描述一下最近遇到的尴尬事。日本人倾向于讲述和熟人(如跟家人、配偶)之间发生的尴尬事,而美国人提到的更多是外群体(如泛泛之交、朋友的朋友)。

研究者还调查了在跨文化沟通中人们是如何道歉的。在一项研究中,研究人员要求日本人和美国人描述一件最近向别人道歉的事例。日本人喜欢进行直接且沉痛的道歉,但对自己的行为并不进行解释。有趣的是,美国人虽然不如日本人直接,但通常还是会选择直接道歉。然而,美国人的道歉不如日本人沉痛,而且他们会为自己的行为找出很多理由。日本人对自己的失误相当敏感,并尽最大可能进行弥补,而美国人倾向于用各种外界因素来为自己辩解,这也许反映了个人主义文化中高度的自我意识,使得人们不愿承认自己的错误或罪责。也许正是出于对集体和他人的考虑,日本人更乐意表达歉意。

实际上,专家们建议跨国公司应该帮助员工认识到,人们道歉和解释的方式都是由各自的文化价值观决定的。管理者如果无法及时调整沟通策略,在跨文化沟通中就很有可能引起矛盾和产生误解。

二、沟通中的赞美

当然,有时我们在沟通时并不是直奔主题,而是先缓和一下沟通气氛。比如,一项研究表明,美国人之间的相互称赞比日本人多得多。美国人之间也更常评论彼此的个性特点和外表。为什么会有这些差异?美国文化中的个人主义价值观虽然使美国人不愿意承认错误和道歉,却让他们非常乐意听到令人愉快或与众不同的赞美。

不同文化背景下,人们赞美别人的频率、赞美的内容和人们回应赞美的方式都有很大的区别。

三、沟通中的批评

赞美的反面就是批评了。而且,批评也存在着显著的跨文化差异。一项研究表明,美国人和日本人批评他人的方式极不相同。日本人倾向于“被动式”,美国人更倾向于直接指责式的批评方式,有时还会激愤不已,同时还可能会提出一些有建设性的意见。在集体主义文化中,维持群体和谐的需要往往影响着人们传达批评意见的方式。在这种文化背景下,人们会避免当众指责他人使他人丢面子。

因此,正如我们在前面谈到的,有些文化觉得直截了当地说“不”是很难的。例如,中国人对一项明明不可能答应的要求还不愿直接说“不”。对此,许多外国人常感到很恼火。这种情况下,中国人的答复往往是:这个问题比较“复杂”,或是“负责人现在正忙”。与此类似,西班牙人总不愿坦率地承认自己的错误,一些人认为这样会给西班牙商人带来生意上的损失。以上这些现象在以群体为导向的国家中都是很常见的。

四、在沟通中观察他人

毕竟,在人与人的交往中,你若想不常冒犯他人,就必须具备“读懂”他人和人际信息的能力。换句话说,就是要保持足够的敏感性,知道何时可能会冒犯你身边的人(或者意识到你已经在冒犯别人了)。

第五节 善于倾听是沟通的关键

一、听见,满足自我表达及与他人沟通联系需要

如果一个人在说话时,没有人听,说话者便无法满足传递想法与表达情感的目的;也因此,在说话者的心中产生了一种被拒绝、被忽视的挫败感。表达及被认可是自我生命与他人生命互动、互惠的过程,自我的生命在这个过程中得到了回应,人际关系在这个过程中得到了平衡。专心致志倾听正在和你讲话的人,这是最为重要的。认真倾听对方的谈话,正是我们对他人的一种最高的恭维。

乔·吉拉德是一个世界闻名的推销员,他非常擅长和客户打交道,在每笔交易成交之后,他总能赢得客户的极力认可,而赢得认可的方式就是认真地倾听客户的故事,在和客户的交谈中与其拉近心理距离。

但是,早年的乔·吉拉德并不是一个擅长倾听的人,他曾经因为不擅长倾听而丢掉生意。乔·吉拉德向一位客户推销汽车,交易过程十分顺利。当客户正要掏钱付款时,另一位推销员跟乔·吉拉德谈起昨天的篮球赛,乔·吉拉德也是个篮球迷,于是他一边跟同伴津津有味地说笑,一边伸手去接车款,不料客户突然掉头走掉,连车也不买了。

后来,乔·吉拉德打电话询问客户突然改变主意的原因,才得知是因为忽视了客户,而让客户失去了对自己的信任。原来客户在付款时跟乔·吉拉德谈到了他的小儿子,他的小儿子是他家里的骄傲,并且刚刚考上密歇根大学。可是就在客户说这些的时候,乔·吉拉德根本没有听进去,他只顾着兴高采烈地跟同伴讨论篮球赛,一点儿都没有听见客户说什么。

这笔生意失败的根本原因,就是乔·吉拉德没有认真倾听客户谈论自己最得意的儿子。没有认真倾听顾客的言谈,就没有关注顾客的情感。倾听是一个对对方发出的信息接受、理解的主动过程。要真正做到的是“倾听”而不是仅仅在“听”，就要求人们作出一定的努力。

从目的上讲，沟通是共同磋商的意思，即队员们必须交换和适应相互的思维模式，直到每个人都能对所讨论的意见有一个共同的认识。说简单点，就是让他人懂得自己的本意，自己明白他人的意思。

我们认为，只有达成了共识才可以认为是有效的沟通。团队中，团队成员越多样化，就越会有差异，也就越需要队员进行有效的沟通。在团队沟通中，言谈是最直接、最重要和最常见的一种途径，言谈沟通是否有效很大程度上取决于倾听。作为团体，成员的倾听能力是保持团队有效沟通和旺盛生命力的必要条件；作为个体，要想在团队中获得成功，倾听是基本要求。

在对美国500家最大公司进行的一项调查表明，超过50%的公司为他们的员工提供听力培训。有研究表明：那些是很好的倾听者的学生比那些不是的学生更为成功。在工作中，倾听已被看作是获得初始职位、事业有成、工作出色的重要必备技能之一。

二、“被人倾听”这个权利往往不经意受到侵犯

倾诉的人，都是想被当成一回事，期待对方会有所反应，但是这种需求在我们的日常生活中经常遭遇到挫折。父母抱怨孩子不听话；孩子埋怨父母忙着责怪或说教，没时间听他们的故事；即使是平常可以彼此分享、互相信任的朋友，也因太忙了而没空“听彼此说话”。

我们需要“被人听到”的这个权利往往不经意地受到侵犯，而我们自己也未必记得，其他人或许也不明白，但这并不表示伤害较小。倾听是如此基本的事，我们视它为理所当然。然而，实际上大多数人并不如自己所想象的是一位很好的倾听者。

你回到家里，想告诉丈夫这趟公务考察的情形，他听着听着，一两分钟之后，好像要睡着了，你觉得受了伤，有被忽视的感觉。当你打电话告诉父母亲，你刚赢得的一项荣耀，他们好像不是真的感兴趣，你觉得好泄气，也觉得自己有点愚蠢，自己感到高兴就好了，为何要期待别人的赞美？就和没有被人听见的感觉是一样的，当你因某个特殊事件感到兴奋，而一个对你而言很特殊，你认为很在乎你的人却没有听进去，是一件很痛苦的事。

许多人在听我们说话时，是保持沉默的。有时他们会不用心听，看看周遭，往前或往后改换坐姿；有时虽然他们并没有表现出不专心，但是我们仍然可以感受到他们没有在听，觉得他们并不在乎。

在倾听的过程中，如果人们不能集中自己的注意力，真实地接受信息，主动地进行理解，就会产生倾听障碍。在人际沟通中，就会造成信息失真。

三、倾听滋养自我价值

倾听有两个目的：一是吸收信息；二是作为某人经验的见证。倾听者暂时淡出他自己的参考架构，进入别人的经验世界，那个人不仅听进了别人所说的话，还予以肯定，这种肯定对维护自尊是很重要的。如果感觉没有被对方听到，我们就会把自己关在自己心中的孤城里。

“被倾听”会协助我们在有安全感的情况下成长，但是事实却与一些人所想的相反，我们永远不可能变得完完整整，像一座已完成的雕塑或纪念碑一样。如同其他生物，人类需要养分来变得坚强，也需要用养分来维持体力及活力，倾听滋养了我们的自我价值。

我们越觉得不安全，就越需要别人的保证。但是对所有人来说，不管我们感到多么安全，都需要别人的注意力来维护我们的自我。

我们在吸取他人有益的思想时，必须做的事就是学会倾听，听别人说什么，从他人的语言中提炼有价值的信息，便于自己思考时使用。

本章小结

在本章中，我们探讨了跨文化沟通这个重要的话题。口头沟通是最重要的沟通方式。英语几乎在全世界通用。但是，就像我们在本章中提到的一样，以英语为母语的人在跨越国界和文化时，仍然会遇到很多沟通上的障碍。造成这些问题的部分原因，是当地文化价值观和文化体验会筛选沟通信息，而且沟通是通过口头、书面以及非言语的方式进行的。

沟通是指在各种管理活动和商务活动中，沟通主体（沟通者）基于一定的沟通背景，为达到一定的沟通目标，在分析沟通客体（沟通对象）的基础上，将特定的信息或思想、观点、态度传递给客体，以期获得预期反应效果的全过程。跨文化沟通通常是指不同文化背景的人之间发生的沟通行为。

沟通过程分为七个部分：发送者、信息、编码、媒介、解码、接收者、反馈。

沟通的方式可以按信息的传递形式和正式性程度划分，按信息的传递形式划分包括语言沟通和非语言沟通；按正式性程度划分包括正式沟通和非正式沟通。

语言沟通是指以语词符号为载体实现的沟通，主要包括口头沟通和书面沟通。口头沟通是指借助语言进行的信息传递与交流。书面沟通是指借助文字进行的信息传递与交流。口头沟通主要可以分为间接方式与直接方式、详尽方式与简明方式、语境方式与个人方式以及感情方式与工具性方式。文化的差异不仅表现为沟通方式上的不同，还表现在如何应对尴尬、道歉、赞美和批评上。

国际管理者应当明白，文化间的差异会以复杂的方式反映在沟通之中。例如，文化差异不仅表现为沟通方式上的不同，还表现在如何应对尴尬、道歉、赞美和批评上。文化间的差异在书面沟通中尤为明显。

非言语沟通指的是人们用语言或文字以外的方式传递信息。我们讨论了不同文化中人际空间、身体接触或触觉（haptics）、声音质量和情境依赖的不同，以及这些非言语形式如何影响国际商务沟通。

重要名词

口头沟通	书面沟通	非言语沟通	人际空间	触觉
声音质量	高语境文化	低语境文化	沟通模式	倾听
公众距离	社交距离	个人距离	亲密距离	

拓展阅读

玫琳凯女士讲述倾听的艺术

历史的大潮孕育了许多获得成功的商业领袖，可没有任何一位商业领袖像玫琳凯公司的创始人玫琳凯·艾施女士这样拥有如此独特的魅力。她所取得的成功在美国商界的历史上留下了令人难忘的一笔，同时也为世界各地的女性不断创造成功树立了一个很好的榜样，成为全球女性的楷模。

不要轻视倾听的能力

最成功的管理人员通常也是最佳的倾听者。我对一名管理人员记忆犹新，他在一家大公司担任业务经理，但他对该行业的特性一窍不通。当业务员需要他的指导时，他无法告诉他们什么——因为他什么都不懂！但尽管如此，这个人却了解如何倾听，所以不论别人问他什么，他总是回答，“你认为你该怎么做？”于是业务员会提出方法，他点头同意，最后业务员总是满意地离去，心里还想着这位经理真是了不起。

他教给我这项无价的倾听技巧，我立刻加以应用。最近，一位美容顾问来和我讨论她的婚姻问题。她问我她是否该和她先生离婚。由于我不认识她先生，甚至连她都不大认识，根本无法给她忠告，所以我只有倾听、点头，并问她：“你认为你该怎么做？”我问了几次，每次她总是告诉我她的想法。第二天，我收到一束漂亮的玫瑰花，上面附了张卡片感谢我的绝佳建议。一年后，她写信告诉我，她的婚姻美满极了再一次谢谢我的建议。

我听过许多根本不需要我提供解答的问题。我通常只是借着倾听，让那些受到委屈的人有机会申诉，就解决了一大半问题。只要听得够久，对方总会找出适当的答案。

几年前，我的一位朋友廉价买下了一家小型工厂。前任老板说：“我很高兴能把它脱手，因为员工的态度愈来愈强硬，一点也不感激我多年来对他们的照顾。他们准备投票拥护工会，我实在不愿意和工会打交道。”

我朋友成了老板之后，召集所有员工开了一次坦诚的会议。“我希望你们在这里工作是快快乐乐的，”他告诉他们说，“告诉我怎样才能办到？”结果发现，他只要提供几项小小的福利，如现代化浴室设备，在更衣室中装上一面镜子，以及在娱乐室中放上自动售货机等，结果，迄今工会始终没有介入。员工都很满意。他们真正需要的只是一位倾听他们意见的人。

倾听是一种技巧，这种技巧的第一信条，就是给予对方全然的注意。如果我是处在拥挤的房间内和人说话，我也会尽量摒除其他事务的干扰，让对方觉得我们是唯一的在场者。

我会直视对方，此时如果有只猩猩进来，我或许都不会注意到。我记得有次我是如何被触怒的。那时我正和我们的一位业务经理共进午餐，每次有漂亮的女侍者走过，他的眼睛总紧盯着她看。我觉得受到侮辱，并不由自主地想到：“那位女侍者的腿显然比我对他说的话重要，他根本没听到我说的话，他根本不关心我！”所以你必须注意对方，这样才能听到对方告诉你的话。假如不全神贯注，我们就会心不在焉。

人们也会因个人的小偏见而分心。例如,有人可能习惯说脏话,或做出一些你不喜欢的举动,或许你容易被某种腔调激怒。我就知道南方人受不了纽约腔,而纽约人对南方人的拉长语调,同样也不能忍受,于是他们就因为这些小偏见分心,忽略了别人思考的价值。

我想每个人都看过爱开玩笑的人聚在一起,互相交换笑话的情形。一个人刚说完,另一位马上接下去,谁也不听谁的,因为他们各自忙着准备下一个笑话。所以,有时我们无法倾听,是因为我们正迫不及待地想要说话。

通常,人们对谈话中的停顿感到不安,他们会有被迫开口说话的感觉。或许他们继续保持沉默,对方就会加以解释或提供一些额外的消息。有时,双方静默片刻是很好的,可以有时间思考。在交谈中沉默片刻也许是受欢迎的解脱。事实上,没有休歇的交谈可能是一个相当严重的错误。

许多管理人员在和员工建立关系时,犯了大错——把关系变成老师和学生一般。管理人员对部属扮演权威者的角色,会使得双方产生敌对的关系,使得有效的沟通中断,最后变成谁也不听谁的。

有时,光倾听是不够的。有些人在你发现他们的想法时会恼羞成怒,所以给你一个忠告:要敏锐观察,否则你会侵犯到他人。隐私和关心只有一线之隔。

像前些日子,我们公司的一位主管,我叫他"比尔",工作效率开始有点下降。他一向都能快速地提出报告,但一连好几周,他总是上班迟到,在干部会议时,也很少发言,这一切和他原来的个性大相径庭。有一天,他在我办公室向我解释报告为何延误时,我决定和他进行一次推心置腹的谈话,我从办公桌后走出来,为他倒了一杯咖啡。

"要不要加糖和奶精?"我问。"纯咖啡就可以了。"他回答。

我将他的咖啡放在沙发前的茶几上,然后坐下来,他自动地坐在我旁边。"比尔,"我说,"你是我们公司的重要干部,你已经和我们一起工作了12年,我认为经过这么长的时间,我们已经成为好朋友了。"

"我也觉得如此,玫琳凯。"他温和地说。

"我在担心你,比尔。你一向对自己的工作都很在意,我们已逐渐依赖你的贡献,但最近你变得不像你自己……"

他没有回答,所以我停下来,喝一口咖啡。他看起来很紧张,我就问他还要不要再多来点咖啡。

"不,已经够了。"他回答。

"是家里出了什么事情吗?"我问。他脸变红了,几分钟后,他才点头。"我能帮忙吗?"

他开始告诉我他很烦恼,因为他发现他太太的背部有一个肿瘤。我明白必须让他从这种紧张的情绪中解脱出来,所以我们聊了一个多小时。在谈话结束时,他看起来好多了,后来他的工作有了长足的改进。尽管我并没有解决他个人的问题,但把话说出来对我们双方都有益处。

至于一位管理人员应和部属讨论多少个人的问题,我想只有身处其中的人才能够决定。我不相信天天一起工作的人,不会发展出一些个人的关系。当然你必须谨慎,要关心部属,但不要犹如审问一般。

如果你能问对方一些问题,而且观察很敏锐的话,可以表现出你对他的回答真正有兴趣。大夫问你一大堆问题，表示他关心你的健康。一位繁忙的医生，没问多少问题就下诊断，给你的印象是他一点都不关心你，他只是对赚你的钱有兴趣而已。

"告诉我，你什么时候开始感到腹疼？"一位关心人的大夫会问，"你那时做了些什么？在你注意到之前，你吃了什么？你以前有过这种状况吗？我碰你这儿会痛吗？这里呢？"他问这么多问题，不仅可用来作为诊断的依据，同时也表达了他对你的关心。

在玫琳凯化妆品公司中，每位员工都知道他或她随时可将困扰陈述给我知道。当我们还是一家小公司时，我和公司内所有的员工都能保持密切的工作关系。在早期，经常倾听别人的意见是一件简单的事。但现在，我们公司已发展成拥有20万名美容顾问、1500名员工的大公司，要我以同样的方式去倾听员工的意见，实际上已经不可能了。但尽管如此，每个人还是和从前一样重要，必须有人倾听他们的想法。我们的解决方法就是，通过不断地训练，使我们的管理人员铭记：倾听是最优先的事。

鼓励反馈

鼓励你的部属给予反馈是很重要的，但要注意三项原则：

1.聆听他们的意见。

2.对所有寄来的信札致谢。

3.对所有正确的建议给予适当的赞美。

借着倾听员工的意见，我们得以开发出顾客真正需要的产品。因此，我们的产品研发和其他没有此种回馈的化妆品不太一样。例如，我们假设一家化妆品公司决定制造一种新的眼线笔，当他们制造出来之后，就把它拿给行销人员说："试试看能不能卖掉。"于是他们开始打电视广告，在百货公司做昂贵的展示等。他们的做法是企图在商品出厂后，制造出一个需求市场。而我们则不是如此，我们是先知道顾客需要什么，再从事生产。我们的业务部门会告诉我们："顾客希望这种尺寸的小粉饼"，"顾客希望这种颜色"，"顾客希望具有如此用途的唇笔"，等等。

知道这些需求后，我们的研发部门再推出顾客所希望的产品。所以，当我们推出一种新的防水睫毛油时，它可以满足顾客的需要。

许多公司虽然有机会听取他们业务人员的意见，但是往往没有好好利用。有一次，一家十分成功的人寿保险公司的代理商告诉我，他的公司完全忽视地方代理商所提的意见。"我不会再费心提任何建议了，"他告诉我，"因为他们根本不重视我或其他代理商的意见。每次我提出一个有关交易的想法时，我们公司的行销人员就会说：你只需注意销售，公司的交易办法让我们来操心吧。我们有各种专家来设定策略，所以你不用浪费时间思考这个问题。你专心做自己的事，也让我们专心做我们的工作。"这家保险公司的短视不仅使它丧失了聆听好建议的机会，同时也打击了业务部门的士气。

我认为不能听取部属的意见，是管理人员重大的疏忽。幸运的是，一旦你了解倾听的重要性，要练习一点也不困难。你的部属会自动让你知道周围的事情——如果他们知道你会听的话。

案例分析

1.从玫琳凯的案例中你学会了哪些沟通的技巧？

2.试着用本章中的知识点分析本案例。

【国际管理技能开发】

研究一门外语

目的：

选择一门不熟悉的语言，对其中的一些元素进行调查。

说明：

1.选择一门完全不熟悉的语言。研究它的一些基本知识，准备几句话和问候语，说给你的同学听(以下会详细介绍步骤)。老师可以分配个人或者小组学习不同的语言以确保活动中语言的多样化以及同学们对所选语言的陌生度。或者登录 http://123 world.com/languages，这里有很多语言的简单介绍。

其中很多语言是学生(甚至教授)所不熟知的，像阿拉伯语、荷兰语、波斯语、北印度语、日语、俄语、斯瓦希里语、土耳其语。该网站介绍了很多类似的语言。

2.选择了一种语言后，你就应该开始收集资料，以了解语言本身的及讲该语言的人的一些基本特征，尤其应注意以下这些问题(老师可适当补充)：

• 该语言主要在哪些地域使用，有多少人正使用它？还有哪些地方也使用该语言(如果有的话)？

• 该语言的起源是什么，它与其他语言及语系有何联系？

• 该语言有何特别之处(如语法、句子构造、重音符等)？

• 用该语言对同学们说几句基本短语或者写入你的报告中。如果是口头报告，你应该念出这些短语或者使用电子资源，把这些短语的发音展示给同学(一些网站提供 wav 格式的文件可以在教室的电脑上播放，这样就能听到该语言的发音)。

• 以该语言为母语的人和英语使用者沟通时会遇到什么样的问题？也就是说，如果他们试图讲英文，将会遇到哪些问题(如音调、重音、语音差别很大等)？如果他们的话被翻译成英语，会出现什么样的问题？

• 对于沟通训练，你有什么好的建议？对讲该语言的人你有什么指导或建议？

3.一旦选择了一门语言并且考虑了以上问题，你就可以着手研究了。以下资源对这次研究大有裨益(也可参考前文提到的 123 world.com)

• The Linguist List

(http://linguistlist.org/sp/Dict. htrml)

该网站由东密歇根大学和密歇根州立韦恩大学共同开发，提供了数量惊人的双语及多种语言词典和翻译工具。在将近 200 种字典中，有一些还提供了完整短语翻译。

• The Linguist List Subpage

（http：//linguistlist.org/sp/LangAnalysis. html＃25）

该网站也是“语言学家列表”（Linguist List）的一部分，但它很容易淹没在该网站浩如烟海的信息之中。所以，我们在此也请你注意。以下是关于各种语系和语言网站的大量链接，其中一些对此次作业的背景研究大有帮助。

• I Love Languages

（http://www. ilovelanguages. com/index. php? category＝Languages％7CBy＋Language）

该网址资源丰富，提供了将近 50 种主要语言的日常用语、语法和其他大体语言特征。

• Yamada Language Guides

（http://babeL.uoregon.edu/yamada/guides.html）

该网址提供了大量关于语言及语言群组的信息。

第七章　谈判组织和冲突管理

学习目标

1.了解商务谈判中蕴藏的文化差异。

2.了解中西方商务谈判中的文化障碍。

3.掌握世界不同国家的谈判风格。

4.了解跨文化国际商务谈判的策略。

案例分析

随着经济全球化时代的到来，国际经济贸易往来与日俱增，谈判已成为国际商务活动的重要环节。国际商务谈判不仅是经济领域的交流与合作，也是文化之间的交流与沟通，而且文化因素的作用至关重要。我国加入世贸组织后，企业和单位所面临的国际商务谈判越来越多，跨文化交际中的文化冲突问题越来越受到人们的关注。在本案例中，中国旅行社与马来西亚旅行社在谈判中，就因为文化冲突而面临破裂。

中国桂林风情旅行社邀请马来西亚一家旅行社洽谈一笔国际旅游业务，经双方约定于某日上午十点在桂林榕湖饭店进行洽谈。风情旅行社派车接马来西亚旅行社代表来榕湖饭店进行洽谈，由于他们是第一次到桂林，对桂林的美景流连忘返，以致路上耽搁了时间晚到了一个小时。后在商讨价格时，因双方提出的交易条件与价格相差较大中方代表有点不悦，谈判中失去耐心来了情绪，说话声音过高，且在条件与价格方面不肯做出让步。而马方代表年纪较大，认为中方代表的言语举动对他们不礼貌、不尊重。在享用午宴过程中，中方代表为了增进双方感情拿出接待贵宾专用酒茅台并极力劝说马方代表饮用，又由于中方忽略了马来西亚旅行社代表是穆斯林，在午宴中点了青菜但忘记嘱咐厨师不要用猪油来炒，被马方认为没有诚意，生气地离开了，致使谈判陷入了僵局。

通过本章的学习，你将了解到文化对国际冲突和谈判的影响，也将了解到国际谈判的策略和战略对谈判的影响。在上面的例子中，导致这场谈判陷入僵局的原因是什么？中方的战略、策略又如何体现其文化价值观？

第一节 国际商务谈判与文化

> **国际商务谈判**
> (international business negotiation)
> 处于不同国家和地区的商务活动的当事人,为满足各自需要,通过信息交流与磋商争取达到意见一致的行为和过程。

国际商务谈判是指处于不同国家和地区的商务活动的当事人,为满足各自需要,通过信息交流与磋商争取达到意见一致的行为和过程。谈判主体属于两个或两个以上的国家或地区,谈判者代表了不同国家或地区的利益。同时,它还具有跨文化性。来自不同国家或地区的谈判者有着不同的文化背景,谈判各方的价值观、思维方式、行为方式、交往模式、语言以及风俗习惯等各不相同,这些文化因素对国际商务谈判的成功与否都将产生直接的影响。文化是"使一类人不同于另一类人的集体的头脑程序"。正是这种"心灵软件""集体程序"使得每个人都是自己文化氛围熏陶下的产物,使得人的行为举止受其文化制约,而文化又是通过人的行为予以体现。从另一个角度来说,这限制了人们对异国文化的理解。对文化差异缺乏敏感的人用自己的文化模式为依据来评价另一种文化中人们的行动、观点、风俗,往往会导致文化冲突。就国际商务谈判而言,如果参与双方来自不同文化的国家或地区,有着不同的价值观和思维方式,这场谈判将不会轻松。对文化差异缺乏了解、准备不足以及处理不当,都会增加商务谈判的难度,影响其顺利进行,甚至不欢而散。国际商务谈判是商务活动的重要组成部分,它是跨越国界的活动,是谈判双方就共同感兴趣的商业问题进行磋商以达成共识。来自不同文化背景的谈判者有着不同的交际方式、价值观和思维方式,这就意味着在国际商务谈判中了解各国不同文化,熟悉商业活动的文化差异是非常重要的。概括而言,中西方商务谈判中的主要文化障碍体现在以下几个方面:

(1)中西方人际交往观念不同

中国人谈判焦点不在于谈判主题,而在于建立长期合作的人际关系。因此,谈判初期双方谈论的内容涉及宽泛的议题及社交活动,直到彼此建立相互信任、增进相互了解之后才进入谈判主题。而对西方人而言,谈判焦点就在于实质性的内容,在于交易。以中国为代表的东方人,在人际交往中是非常看重感情和人情的。一方面,这源于中国人古老文化中和谐相处、友好往来、团结共事、合作互利的精神和观念。这种处世态度和人际关系有利于交往双方的进一步合作,对商人来说则有利于交易的成功。从这方面讲,这种观念和行为有其有益的一面。这也是为什么中国人求人办事总是礼数先行、中国商人与他人谈生意之前总是先宴请对方的原因。

在前几章,我们曾谈到过语境。在宴席上,人们常常谈论食品,交换一些十分正式的、表示敬意或友谊的词语。从低语境文化的视角出发,人们所谈论的事都不是与个人有关的,也不含有多少信息。人们只是在比其他场合更为精确地遵循一套礼仪规范。这包括彼此敬酒,同时使用一些与相互关系和当时场景相适宜的套话。交谈是愉悦而轻松的,来自高语境文化的赴宴者将此情景解释为:彼此之间的关系已经发展到可以开始谈生意或谈完生意的地步了。

合同属于低语境文化的文件类型。对于西方人说来,合同的含义全在于文字之中。

在签署合同之前，一位西方人肯定会审读小号字体印刷部分，这意味着他会十分仔细地关注合同细节以确保没有不利的条款隐藏在用以撰写合同的专用法律术语中。一旦表示赞同，合同就将牢牢约束签约双方，即使签约之后发生了双方都未曾预料的事也不可违约。例如，假如市场情况发生变化，其中一方因此而遭受损失，来自低语境文化的签约方也不会把它当成更改合同的理由。这种态度对于来自高语境文化的签约方却似乎是不公平的，后者总是习惯于将情景事态的因素纳入考虑之中。假如一个西方人从合同中获得了超过他事先预料的利益，他仅仅会认为他一直是好运相随。

假如签约双方有了争议，则低语境文化的交际者就会竭力通过参照合同条款来解决分歧。而高语境文化的交际者则会更有可能在精确的合同条款之外去考虑公关因素和情景因素。事实上，对于高语境文化的交际者说来，情景因素要比严密的合同条款更为重要。

从上面这段论述中，可以清楚地看出，法制观念很重的西方人与人情观念很重的中国人之间在处理彼此关系和相互纷争时的巨大差异。当然我们也应看到，中国近年来随着改革开放的不断深入，随着社会经济的持续发展，人们在保留人情观念中有益因素的同时，正在努力摒弃那种有害的极端人情观。

(2)中西方时间观念不同

西方人在历史上率先进入工业化时代，科技和经济都较为发达，至今生产力水平已有了迅猛的提高，每一分钟都意味着新的产品问世、新的价值产生，由此而形成的快速的工作和生活节奏使他们深切感到"时间就是金钱"，而无休无止、尽最大可能地追逐利润是他们的奋斗目标，为此他们必须要节约和利用分分秒秒，去创造最大的价值，故而他们看重和珍惜时间，认真对时间进行规划安排，也十分守时。而东方人科技和经济的发展相对滞后，长期的以农业为主的小农经济的生产方式导致其生产和生活节奏缓慢，尤其因他们相对更重视形式、礼仪，不惜在繁文缛节上花费时间，因此他们远不如西方人那么珍惜时间，守时观念相当差。约会时间、计划安排等常常随意变动。当具有不同文化背景的人们走到一起来的时候，有关时间的观念和实践的运用也颇具有重要性。大多数来自西方文化的人是依据线性空间看待时间的。他们是受时间约束的，他们的时间表和工作日程支配着他们的生活。德国人和瑞士人的时间意识都非常强。对他们来说，火车、飞机以及一日三餐都必须始终准时。但有很多文化并非如此。在他们看来，是活动而非钟表决定人们的行动。

(3)中西方社会结构不同

西方人特别尊崇个人主义，这源自西方资本主义制度下生产资料以及财产的私有制观念。美国学者萨莫瓦说："来自非洲某些国家或地区、古巴以及中国的人多半会认为，企业以及生产手段应当归国家或人民集体所有。而一些出生在美国或加拿大的人从小到大都会认为，生产手段应该归于拥有唯一业主身份的个人所有，要么归拥有共同业主身份的几个人所有，要么归合股经营公司的许多人共同所有。"在资本主义社会里，赚得尽可能多的资产和钱财成为绝大多数人的奋斗目标，从而逐步形成以个人为中心的"个人主义"理念以及行为方式。在西方人的心目中，个人主义指的是这样一种信条，即个人的利益应该是至高无上的，一切价值观、权利和职责都起源于个人。它强调个人的能动性、独立性、个人意愿的表达以及个人的隐私性。在西方国家，尤其是美国，个人意识是十分强烈的；个人的权利、财产、隐私、事业、目标等被摆在他人、集体乃至国家之上，绝对不可侵犯；而集体或团队的意识则相对淡薄。

集体主义则看重集体利益、重视集体力量、强调集体作用、主张依靠集体、注重协作配合、提倡团结奋斗的观念。一般而言，贫穷落后的国家（尤其是非资本主义的发展中国家）、民族或种族通常都崇尚集体主义精神，甚至在美国文化影响下的非洲裔美国人也尊崇集体主义。据估算，全世界 70%的人口生活在具有集体主义特征的文化中。这或许是由于他们都属于弱势群体，长期以来在经济、科技等领域的发展滞后不仅造成国家的经济基础薄弱，而且导致个人的能力与机遇的极大缩水，使得个人无论是与自然作斗争，还是谋求个人在社会中的生存和发展，都更弱于发达国家。

在中国，数千年来中国思想文化特别是儒教、道教以及佛教历来强调“以和为贵”、尊崇“天人合一”、注重人情亲情和团结友爱的传统，是导致中国人看重和依赖家庭、团体和社会力量的重要原因之一。不同的文化、民族、国家拥有不同程度的个人主义或集体主义观念，这同样也表现为一个连续体，有些国家的个人主义意识更强烈一些，有些国家则集体主义思想更浓厚一些。

第二节　世界不同国家的谈判风格

一、美国式谈判

美式谈判反映了美国人的性格特点。他们性格爽朗，能直接地向对方表露真诚、热烈的情感，他们充满了自信，随时能与别人进行滔滔不绝的长谈。他们总是十分自信地进入谈判大厅，不断地发表意见。美国人的这些特点，很多都和他们取得的经济成就有密切的关系。他们有一种独立行动的传统，并把实际物质利益上的成功作为获胜的标志。他们总是兴致勃勃地开始谈判，并以这种态度谋求经济利益。在磋商阶段，他们精力充沛，能迅速把谈判引导至实质阶段。他们十分赞赏那些精于讨价还价，为取得经济利益而施展手法的人。他们自己就精于使用策略去谋得利益，同时也希望别人具有这种才能。美国人谈判中的特点，可归纳为以下三个方面：(1)热情奔放；(2)颇有讨价还价的能力；(3)对一系列交易感兴趣。这些特点，在某种意义上可以从美国历史上找到原因。在美国历史上，开拓者曾经冒极大的危险，扩大疆域，开辟并建立了新的生活方式。

二、北欧式谈判

在谈判中，北欧人比美国人显得平静得多。在谈判开始的寒暄阶段，常常沉默寡言，他们从不激动，讲话慢条斯理。所以在谈判初期阶段，容易被对方征服。他们在开场陈述时十分坦率，愿意向对方表明有关他们的立场的一切情况。他们很擅长提出建设性意见，并做十分积极的决定。芬兰人和挪威人都有这种特点，瑞典人也这样行事，但他们受美国人的影响很深，并具有瑞典人特有的官僚主义。丹麦人如果来自沿海地区，则按斯堪的纳维亚人的风格谈判，如果来自尼德兰半岛，则具有德国人的风格。斯堪的纳维亚人的这种特点，不难看出其文化渊源：他们严守基督教的道德规范，保持政治上的稳定，直到目前，他们还保存着农业经济和渔业经济。北欧人的长处在于他们在最终阶段很坦诚和直率，在谈判中他们能提出富有建设性的意见。他们不像美国人那样，在出价阶段谈得很出色，也不像美国人那样善于讨价还价。与北欧人谈判时，应该对他们坦诚相待，采取灵活和积极的态度。

三、德国式谈判

德国人与美国人的谈判方式完全不同。德国人的谈判特点是准备工作做得完美无缺。德国人喜欢明确表示他希望做成的交易，完全确定交易的形式，详细规定谈判中的议题，然后准备一份涉及所有议题的计划表。他们不太喜欢采取让步的方式。如果经验丰富的谈判人员运用这种方式的话，它的威力是很强大的，在商场上，一旦由德国人提出了报价，这个报价就显得不可更改，讨价还价的余地会大为缩小。与德国人打交道的方法，从程度上看，最好在德国人报价之前就进行试探，并做出自己的开场陈述，这样可以表明自己的立场。但所有这些行动，要做得快速。因为德国人已经做了充分的思想准备，他们会非常自然、迅速地把谈判引入最终阶段。

四、中国式谈判

中国人的谈判具有以下特点：(1)顾全面子；(2)具有专门知识；(3)对西方人不信任。“面子”问题十分重要。在谈判中，中国人希望对方把他看作掌握大权的或关键性人物。如果在开谈时态度强硬，要迫使对方作出让步时，千万注意不要使中国人在让步中丢面子。同样地，如果从原来的强硬立场上后退，也不必在中国人面前硬撑，这对谈判程序来说也是极为重要的，最后的成交协议，必须是被他的同事认为是保住了他的“颜面”，或为他增光的协议。中国人常把许多专家带到谈判中来：技术专家、金融专家、运输专家和其他专家。这样不可避免地会拖延谈判时间，因为每个专家都要在谈判中维护并争得自己的“面子”。这里有一个很实际的经验数据，十万美元的交易，两个人用一周的时间即可谈成，而同样一笔交易，由五个人组成的谈判小组来谈，则要花上一个月的时间。中国人对西方人充满不信任的情绪，他们尤其对西方人企图使谈判带有政治色彩极为反感。但中国人喜欢西方人对他的家庭发生兴趣。送个礼物给他的儿子，即使是一个小小的不太高级的礼物，意义仍是重大的，对他来讲是非常有价值的，甚至一个盛大的宴会仍比不上这个礼物。

五、日本式谈判

由于日本社会属于集体主义，任何事情均以团体行动为主，因此即使缺乏个人魅力，只需多和团体配合，也能攀上高位。换句话说，人们并不觉得有追求自我卓越的重要性，当然也就无意培养与此相关的技巧，难怪大家会一致公认日本人言语乏味了。当美国前总统福特访问日本时，随行的某位高级官员曾耸肩表示，在招待晚宴是他参加过最无聊的一次宴会，因为周围的日本人均始终保持闷声不响的态度，气氛僵硬得令人难受。一些著名的音乐家如林昭亮等亦曾提到，他们在世界各地表演的过程中，以日本的观众最沉默，连鼓掌都是安安静静，井然有序。日本人一向以团结著称，其集体行动既一致，又极具效率，可是一旦碰上一对一的个人摊牌，却变得束手无策、一筹莫展。追根究底，最大的毛病不是语言问题，而在于他们根本没有“交际”的观念。日本人惯于相当随便地做出口头承诺。例如，每当日本高级官员访问美国之际，对于美、日之间所存在问题，日本官员总是满口答应“一定更加努力”，或“尽力加以改善”。但是开出来的支票必须兑现，这是世界共通的常识，日后美国人理所当然会提出具体的要求，希望日本能够遵守承诺，口头承诺便等于契约。然而，这类要求往往令日本人感到愕然，因为他们从一开始就无意兑现那张“空头支票”。日本式谈判的最大特点是言行不一致，尽管口中答应，却并不认为它代表某种承诺。

六、阿拉伯式谈判

来自中东地区的谈判人员，具有沙漠民族的传统风格。他们喜欢结成紧密和稳定的部落。沙漠人的主要特点是：好客、没时间观念，在他们眼里名誉最为重要，来访者必须首先赢得他们的信任。由此可知，他们特别重视谈判的开端。往往会在交际阶段（即广义上的制造气氛和寒暄阶段）花费很多时间。经过长时间地、广泛地、友好地增进彼此的敬意，也许更容易出现双方共同接受的成交可能性。于是，似乎是在一般的社交场合，一笔生意竟然做成了。和中东地区的人做生意，首先要防止对方拖延时间和打断谈判。谈判大厅的门总是开着的，甚至当谈判进入最后的关键时刻，突然有第三者进来找他们讨论与谈判无关的问题时，他们也仍要按阿拉伯的传统热情招待。缺乏经验的欧洲人很可能为丧失成交的宝贵机会而感到懊恼，他应该适应这种情况，习惯漫长谈判的做法，同时也应学会在洽谈的时候把讨论重新引入正轨，创造新的成交机会。与中东地区的人谈判，必须把重点放在制造谈判气氛和试探阶段的工作上。传统阿拉伯式谈判的最大长处，是可以大大缩短讨价还价和交涉阶段，尽快达成协议。但是，由于石油革命，他们的传统文化习惯受到了挑战，因为日益增多的阿拉伯人到美国接受教育，他们已开始学习美国人的讨价还价的谈判方法了。

【国际观察】为什么日本人在谈判中经常长时间沉默？

当日方谈判代表在仔细推敲某一个问题时，总是一下子变得沉默不语。这一点常常叫一些外国人“丈二金刚摸不着头脑”。甚至有些日方谈判决策者在整个谈判过程中也是绝对的沉默寡言，他们即使在被反复追问的情况下也不立刻答复，令人非常恼火。滑稽的是，每当日方代表沉默时，西方人就容易掉进圈套，为了打破沉默，推动谈判向前进展，他们总是急急地对原来的要价进行修改，不断地让步，等他们醒悟过来时，已是后悔莫及。

美国国际电话电报公司与日本一家公司进行一项商业谈判，在一切都谈妥后，美国国际电报电话公司就在双方均已认可的合同上签了字。可是当这份合同送到日本那家公司谈判代表面前请他签字时，这位代表却坐在那里一动也不动地沉思默想。见此状，国际电话电报公司的经理以为日方不满意合同的条件，所以不肯签字，于是急忙同意再付给日方 25 万美元。其实，国际电话电报公司的经理只要再耐心等待几分钟，他就能为自己公司省下这一大笔钱。

另外一些时候，美国人会感到异常沮丧而以非常激进的手法做出回应，他们可能会告诉日本人：“如果你们不同意，我们就和另外一个供应商做生意。”这恐怕是美国人犯下的最大错误，这种直接的方式只会让日本人感到厌恶。其实美国人不知道，典型的日本谈判者并不喜欢一个问题接一个问题地解决，而是会在谈判差不多结束时才一股脑地作出让步。而且，不同于美国谈判者拥有即时决策权，日本谈判者很少有足够的权力做类似的决定，日本人的决策方式是在接盘后进行集体讨论，然后达成一致意见。因此日本谈判者会无法即时对对手开出的条件作出回应。就算美国人的说服能力很强，日本人仍可能沉默以对——此时美国人就会认为日本人在蓄意阻碍谈判的进行。

第三节　国际商务谈判的步骤

为了使国际商务谈判能跨越文化差异的障碍顺利进行，应遵循以下几个步骤并在各环节中考虑谈判策略的运用：

一、谈判前：充分准备，加强商务谈判跨文化意识的培养

第一，加强关于对方国家文化的学习。增强对异文化的认识，了解异同，克服干扰，求同存异，是顺利进行商务谈判的前提。在进行商务谈判前，首先要了解双方之间不同的民族文化价值观及思维方式，要正视其差异、尊重其文化，并将差异整体加以考虑，做到语言得当，方法得体。同时，还要了解对方实际决策者的背景信息及综合情况，因为实际决策者对谈判的走向及结果将起到决定性的作用。

第二，充分评估对方国家的经济环境、产品市场，认真学习当地法规。首先，要评估投资可行性。可通过浏览官方网站或博客等渠道，尽可能多地掌握有关资料，客观全面地评估对方的经济发展环境，确认可行性。比如对方的政治环境是否稳定？双方投资合作产业的经济规模如何？合作投资的产业在对方国是否具有优势？当地民众是否能接受此产品？市场、销路和发展前景如何？等等。其次，要深入了解对方国的各项法律制度及相关政策。可先深入了解对方政府对此项投资合作项目是否给予支持。政府有关部门对审批此类项目是否开设有绿色通道？从投资合作申请到完成各项审批大概需要多长时间？政府对于合作是否给予优惠政策，税率如何？为了确保投资项目在政策法律允许范围内顺利开展，可聘请有经验的经济律师或法律顾问提供法律服务，听取他们的意见，避免产生不必要的麻烦。

二、谈判中：善于运用语言及非语言艺术和感情策略，正确处理文化差异

要能够根据谈判局势发展变化的情况，及时灵活地调整谈判方式，善于运用语言艺术和非语言艺术，传递感情，增进了解，消除由于文化差异而导致的某些不畅，避免谈判陷入僵局。一旦发生此类情况，应认真分析产生问题的原因，并有针对性地拿出解决问题的方法，结合双方的文化差异，及时灵活地调整谈判策略，确保谈判的顺利进行。

首先，应注重语言艺术，采取温和委婉的交流方式进行谈判，态度鲜明而不失礼貌，以达到谈判的预期目的。比如，马来西亚人通常不说“不”这个词，认为这是一种冒犯侮辱的行为。在遇到要表达否定的含义时，可以采取“踌躇”“沉默”“更换谈话主题”等方式，或是作出含糊的模棱两可的回答，既表达了“不”的意思，又避免使用这个令人感到不礼貌的词语，避免了正面冲突，缓和矛盾，体现了语言的魅力。同时，在介绍情况或解答问题时，要用严谨、礼貌、诚信的语言表达自己真实的意思，忌大声或高傲的言语，让对方感到难堪。

所以在谈判中我们的思想、言行、举动要尽可能地融入对方的文化、语言、宗教的环境中去,要始终保持谦和的心态,注重礼貌礼节,热情周到款待客人,尊敬长者,给足面子。

其次,要善于运用非语言艺术来处理文化差异,使谈判顺利进行。理解不同文化背景下的非语言暗示,对谈判者而言,意义非同寻常,它可以避免因误解对方谈判者的非语言行为而产生的高昂代价。在谈判过程中,不仅要多加留意对方的面部表情及肢体语言,自身的非语言行为也要十分谨慎。比如,在交换名片时,避免用左手传递,在接到对方的名片后,应认真地先看一看然后再收起来。坐姿要端正,不要两腿交叉,更不要让你的鞋底冲着别人。赠送礼物时,不要当着送礼人的面打开,对伊斯兰教徒不要送酒类、猪肉等忌讳物品。

最后,应注重建立及发展良好的人际关系,增强感情策略的运用。谈判双方通过多维度的接触和沟通,增进了了解,增进了友谊,相互间诚信度大增,有力地推动了谈判顺利进行。如果谈判过程不顺利或陷入僵局,应认真分析僵局产生的原因,是由于双方文化不同而导致立场观点不一致,还是违背了对方的风俗习惯或宗教信仰,然后运用感情策略灵活及时地调整谈判方式,使谈判能够顺利进行下去。如开篇案例中,当谈判陷入僵局,中方应采取马上休会,调整谈判方式,邀请对方共进午餐或参加有益身心的活动,如打高尔夫球、观光游览等方式,来增进双方非正式的互动,逐步建立起私人感情,促使谈判取得理想的效果。

三、谈判后:注重合同的履行及良好关系的维持

谈判顺利完成后,要注意合同的履行及产品质量的保证,增加互信,为将来更多地合作打下牢固的基础。国际商务谈判是实现国际贸易的重要手段,如何运用恰当的商务谈判策略,促成谈判的顺利进行,并能依法签订合同,履行好双方达成和签署的协议以促成双赢,同时注意保持良好的合作伙伴关系,为进一步做强做大国际贸易打下基础,这既是一门艺术也是一门学问。

综上所述,进行商务谈判时,深入全面地了解双方国家之间在价值观念、宗教信仰、文化传统、民族习俗等方面的差异,提高跨文化意识,将有助于找到建设性的沟通渠道,发挥自己的优势和强项;同时采取灵活多变的策略来驾驭谈判过程,把握谈判的方向和进度,将有助于促成谈判的顺利进行并达成预期的结果,实现双赢;诚信认真履行双方所签署的协议,维持良好的合作伙伴关系,将为进一步拓宽国际贸易的空间创造条件及积累经验。

第四节　国际商务谈判的策略

本章的开篇案例讲述了不同文化背景下,因中方对马方禁忌的不了解而导致商务谈判的破裂。在商务谈判过程中,形势错综复杂,瞬息万变,要想在复杂的形势下保证谈判顺利进行并实现既定目标,就需要谈判者审时度势,制定并运用相应的谈判策略。商务谈判策略可以理解为根据谈判战略目标的要求和谈判情况的变化,灵活地贯彻实施谈判战略所采取的措施和计谋。

商务谈判策略

(business negotiation strategy)

根据谈判战略目标的要求和谈判情况的变化,灵活地贯彻实施谈判战略所采取的措施和计谋。

然而，这些谈判策略有时不可避免地会使人想到卑鄙的手段。各种文化在决定可接受的谈判策略的价值观和准则上是有差异的。例如，同美国人相比，巴西人认为在谈判起始阶段使用较多的欺诈和虚夸策略是合适的做法。与典型的美国谈判者的情况不同，在许多国家，谈判小组没有最终签署合同的权力。只是当一方认为交易已经到最后阶段时，另一方才会做出反应，这时才会提到他们在签署合同之前必须征得其"上级"的首肯。当"协定"反馈回来时通常是已被修改，以此增加对方的心理压力，促使对方接受许多"微小"的改动。

下面的例子说明了国际商务谈判普遍采用的一些策略（有些人可能认为它们是"卑鄙的手段"）以及可能的应对策略。

(1)故意欺诈：谈判者在其提供的事实或者谈判目的上表现出明显的失实。例如：一个外国谈判小组为一笔交易在酒店花了一周的时间，后来发现，他们是当地公司所采取的卑鄙谈判手段的一部分，因为当地公司已经与另一家外国公司进行认真的谈判，他们拉进第二家外国公司的目的就是要威胁第一家外国公司的谈判者。

应对策略：直接指出你认为正在发生的事情。

(2)拖延：谈判者一直等到对方谈判小组准备回国的最后一分钟，然后他们推动对方迅速作出让步来达成交易。

应对策略：不要泄露你计划什么时候离开。当被问及时，就说"看情况吧"。说明当你要离开时有没有达成交易都行。

(3)逐步升级的权威：谈判者在签署协议时披露，他必须征得上级管理者或政府的同意，目的是造成对方谈判小组更大的心理压力，以使对方做出更多的让步。

应对策略：在谈判过程的早期就弄清决策权。

(4)红白脸策略：当一位谈判者唱红脸，表示愤怒或提出不合理要求时，另一位谈判者就唱白险，表现出友好，讨人喜欢，由唱白脸的谈判者建议对方做出一些小的让步来抚慰那个不讲理的"坏家伙"。

应对策略：不做任何让步，无视对方的这种把戏，集中于潜在协定的共同利益。

(5)哭穷策略：发展中国家的谈判者经常使用这种策略，这种策略试图使对方的让步显得有些微不足道。小公司在与大公司谈判时也经常采用这种策略。

应对策略：无视对方的策略，集中于潜在协定的共同利益。

(6)老朋友策略：谈判者的行为就好像该公司及其谈判者已有长久的友谊。如果对方不同意或不接受他们的要求，他们就佯装感情受到了伤害。

应对策略：无视对方的策略，集中于潜在协定的共同利益。

成功的国际谈判者能够识破并应付对手在谈判中所采用的卑鄙手段和其他把戏，面对以上的"套路"，最好的对付方式是：保持反映关系真正性质的心理距离。另外，专家们提出四种应付卑鄙手段的常用方法：第一，自己避免采用卑鄙的手段，这将鼓励对方更直率。第二，当对方采用时就指出他们的卑鄙手段或计谋，这将抑制其在以后的谈判中采用卑鄙的手段。第三，如果对方有失公平，就随时准备停止谈判，为此可能要付出一些代价，但对你的公司来说，这可能要比一次糟糕的交易好得多。第四，要意识到伦理制度上的文化差异，理解对方可能并没有感觉到他们正在做些错误的或不道德的事情。在国际谈判中，由于人们的文化背景显著不同而将会出现组织文化冲突，在接下来的章节，我们将讨论国际谈判及跨文化沟通中可能存在的冲突。

【国际观察】魔鬼藏在细节中——不同文化中妥协的含义

"妥协"这个词对美国人而言有很多积极正面的含义。美利坚合众国就是建立在妥协的基础之上，而且正是一系列的妥协使美国名垂青史。美国人也许是世界上最会妥协让步的民族。这个民族也名正言顺地成为商界最会妥协让步的一个群体。事实上对美国人而言，妥协让步正是谈判者间真诚及公平交易的最佳象征。

然而，在其他文化中，"妥协"一词有着极其不同的含义，而且其中很多含义远比美国人所想象的要消极。在中东地区，"妥协"所附带的消极含义非常多，比如"他为自己的美德做出了妥协"。在波斯语中，"调停者"一词被理解为"好管闲事的人"。在拉美许多文化中，"妥协"被认为是有关个人尊严的事情，妥协意味着屈服。由于"屈服"在墨西哥文化中会引起面子及个人忠诚度的一系列问题，因此谈判中的"屈服者"会被认为有问题。俄罗斯人通常会将"妥协"看作是懦弱的表现；让步就会失去对谈判对手个人意志的控制或影响。因此，与俄国人谈判可能会充满火药味。

同样地，许多与谈判相关的词汇都有可能在不同文化中有不同的解释。"好斗的"(aggressive)一词有可能会被英国人或日本人认为是侮辱，但对美国人来说却是一种优良的品质，可以用来形容一个坚强并受人尊敬的谈判者。因此，了解各民族对词汇的敏感度，至少在谈判中是非常有用的。

第五节　跨文化冲突管理

一、跨文化冲突及其原因

冲突与冲突管理是管理心理学中的一个重要概念和研究领域。从管理心理学的角度来看，当人们具有不同的目标或利益时，往往会产生外显或潜在的意见分歧或矛盾，从而体验到心理冲突或人际冲突。在中国文化背景下，"冲突"一词往往具有一定的负面含义。因此，许多时候，人们会忌讳谈论"冲突"，更愿意用"矛盾"或"分歧"的概念来分析所存在的问题。

引发冲突的原因多种多样。利益的对立、文化差异、沟通方式差别等都会造成分歧和摩擦。比如我们在第六章中已经探讨过，在不同文化间进行沟通时，信息很容易被扭曲、误解或丢失，从而产生分歧和争议。比如，语言难题就是其中最具有代表性的一个，因劣质翻译造成的误解可能会使谈判双方都感到愤怒。不同的文化准则也会引发冲突，特别是在冲突双方不理解或不尊重对方文化背景的情况下。不少美国管理者对外国同行极不守时的行为甚为恼火，甚至会因此勃然大怒。若美国管理者一开始就能意识到自己是用单时制时间观念来看待时间，而对方却生活在多时制时间观念的文化中，那么这种冲突就有可能得到避免。

公司采取何种决策方式，特别是当该决策方式有违员工的价值观时，也有可能造成冲突。有一部分跨国公司的行政结构使权力高度集中，导致所有权力及决策都集中到公司高层为数不多的几个人手中。另一些公司却采取较为松散的管理方式，使决策控制权被分散到较低层的管理人员手中。对于高权力距离文化中的雇员来说，他们可能更倾向于中央集权及等级分明的方式。他们认为由公司高层官员对重大事情进行决策，不用自己操心是合情合理的。那么，任何试图用提高参与度的管理战略来下放权力的努力都有可能适得其反，甚至带来冲突。

在一些集体主义文化中，人们可能利用各种各样的机制来极力避免个人和群体间产生摩擦，降低冲突发生的可能性。比如，日本人倾向于使用间接方式来拒绝他人，目的就是缓解人际紧张关系。但这种做法往往更容易使美国人感到困惑和沮丧，更容易引起冲突。美国人认为应该使用公开和激进的方式来解决问题，却会让日本人对此感到不自在。总之，文化的交错将增大冲突发生的概率。

伴随跨文化沟通问题而来的是，国际管理者变得越来越像外交家，肩负的繁杂使命也越来越多。比如，国际管理者需要解决与国外员工之间的冲突；与国外的供应商、客户、商业伙伴进行谈判；游说外国政府部门；理顺与外部团体因环境等问题造成的紧张关系；还要说服利益相互冲突的员工们一起合作。有统计表明，国际管理者平均要花费20%的工作时间来处理冲突事件。

二、跨文化冲突管理

随着公司经营的国际化，公司间的伙伴式联合不断扩大。但研究表明，这些跨国经营往往不能达到预期目标，其中的主要原因是跨文化冲突的影响。大量的冲突管理研究涉及跨文化冲突管理，不同文化背景的人在处理冲突时，可能采用偏好不同的策略。文化差异在冲突内容认知、对他人不相容行为的反应模式、冲突处理方式，以及判断对方采用的策略是合作还是竞争所使用的推理等方面，都起着关键作用。因此，跨文化冲突管理在跨国经营中尤其值得重视。

大量的跨文化冲突研究结果对我们高效率地解决冲突问题和加强冲突管理，具有借鉴作用。N.J.Adler等对134名美国商人和40多名中国商人在面对面商务谈判中的差异进行了研究。他们采取模拟情境方法，假定谈判的对方是同一种文化，并采用摄像、录音等分析非言语特征。研究结果发现，中美两国商人存在微妙的差异，如中国商人趋向于向对方问更多的问题，更经常地打断对方等，这些微妙的差异可能导致谈判时出现不愉快。同时发现，双方在采用问题解决策略处理冲突时使谈判更为成功。有关中国传统文化和心理因素对冲突知觉和解决方法所产生影响的研究，从职位、性格、工作现状、经验、管理层次等多方面进行分析，认为传统文化价值观和认知倾向具有较大的影响。例如，为追求完全的和谐，中国管理者往往通过回避对抗和采用低确定性的方法，期望通过折中方式解决冲突。同时，在谈判过程中通过给自己设立较高需求，给自己更大的空间作出让步，因而避免公开争论。此外，中国管理者在面临冲突时，更多地表现为回避冲突，采用较为被动的策略，如中断、拖延、推迟谈判等。

解决和管理冲突的方式有许多种，大体可以分为五种类型：竞争型、迁就型、回避型、妥协型以及合作型。

(1)竞争型

竞争型冲突管理是一种“强迫就范”的思路，表现为“自我利益为中心”，无视他人需要，寻求一方得益、一方损失的策略，更多依赖正式权威，迫使顺从。这种风格比较适合于实施非常管理措施，或者在短期内完成任务。

竞争型(competition)
一种直接面对并试图解决问题的冲突处理方式。

(2)迁就型

迁就型冲突管理采取了“和事化解”的思路，主张在冲突面前舍弃自身，以满足他方利益，强调求同存异。迁就型的主要长处是有利于鼓励合作精神，在可能利益互补的管理情景下，迁就型更为有效。

迁就型(accommodation)
高度关注他人利益的一种冲突处理方式。

(3)回避型

回避型则是一种“被动防御”的思路。在资源缺失或代价过高的冲突情景面前，回避策略比较有效，但这种策略又往往只是暂时搁置问题，并非从根本上解决问题。

回避型(avoidance)
一种尽量避免意见分歧的冲突处理方式。

(4)妥协型

妥协风格采取了“调和折中”的思路。当冲突各方目标相反或权力均等时，妥协风格比较合适。但如果过多利用妥协风格，会显著降低任务绩效，或只是暂时调和矛盾。

妥协型(compromise)
采取折中的方式，双方各自退让而达成一致意见的冲突处理方式。

(5)合作型

合作型是一种“解决问题”的思路。采取合作型冲突管理时，冲突各方以合作的态度面对问题，提出多种备择方案，权衡利弊，进而选择解决冲突的方案。研究表明，合作型适合于较复杂的冲突问题，例如，多方误解造成的认知冲突。不过，采用合作型比较费时间，当冲突各方在价值观念方面十分对立时，合作型往往难以奏效。

合作型(collaboration)
要求双方能创造出新的选项以达到双赢的冲突处理方式。

冲突管理风格划分为两个基本维度：关心自己(重视满足自身需要的程度)和关心他人(倾向于满足他人需要的程度)。图 7-1 是上述五种冲突管理风格的二维图解。

可以看到，当人们处于高度“关心他人”和高度“关心自己”时，形成冲突管理的合作型风格；当处于高度“关心他人”和低度“关心自己”时，属于迁就型；在处于低度“关心他人”和高度“关心自己”时，表现为竞争型；而在低度“关心他人”和低度“关心自己”时，倾向于回避型；但在“关心他人”和“关心自己”都处于中等程度时，表现为典型的妥协型冲突管理。

管理人员在选择冲突解决策略时主要遵循以下几种思路：

(1)问题解决思路：集中于冲突问题本身，如人事决策情景中被撤职者所犯错误的性质及要重新提拔的能力条件。

(2)关系思路：关心冲突解决对双方关系的影响。如认为不应该因为工作中的某些事

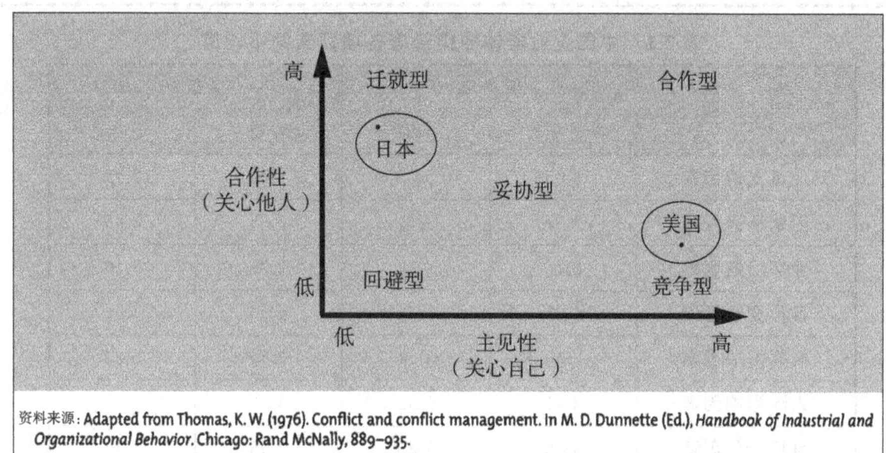

资料来源：Adapted from Thomas, K. W. (1976). Conflict and conflict management. In M. D. Dunnette (Ed.), *Handbook of Industrial and Organizational Behavior*. Chicago: Rand McNally, 889–935.

图 7-1 冲突管理风格类型

情而影响个人之间的关系。

(3)权力思路：从双方(或自己所处的)权力地位入手思考。如认为应该服从上级，服从是下级的责任；又如，合资双方谁占有更多的份额，谁更有权作出决定。

(4)结果思路：从结果的利弊角度思考，更多地从冲突问题的直接后果对于组织绩效或个人利益的影响考虑问题，这反映了对结果的预期会影响个人冲突解决策略的选择。

(5)规则思路：从寻求判断双方的正误(谁更有理)角度思考，理性地对双方观点或做法作出权衡。如果对方更正确，就会采用顺从策略；如果认为自己更合理，就会导致竞争或控制的策略。

(6)程序思路：从过程周全(妥善解决)的角度思考，往往要把冲突问题先弄清楚，同时注意考虑各方观点，认真协商作出选择，一般都具有多种目标或动机，而且不容易单纯采用控制策略。

从总体情况来看，管理人员在冲突解决过程中的思路主要集中在考虑如何更好地解决问题(问题解决思路)、冲突双方是什么样的职务关系(权力思路)、谁可能更正确一些(规则思路)，关系思路和程序思路则运用较少。当冲突问题涉及人事决策情景时，关系思路就有了相对明显的表现。在处理同外方之间的冲突时，还存在相当程度的“圈子”意识和“价值前提”的影响。有关中国文化的研究表明，传统价值观中有浓厚的“圈子”意识，即在社会交往中自觉不自觉地将交往中的人分为“自己人”(圈内)和“外人”(圈外)。

【国际观察】中国企业的群体冲突管理特征

对不同行业和体制下群体冲突管理因素的比较分析取得了重要的进展。这些结果为我们充分认识不同体制和行业中各类群体冲突管理的特点，提供了新的依据。表7-1是最新的一项关于中国企业群体冲突管理研究的结果。

表 7-1　中国企业群体冲突管理各项因素的平均值

因　素	服务业		制造业	
	外资	国有	外资	国有
成员支持因素	3.66	3.19	2.92	2.98
团队承诺因素	3.31	3.11	2.85	2.89
冲突回避因素	2.76	3.47	2.98	3.43
目标竞争因素	4.05	4.72	4.56	4.56
问题解决因素	2.60	3.24	2.84	3.23
人际影响因素	3.31	4.32	3.33	3.97
目标合作因素	3.80	3.26	2.96	2.72

该项研究结果得出了以下观点：

(1)外资企业更注重冲突回避策略，强调人际影响。研究表明，外资企业的群体成员更趋向于采用冲突回避策略，更看重问题解决也更易受人际影响，而国有企业的群体成员则更少合作，不易受人际关系的影响、更少采用冲突回避策略。这与以往研究存在差异。传统上，西方文化强调竞争和个人成就，中国传统文化则强调合作和集体主义。

(2)服务业的成员支持团队承诺倾向。团队成员相互支持和对团队承诺与合作是一个高质量服务业群体所必要的，是衡量服务业团队绩效的最重要指标。成员间合作协调的行为，能成功地对顾客问题作出反应，合作目标与公开争论能够更成功地处理顾客的投诉，更有利于建立良好的公司形象。要真正提高服务质量，必须加强团队建设，提高团队成员的承诺感，加强成员之间的互相联系、支持及彼此合作。

(3)成员工作投入的中介效应。研究表明，群体成员对团队的承诺和相互支持并不能直接促进团队效能的提高，而是要通过中介变量——成员工作投入。当群体成员进行公开讨论，积极面对冲突，而不是回避冲突时，更有可能促进成员的工作投入，从而提高团队效率；回避冲突会抑制成员的工作投入，从而削弱团队效能。在冲突回避程度高的群体中，成员之间由于彼此很少交流，因而经常出现误解，影响工作成效。虽然群体成员间互相支持和对团队的承诺感较强，但对工作的投入程度较低，从而影响团队效率效能。这在一定程度上可以解释为什么企业受传统文化的影响较深，具有明显集体主义和合作倾向，但工作效率却并不高。

(4)合作与竞争目标定向。合作目标定向时，群体高效率工作，人们更加努力，以便能相互帮助，一起达到目标。在此过程中，他们分享和交换信息资源、听取并采纳他人的观点、公开地交流、相互影响、相互支持和帮助。传统看法认为，竞争能够提高工作效率，然而研究结果表明，合作导致较高的成就和生产效率，特别是那些需要通过信息分享才能获益的复杂任务。具有高合作目标的团队，往往能公开、技巧性地分享其对立观点，这些建设性合作团队，比那些竞争性、独立目标和较少讨论冲突观点的群体更有工作效能，更具创新精神。

(5)合作目标和公开冲突讨论对成员承诺和工作效能具有巨大影响。通过公开的冲突讨论，人们整合各种主意去解决问题，加强相互合作关系。在合作中，倡导公开讨论，认识解决问题的重要性，提高各人效率，促使大家自由表达各自的想法，促进观点的充分交流和对问题的理解，提高双方合作的信念和工作效能。

本章小结

1.国际商务谈判是指处于不同国家和地区的商务活动的当事人，为满足各自需要，通过信息交流与磋商争取达到意见一致的行为和过程。来自不同文化背景的谈判者有着不同的交际模式、价值观和思维方式，这些文化因素对国际商务谈判的成功与否将产生直接的影响。因此，在国际商务谈判中了解各国不同的文化，熟悉商业活动的文化差异是非常重要的。

2.中西方商务谈判中的文化障碍主要由中西方人际交往观念、时间观念、社会结构等方面的差异所造成。

3.中国人的谈判具有以下特点：顾全面子；具有专门知识；对西方人不信任。

4.为了使国际商务谈判能跨越文化差异的障碍顺利进行，谈判前应当充分准备，加强商务谈判跨文化意识的培养；谈判中应当善于运用语言及非语言艺术和感情策略，正确处理文化差异带来的问题；谈判后应当注重合同的履行及良好关系的保持。

5.冲突管理风格分为五种类型：合作风格、迁就风格、竞争风格、回避风格和妥协风格。

6.企业的中、高层管理人员在管理决策任务冲突中，冲突管理策略使用频次从高到低依次为迁就策略、竞争策略、合作策略、妥协策略、回避策略。

重要名词

红白脸策略	逐步升级权威策略	竞争型	迁就型	回避型
妥协型	合作型	问题解决思路	权力思路	规则思路
结果思路	关系思路	程序思路		

案例分析

请思考下面的情境。你正在一间会议室内，观察某跨国公司内部两个部门进行的谈判。谈判的核心问题是，要决定由哪个部门代表公司采购一批电脑。谈判桌的一边是运营部门的两位美国经理，他们希望购买一批最适合本部门使用的电脑，所以极其关注产品的质量，以及良好的安装维修服务。坐在对面的是采购部门的两位墨西哥经理，他们认为，电脑应该由他们采购，他们的关注点是价格，希望能够花最少的钱买到最好的设备。这两个部门在公司中拥有几乎相同的权力、地位和决策权。鉴于时间紧迫，而且公司需要电脑尽早到位，因此，必须马上进行采购。

但是在谈判过程中，双方的意见分歧越来越明显，不仅在电脑选购方面产生了分歧，甚至在文化方面也发生了冲突。下面是墨西哥经理与美国经理的对话内容：

墨西哥经理：这样做会对公司更有利。而且(他微笑着说)，别忘了大家都是为同一家公司效力。从公司全局来考虑，由我们采购部与供应商进行谈判无疑是更好的选择。我很清楚，你们是设备的使用者，所以采购部门需要你们提供大量信息……从保证采购过程的完整性和质量的角度来看，最好让我们去和供应商谈判，必要时会向你们询问价格是否合理。这样做更有利、更顺理成章……(他的话还没说完就被美国经理打断。这种情况在整个谈判过程中屡次发生。)

美国经理：我们运营部竟然完全不能参与采购谈判，这让人无法接受……你们虽然有采购价格上的短期目标……但我们将成年累月地使用机器……你们可以通过谈判把价格压低20%，这看起来当然对公司有利，但可能买回来一些不适用的破烂玩意儿；你们拼命砍价让供应商不开心，结果我们就要用劣质设备。

墨西哥经理：现在轮到你发言了吗？麻烦下次注意一点。

美国经理：(不予理睬，继续说)我们是电脑的最终使用者，更应该拥有最终决定权……我们更懂得技术层面上的问题。我想现在尽快把方案定下来，大家最好摊开把话说清楚。我可不喜欢跟自以为是的人打交道。

墨西哥经理：墨西哥有句俗语，"鞋匠更懂鞋"。我们的职能就是采购。好比要购买搅拌器，就算使用者决定买什么样的搅拌器，也只有兜里有钱的那个人才能决定购买与否。请恕我直言，你们可能知道如何买一支笔，但这并不代表你们就懂得如何买船——你们对船一无所知。

问题：

墨西哥经理和美国经理在谈判中的策略和风格分别是什么？这些策略和风格又如何体现了各自的文化价值观？

国际管理技能开发

跨文化谈判

目标：

体验、明确并理解与来自其他国家的人谈判遇到的问题。

说明：

1. 8个学生自愿参与模拟谈判，各自扮演不同的角色。4个人代表一家日本的汽车制造商，另外4个人代表向日本公司销售微芯片及其他配件的美国团队。班级其他成员观察谈判。

2.如果可能，每个组被安排在不同的房间并给予一张指示清单。每个组不能看到对方的指示清单。在划分了角色后，各团队将根据他们各自的指示清单花10～15分钟讨论战略。

3.在每个团队准备时，房间里放置一张四方桌子，每边一个座位。日本团队的桌子放置3把椅子，另一把椅子放在这3把椅子的后面。美国团队的桌子每边放置一把椅子。

4.准备好后，日本团队将先被带进来，以便同后进来的美国人打招呼。随后，美国团队将进来，角色扮演开始。谈判的时间是20～30分钟。班级的其他成员作为观察者，在随后的讨论中,他们必须提供反馈意见。

5.谈判结束时,所有参与角色的同学填写反馈问卷,然后进行反馈问题。

日本团队的反馈问题:

(1)你认为谈判过程中最失败的是什么?

(2)你认为美国团队的目标是什么?

(3)美国团队中的每个成员分别扮演什么角色(如裁决者、影响者等)?

• 琼斯先生/女士;
• 史密斯先生/女士;
• 尼尔森先生/女士;
• 弗洛斯特先生/女士。

(4)你对美国团队成员的成功度如何评价,他们是否清楚你们团队的要求并满足了这些要求?

(5)美国团队应采取哪些策略?

美国团队的反馈问题:

(1)你认为谈判过程中最失败的是什么?

(2)你认为日本团队的目标是什么?

(3)日本团队中的每个成员分别扮演什么角色(如裁决者、影响者等)?

• 大阪先生/女士;
• 田木先生/女士;
• 冈本先生/女士;
• 忠川先生/女士。

(4)你对日本团队成员的成功度如何评价,他们是否清楚你们团队的要求并满足了这些要求?

(5)日本团队应采取哪些策略?

观察员的反馈问题:

(1)你认为谈判过程中最失败的是什么?

(2)你认为美国团队的目标是什么?

(3)你对美国团队成员的成功度如何评价?

• 琼斯先生/女士;
• 史密斯先生/女士;
• 尼尔森先生/女士;
• 弗洛斯特先生/女士。

(4)你认为日本团队的目标是什么?

(5)你对日本团队成员的成功度如何评价?

• 大阪先生/女士;
• 田本先生/女士;
• 冈本先生/女士;
• 忠川先生/女士。

第八章　国际战略

学习目标

1.了解基本的国际竞争的战略概念和国家竞争优势理论。

2.识别跨国公司的国际战略类型以及影响战略选择的企业和行业因素。

3.识别公司的现状评估以选择公司战略。

4.了解国际战略的制定步骤和执行过程。

新式茶饮的领头羊——乐乐茶

2019 年 4 月，乐乐茶宣布获得 2 亿元 Pre-A 轮融资，这些钱将主要用于拓展新店、供应链和数据化建设。该轮融资由祥峰投资领投，祥峰投资合伙人徐颖表示看中了乐乐茶优质的运营、品牌和产品品质。她认为茶饮和烘焙市场规模大、增速高，聚焦年轻人消费，蕴含的新机会巨大。

“新式茶饮”品牌们推新更快，有不少季节限定款；它们也常常和其他品牌做联名——比如，乐乐茶和雪花秀、乐纯、沈大成都有过产品或营销的合作。这些都是为了吸引年轻消费者。乐乐茶除了饮料，还在几乎所有门店出售面包，这也让它客单价在 34～36 元左右，稍高于喜茶。

2016 年 10 月，乐乐茶成立于上海，2018 年年底，乐乐茶的平均单店年销售额在 2000 万元人民币左右。更新的数据显示，乐乐茶单店月均销售额超 160 万，部分门店月销售额破 300 万。目前，门店数据的增长势头依然强劲，根据 2019 年 3 月数据，共 12 家门店打破历史月销售额记录，当月整体实现近 20％的营收增长。

乐乐茶取得成功的主要原因在于以下三个方面，分别是与众不同的产品策略、差异化市场扩张与创新的运营推广方式。

首先，乐乐茶在产品策略上注重茶饮与烘焙产品的持续竞争力。一方面，通过引入顶级的供应链管理模式与员工培训机制，应用上等茶叶等原料，确保所有产品都是门店现场原料制作，从而确保产品口感层次丰富且健康程度更高。另一方面，乐乐茶善于根据市场动向、季节时令和人群喜好，并结合各类数据实行末尾淘汰制，保证茶饮与烘焙产品矩阵的持续竞争力。每周推出 2～3 款新品，产品持续迭代。目前，乐乐茶出品的是脏脏茶(黑糖珍珠奶茶)和脏脏包(洒满巧克力粉的面包),推出后即成为市场影响力极大、备受追捧的流量单品。

其次,在市场扩张层面,乐乐茶能够根据不同城市的文化特点与用户差异化偏好做出调整。第一,通过设立城市旗舰店、推出城市限定系列等方式,将茶饮烘焙产品与当地文化进行深度融合,从而迅速打响在该城市的品牌与市场知名度。第二,建立标准店进行快速复制,以最高效率成功打开当地市场。第三,在门店设计方面,根据特定门店周边的主力用户画像,对装修风格、品类设置等实现精准匹配。第四,和喜茶等"新式茶饮"品牌类似,乐乐茶采用直营门店的方式,选址在购物中心。目前它有 30 多家直营店,其中 15 家集中在上海,其他的分布在北京、广州、杭州、南京和西安等。乐乐茶计划 2019 年新增 50 家门店,新入驻 8 个城市,重点经营华东华北区域市场,进一步推动市场规模的快速增长。

最后,乐乐茶非常注重主动式的品牌推广,以多管齐下的方式,打造"乐茶君"等个性化品牌 IP、借助社交媒体开展体验式口碑传播、举办多维度跨界联名等,形成独具一格的品牌形象,赢得新消费群体的喜爱。一方面,基于产品、市场布局与推广方式等方面的优越性,乐乐茶迅速形成广泛的消费者口碑。乐乐茶在小红书已获得逾 1.5 万个专题推荐、逾 800 万次的微博互动以及逾 1100 万次的抖音播放量,口碑传播的同时带动了整体营业额和订单量的稳健增长,形成正向反馈。另一方面,为了吸引年轻消费者,乐乐茶常常和其他品牌做联名——比如,和雪花秀、乐纯、沈大成都有过产品或营销方面的合作。

引导问题

1.过去三年,乐乐茶主要采用哪一种事业层战略?具体体现在什么方面?

2.乐乐茶和过去的现制茶饮连锁如一点点、CoCo 都可等,相对优势在哪里?

3.假设乐乐茶决定进军海外市场,你建议它首先进入哪一个国家或地区,原因是什么?

第一节 国际战略概述

一、战略的概念

(一)战略的三个基本概念

(1)战略是一种思想。它包括对以下问题的思考:人类社会发展的未来有什么?本企业"在的"或"要进入的"或"要退出的"产业是什么?本企业存在的价值是什么?客户为什么选择本企业?本企业为他们提供的到底是什么?本企业的价值防火墙在哪里?企业对未来的思考和假设,将在长时期内左右企业的愿景和使命:决定企业的行业和市场定位,也决定了对企业核心能力的要求。战略是一种思想,更多地体现在高层管理。

(2)战略是对企业成长方式的选择。战略是企业通过"协调和配置"或"构造"自己在多个市场上的活动来创造价值的方式。战略的重要任务是选择符合愿景和使命要求的业务组合,进入具有较高平均利润的行业或行业环节,合理利用或创造协同。决定成长方式的责任主要由企业高层管理和各产业板块的负责团队承担。

(3)战略是对竞争方法的选择。战略就是根据外部环境及内部资源和能力的状况，为求得生存和长期稳定发展，为不断获得新的竞争优势，对实现企业发展目标的途径和竞争手段的总体谋划。决定竞争方式的责任主要由面对市场选择方的各运营负责团队承担。

企业的战略是指企业用以超越竞争对手和获取卓越盈利能力的行动计划，代表了一系列关于竞争抉择的管理承诺。一个好的战略不是为了获取暂时的竞争成功和短期利润，而是为了获得能够长期支持企业增长并且确保企业未来的持续成功。

(二)战略的本质

战略的本质是对价值的追求。“追求价值”是企业生存发展的长期目标，因而也是战略的根本目标。根据企业每一阶段的发展重点，“价值”可以表现为规模扩大、市场范围扩大、技术能级提高、发展速度提高、效率提高、灵活性增强、利润增加或成本降低等直接的形式，也可以表现为成功地离开一个不再适合发展的行业或市场，成功地进入一个有更好发展前景的行业或市场，成功地组合了具有内在联系的行业或行业环节等潜在的形式。由此，战略有两项根本任务：体现战略洞察力的选择发展方向(由发展战略形成的业务组合表示)和体现战略执行力的选择竞争方式(由竞争战略表示)。

二、战略管理

(一)战略管理的意涵

战略管理是对战略和实现战略目标过程进行的管理，是决定企业长期业绩的管理决策和行动。战略管理的内容包括战略分析、战略制定、战略实施、战略评估和控制(见图8-1)。

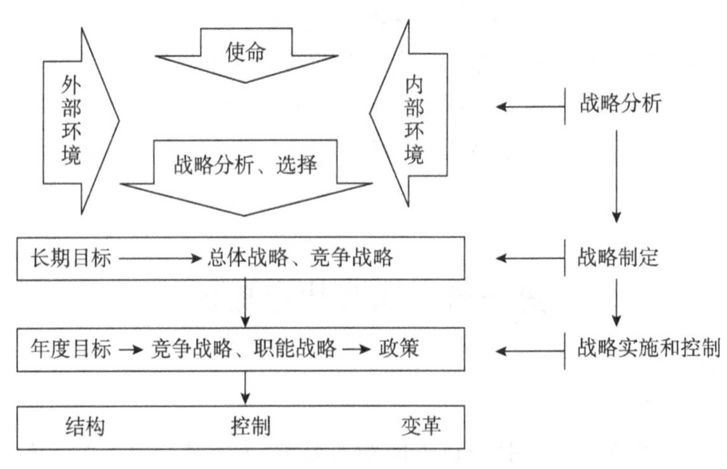

图 8-1 战略管理过程

在每一战略阶段内，战略管理包含四项关键战略要素：

(1)业务组合。确定了业务组合也就确定了企业的经营范围。以钢铁行业的企业为例，选择专注于钢铁业的企业，其业务组合可以包括整个行业链的关键环节，如炼铁，也可以仅包括其中的某一技术上可以独立的环节，如钢材贸易。选择多元化经营的钢铁企业，其业务组合中除了包括钢铁行业的业务外，还可以包括其他行业的业务，如上海宝山钢铁集团的业务组合中还包括了软件和房地产等。企业能力和资源影响范围的边界也就是战略有效的边界。业务组合一旦超过企业自身能力和资源所能达到的影响范围，继续在业务范围上进行战略扩张不但不能带来企业的发展，还有很大可能带来企业经营的低效，甚至失败。

(2)资源配置。资源配置关系到业务组合中各业务发展之间的相互关系以及协同效益是否能发挥及发挥的程度。有的企业部分业务发展所需的资源是由本企业拥有的另一些业务提供的。例如联华超市在商业业务的基础上后向一体化开发了原料基地，实现了一体化经营，原料基地不但向商业活动提供产品，还在一定程度上保证了商业活动的质量和成本，这就是一种内部的资源配置作用，起到降低交易成本的作用。

(3)竞争优势。竞争战略的核心就是企业运用自身的竞争优势来利用环境机会，以相对于竞争对手更高的价值实现自己的战略目标。竞争优势的扩展运用范围构成了企业业务组合的有效范围，也构成了企业最大的资源有效利用范围。反过来，每一阶段性战略的实施和战略目标的实现，都突出、优化或强化、重构了企业的竞争优势。当然，任何企业的竞争优势都是相对于行业或竞争对手而言的，具有明显的相对性。

(4)协同优势。战略的协同优势是指通过一定的途径有效组合运用企业能力和优势，实现更大的价值。业务活动类型较多的企业，其活动之间形成协同优势的可能性也越大。业务组合中业务种类较多的企业，相对于单一业务种类的企业，更有可能取得协同优势。品牌应该是最主要的协同优势的形式。企业内部可以为各业务共享的工艺、活动、渠道等发挥协同优势的作用。

(二)战略管理的主体

战略管理的基本任务是实现特定阶段的战略目标，战略管理的最高任务是实现企业的使命。与此同时，战略管理具有明显的主体导向特征。

企业的战略目标要反映企业所有者的利益，企业战略管理功能由企业所有者群体所选择的管理代理人(企业高层经理团队)给予实现。企业高层经理选择的战略及实施措施反映了他们对企业的社会责任、企业使命、企业能力之间关系的认识。

只有取得企业管理层的一致认可并共同努力，企业的战略目标才有可能实现。因此，在战略制定和实施过程中需要获得最广泛的参与。有效沟通和责任承诺是战略管理机制中最重要的部分。

企业内对战略目标负责的各层次都应该成为战略的制定者，才能使战略决策、战略实施、战略业绩考核等关键战略管理环节在每一管理层次上获得统一。

因为企业战略是对“企业能力利用环境机会的途径和方法”的安排。因此企业对环境应具有主动反应能力，对环境的敏感性是企业战略成熟程度的表现，企业应该具有独立的环境反应政策。

企业具有合理考核战略业绩的能力，应能获得战略业绩带来的价值，实现战略业绩和战略发展之间的良性循环。

三、国际战略相关

国际战略是跨国公司特别注重母公司创新和全球范围的知识扩散的战略。主要特点是关注全球基础上的知识创新和利用，利用母公司的创新来提高海外子公司的地位，前提条件是母公司具备雄厚的创新技术实力。下面我们将依次了解国际战略中的重要概念。

每个企业的业务活动都由一系列活动组成，包括生产、配送、产品支持或服务等。一系列在企业内部进行的价值创造活动组成了价值链，这样说是因为这些企业活动的潜在意图是最终为顾客创造价值。

价值链(value chain) 用以制造产品或提供服务的一系列主要活动和支持性活动。

价值链活动包括两大类活动：基本活动是指为顾客创造价值过程中最重要的活动；必需的支持活动是指为支持和促进基本活动进行的活动。构成企业价值链基本和辅助活动的性质根据企业业务的具体情况而变化，例如，像喜来登酒店的基本活动主要包含了区位选择和建造、预订、酒店运营(入住和退房、维护和家政、餐饮和客房服务、公约和会议等)；主要驱动成本和影响顾客价值的支持活动包括雇用和培训酒店员工以及一般行政管理。供应链管理对于日产和亚马逊来说至关重要，但是对谷歌和广播电台公司来说不在价值链之列。销售和营销对宝洁和索尼来说是重要活动，但是对石油钻探公司和天然气管道公司来说作用很小。

值得我们注意的是，价值链是检验企业是否传递了顾客价值主张的理想工具。它使得我们能够深入观察企业的成本结构及企业提供更低价格的能力。它使得企业重视那些增强企业差异性和支持更高价格的活动，如服务和营销。

因此，要准确评价企业的竞争力，必须审视包括将产品和服务传递给最终消费者的、贯穿整个价值链体系的、价值链活动的性质和成本。一个典型的价值链体系包含了供应商的价值链和前向渠道合作者的价值链(如果有渠道合作者的话)，例如，制浆与制纸行业的主要价值链活动(木材培植、砍伐、磨浆与造纸)与家电行业的主要价值链活动(零部件生产、组装、批发、零售)不一样，软饮料行业的价值链(原液与糖浆生产、罐装、批发、广告和零售)也不同于电脑软件行业的价值链(编程、光盘制作、上市、分销)。

企业经常通过改变价值链活动发生的地点来提升自身的核心竞争力，核心竞争力是竞争对手难以模仿的技能或能力。核心竞争力可能存在价值链的任何环节，并为企业的跨国竞争提供优势。首先，一家公司的核心竞争力可能存在于物流管理环节，如沃尔玛具备库存管理以及配送方面的优势。其次，公司的核心竞争力可能在于创新创造，如3M公司持续推出独特的新产品以占领市场。再次，核心竞争力也可能出现在生产制造环节，以丰田汽车严格的质量控制为例。如果企业具备一项可以帮助它超越竞争对手的，来自物流、创新或质量控制等方面的核心竞争力，那么该公司就具备独特竞争力。

核心竞争力(core competency) 竞争对手难以模仿的技能或能力。

对于跨国企业而言，为了实现持续的增长，其中一个观点是企业应当把价值链上的不同活动安排在不同的具备区位经济的地点。以价值链上的生产组装与研发设计活动为例，如果大量青年劳动力集中在东南亚国家，并且在相同生产效率的前提下要求全球最低的工资，那么跨国公司就应当选择在东南亚国家进行集中性的生产组装活动；如果全球休闲服饰的顶级设计师在韩国，那么对于运动休闲品牌而言，就应当把研发设计部门设置在韩国。将某一项价值链活动设置在能够为跨国公司提供利益的地方，将帮助跨国公司获得竞争优

区位经济(location economies) 地理范畴上的经济增长带或经济增长点及其辐射范围。

势并超越将同一活动设置在其他地点的竞争对手。

然而，区位经济带给公司的竞争优势有可能是短期的，也可能是长期的。一方面，对于竞争对手而言，可以轻易地将生产环节转移到具备廉价劳动力或充足原材料的海外地点。因此，以廉价劳动力和充足的原材料为基础的区位经济带给跨国公司的竞争优势是短期优势。另一方面，只有当区位经济带来的竞争优势竞争对手难以复制或追随，才能为跨国公司带来长期的竞争优势。

综上所述，对跨国公司而言，竞争力高低取决于两方面因素：首先，行业中其他竞争者的情况；其次，价值链环节设置在海外具体地点的选择。和同行业之间的公司存在竞争关系一样，不同国家之间也存在竞争关系。

特定国家因为其在特殊产业的优势而闻名。例如，智利在诸如铜、水果、鱼产品、纸浆化学和酒等产业拥有竞争优势；日本则因其在电子消费品、汽车、半导体、钢产品和特殊钢的竞争优势而出名。哪些产业更可能有竞争优势，取决于一系列描述每个国家业务环境本质的以及区分国与国之间不同的因素。因为较强的产业由较强的公司组成，公司的国际化扩张战略经常以一个或多个这样的因素为基础。这四大因素被总结在由迈克尔·波特开发的著名的“国家竞争优势钻石模型”中，见图 8-2。

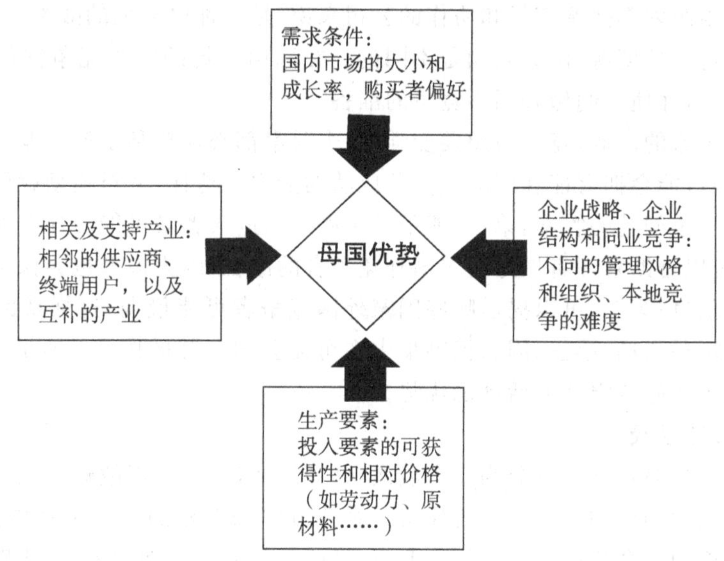

图 8-2　国家竞争优势钻石模型

(1)需求条件。一个产业的国内市场需求环境，包括相对的市场大小、发展潜力、国内购买者的需求和期望的实质。不同的人口规模、收入水平以及其他的人口统计因素，导致了国与国之间的市场规模和成长率的巨大差异。国内市场中更大和更重要的产业往往吸引更多的资源，并且比其他产业发展更快。例如，由于人口和收入水平的巨大差异，美国和德国的豪车市场就比阿根廷、印度、墨西哥和中国要大得多。与此同时，在发展中国家市场，如印度、中国、巴西以及马来西亚，市场发展潜力就大大高于经济成熟的国家。国内购买者对某个产业的产品需求刺激了更大的创新和质量改进。拥有能把国内市场优势转变为国际市场竞争优势的公司的强大公司，这种环境促进了这一产业的进一步发展。

(2)生产要素。生产要素描述的是：在某个产业中公司用于生产产品和服务需要的如能力、质量以及原材料成本和其他投入(称为要素)。各个产业的相关要素各不相同，但都能归结为不同类型的劳动者、技术或管理知识、土地、金融资本以及自然资源。一个国家的基础设施元素也可归结为如交通、通信以及银行系统等。例如，印度有高效的发展很好的全国销售渠道，向全国 300 万的零售商分销货车、小型摩托车、农场设备、食品杂货、个人护理产品以及其他包装产品；然而在中国，分销主要是当地化的，分销大量产品的全国性分销网络数量有限。相关生产要素适宜时，一心求胜的有实力的产业和公司就会发展。

(3)相关及支持产业。强大的产业经常作为一簇相关产业的一部分发展，包括零部件和固定设备的供应商、终端用户以及互补产品的生产商，也包括那些相关的技术。例如，跑车制造商法拉利、玛莎拉蒂坐落在意大利一个以"发动机技术区"著称的地方，该区其他公司也是涉及赛车，如卡迪摩托车，并伴有数百供应商。对公司而言，作为相关产业集群一个部分的发展优势，来源于与关键供应商的密切合作，以及产业集群的更大的知识分享，带来更高的效率和更大的创新。

(4)公司战略、公司结构和同业竞争。不同的国家环境，促进不同的管理风格、组织、战略的发展。例如，与来自北美的个人主义更有影响力的公司相比，战略联盟对于来自亚洲和南美洲的组织内部强调信任和协作的公司来说，是一种更常见的战略。并且，从产业中的竞争对手这一角度看，国家之间是不同的。在国内市场的激烈竞争往往磨炼了国内公司的竞争能力，并使它们做好国际竞争的准备。

处于特殊国家的产业，竞争力想要变强，四个要素都必须有利于该产业。当情况如此时，该产业就很可能会拥有能在国际上竞争成功的能力。这样，钻石模型就可揭示许多重要的国际市场竞争问题的答案：第一，能帮助预测外国进入者最可能在什么地方进入该产业，这样模型可以帮助管理者做好应对国外竞争者的准备，因为模型也会揭示一些有关新竞争者的基本信息；第二，可以揭示哪些国家外国竞争者可能最弱，这样帮助管理者决定首先进入哪个国外市场；第三，因为模型集中在可使公司兴旺的国家商业特征上，模型揭示了有关在该国实施特定商业活动的优势。

四、国际战略层级

企业战略和战略管理可以分为三个层次：公司层战略、业务层战略和职能层战略。对企业战略进行层次划分的意义在于既保持了企业方向和战略的统一和整体性，使资源的调动能最大限度地符合长期发展目标的要求，又能适应分权管理的要求，体现较高程度的企业活动的灵活性，使决策更接近现场，使对资源利用的责任落实到具体的部门、小组和个人。一般来讲，企业的战略层次总是力求与组织层次和权力层次相一致，以保证责任权力的对等。

(一)公司层战略

公司层战略(又称总体战略、发展战略)是企业最高管理层为整个企业确定的长期发展目标和发展方向。公司层战略的主要任务是确定企业的业务组合，即确定企业活动所涉及的业务范围种类，合理安排各类业务活动在企业业务总量中的比重和作用，各类业

公司层战略

(corporate strategies)

由公司内部最高层级管理团队制定，通常作为整体性的战略，决定公司的业务层战略和职能战略。

务之间的相互关系，以及这些业务在战略期内的发展方向。

公司层战略从发展类型角度可以划分为维持型战略、发展型战略、衰退型战略、退出型战略四类。维持型战略即在战略期间内保持原有的业务组合和资源分配原则和方式。发展型战略是指调整业务组合，鼓励某些业务迅速发展，从而实现企业整体业务组合的改变和发展速度的提高。衰退型战略即抑制某些业务的发展，甚至在一段时期内减缓整个企业的发展，以实现业务组合的调整。或是避免在十分不利的外部环境下，或是在尚未发现环境变化原因和变化趋势的情况下，急于采取反应性行动而可能面临的风险。退出型战略是对业务组合进行较大规模的调整，退出某些关键业务。

（二）业务层战略

业务层战略（又称经营战略或竞争战略）是由各业务管理中心（SBU）根据公司层战略决定的业务组合和各业务的地位和发展方向，确定本业务的具体竞争方式和资源使用重点，并开发和利用业务之间的协同作用。

> **业务层战略**
> (business-level strategies)
> 由公司内部不同业务部门的领导人制定，并且需要获得公司最高层级管理团队的同意。

任何两家公司，即使处于同一行业中，采用所有细节都非常相似的战略的可能性也是微乎其微的。然而，从本质上看，区别竞争战略间的差异可归结为：①公司的目标市场范围，是宽广的还是狭窄的；②公司追求的是低成本优势还是差异化竞争优势。这两大因素构成了业务层战略的五种竞争战略选择：

（1）低成本领先战略。在相应产品上努力获得相对于竞争对手而言的全面低成本，从而吸引大量的购买者。

（2）差异化战略。寻求提供有别于竞争对手的更优质的产品，从而吸引更多的购买者。

（3）集中低成本战略。集中在一个狭小的细分市场（或利基市场），并以成本战胜对手，因此能以更低的价格向这部分购买者提供产品。

（4）集中差异化战略。集中于一个狭小的细分市场（或利基市场），以更适合消费者偏好和需求的产品来战胜竞争对手。

（5）最佳价值战略。通过满足消费者在关键的质量、特色、表现、服务特征上的需求，给予消费者物超所值的产品，与此同时打破它们的价格预期，这是一个兼顾了差异化和低成本的混合战略，其目的是以相对较低的成本和价格提供与竞争对手类似的产品。

（三）职能层战略

职能层战略描述了在执行公司层战略和业务层战略的过程中，公司中的每一职能部门所采用的方法和手段。职能层战略在几个方面不同于公司层战略和业务层战略。首先，职能层战略的时间跨度要较公司层战略短得多。其次，职能层战略要较公司层战略更具体和专门化，且具有行动导向性。公司层战略只是给出公司发展的一般方向；而职能层战略必须指明比较具体的方向。最后，职能层战略的制定需要较低层管理人员的积极参与。事实上，在制定阶段吸收较低层管理人员的意见，对成功地实施职能战略是非常重要的。

（1）市场战略。市场战略是指一个公司为获得与目标市场交换的预期结果所做的长远性谋划和主观努力。它的任务是调节需求的水平、时间和性质,其实质是一种需求管理。它又分为市场选择战略和市场发展战略两个层次。

(2)产品战略。产品战略是指公司对自己的产品所进行的全面性谋划,包括整顿老产品、开发新产品以及产品组合等。它相应地涉及三个层次:公司产品的选择战略、公司产品的发展战略、公司产品的组合战略。实际上,产品战略与市场战略是一个问题的两个方面,二者紧密联系又相互对应。

(3)技术战略。技术战略是指公司对自身技术水平、技术选择、技术发展方面的总体性谋划。科学技术是第一生产力,技术战略对于公司的生存和发展具有举足轻重的地位。

(4)其他职能战略。上述三种职能战略在公司经营中居于十分重要的位置。此外,还有营销战略、供应战略、财务战略、人事战略、联合战略等。它们分别是有关业务领域的总体性谋划。各种职能战略不是孤立存在的,而是一个有机的整体。例如:开发型的市场战略、开发型的产品战略、领先型的技术战略之间呈高度的正相关性,并与总体战略中的特色经营战略密切相关。所以,应当掌握与运用相互间的联系,充分发挥其协同作用。

延伸阅读——蓝海战略

蓝海战略的概念由W.钱·金(W. Chan Kim)和勒妮·莫博涅(Renée Mauborgne)在《蓝海战略》一书中提出,该战略要求公司聚焦于不曾有人探索过的"蓝海"未知水域(机会),而非投入现有的行业竞争"红海"中。一方面,红海中行业的竞争程度已经非常激烈,以汽车行业为例,汽车品牌方必须投入非常多的努力来获取一点点的竞争优势。另一方面,蓝海为未知领域且在一段时间内没有竞争对手,比如Amazon在美国市场首先开展的二手书电商业务。

简单来说,蓝海战略放弃了打败当前市场上的竞争对手,它通过发现新的行业或者独特的细分市场,使公司建立和抓住全部新的需求,从而寻求巨大的并且持久的竞争优势。这种战略认为,商业世界由两种明显的市场空间组成。第一种是行业边界已被定义和接受,竞争的游戏规则为行业所有成员理解,所有的公司都在努力通过获取现存需求的更大比例来胜过对手。在这种市场中,由于竞争对手对成功者的快速模仿或还击,从而限制了公司快速发展以及获得可观利润的前景。第二种类型的市场空间如同"蓝海",在这里,行业并不真实存在,也不会为竞争所污染,如果公司能创造新的需求并提供新类型的产品,就能为盈利和发展提供大量的机会。

eBay创建和控制的在线拍卖行业,就是这种完全开放或者蓝海型市场空间的一个极好例子。其他通过创造蓝海型市场空间来成功获得竞争优势的公司例子,包括咖啡店行业的星巴克、有线电视的天气频道、隔夜送达的联邦快递,以及太阳马戏团的现场娱乐活动。太阳马戏团通过引入全新的客户群——成人和公司客户,这些人不仅不是传统马戏(如Ringling Brother)的顾客,并且愿意支付平常马戏票数倍的价钱来体验这种具有惊人视觉效果和星级质量的精湛杂技表演,彻底改造了马戏。美国在线汽车租赁公司Zipcar是当前正在使用蓝海战略打败汽车租赁行业中地位牢固的竞争对手的公司。它按小时或天(而不是按月)把车出租给那些交了年费的会员,这些会员交了年费之后就能进入遍布各大城市指定的便利停车场。通过允许25岁以下的驾驶员租车,以及锁定那些需要通过短期租车满足交通需求的城市居民为目标客户,Zipcar公司进入了租车行业中鲜有人至的领域,并一路快速发展。

蓝海战略为公司提供了大量的短期机会,但不能保证公司长期的成功,长期成功更多地取决于公司是否可以保护它开创的市场地位,并能维持它的先入优势。

第二节 跨国公司的公司层战略

一、公司层战略的分类

公司的国际战略仅仅是公司同时在两个或多个国家竞争的战略。一般地，一家公司通过进入一个或者一些国外市场开始国际竞争，在那些市场适宜的国家销售其产品或服务。但是，如果公司要更进一步国际化扩张，就必须承受面对本土化响应与从产品的全球标准化中获得效率这两者之间冲突的压力。决定竞争方法差异程度的，是能否适合每个东道国特定的市场环境以及消费者偏好，当在两个或者多个国外市场经营时，可能这是必须解决的最重要的战略问题。

公司为解决这一问题有五种选择，公司层战略主要包括全球战略、跨国战略、国际战略、多国本土化战略与地区战略。

(一)多国本土化战略

> **多国本土化战略**
> (multidomestic strategy)
> 特定国家里的业务单元可以独立制定和实施经营目标的战略。

多国本土化战略是一个为了满足购买者需求和适应不同的当地市场环境，公司提供各国不同的产品和使用各国不同的竞争方法的战略。这就要求工厂生产不同版本的产品来适应不同的当地市场，使营销和配送适合当地习惯、文化、制度以及市场需求。为了满足各国购买者的偏好和需求，并展现出相对于当地竞争对手而言最引人注目的市场地位，采用多国战略的优势是公司行动计划和经营方法是深思熟虑后制定的。润滑油专家嘉实多(Castrol)有限公司，生产超过 3000 种不同配方的润滑油，以满足不同气候、汽车类型的需求和使用，以及具有不同国家市场特征设备的使用。在食品公司，采用不同的原料，用本土化的品牌销售款式本土化的产品，以此迎合特定国家的需求和饮食偏好。

本质上，多国战略意味着使用“思维本土化，行动本土化”(think-local, act-local)方法制定国际战略。只有当决策分散，在本地管理者所负责的本国市场的战略制定和执行上，给予他们相当大的余地时，“思维本土化，行动本土化”方法才可行。授予当地管理者决策权，使他们能把竞争力聚焦，展现出他们专注于特定的市场需求，并快速响应当地需求的变化，相对于竞争对手而言令人羡慕的市场地位，及时回应竞争者的行动。

由于国家间人口、文化、市场环境的显著差异，因而本土化响应需求很高时，或者源于产品标准化的效率潜力比较有限时，用“思维本土化，行动本土化”方法制定战略是最合适的，例如，试想世界范围的冰箱使用和偏好的广泛差异。北欧居民想要大冰箱，因为他们往往一个星期去超市购物一次；南欧居民则更喜欢小冰箱，因为他们每天购物。在亚洲的部分地区，冰箱是地位的象征，并且可能放在客厅导致对设计时尚、颜色漂亮的产品偏爱。在印度明亮的蓝色和红色是流行的颜色；在其他亚洲国家，家庭房屋空间有限，许多冰箱只有 4 英尺高，因而冰箱顶部可以放东西。如果生产冰箱的最小有效规模较低，就没有理由放弃精确满足这些不同需求的收益，而用标准化的一刀切方式生产。尽管优势明显，但“思维本土化，行动本土化”的战略存在三大劣势：

(1)阻碍了公司的能力、知识以及其他资源的跨国转移，因为公司行动不是跨国整合或者协调，这可能使公司总体创新更少。

(2)由于设计和零部件的差异更大，缩短了每种产品版本的生产运行时间，增加了库存处理和物流配送的难度，导致生产成本和配送成本的增加。

(3)无助于建立单个的世界级竞争优势。当公司的竞争方式和提供的产品存在各国差异时，导致竞争优势的本质和大小往往不同。多国战略顶多能产生一组不同类型、不同程度的本土竞争优势。

(二)全球战略

> **全球战略**(global strategy)
> 在全球基础上制定商务目标和方向的战略方法。

在全球采用标准化的全球整合方法生产、包装、销售，以及配送公司的产品和服务。采用全球战略的公司在所有地方销售同样品牌的相同产品，在所有的国家使用非常相似的分销渠道，以相同的能力和营销方法为基础在全世界竞争。虽然公司的战略或产品可能有不同方式的轻微改变，以适应一些东道国的特殊环境，但是公司在世界范围的基本战略方法(低成本、差异化、最佳价值、集中化)保持得非常完整，并且当地的管理者严格追随这一全球战略。

思维全球化、行动全球化(think-global, act-local)的战略主题，促进公司的管理者整合和协调公司的全球战略举措，并且扩张到大部分购买需求巨大的国家。它把相当大的战略重点放在建立全球品牌，并积极抓住机会，把理念、新产品和能力从一个国家转移到另一个国家。全球战略以相对集中的价值链活动为特征，如生产和配送。例如，虽然可能有不止一个的生产工厂和配送中心来减小运输成本，但往往为数不多。当它们发展时，要获得全球战略的潜在效率就需要共享资源和最佳实践，整合价值链活动，把能力从一个地方转移到另一个地方，通过集中决策和总部的有力控制，最能促进这些目标的达成。

因为全球战略不能满足不同地方的需求，当标准化存在明显的效率收益，或者跨国或跨区域的购买者需求相对雷同时，全球战略是个合适的战略选择。由于规模经济和经验的积累(使公司的学习曲线进一步下降)而取得显著的低成本时，全球性的标准化和整合方法是特别有利的。如果公司可以以全球为基础有效复制成功的业务模式，或者通过高产出分散固定成本和风险，从而使公司从事更高水平的研发，那么全球战略就是有利的。这是对全球竞争的行业市场环境的合适反应。

福特的全球设计战略是公司"思维全球化、行动全球化"战略的一个举措。这涉及为满足当地国家排放和安全标准，需要开发和生产有限修改的标准化产品，福特的 2010 版假日型车嘉年华和 2011 版福特福克斯是公司第一次全球化设计，并在欧洲、北美、亚洲以及澳大利亚销售的车型。只要国家间的差异化小到适合放在同一个全球战略的框架下时，全球战略就比区域战略更受欢迎，因为公司能够更容易系统经营并集中建设各国统一的品牌形象和声誉。而且，使用全球战略的公司更能够集中资源确保持续的低成本，或者基于差异化竞争优势压倒国内外的竞争者。

然而，全球战略存在数个缺点：

(1)使公司不能像当地竞争者那样精确地满足当地需求；

(2)对当地市场环境变化、新机会或竞争威胁的响应敏捷度不够；

(3)抬升了运输成本,并可能涉及更高的关税;

(4)涉及更高的协调成本,因为管理一个全球一体化公司的任务更复杂。

(三)跨国战略

跨国战略(有时候称为"全球本地化")的制定吸收了全球化和局域化两种方法的元素。当存在相对较高的局部响应需求,以及通过标准化可实现相当客观的利润时,就需要这种中间战略。跨国战略鼓励公司"思维全球化,行动本土化",以此平衡这些竞争目标。

跨国战略

(transnational strategy)

公司将关键的活动转移到能最好地发挥作用的地区,同时兼顾提供满足当地需求的产品和服务的战略方法。

通常,公司会有效率地解决当地偏好的、半标准化方式的大规模定制技术来执行跨国战略。麦当劳和肯德基在不同国家都发明了数种定制菜单,并无损于成本、产品质量以及经营效率。巴黎迪士尼乐园第一次开放时,迪士尼就已经感受到,将全球化方法使用在国际主题公园可能无效。公司从此后一直使其战略元素去适应当地偏好,即使其战略的很多地方仍然源于全球化应用方案。奥的斯电梯(Otis Elevator)发现,在当地需求差异化大的国家竞争时,比如在中国,跨国战略实现了比全球战略更好的效果。2000 年,公司从单一品牌转换为以服务不同细分市场为目的的多品牌战略。到 2009 年,奥的斯电梯在中国已经拥有双倍的市场份额,收入则增长了 6 倍。

通常,大多数跨国经营的公司竭力采用正如客户所需和市场环境许可的全球化战略。艺电有限公司(Electronic Arts)拥有两个主要的设计工作室(一个在不列颠哥伦比亚省的温哥华,另一个在洛杉矶),以及在旧金山、奥兰多、伦敦和东京的更小的工作室,这种分散的设计工作室帮助艺电有限公司为不同文化量身设计游戏。例如,伦敦工作室领衔设计了符合欧洲消费者偏好的 FIFA 足球流行游戏,并复制了体育场馆、相关标志以及球队名册;美国工作室带头设计的游戏包括 NFL 足球、NBA 篮球以及 NASCAR 赛车。

跨国战略比其他战略更有助于转移和利用辅助的技能和能力。但是,像其他国际竞争方式一样,跨国战略也有明显的缺点:

(1)是所有多国战略中最难执行的战略,因为不同情景条件下的战略元素增加了战略的复杂性。

(2)由于同时追求矛盾的目标,因此需要大量的组织活动。

(3)执行跨国战略可能代价不菲且耗时,结果则不确定。

表 8-1 多国战略、全球战略和跨国战略的优缺点

战　略	优　点	缺　点
多国战略 (思维本土化,行动本土化)	· 能够更加精确地满足每个市场的特定需求 · 能够根据需要对本土市场的变化快速响应 · 能对当地竞争对手的行动做出攻击反应 · 能够对当地的机会和威胁更快响应	· 阻碍资源和能力的共享和跨市场转移 · 更高的生产和配送成本 · 不利于形成世界级的竞争优势

续表

战　略	优　点	缺　点
全球战略 (思维全球化,行动全球化)	·规模经济成本更低 ·更高的效率,因为有能力跨市场转移最佳实践 ·全球品牌和声望的优势	·不能精确满足当地需求 ·对当地市场环境变化的响应更少 ·更高的协调和整合成本
跨国战略 (思维全球化,行动本土化)	·提供了当地响应和全球整合两种战略的优势 ·使资源和能力能够跨国转移与共享 ·提供了灵活协调的好处	·更加复杂和更难执行 ·冲突的目标可能难以协调并可能需要平衡 ·执行代价更大且耗时

(四)区域性战略

尽管在宣传方面大做文章,全球战略和跨国战略并不一定就是跨国公司的最佳选择。事实上,有时跨国公司很难确定它们应该对当地需求作出怎样的反应。在全球市场中,人们对某些产品的需求是一致的(适合采用全球战略),面对另一些产品的需求则存在差异(适合采用多国本土化战略)。

实际上,有些被认为是在全球进行竞争的跨国公司,可能最好采用区域性战略。地区战略允许管理者在某一地理区域(如南美洲)制定决策、设立目标、满足客户需求。地区战略也会通过平衡区域内的区位优势来追求效率和规模经济。例如,在某一区域内把生产线放在劳动力成本低的国家,可以使生产成本最小化。

区域性战略(regional strategy)　允许管理者在一定区域内自由决策、设立目标满足客户需求的战略方法。

地区战略针对不同地区采用差异化战略,特定地区一般由多个国家组成,区域内不同国家消费者对于产品或服务的偏好相同或相近。

(五)国际化战略

国际化战略适用于全球整合需求偏低,且当地快速反应需求偏低的情况,是一种混合战略。

当公司产品和服务面临的定制压力和降低成本的压力都较小时,它们会倾向于采用国际化战略(也称为出口战略或本土复制战略)。公司在任何地方销售相同或相似的产品,这些产品通常是在本国开发的。事实上,它们通常将所有的开发放在本国市场,而在重要的外国市场建立制造、营销或分销设施,总部对运营和决策保持控制。

国际战略适用于竞争对手较少、公司能够提供独特设备或产品的产业,所服务的市场虽然很多,但市场需求相同或相似,事实上,刚刚开始国际化的公司往往采取这一战略,向海外销售它们为本国市场开发的产品,这些公司通常拥有独特产品并且竞争对手很少。例如,哈雷机车以其标志性产品而知名,它在美国重型机车市场上占有主导地位,其销售收入中的70%来自美国市场。近年来,哈雷机车在多个海外市场上销售其产品。例如在印度市场上销售其12种价格最高的车型,市场上根本没有竞争对手。20世纪二三十年代,宝洁公司在国际化初期也采用了这一战略,当时它所有的产品首先在辛辛那提生产,然后出口海外,如今宝洁面临着比过去更有力的竞争对手,已经放弃了国际化战略。

今天，仍然有许多公司继续采用国际化战略，它们通常在非常专业的利基市场上占有主导地位。例如，德国有许多制造公司拥有独特的技能，专长于特工业设备的开发和生产。这些公司雇用全球最优秀的专家，成功地将机械工程技术与复杂的信息技术系统结合起来。这些结合的能力是竞争对手很难复制的。这种地位让德国公司可以不必过于在意成本控制，有助于保持德国的高工资和高福利。像巴西、中国和印度的许多公司也开始向这些德国公司订货以满足对设备的要求。例如德国光伏公司 Centrotherm 制造世界上最好的太阳能电池生产线，现已成为中国亚洲硅业公司的主要设备。德国 Kuka 公司的工业机器人则广泛用于汽车配件生产。

二、公司层战略选择的考虑因素

国际战略管理的首要问题在于全球性、区域性或本土化之间的抉择。一般来说，可以简化为全球一体化需求与当地快速反应之间的冲突。

1.全球一体化需求指的是在全球范围内通过统一的生产与配送相同类型、相同质量的产品或服务。首先，对于跨国公司而言，品位与偏好相同或相近的消费者与日俱增，并促成了全球范围的消费主义。举例来说，在北美洲、欧洲和亚洲，消费者对于特定标准化产品的需求不断增长；以私人用车与个人电脑为例，在标准化生产的同时提供有限的私人化、个性化定制，满足了全球一般消费者的需求。其次，跨国公司可以通过全球性一体化实行大规模个性化定制生产，从而实现经济效益。然而，专注于全球一体化需求的跨国公司无法满足当地快速反应需求。

2.本土化需求，又称当地快速反应需求，指的是公司需要在了解不同的细分地域市场的消费者品味偏好的同时，应对当地政府与机构标准与法律规范。比如，在私人用车的设计上，不论是皮卡车或是 SUV，不同地区的消费者对于车内空间、马力强度与舒适度有不同偏好，甚至是对于储物空间与车内杯架的需求都存在差异。

全球一体化需求与当地快速反应需求之间的关系可以通过图 8-3 说明。

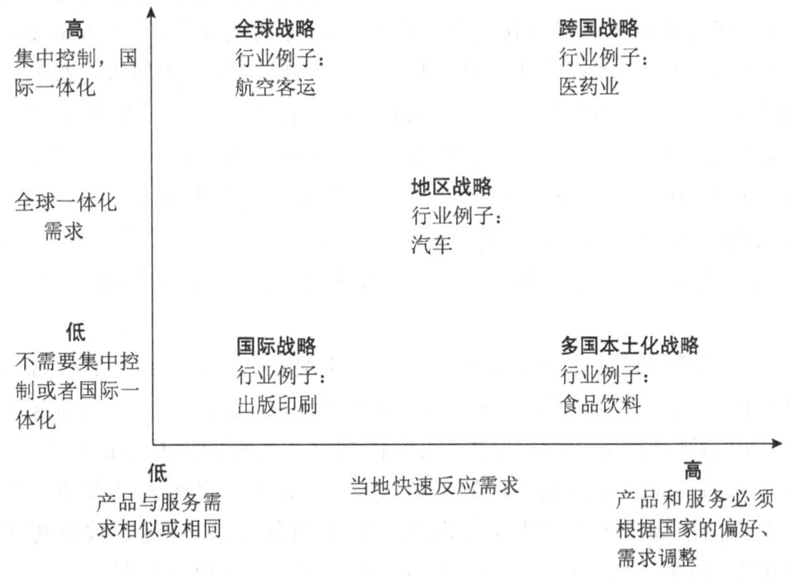

图 8-3　国际战略：本土化和全球化的压力

纵轴用于表示全球一体化需求,越往上移动代表全球一体化需求越高。一方面,对于在全球范围内销售产品与服务的公司而言,关注全球一体化需求能带来规模效益并且能有效降低单位成本。上述经济效益需要通过集中价值链上的特定活动,比如集中生产制造来实现。另一方面,充分关注全球一体化需求的公司,还能从协调与控制不同地理区域之间的各项价值链活动中获益。

横轴代表当地快速反应的需求,包括跨国公司针对特定国家的需求做出调整或差异化程度。关注本土化需求要求跨国公司满足当地消费者偏好和政府法律法规的要求。一方面,为了充分满足本土化需求,价值链活动可能在不同地理区域中进行。另一方面,对于跨国公司而言,协调与控制活动也是相对分散的。

3.公司层战略的选择

图 8-3 标明了五种主要的跨国公司公司层战略类型,特定战略所在的位置代表它在多大程度上满足了全球一体化需求或当地快速反应需求。

(1)左上角为全球战略,当跨国公司所在行业的一体化需求高,并且消费者对公司所提供的产品或服务需求相似或相同时,一般采用全球战略。采用全球战略的公司一般集中在建筑与采矿机械、工业化学用品、科学度量仪器、引擎与有色金属等行业。

(2)右下角为多国本土化战略,与全球化战略相反,当消费者对跨国公司所提供的产品或服务需求与偏好差异较大,并且所在行业的一体化需求低时,一般采用多国本土化战略。实施多国本土化战略的公司为了配合消费者的多样化需求,通过调整产品或服务来满足特征与偏好差异较大的消费者群体。因为全球一体化需求对他们而言并不重要,这些公司通常并不追求大规模的生产和经营活动。采用多国本土化战略的公司一般集中在饮料、食品与家用电器等行业。

(3)左下角为国际战略,当跨国公司所在行业的一体化需求低,并且消费者对公司所提供的产品或服务需求相似或相同时,一般采用国际战略。对于实施该战略的跨国公司而言,无论是实现大规模生产经营还是落实产品或服务的差异化,都不太重要。国际战略一般适用于与日俱增的全球标准化产品与服务。因为跨国公司实施国际战略时并不需要针对特定国家来调整自己的价值链活动,所以通常不存在集中的品质控制或集中战略决策过程。国际战略一般适用于钢铁、机械、造纸、纺织与印刷行业。目前,采用国际战略的跨国公司越来越少,因为大部分行业、产品或服务都面临着越来越多的全球一体化需求或本土化需求,或同时需要兼顾全球一体化和本土化需求。对于跨国公司来说,可能在一段时间里实施国际战略,然而绝大部分时候,运用其他类型的公司层战略是更为普遍的情况。

(4)右上角为跨国战略,适用于全球一体化需求高,并且不同国家消费者偏好差异大的情况。对跨国公司来说,当需要同时满足高度集中生产的需求,并需要根据不同地区的消费者偏好采用不同营销方式时,通常采用跨国战略。实施跨国战略的行业范例有医药、农药与家庭日用品行业。在实施跨国战略的过程中,对于公司而言最大的文化挑战在于如何在放眼全球的前提下聚焦于本土化需求。对跨国公司而言,运营数量更少的大型工厂会使成本更低,因为大型工厂在人工、设备、效用、补给、维护和融资上都更加省钱。对于实施跨国战略的公司而言,需要同时满足全球一体化与本土化需求很可能带来各种文化和利益上的冲突,以及管理上的困难。

以宝洁公司为例,除了业务范围横跨美妆,男士理容剃须,健康护理,婴儿护理、女性护理和家庭护理,织物和家居护理等品类;区域市场的多样化也给公司层战略选择带来挑战。如何平衡总部控制权与区域分部的自主权,是宝洁公司一直以来的长期课题。一方面,总部需要集中资源减少重复劳动,从而更好地实现销售、综合和行政成本的削减;另一方面,为了更好地满足特定区域目标消费群体的偏好,总部需要将更多研发权限交给区域分部从而促进产品创新。

(5)对于跨国公司而言,还有一种公司层战略选择是地区战略。在实施区域战略的过程中,跨国公司给予区域经理制定决策、设置目标并针对区域内消费者需求做出相应调整的权利。当一定地理范围内的国家消费者偏好相同或相似时,跨国公司可以通过提供统一的产品与服务并通过相同的销售方式与推广方式来满足区域内绝大部分国家的消费者需求。

4.公司层战略带来竞争优势的前提

特定公司层战略的选择是否能为跨国公司带来竞争优势,在很大程度上与竞争对手的选择有关;只有当竞争对手采用的战略与行业特征不匹配时,采用与行业特征相匹配公司层战略的跨国公司才能从正确的战略选择中获得竞争优势。下面我们将以行业本土化压力高的餐饮品牌为例,说明采用多国本土化策略在西式快餐品牌的竞争中无法提供竞争优势的原因。

首先,肯德基早在 2002 年就在中国推出了“寒稻香蘑饭”,成为进入中国内地的西式快餐中第一个推出米饭的品牌。此后,肯德基又陆续推出了海鲜蛋花粥、油条、烧饼、盖浇饭等中式食物,目前肯德基的早餐页面有将近一半的菜品都属于中式菜品。

其次,麦当劳从 2016 年 2 月 24 日开始,为了满足中国消费者的口味需求,在早餐中加入了粥和馒头。无论是从产品命名还是材料选用上,麦当劳这次的早餐新品都非常本土化。首次推出的粥类新品名为“谷物鸡肉麦鲜粥”,添加了薏米、红芸豆、燕麦、鸡蛋等食材。同时期,麦当劳还推出了一款类似炸小面包产品——“金馒头”的早餐产品。这两款食品都作为长期产品在早餐供应时段——上午 10 点半前在中国大陆的麦当劳门店出售。无独有偶,2017 年 8 月 8 日,在庆祝新公司成立当天,麦当劳中国第一次推出了中式糕点——定胜糕,在中国大陆的绝大部分门店,只要顾客消费满 8.8 元即可免费获得一枚粉色糕点。

最后,即便是姗姗来迟的汉堡王,菜单上除了经典的皇堡三明治、薯条和洋葱圈,顾客还能品尝到融合各种中国元素的产品,比如添加四川麻辣酱的皇堡辣三明治、炫辣鸡腿汉堡、嫩烤鸡腿堡以及中式五香口味的辣鸡翅等。

综上所述,构成竞争优势的前提是跨国公司具备竞争对手难以模仿的技能,然而对于西式快餐品牌而言,推出中式食物已是业界共识,因此这一战略选择并不能为特定西式快餐品牌创造竞争优势。虽然多国本土化策略是与餐饮行业特征相匹配的做法,但是先后推出中国化产品的肯德基和麦当劳,以及他们共同的竞争对手汉堡王,都在菜单设计上采用了多国本土化策略,产品贴近中国顾客口味,因而多国本土化策略无法为其中某一品牌创造独特竞争力。

三、适用于小型公司的国际战略

(一)小公司的特征

一方面，以制造业为例，员工人数少于500人的公司通常被界定为小公司。除了员工人数外，小公司还在营业收入等财力资源或管理人才上有比较大的局限性。另一方面，相较于大型公司，小公司在战略制定的灵活性与反应速度上均具有显著优势，决策程序相对简单并且新的想法更容易快速实现。

一般而言，小公司由于自身资源有限，通常专注于国内市场的业务开拓与增长，而无暇顾及海外市场的发展。对于小公司来说，为了获得海外市场的成功，通常需要来自人才或资金方面的外部支援。然而，为了获得外部资金注入，小公司可能不得不让渡部分的公司控制权；或者，在有限财务资源的前提下，小公司可能为了有效开拓海外市场而投入大量资金，因而对国内业务的正常运转与发展产生负面影响。

(二)适用于小型公司的国际战略

对于成功开拓海外市场的小型制造类公司而言，针对特定目标市场推出具备独特性的产品是普遍有效的做法。对于小公司来说，基于产品的高度差异化、更低的管理费用、容易沟通的管理层以及快速的决策过程，有可能在海外市场的竞争中打败同行业的大型跨国公司。下面我们将介绍一家日本制造类公司，并说明它如何在国内市场与海外市场获得成功。

2014年第30期《环球人物》报道了一家日本制造类公司：株式会社 A-one 精密。这家1970年成立的公司只用13名员工，就在日本实现了60%的市场占有率，并在创始人梅原经营的37年中一直保持着超过35%的毛利率。公司成立之初，一直在与石油危机、日元大幅升值、泡沫经济破灭等困难作斗争。最终，其生产的弹簧夹头与凸轮在日本市场取得了压倒性的占有率，这家小公司长盛不衰主要有以下四方面原因。

首先，在确保质量的同时快速反应。一方面，大公司需要一周或两周完成的订单，在 A-one 精密只需要1～3天。当天下午3点前接收的订货，70%都可以在当天内完成并配送。A-one 精密能够做到超短期交货的秘诀是，全体员工都有销售意识。接到订单电话能够马上安排操作，给对方下订单，拟定合同，确保工厂立刻开始生产。另一方面，制造行业讲究慢工出细活，如果产品质量不好，交货期再短也不会有人来订货。A-one 精密这方面做得更好，从未收到过投诉。曾经有个世界级大公司的副总，特意跑到 A-one 精密的工厂考察："你们用了什么神秘的机器？" 创始人梅原说："其实我们就是用其他公司两倍以上的时间提高产品品质。"该公司甚至不检查成品，按照梅原的理论，只要严格经过每道工序，产出的就是高质量的产品。出色的弹簧性，耐磨耗性，芯片的精度都是必需的要求。柯莱特卡盘从加工到热处理的每一个环节，公司都要求高精密度的操作。并且，做到了其他公司不可能模仿的低成本投入、高速交货。

其次，注重沟通效率。A-one 精密接收订单不是依赖网络，而是传统的电话或传真。总部接到传真订单后，员工会马上打电话确认，然后把订单传真到工厂。工厂确认传真后，马上把它送到作业现场。现场负责人立即跑到器材部，选出材料设置到机器上开始作业，整个过程不到5分钟。在这个过程中，A-one 精密人少的优势也体现无疑。因为人少，公司正式会议一年加起来不超过30分钟，很多交流都在现场直接沟通，沟通好马上执行。

再次，保持员工积极性。2003 年，A-one 精密在大阪证券交易所上市，员工人数有所增加，目前有员工 110 人。为了确保员工的积极性，梅原把自己的股票分给员工们，连附近来兼职的主妇们也一样高高兴兴地分得股票。“很多经营者都觉得，员工要先为公司卖命，公司才去重视他们。这是错的，顺序应该反过来。”梅原说。A-one 精密一律实行终身雇佣制，不需要打卡，也从不让员工加班。“员工是看着老板的背影干活的，领导得先问自己做得够不够。如果有人偷懒，那是老板的责任。领导们认真干活，员工自然会跟着努力。”

最后，努力提升工作环境，保障员工权益。在工厂里，梅原特意使用跟超市亮度一样的荧光灯，比其他公司亮许多。“当然这样电费更高，但亮点的灯会让员工的眼睛不那么疲累，这并不是没用的花销。”每当有股东提出削减工资等建议，梅原也会与他斗争到底，“真正为公司带来利益的，是一天到晚工作的员工，而不是股东”。在梅原的影响下，A-one 精密的工作氛围非常轻松，梅原偶尔到工厂转转，员工们也不会紧张。相反，经常有员工非常自然地塞给梅原一个箱子，请他帮忙带回总部。

第三节　公司现状评估

公司的现状评估，包括两个方面，一方面是公司所在行业的竞争条件，即外部环境因素分析，另一方面是公司的资源和组织能力，即内部环境因素分析。对公司的外部环境和内部环境的有效诊断，是管理者成功地制定国际战略的先决条件，见图 8-4。

图 8-4　通过战略性环境因素分析以选择公司的战略

一、外部环境分析

（一）宏观环境分析

所有公司都是在由六个主要因素构成的宏观环境中运营，这些组成因素包括：政治因素、经济因素（当地的、国家的、区域的、全球的）、社会文化因素、技术因素、环境因素（关于自然环境）和法律/法规因素。这些构成因素中的每一个都可能影响公司当前的行业和竞争环境，其中有一些因素的影响力会更大一些。通常会采用 PESTEL 分析模型来分析这六个影响因素的作用，见图 8-5。

由于宏观环境影响因素以不同的方式和不同的程度影响不同行业，对管理者来说，判断哪些是公司边界之外的与战略相关的影响因素是很重要的。战略相关因素是指会对公司长期发展方向、目标、战略和商业模式的决策产生影响的因素。外围因素对公司战略选择的影响范围可以从大到小，尽管这些因素改变相对缓慢或对公司经营环境的影响比较有限，但仍然值得对这些因素保持警觉。

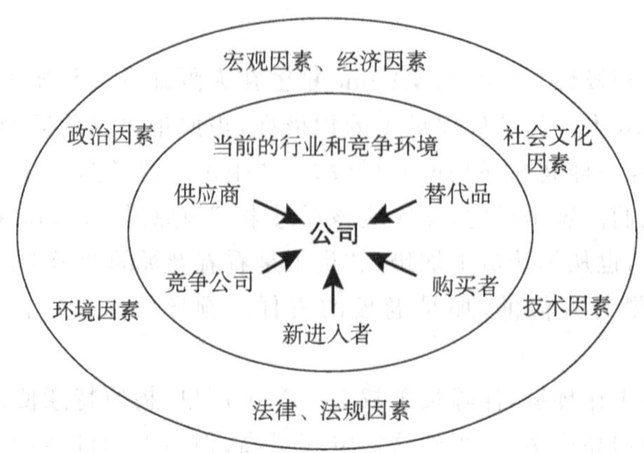

图 8-5　公司宏观环境的组成要素

(二)行业竞争分析

不同公司在各自行业中发挥作用的竞争力特征、组合状况以及细微差别各不相同。用于系统诊断行业或者市场主要竞争力、分析各种竞争力强度及重要性的最强大和最广泛的使用工具，就是迈克尔·波特提出的五力模型。该模型认为一个行业中竞争态势是存在于行业中的五种力量作用的组合。这五种力量包括：①现有竞争者之间的竞争；②潜在新进入者的竞争；③其他行业中替代品的竞争；④供应商的讨价还价能力；⑤购买者讨价还价的能力，见图 8-6。

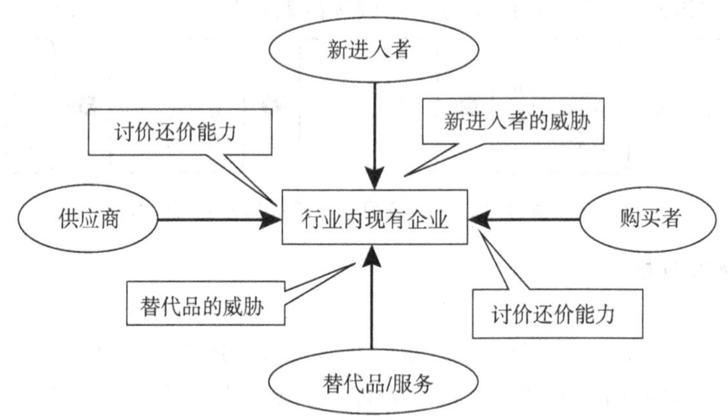

图 8-6　行业竞争分析的五力模型

运用五力模型来确定一个行业竞争状况时，一般通过三个步骤来分析：第一步是辨别与五种力量中的每一种相关的和特定的竞争力；第二步是由五种力量构成的行业竞争的强度(激烈、适中、较弱)；第三步是判断五种力量整合起来能否为行业带来具有吸引力的利润。

(1)现有竞争者之间的竞争。当竞争强度很大时，争夺国际市场份额的竞争就非常激烈，以至于行业内公司对边际利润的争夺达到白热化的状态；当竞争强度适中时，竞争更有活力、更加健康，允许行业中的大多数公司赚取可接受的利润；当竞争强度很弱时，行业中的大多数公司都相对比较满意它们的销售增长和国际市场份额，很少采取进攻性策略来争夺竞争对手的顾客，较低的竞争压力使得利润和投资回报保持良好。

(2)与新进入者威胁相关的竞争压力。在国际市场上，当新进入者很难进入市场以及行业的经济性让新进入者处于劣势时，进入壁垒就会建立起来。需要特别注意的是限制性的政策和规则，因为在国际市场，东道国政府通常限制外国公司进入，并且必须审批所有的外国投资申请。中央政府一般运用关税和贸易限制(反倾销法规、本土化要求、配额等)，来提高外国公司的进入壁垒，以保护国内生产者免受外来公司的竞争。

但是，某些类型的公司，如那些拥有规模较大的金融资源、强大竞争能力和响亮品牌的公司，即使进入壁垒很高也可能有能力进入一个行业。例如，当本田准备进入美国割草机市场时，面对诸多强有力的竞争者，它轻易就克服了那些可能是其他新进入者的进入壁垒，因为其在汽油发动机方面拥有专长、高品质的声誉、汽车拥有耐久性等，这些能提高产品的可信度。

(3)来自替代品经销商的竞争压力。在评估来自替代品的压力时，公司管理者必须定义替代品，这包含：确定行业边界在哪里，找出行业成员生产的哪些产品和服务能够满足与之相同的顾客基本需求。确定行业边界对于弄清楚哪些公司是直接竞争者，哪些是生产替代品的公司非常重要。替代品的价格越低、质量越好、使用者的转换成本越小，替代品所带来的竞争压力就越大。

(4)来自供应商议价能力的竞争压力。来自行业供应商的竞争压力的大小，取决于供应商是否有足够的议价能力来获取有利于自身的条款和条件。议价能力强的供应商能够通过定价更高、将成本转移给行业内公司和限制其找到更好经销商的机会来赚取大额利润。例如，微软和英特尔为电脑制造商提供消费者认为重要的产品，它们运用自己在市场上的能力，向电脑制造商索取额外费用并用其他方法来左右这些电脑制造商。微软要求电脑制造商制造的电脑只能装微软的软件，并且要求电脑如果带有厂家的软件，微软必须出现在主要位置。英特尔给在电脑外包装上标出英特尔标志的厂家以广告津贴，以此来促进英特尔微处理器的销售。

(5)来自购买者议价能力和价格敏感性的竞争压力。购买者能否对行业内公司产生很强的议价能力取决于：购买者拥有多大的议价能力，购买者在多大程度上是价格敏感的。分析来自购买者的议价能力首先就要根据价值链定义不同类型的购买者，然后分析每种购买者的议价能力和价格敏感度。承认不是行业中的所有购买者都拥有同样的针对卖家的议价能力是很重要的，一些购买者对价格、质量和服务的差异可能没有那么敏感。例如，大的零售商梅西百货，对服装制造商有很强的议价能力。对比之下，当卖给规模较小的个人所有的服装精品店时，制造商能开出更高的价格。

没有吸引力行业典型的竞争状况就是这五种竞争力都产生了巨大的竞争压力。然而，即使这五种竞争力不是都很强，这个行业也可能没有吸引力。事实上，五种竞争力中的一种就足以产生激烈的竞争压力来破坏行业利润和迫使一些公司退出这个行业。

按照五力模型对公司的竞争状况进行评估，不仅可以帮助国际战略制定者评价当前的竞争激烈强度是否能带来高回报率，同时还能激发战略思维使公司的国际战略能够更好地适应行业和国际市场的竞争特征(见表 8-2)。要使公司的国际战略能够有效应对竞争压力与竞争环境，一方面需要寻求途径使公司尽可能避免遭到主要竞争力的威胁，另一方面要主动发起行动，通过改变驱动五种竞争力背后的根本因素来改变五种竞争的压力，使之符合公司的利益。

表 8-2　波特五力模型与一般战略的关系

行业内的五种力量	一般战略		
	成本领先战略	产品差异化战略	集中战略
进入障碍	具备杀价能力以阻止潜在对手的进入	培育顾客忠诚度以挫伤潜在进入者的信心	通过集中战略建立核心竞争能力以阻止潜在对手的进入
买方砍价能力	具备向买家出更低价格的能力	因为选择范围小而削弱了大买家的谈判能力	因为没有选择范围使大买家丧失谈判能力
供方砍价能力	更好地抑制大卖家的砍价能力	更好地将供方的涨价部分转嫁给顾客方	进货量低，供方砍价能力就高，但集中差异化的公司能更好地将供方的涨价部分转嫁出去
替代品的威胁	能够利用低价抵御替代品	顾客习惯于一种独特的产品或服务因而降低了替代品的威胁	特殊的产品和核心能力能够防止替代品的威胁
行业内对手的竞争	能够更好地进行价格竞争	品牌忠诚度能使顾客不理睬你的竞争对手	竞争对手无法满足集中差异化顾客的需求

二、内部环境分析

内部战略要素是最能反映企业的基本能力和约束条件，能使本企业区别于其他企业，能影响企业战略方向的那些内部因素。常用的方法包括：功能分析法、价值链分析法、资源分析法、缺口分析法。

(1)功能分析法。一种比较传统的内部能力分析方法。首先按管理功能对企业活动进行分类，然后再按功能类别对各功能内的因素进行逐项分析，如采购功能、制造功能、营销功能、财务功能、人力资源功能、信息技术功能、控制系统功能，从而发现影响企业最终成功的内部战略要素。

(2)价值链分析法。企业是一系列活动的集合体，每一项活动都会产生成本，企业出售产品(服务)价格比所有活动的叠加成本高时，企业就可以获利。企业的竞争优势来源于企业能比竞争对手更便宜、更有效地完成那些具有战略意义的价值创造活动(见图 8-7)。将企业在向用户提供产品过程中的一系列活动，按发生的时间顺序和对产品实体构成的作用，划分为在战略上相互关联的活动类，根据它们对形成企业价值的作用来理解企业的成本变化及引起变化的原因和方法。

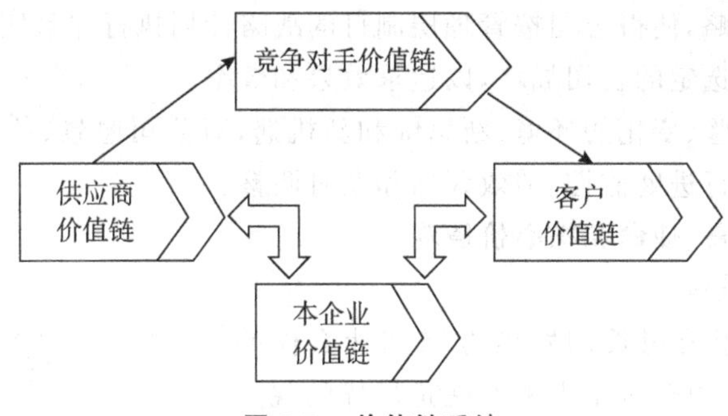

图 8-7 价值链系统

(3)资源分析法。通过对企业资源状态的分析,比如现有资源、资源利用情况、资源灵活性、资源平衡性、战略适应性,了解企业在资源上表现的优势和劣势,从而发现在资源使用上需要进行的调整。资源清单包括:企业管理力量、企业职工、市场和营销、财务、生产、设施和设备状况、企业的组织、企业形象和企业外部环境的关系。

(4)缺口分析法。试图用定量方法来分析企业内部能力,特别是内部能力的平衡情况以及对实现战略计划的影响(见图 8-8)。

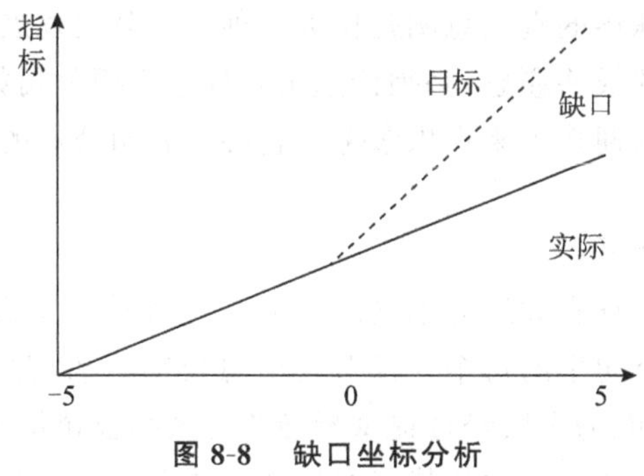

图 8-8 缺口坐标分析

缺口的大小反映了某一活动方面存在问题的程度,通过指标反映企业的整体经营轮廓。

第四节 国际战略的制定和执行过程

制定和执行战略是管理一家公司的核心和灵魂。公司必须制定与其竞争特点相符的国际战略。接下来的内容中,我们将会概述公司战略制定和执行的来龙去脉。特别关注到管理者在确定方向方面的职责——制定战略过程、确定业绩目标以及选择能够产生预期效果的战略。同时也将解释为什么战略制定是公司整个管理团队的任务,以及讨论哪种层级的管理者应该制定哪些类型战略。

国际市场上的公司千差万别,但在多数情况下,管理者都会按照以下几个步骤来制定及执行国际战略。

(1)确立公司长期方向的战略愿景,描述公司目标的使命陈述,以及引导公司追求该愿景和使命的一套核心价值观。

(2)设定目标以衡量公司业绩,并衡量公司实现长期发展方向的进度。

(3)制定一个战略，使得公司按管理层制订的战略计划执行并且实现目标。

(4)实施并执行选定的公司战略，以追求效果和效率。

(5)根据实际经验、变化的环境、新思维和新机遇，对公司愿景、使命陈述、目标、战略和战略执行方式，进行进度监控、绩效评估和及时调整。

一、确立战略愿景、使命和核心价值观

(一)确立战略愿景

> **愿景(vision)**
>
> 由组织内部的成员所制订，由团队讨论，获得组织一致的共识，形成大家愿意全力以赴的未来方向。

高层管理者关于公司长期发展方向和什么样的“产品—市场—顾客”组合对于未来发展是最优的观点和结论，构成了公司的战略愿景(strategic vision)。因此，战略愿景描绘了管理者对于公司未来的愿望，提供了“我们要去哪里”的全貌，并为这个“目的地”为什么能为公司带来良好的商业价值提供了一个有说服力的理论基础。战略愿景为公司指明了特定的方向，描绘了公司未来发展的战略蓝图，并做出了对未来行动方向的承诺。

一个表达清晰的战略愿景能将管理层的愿望准确地传递给股东，并且激发公司员工齐心协力地工作。愿景陈述的真正意图是作为一种指引公司发展方向的管理工具。作为一种有价值的管理工具的战略愿景，必须传达出管理层希望公司如何发展，以及为管理者制定战略决策和引领公司迎接未来提供参考。它必须表明公司的领导者希望公司超越今天的发展实现什么定位。

(二)传达和沟通战略愿景

除非一个战略愿景能够有效地与不同层级的管理者和员工进行沟通，否则它对公司没有什么价值。只有当公司里的每个人都对这个愿景很熟悉，并且理解高层管理者通过愿景传递的承诺时，它才能为中层经理提供指导并且激励公司员工。

管理人员为一个新的变动较大的战略愿景和公司方向提供令人信服的理由是非常重要的。当公司员工不理解或不接受公司重新确定方向的必要性时，他们容易抵触这种改变。因此，说明确定新方向的根据，重视员工的担忧，解释顾虑、鼓舞士气并且提供重新确定方向的来龙去脉，都是为愿景赢得更大支持和承诺的必要行动的一部分。

让愿景赢得组织成员的支持，总是意味着要回答“我们要去哪里和为什么要去那里”，使愿景在整个组织内传播，同时需要管理者站出来解释愿景并且向更多的人证明其合理性和可行性。理想之中，公司管理人员应该以一种富有吸引力、想象力和感召力的语言来呈现公司的战略愿景。管理层把组织将去往何处的愿景变成朗朗上口或易于记忆的口号，将有助于愿景更有效传达给组织成员。例如：

李维斯：“我们将通过在世界上销售最有吸引力、最广泛穿着的休闲服饰来覆盖全世界。”

耐克：“将创新和灵感带给世界上的每位运动员。”

Mayo 诊所：“每天给予每位病人最好的照顾。”

伦敦警察厅：“使伦敦成为世界上最安全的城市。”

通用电器：“使世界更光明。”

综上所述，一个深思熟虑、有力传达的战略愿景将在以下方面发挥作用：①凝聚了高层管理人员关于公司长期发展方向的观点；②减少了群龙无首的决策风险；③是赢得组织成员支持从而将愿景变为现实的工具；④为低层级的经理设定与公司全局战略保持同步的部门目标和制定部门战略提供了参考；⑤帮助组织为将来做准备。

（三）确立公司的使命陈述

使命陈述(mission statement)　简洁概括公司的主要价值观和总体目标。

战略愿景是关于公司未来的战略方向，与此相反，使命陈述描述了公司现在的业务和目标——“我们是谁，要做什么，以及我们为什么在这里”，它是纯描述性的。理想的情况是，公司的使命陈述：①定义了公司的产品/服务；②指明了它希望满足的那部分顾客群体需求和公司希望服务的市场；③塑造了组织特性。

我们不难发现，出现在公司年报或者公司网站上的那些使命陈述往往非常简洁，例如：

微软：“致力于提供使工作、学习、生活更加方便、丰富的个人电脑软件。”

谷歌：“整合全球信息，使人人皆可访问并从中受益。”

（四）联系战略愿景、使命与公司价值

公司价值是管理层决定用以引导公司追求其愿景和使命的信念、特征和行为规范。它通常与公平、诚信、道德规范、创新、合作、一流质量、卓越顾客服务、社会责任和社区公民职责等事情有关。很多公司都已经确立了公司的价值陈述，来强调那些它们希望反映在公司运营和员工行为上的价值。公司价值陈述一般包含 4 至 8 个反映公司员工面貌和公司如何经营业务的核心价值。例如，致力于成为世界领先的家居建材用品零售商的家得宝，公司价值包括 8 个方面——创业精神、卓越顾客服务、回馈社区、尊重人、做对的事情、照顾人、强化关系和创造股东价值。

那么，公司真的会实践它们所宣传的价值吗？有时会，有时不会，它涉及的范围很广。一个极端的例子就是，有些公司的价值观是用来装饰门面的，高层管理者制定的价值观并没有影响公司员工的行为和公司运营。这些公司之所以拥有使命陈述，是因为这个概念很流行而且能使公司看起来不错。另一个极端是，公司高层致力于用正确的价值观和原则来运营公司，这些公司的高管会刻意将核心价值嵌入公司文化中，这样核心价值就变成公司 DNA 不可分割的一部分，成为其标记。在这种以价值驱动的公司，高管“边做边说”，公司员工亦见贤思齐。

在那些公司战略陈述真正发挥作用而不是装点门面的公司，公司管理者采用下列两种方式中的一种，把价值同愿景和使命连接起来。在那些历史悠久，并已确立价值观的公司中，管理者会努力地制定与公司价值相匹配的愿景、使命和战略。有时需要重新解释基于价值的行为规范是如何促进公司的经营成功的。如果这个公司改变了愿景或战略，管理者就会努力解释它们与核心价值仍然是紧密相关的。在新建公司或者价值观尚不明确的公司中，高层管理者会考虑哪些价值、信念和经营原则将有助于推动公司发展，然后将它们草拟成适合公司发展的价值陈述，在管理者和员工之间流通，进行讨论和修改。最终的价值陈述与战略愿景和使命相联系，并反映了公司想要拥有的信念和原则，这样的价值陈述才会被正式采用。一些公司把愿景、使命和价值结合成为单一陈述或文件，提供给所有组织成员，并常常将愿景、使命和价值陈述放在公司网站上。

二、设定目标

设立目标的目的是将战略愿景和使命转化为明确的绩效目标。目标反映了基于变化的行业经济、竞争环境和公司内部能力，以及管理者对公司的期望。表达清晰的目标应该是可量化或可衡量的，包含了完成目标的截止期限。正如惠普的联合创始人比尔·休利特(Bill Hewlett)敏锐地观察到，“你不能管理那些你根本无法测量的东西，只有被测量过的东西才能被做好”。具体来说，可衡量的目标更具有管理价值，因为它们使整个组织齐心协力步调一致，并且可把这些目标作为标准来追踪公司的绩效和成果，同时激励员工更加努力并且表现出高水准。

(一)设定高远目标的必要性

大多数公司和管理者的经验表明，创造公司卓越绩效的最好方式之一就是制定一个足够高远的、能够激发组织竭尽全力并且实现最好结果的绩效目标。绩效目标向公司员工提出挑战，使之全力以赴并取得理想的绩效，并会推动一个公司更加善于创造，在提高公司财务绩效和市场地位方面展现出紧迫性，在行动上更加有目的性、更集中。持续地坚持目标有助于建立一个防火墙，防止由于组织绩效缓慢改善而满足于现状。例如美国一家公关公司——明思力(MS&L)，通过设定高远目标使公司收入在三年内得到大幅提升。

(二)设立什么目标

公司需要两种明显不同的目标：一种是和财务绩效相关联，另一种是和战略绩效相关联。财务目标(financial objectives)传达了管理者关于财务绩效的目标，战略目标(strategic objectives)是公司关于市场地位和竞争地位的目标。公司设立的财务目标和战略目标都应该包括短期和长期的绩效目标。短期(季度或年度)目标主要是集中精力在当前这段时期内提升绩效表现并满足股东期望。长期目标(3～5年)促使管理者思考要做什么来让公司在今后表现得更好。

长期目标对于实现公司最优长期绩效目标非常重要，而且有助于克服短视的管理理念和过分关注短期利益。如果必须要在实现长期目标和实现短期目标之间进行取舍，长期目标应该优先(除非实现一个或某些短期绩效目标具有独特的重要性)。经常使用的财务和绩效目标的例子，见表8-3。

表8-3　财务目标与绩效目标

年收益的X%增长	达到X%的市场份额
增加的股东价值——呈上升趋势的股票价值	有一个比竞争对手更著名或影响更大的品牌
债券及信贷评级水平	有比竞争对手更强大的全球销售能力

(三)用平衡方式设立目标的需要

设定和实现财务目标的重要性是显而易见的。没有充足的利润率和财务实力，会威胁一个公司的长期健康和最终生存。而且，欠佳的收入和资产负债率会引起股东和债权人的不满，致使高管处于被解雇的危险境地。然而，良好的绩效表现本身是不足够的，同样或者更加重要的是公司的战略绩效，能显示公司的市场地位是恶化、保持稳定还是得以改善，更强的市场地位和竞争实力又会促进公司财务绩效的提升。

因此，利用绩效衡量体系在财务目标和战略目标之间达到平衡是非常重要的。最常用的用来平衡财务目标和战略目标的方法就是平衡计分卡，这是由公司的经营方式推导出财务绩效目标和特定战略目标的方法，能为公司员工提供关于他们的工作与组织整体目标相关联的明确指导，所以他们能贡献最大力量，携起手来实现这些目标。采用了平衡计分卡来设定目标的组织包括SAS研究所、卡特彼勒公司、戴姆勒公司、希尔顿酒店、西门子股份公司。

平衡计分卡
(the balanced scorecard)
根据公司组织的战略要求而精心设计的指标体系，是一种绩效管理的工具。

(四)为不同的组织层级提供目标

公司目标的设定不应该只是高层管理者为全公司所设定的绩效目标，应该被分解成组织各个业务、各产品线、各职能部门和个人工作岗位的绩效目标。处于不同职能区域和运营层级的员工，如果被具体的、直接与他们部门活动相关的目标而不是广泛的组织层级的目标所指引，将会发挥很好的作用。目标设定是一个自上而下的过程，必须贯穿到最低的那个组织层级。这意味着每个组织单位都要仔细确定绩效目标来支持(而不是冲突或否定)公司层级的战略和财务目标。理想的情况是，每个工作岗位能形成合力并产出成果，来共同促进公司绩效目标和战略愿景的实现。这种一致性意味着每个工作岗位都知道他们的战略性作用，并且努力帮助公司朝着战略方向前进并产生预期的结果。

三、制定战略

将战略贯穿起来包含了一系列的“如何”：如何吸引和满足顾客；如何与对手竞争；如何定位公司市场地位；如何回应变化的市场环境；如何抓住富有吸引力的机遇来发展业务；如何实现战略和财务目标。在多样化的战略选项中进行选择，积极寻求发展新业务，或以一种新的或更好的方式发展现存业务时，需要精明的企业家精神。公司的经营环境变化得越快，管理者成为善于诊断发展方向和潜在压力并及时调整战略的优秀战略家就越重要。高明的战略来源于与竞争对手有区别的做事方法(更有创造力、更有效率、更有想象力、适应更快)，而不是随波逐流。因此，好的战略制定与好的企业家精神是密不可分的，好的企业家精神和好的战略决策两者缺一不可。

(一)战略制定与公司所有层级的管理者有关

公司的高层管理者负责公司的战略制定。首席执行官(CEO)像轮船的船长一样，是整个公司的主要方向的设定者、主要目标的设定者、主要战略的制定者和主要战略的执行者，CEO要负责引导公司的战略制定和执行过程。在一些公司中，CEO或公司股东是战略的总设计师，将决定公司的关键特征是什么，虽然他们可能寻求其他高层经理和关键员工的建议。一些小型的私有公司、由现在CEO建立的大公司，或者CEO拥有杰出的战略领导才能的公司，通常采用以CEO为核心的战略发展方式。史蒂夫·乔布斯对于苹果，钟彬娴对于雅芳，霍华德·舒尔茨对于星巴克，都是由CEO在塑造公司战略上发挥主导作用的典型案例。

大多数公司的战略不仅只是CEO所影响的结果，其他高管（业务部门的领导、首席财务官、生产副总裁，营销、人力资源和其他职能性部门）都对战略制定起重要作用，能帮助确定并形成公司的主要战略。

但是，战略制定绝不仅仅是高层、公司所有者、CEO和高级主管的职能。公司越是跨产品、跨行业和跨地理区域经营，总部的执行官就越是倾向于把相当大的战略制定权力委派给现场的管理者，将大量的战略决策权赋予下线的管理者来负责。如特定的子公司、分部、产品线、区域销售办事处、分销中心和工厂的管理者。依靠那些处于现场能监管特定运营单位的管理者，能够更加细致地处理那些处于他们监管之下的一些战略性问题和选择，以了解变化的市场和竞争条件、顾客需求和期望，以及其他影响可选战略选项的那些因素。熟悉并直接管辖的管理者在特定运营单位的战略选择上，相比总部有更大的优势。在当今大多数公司中，每个公司经理都要负责战略制定、战略执行，不管是规模较大的还是规模较小的。

（二）战略愿景＋目标＋战略＝战略计划

确定战略愿景和使命、设定目标、制定战略，是基本的方向设定任务，它们勾勒出公司前进的方向、目标、战略和财务目标、基本商业模式，以及被用来实现预期经营成果的竞争性行动及内部行动方式。这些共同构成了用以适应行业环境、战胜竞争对手、实现目标和迈向战略愿景的战略计划。通常来说，战略计划包含了为该计划配置资源以及在规定期限内（一般是3～5年）实现目标的承诺。

在不断进行定期战略回顾和战略改进计划的公司里，战略计划可能采取书面文件的形式，在大多数经理之间和个别员工之间传达。多数公司会将战略计划的关键要素简化在公司年报中传达给股东，发布在网站上，提供给商业媒体，而其他公司或许是出于竞争敏感性的原因，只用一些模糊的、简短的关于它们的战略计划的陈述。规模较小的、私营公司几乎没有书面形式的战略计划，战略计划在经理和关键员工之间通常采取口头方式，告诉他们要朝什么方向走，需要完成什么目标，以及怎样进行。

四、执行战略

执行战略是战略管理过程中要求最严格、最耗费时间的部分。执行战略的有效性与效率可以检验公司经理领导组织行动、激励员工、建立和加强公司竞争力、创造战略支持的工作氛围、满足或超越绩效目标的能力。

管理者执行选定战略的行动议程，主要依据公司需要做什么来实现财务和战略绩效目标。每个公司经理都必须仔细考虑下面的问题："要执行我这部分的战略计划必须做什么？我应当采取什么行动使这个过程顺利进行？"战略实施过程中需要多大程度的内部变化取决于战略有多新，内部实践和能力偏离战略要求的有多远，以及现有的工作氛围/文化在多大程度上支持良好的战略执行。受所涉及的内部变化程度的影响，公司战略要有效执行，可能要花费几个月到几年的时间。

在大多数情况下，管理战略执行的过程包括以下几个基本方面：向组织提供具有所需技能的员工；发展和强化支撑战略的那些资源和能力；创造一种支撑战略的结构；为那些对战略成功具有重要意义的活动配置充足资源；确保政策和操作流程促进战略高效执行；激发员工努力工作，实现最佳实践；安装信息和操作系统；把绩效目标与良好的战略执行相联系，尝试直接使用奖金和激励措施；创造合适的公司文化和工作氛围，成功地推进战略；发挥内部领导作用以促进战略向前发展。

(五)评估绩效并进行及时调整

战略管理过程的第五阶段(检测外部环境变化，评估公司的优势，进行必要的调整)是决定继续或改变公司愿景、使命、目标、战略或战略执行方法的出发点。

无论公司在何时遭遇环境中的破坏性变化，都需要提出关于方向和战略适应性的问题。例如公司经历了市场地位的下降或业绩下滑，公司的管理者有责任找出原因(是与现行战略有关，还是与战略执行的方法有关，或者与两者都有关)，并及时采取纠正行动。公司的方向、目标和战略必须在外部或内部环境允许的时间内重新审视。

同样地，管理者有责任评估公司的经营方式和战略实现方法，哪些应该继续，哪些需要改进。有效的战略执行过程也是组织学习的产物。战略执行总是不平衡的，在一些地方进行得很快，而在其他地方则是难以令人满意的。一流的战略执行需要公司管理团队来审议和调整战略执行结果，主动提出促进公司实现卓越运营的举措。

本章小结

国际战略管理的主要任务之一就是明确一个企业如何在国外竞争。对跨国公司而言，战略管理的重要性正在不断提升。而战略管理的重要性主要由以下三方面因素促成：第一，全球跨国投资的规模不断增加。第二，对于跨国公司而言，有效的战略计划能够保障在全球范围内有效协调并整合多样性的业务内容的同时，维持公司发展的重心。第三，全球商务环境下出现的不同类型的挑战需要充分的战略管理来应对。

本章我们讨论了五种跨国公司的公司层战略，主要包括全球战略、跨国战略、国际战略、多国本土化战略与地区战略。第一，全球战略主要侧重于满足全球一体化需求。第二，跨国战略兼顾全球一体化需求和当地快速反应的一体化战略。第三，国际战略适用于全球整合需求偏低，且当地快速反应需求偏低的情况。第四，多国战略针对不同国家的市场需求与偏好，侧重于满足当地快速反应需求。第五，地区战略针对不同区域采用差异化战略，特定地区一般由多个国家组成，区域内不同国家消费者对于产品或服务的偏好相同或相近。其中，跨国战略虽然兼顾了两方面需求，但实施难度在五种战略中是最高的。

对于小型企业而言，针对特定目标市场推出具备独特性的产品或服务是在海外市场获得成功的有效方式。对于小企业来说，在资源有限的情况下研发并推出高度差异化的产品或服务、控制管理费用、快速的沟通决策等都有可能帮助其在海外市场竞争中打败同业的大型企业。

事业层战略决定公司在特定产品线如何获得竞争优势，由公司内部不同业务部门的领导人制定，并需要获得公司最高层级管理团队的同意。常见的事业层战略主要有三类，分别是成本领先、差异化与集中化战略。

战略执行指跨国公司通过之前定下的计划在特定市场提供产品或服务。跨国公司的战略执行一般需要考虑以下三个方面。首先，跨国公司应决定海外运营的地点。其次，跨国公司应选定海外市场进入方式。最后，管理层应当制定并执行职能层面的战略，比如市场营销、生产组装和财务管理等。

最后，我们概括了国际战略的制定过程的六个流程。第一，制定企业使命陈述。第二，针对公司内外部环境进行分析。第三，设定战略目标。第四，评估不同战略选项。第五，制订战略执行计划。第六，设计战略评估框架。

重要名词

价值链	业务层战略	区域性战略	核心竞争力
多国本土化战略	愿景	区位经济	全球战略
使命陈述	公司层战略	跨国战略	平衡计分卡

案例分析

创造了人气扭蛋杯缘子的日本公司

2016年NHK一档电视节目总结了值得注目的日本中小型公司，奇谭俱乐部(KITAN CLUB)榜上有名；该公司在2016年创造了18亿日元收入。奇谭俱乐部是社长古屋大贵成立的扭蛋制造公司，作为仅有15名员工的小公司，已迅速成长为行业的领头羊。截止到2018年年底，奇谭俱乐部设计了800多种崭新的扭蛋，累计卖出5000万个超人气扭蛋。

制胜法宝——产品独特性

扭蛋在日本本土市场的竞争非常激烈。首先，日本市场上推出同类产品的数量非常大，每年大概会发售2000种扭蛋。其次，特定品牌的扭蛋机通常与众多其他品牌的扭蛋机摆在一块，少至三四台，多至几百台。

面对激烈的竞争，扭蛋的销售情况就非常依赖扭蛋机台上的宣传图，它必须在众多同类商品中脱颖而出。因此，该公司内部企划的决策过程中，侧重于思考何谓有趣，以及扭蛋如何设计从而立刻吸引消费者的目光。奇谭俱乐部创造的扭蛋，目的非常明确，希望让消费者一看到就发笑，并且在购买后会有想分享的冲动。热销六年，且几乎等同于该公司代名词——杯缘子(或称缘子小姐)，也是因为“有趣”的程度超过以往的同类产品才开始创造流行。

2012年，古屋大贵找到漫画家田中克己，开发出杯缘子角色，由田中构思平面初稿，再制作出杯上的3D版本。古屋大贵说：“当时发现好多办公室女职员会拍摄食物的照片并且放上网，如果食物照片上有个像是降临在杯子边缘的天使，应该会很有趣。”起初，古屋大贵并不确定这构想是否能行得通，然而，杯缘子在销售不到一周的时间内，就实现了10万销量。开始销售半年后，销售量达到100万个；截至2017年1月，奇谭俱乐部一共卖出了1200万个杯缘子。

立足本土,制霸亚洲

奇谭俱乐部的扭蛋不仅在日本本土获得了成功,在亚洲范围内也深受消费者喜爱。一方面,据日本玩具协会的调查显示,2004年到2007年,扭蛋曾经创造了近300亿日元的市场规模,而后虽陷入低迷,但在2013年业绩又拉升回278亿日元。另一方面,海外销售以台湾地区为代表,成绩喜人,扭蛋机也早已成为人们平日娱乐消费的一个项目。不时还有一些话题型的扭蛋成为人们讨论的热点。这一现象除了与日本文化在台湾地区的流行有关,也与扭蛋机的代理与设置地有关。以台湾地区的城市为主,随处可见的便利店,门外都会放置好几台扭蛋机;且机台也专门为当地硬币进行重新设计,在使用上非常方便。

2016年12月,奇谭俱乐部在台湾地区举办了实体展览,该展览吸引了大量观展人群的原因主要有两点。第一,每个展区模拟不同的场景,比如专门为台湾设置的夜市区,以及日本寿司店、办公室场景等;杯缘子也出现在各种场景中,在不同物品上摆出各种姿势。第二,展览还展出了漫画家田中克己所画的杯缘子设计草稿,观展人群可以窥见杯缘子五年来在造型与姿势方面的改变。

在展览的带动下,杯缘子周边产品也在台湾地区的线上销售平台引起巨大回响。露天拍卖平台上,销售的杯缘子相关产品在一个月内增长了超过4倍,并且近一个月的交易量也增长了七成。杯缘子周边产品,不仅结合各种动漫主题与人物角色进行联动设计,还因为姿势千奇百怪富有趣味性,吸引了众多学生和上班族的购买,甚至有不少买家以搜集整套系列主题的扭蛋为目标,进一步推动了杯缘子周边产品在线上销售平台的销量。

通过网络扩大影响力

面对海外销售,奇谭俱乐部也没有花过多的心力,他们更关注接下来哪些会让消费者有冲动且想收藏的商品。"我们基本上都没找媒体,主要都是通过粉丝们拍照上传,通过网络的力量扩散"。古屋大贵至今仍认为只有持续创造有趣的产品,才能让扭蛋的生意持续获得成功。

【问题】

1.奇谭俱乐部主要采用于哪一种公司层战略?具体体现在什么方面?

2.奇谭俱乐部是如何制定针对性国际战略的?

第九章　海外市场进入方式与所有权选择

学习目标

1.了解企业国际化的各个发展阶段以及各阶段与海外市场进入方式之间的关系。

2.掌握不具备所有权的海外市场进入方式的优缺点。

3.掌握具备所有权的海外市场进入方式的优缺点。

4.掌握跨国公司之间不同的战略联盟类型以及各种类型的适用情况。

5.了解战略联盟所面临的挑战及应对方式。

小米在印度市场的发展

2018年11月21日，小米官方Twitter宣布，截至10月底小米已在印度开设500多家门店，并计划到2019年年底扩张到5000多家。小米印度门店的平均面积为300平方英尺，很多位于印度偏远地区。在Twitter中，小米鼓励人们以加盟的方式申请经营这些位于小镇或农村的小米商店。新开的门店将为印度农村创造1.5万个就业机会。

小米印度地区副总裁兼董事总经理Manu Jain表示，一年多以来，小米一直在印度扩张线下销售渠道，“线下零售在印度有巨大的潜力，而且有近40%的线下市场集中在农村地区。我们会增加在这一块的收益，让线下销售额在明年年底前占到公司总收入的50%。”而且以目前500家店的数字，小米也已经打破了吉尼斯世界纪录，成为在印度开店最多的公司。

在全球智能手机出货量下滑的背景下，印度仍然是一片热土。IDC市场研究机构数据显示，2017年印度智能手机市场增长了14%，出货量达到1.24亿部。印度取代美国成为仅次于中国的全球第二大智能手机市场。小米创始人雷军曾对印度媒体表示，现在印度市场对小米的重要性与中国市场相当。

小米于2014年进军印度市场，2015年小米的收入中仅有6%来自中国以外。2017年小米涉足线下零售业务，在印度市场达到30%的市场份额。2017年第四季度，小米超越了蝉联六年销量冠军的三星，成为印度智能手机市场的最大品牌。2018年小米在国际市场收入700亿元人民币，同比增长118.1%。占总收入比例从2017年的28%提升至了同期的40.1%。相对于OPPO、VIVO在印度巨大的人力投入，小米以数分之一的规模就拿下更大市场，表现惊人。IDC的中印两份报告显示，从出货量的绝对数量来看，到2018年年底小米在印度已经超过中国大陆成为全球第一大市场。

只不过在占小米销量大头的印度，由于销售产品的定位与销售策略的选择，小米依然没有太多的利润。

一方面，小米在印度的主要销售产品是廉价手机，官网在售的机型中仅有两款小米，其余6款红米手机售价为500～1300元。相当于，小米在用海外市场继续卖千元手机来弥补国内的下滑。

另一方面，销量增长的背后，是小米采用了更加激进的销售策略。在国内市场，小米销售业务多数是采用预收款的方式，预收款可以避免信用风险。但在印度市场，小米为了抢占市场份额，主要采取的是赊销。也就是说，小米给当地的经销商一定的信用周期。这会导致应收账款增加、资金周转变慢。而为了激励经销商向小米拿货，小米还给出了很多优惠返利措施，例如，提货会给出提货返利；销售数量达标后也有返利；甚至如果小米对某款手机降价了，也会为已经拿货了的经销商库存提供差价补贴。随着小米从2015年67%销售来自直销，变成目前67%销售来自经销，返利金额从2015年的10亿增长到2017年23亿、2018年上半年的20亿；返利金额占分销金额比例从不到1%增加到目前4%；应收账款周转时间从6天延长到10天。

2019年3月，小米在印度做出了进入该市场以来的最大一笔投资，合计350亿卢比（约合34亿人民币）。小米印度公司将利用这笔资金进入白色家电行业，生产净水器、洗衣机、笔记本电脑和冰箱市场等产品。

引导问题

1.过去5年来，小米在印度市场采用哪种国际市场进入方式实现快速增长？

2.为了实现在印度市场的进一步增长，小米应该在什么方面做出调整？为什么？

3.小米能否借助中国市场上的成功经验在印度白色家电行业获得成功？为什么？

第一节　国际化的发展阶段

一、概述

企业的国际化发展一般经历以下六个阶段，分别是：出口，建立海外销售子公司，国际部结构，多国企业，全球组织结构，战略联盟、合伙人与合伙公司。

> **企业国际化**
> (enterprise internationalization)
> 企业的生产国际化、销售国际化和管理国际化。

对绝大部分进行海外市场运营的跨国公司而言，第一步通常是出口，尤其是对于小企业而言。大企业有可能在国际化初期就在海外市场建立生产设施，这么做需要大量资金投入和人员配备。然而，在国际化初期，小企业因为不具备雄厚的资金实力或适合的人力资源，通常选择在国内完成生产后再将产品出口到海外市场。通过一段时间的出口而获得较快成长的小企业，其海外运营方式可能从初期的出口转变为在海外建立生产设施。也就是说，下面我们所讨论到的国际化发展阶段历程不一定适用于每一个进行海外运营的跨国公司。许多公司并没有经历每一个的国际化发展阶段，比如有的跨国公司的海外运营直接从出口转变为在海外建厂而没有经历建立海外销售子公司的阶段。同样的，海外并购也可能帮助跨国公司在国际化发展阶段上实现跨越式发展。

制造类与服务类跨国公司的国际化发展阶段通常也存在差异。一方面，对于制造类的跨国公司而言，循序渐进的国际化发展阶段更为常见，比如汽车品牌。另一方面，对于服务类的跨国公司，比如提供金融服务的企业，为了确保海外运营的有效性，通常需要并购东道国的同类企业。对于提供服务的企业而言，需要快速了解东道国消费者特征与消费者关于特定服务的偏好，因此并购是更为有效且快速的海外市场进入方式。

对于跨国公司而言，在任何一个国际化发展阶段都有可能实现商业上的成功；不仅如此，跨国公司在每一个发展阶段所需要的时间也存在差异。下面我们将重点讨论常见的六个国际化发展阶段。

二、国际化发展阶段

（一）出口

在国际化发展的第一阶段，国内企业步入国际化的初期，通常是靠承接国外订单这种方式从事商品或服务的出口业务的。这一时期企业的国际业务通常规模比较小、交易频率较低。由于企业总业务中的国际业务所占比例很小，因此企业的组织结构在企业国际化初期也不用做什么改变。

出口(export)

出口指向非居民提供它们所需的产品和服务，目的是扩大生产规模、延长产品的生命周期。

随着海外销售的不断增长，企业就会觉得需要有专人和专门的机构经营和管理国际业务，这就要求对企业现有的组织结构进行调整。最简单的方法就是在企业原有的组织结构基础上，单独设立新部门，即出口部。企业采用独立的出口组织结构后，可以继续通过国内外贸易公司从事进出口业务，也可以在国外设立销售和服务机构，建立仓储设施等。

（二）建立海外销售子公司

在国际化发展的第二阶段，随着企业国际化的发展，企业开始采用在国外设立子公司的方式进行国际业务的拓展。由于建立海外子公司的初期，子公司的规模通常来说都比较小，数量也不多，而且子公司的业务在母公司的总业务量中所占比例不大，再加上母公司本身缺乏国际经营管理经验，企业通常授予国外子公司全部的经营权和管理权，让国外子公司独立地进行经营管理、开拓国外市场。换句话说，在这一阶段，国外子公司具有独立销售子公司性质。这种组织结构是国内企业走向国际化初期采用的一种重要形式，促进了国外子公司的发展。

海外销售子公司
(overseas sales subsidiaries)

由出口公司雇用员工在海外市场销售它的产品。

（三）国际部结构

在国际化发展的第三阶段，随着国外子公司规模和业务量的进一步扩大，国外子公司的业务将会成为国际企业整个业务的重要组成部分；而国外子公司数

国际部结构
(department structure)

国际部结构是跨国公司初步发展阶段的一种组织形式。

量的增多则要求加强母公司与子公司之间的关联，协调母公司与子公司之间的关系，使其可以更有效地合理配置企业总资源。在此要求下，国际企业在现有组织结构的基础上增设了国际部，主管企业的国际业务。国际企业组织的这一变化标志其发展进入了一个新的阶段。

与出口和海外子公司组织结构相比，国际部的组织结构的重要特点之一是母公司与子公司建立起正式的联系。加强了企业各部门之间的横向联系，20 世纪 60 年代后，国际部组织结构逐渐发展成为国际企业的主要组织结构类型。

(四)多国企业

多国企业指企业在两个或两个以上的国家经营，并在国外直接投资成立分公司。当跨国公司迈入国际化发展的第四阶段——多国企业时，通常会意识到除了总部在重大战略决策上所起的关键性作用，东道国附属机构了解当地市场的员工也在很大程度上决定了海外运营的成功与否。事实上，海外附属机构主要是服务于其所在的东道国或特定地理区域的多国市场。然而，对于该阶段的跨国公司而言，要取得企业总部有效管控与给予海外附属机构必要的自主权之间实现平衡是非常困难的。

> **多国企业**
> (multinational enterprises)
> 指企业在两个或两个以上的国家经营，并在国外直接投资成立分公司。

(五)全球组织结构

随着经济全球化的发展，国外子公司规模和业务范围进一步扩大，使对企业国内业务和国际业务进行分别管理的原有的国际部式组织结构已经无法适应新的形势的要求了。这导致了新式国际企业组织结构——全球组织结构的出现。

全球组织结构要求企业实施全球战略，从全球的角度更有效、合理地配置企业资源；企业设立部门不再把国内业务和国际业务割裂开来，不再把它们分别交由国内部和国际部分管，而是以有利于全球业务发展为目标，不再强调国内业务与国际业务的区别，使得企业的每个部门都既管理国内业务又管理国际业务；此外，母公司为了更好地实现公司的全球战略，加强了对国外子公司的控制权。

> **全球组织结构**
> (global organizational structure)
> 是表明组织各部分排列顺序、空间位置、聚散状态、联系方式以及各要素之间相互关系的一种模式，是整个管理系统的“框架”。

(六)战略联盟、合伙人与合伙公司

越来越多的跨国公司之间通过人力资源、设备、技术与研发等方面的合作以实现杠杆效应。有时候，企业虽然需要特定资源，但因为费用高昂等其他原因无法独立取得，对于这些跨国公司而言，合伙公司或战略联盟是有效获取该资源的方法。因此，越来越多的跨国公司采取合资公司或其他合作联盟的形式，比如多个汽车公司共同研发一种新型引擎，从而帮助各合作企业有效降低研发费用并共享研发成果。

> **战略联盟**(strategic alliance)
> 战略联盟是多元化途径和战略之一。

第二节　国际市场进入模式

本节首先讨论对海外的设施或工厂没有所有权的进入模式，然后讨论对海外资产至少有部分所有权的进入模式。对这两种情况，我们将评价其各自的优缺点，并且说明在什么情况下它们对国际企业管理者最具吸引力。

如何根据东道国市场环境、产品和服务所属的企业及行业特征选择合适的市场进入模式和实施相关的进入策略是企业打开国际市场的关键。阶段国际化理论认为，企业会随着国际化经验的增长而不断扩大海外投资的规模，由出口贸易模式逐步发展为与海外公司建立代理关系，再发展为建立独资的销售机构，最后是独资的生产工厂。企业跨国经营的经验越丰富，越倾向于选择股权模式进入国际市场，无论对于制造业还是服务业，都存在这种情形。

一、不拥有所有权的进入模式

(一)出口

出口指向非居民提供它们所需的产品和服务，目的是扩大生产规模、延长产品的生命周期。进入一个新的市场，由于经验缺乏，相关限制多，通过与当地运营商合作进行分销的模式，降低了进入壁垒，有利于加快进入速度。

出口模式分为三种。间接出口是指企业通过本国的中间商(专业性的外贸公司)来从事产品的出口。此种方式下，企业可以利用中间商现有的销售渠道。同时，企业在保持进退国际市场和改变国际营销渠道的灵活性的情况下，还不用承担各种市场风险，初次出口的小企业比较适合运用间接出口的方式。直接出口是指企业拥有自己的外贸部门，直接将产品卖给国外客户。直接出口有利于企业摆脱对中间商的依赖，培养自己的国际商务人才，积累国际市场营销的经验，提高产品在国际市场上的知名度。但同时也要承担更多的风险。企业内部转移则是指企业把产品卖给其在国外的附属公司。

出口的优点是它可以使企业以很小的启动成本迅速在国际市场销售其产品，在固定资产方面不需要或只需要少量的投资，因而很少有风险。在最初的试探性出口后，在先前成功的基础上，企业通过增加出口线路的出口量以及进入新的目标市场，从而逐渐地加大出口量。因此出口使企业可以采用一种试探性的方法进行国际化，去获得一些关于新的市场的知识，并检验企业在国外市场的竞争力。

当然，出口也会有缺点。例如，企业必须对付进入外国市场的各种障碍，如关税及各种形式的非关税壁垒等。汇率方面的不定期波动也使得国内企业在出口贸易上面临风险。此外，与国外进口商长期保持成功的合作关系比较困难或代价高昂，受到各国政策、国际关系的影响较大。最后，出口所需支付的各种名目的开支，例如产品运输、印刷外国语言宣传册、投放大量广告等也会加重企业的负担。

那么哪类企业会倾向于选择出口呢？显然，具有创新精神、敢于冒险的管理者所领导的小企业更偏向于出口的方式进入国际市场。当然，由于智能手机的产品特征，该行业企业在进入海外市场的路径上，除了拥有丰富核心专利和海外研发机构的华为这类公司外，大多也选择了国内生产，通过电子商务平台和国际物流运输。小米就是其中之一，它的国际市场进入基本遵循了首先通过直接或间接出口模式去开拓的路径。小米的手机能够满足大量价格敏感顾客的偏好和体验需求，从而实现市场占有率增长。然而直接和间接出口模式存在有控制程度弱和市场亲近程度低的问题，增加了其交易成本和运输成本，这是小米会优先选择地理距离适中的海外市场的原因。因此，在国际市场的长期进入战略中，小米在后期会选择完善自主供应链、建设工厂、增开体验店和官方电子商务平台直销的模式加深其对海外市场的影响力，立足长远发展。

（二）许可证模式

许可证进入模式指企业在一定时期内向国外法人单位转让其工业产权（如专利、商标、配方等无形资产）的使用权，以获得提成或其他补偿。当存在外国资源限制或企业资源有限且又想降低在国外市场上的财务风险时常用这一策略。当高关税使得进口货物过于昂贵时，许可方式也是有效的。因此，许可证代表了一种低成本进入海外市场却又可获得可观收益的方式。

> **许可证模式**(license mode)
>
> 许可证进入模式指企业在一定时期内向国外法人单位转让其工业产权（如专利、商标、配方等无形资产）的使用权，以获得提成或其他补偿。

许可证最明显的好处是能绕过进口壁垒的困扰，而且政治风险很小，但是这种方式不利于对目标国市场的营销规划和方案的控制，还可能将被许可方培养成强劲的竞争对手。

星巴克以特许经营的方式进入日本市场，投资了 1000 万美元，与当地的一家零售商 Sazabyinc 建立了一家合资企业，双方各占 50%股份。然后通过特许经营把星巴克经营模式授权给这家企业，这家企业独立负责星巴克在日本不断增多的运营经营点。在 20 世纪 90 年代中期，日本人已经在消费大量咖啡，但都是来自城市街头的拥挤茶店。星巴克从咨询公司得到的反馈是，公司有关不得吸烟的规定会流失年轻顾客，此外，十分注重礼仪的日本人绝不会让人在各种场合看到自己喝咖啡的形象，尽管如此，星巴克只对配方做了稍许调整。如，推出加绿茶的星冰乐，提供较小尺寸的饮品和糕点，以迎合日式口味，就大举进军日本市场。1996 年，星巴克首家日本咖啡门店盛大开业。在一年之内，公司就在日本开了百余家新店。

（三）国际特许经营

这是契约进入模式的一种，是指企业将商业制度及其他产权诸如专利、商标、产品配方、公司名称、技术诀窍和管理服务等无形资产许可给独立的企业或个人。与许可证进入模式不同的是，特许方要给予被特许方以生产和管理方面的帮助，而它的优点则主要在于有更多的控制权。

> **国际特许经营**(franchising)
>
> 指企业将商业制度及其他产权诸如专利、商标、产品配方、公司名称、技术诀窍和管理服务等无形资产许可给独立的企业或个人。

提供商标、产品的称之为特许方，而同意用那些产品和方法来经营的称之为受许方。服务性企业作为特许方进入国外市场的可能性最大。肯德基就是一个很好的例子。肯德基在进入中国前做了大量全面深入的市场调查，认为进入中国市场必须以大城市为目标市场：用 100%的精力进攻北京，然后是上海、杭州等地。1987 年 11 月 12 日 肯德基在北京前门开设了第一家中国餐厅，至今已在中国 450 个城市开设了 2100 余家餐厅。它以“特许经营”的方式在全世界拓展业务。肯德基“特许经营”有如下特点：首先，特许人应具备相关从业经验。加盟者必须有经营餐饮业、服务业和旅游业等方面的背景和实际经验，肯德基的特许经营不仅需要加盟者拥有资金，还需要经营者本身具有一定的素质。其次，特许加盟模式。中国百胜餐饮集团公关部经理徐真说："肯德基对特许经营加盟地有一定的选择，即非农业人口在15万至40万人之间，人均消费在600元以上的中小城市，而不是餐饮业的大城市。"还有就是特许费。新的加盟商将会被授权经营一家在营运之中的肯德基餐厅，每个餐厅的进入费用在800万元人民币以上(不包括不动产的购买)。进入费是一项转让费用，是购买一家成熟的且有盈利的餐厅所需的投资。

从上述肯德基的成功经验来看，我们不难总结出特许经营的如下优点。即，向目标国低成本快速扩张，用较少的资源便可迅速拓展国际市场并获得可观的收益，同时对被特许方的经营有一定的控制权；标准化营销独具特色，可极大程度地扩大特许商号、商标的影响力；被许可人能发挥经营积极性，创出业绩；这种合作方式政治风险较小。

当然，特许经营还有一些缺点，如：特许利益有限；难以对被特许人进行全面有效的管理与控制，所以常常是企业拥有了高标准，但受许方未必愿意做到完全一样，事实上，商标以及与之相伴的期望是特许方必须保护的宝贵商品；适应面较窄，如商业、零售业、餐饮业等行业运用效果显著，但技术密集型、资本密集型企业尚难见成功的案例。

(四)交钥匙工程

交钥匙工程(turnkey projects)

交钥匙工程就是项目承包方负责项目的设计(E)、供货(P)及施工(C)，直至试运行合格后，将项目移交业主方，也就是涉及国外设计与建造工厂的合同的工程。

有时管理合同就是交钥匙工程的结果。交钥匙工程就是项目承包方负责项目的设计(E)、供货(P)及施工(C)，直至试运行合格后，将项目移交业主方，也就是涉及国外设计与建造工厂的合同的工程。

交钥匙工程是在发达国家的跨国公司向不够开放的发展中国家投资受阻后发展起来的一种非股权投资方式。如在实行改革开放前的社会主义国家，除了南斯拉夫、罗马尼亚等少数国家外，大多数国家不准许外来企业进行投资，因此外国企业只能依赖其他方式从事投资或经营，交钥匙工程就是其中行之有效的一种。另外，当自己拥有某种市场所需的尖端技术，在希望能快速地大面积覆盖市场，所能使用的资本等要素又不足的情况下，就可以考虑采用交钥匙工程方式。

在实务操作上，因为每个交钥匙工程项目计划必然有其自身特点，因此很难有一致性的标准交钥匙工程合同。但是，无论合同的细节如何复杂，双方都应对合同中的厂房和设备、双方的义务和责任、不可抗力的含义、违反合同的法律责任，以及解决争端的程序等重要事项说明清楚。

此外，如同一般技术授权一样，工程交付后的继续服务，也许是此类交钥匙工程的重要获利途径。日本某厂商曾不惜以低于成本的"自我牺牲"方式，为印度尼西亚承建发电厂。表面上看这是一桩赔本生意，但是从长远利益而言，将来发电厂所需的零配件供应、维护与整修等，势必长期依赖于日本方面的支持，由此累积下来的利益无疑十分可观。

此项工程的优点在于在项目初期选定项目组成员，连续性好，责任单一；承包商对整个项目负责，预先考虑了施工因素的影响，避免了设计和施工的矛盾，可以显著降低项目成本和缩短工期；保证业主得到高质量工程项目。而缺点则是业主的控制能力降低，工程设计受到施工者利益影响。

（五）管理合同模式

> **管理合同模式**
> (management contracts)
> 为获一定比例的销售或利润分成而向国外企业提供特定的服务、技术帮助等。

这种模式是指管理公司以合同形式承担另一公司的一部分或全部管理任务，以提取管理费、一部分利润或以某一特定的价格购买该公司的股票作为报酬。利用这种模式，企业可以利用管理技巧，不发生现金流出而获取收入，还可以通过管理活动与目标市场国的企业和政府接触，为以后的营销活动提供机会。但这种模式具有阶段性，即一旦合同约定完成，企业就必须离开东道国，除非又有新的管理合同签订。

（六）合同制造模式

> **合同制造**
> (contract manufacturing)
> 一个企业的全部或部分生产业务外包给其他企业。

合同制造模式是指企业向国外企业提供零部件由其组装，或向外国企业提供详细的规格标准由其仿制，由企业自身负责营销的一种方式。采取这种模式不仅可以输出技术或商标等无形资产，还可以输出劳务和管理等生产要素，以及部分资本。但是由于合同制造往往涉及零部件及生产设备的进出口，有可能受到贸易壁垒的影响。

二、具备所有权的海外市场进入方式

一旦公司决定向本国边境之外扩张，就必须考虑如何进入国外市场这个问题。有五种主要的战略选择来解决这一问题：

(1)保持某国(一个国家)的生产基地，并向国外市场出口产品。

(2)许可国外的公司生产并经销公司产品。

(3)采用特许经营战略。

(4)通过并购或者自建在国外市场建立子公司。

(5)依靠和外国企业的战略联盟或合资企业。

采用哪一种战略取决于不同的因素，包括公司实际的战略目标，公司是否拥有在国外经营所需的全部资源和能力，特定国家的因素如贸易壁垒以及涉及的交易成本(例如，与合作者签约的成本，以及监督合作者根据协议执行的成本)。就需要的投资程度和相关的风险而言，战略选择有相当大的差异，但是更高的投资和风险通常会为公司提供更大的所有权和主控权。

当企业进一步发展，实现规模扩张并积累了更多海外市场经验后，跨国公司在海外市场的经营方式通常从不具备所有权的进入策略转化为具备所有权的进入策略。一方面，当跨国公司希望提升海外市场的收益时有可能出现这一策略变化，而所有权带来的对海外业务更高的控制权确实能帮助企业在东道国实现更高收益。另一方面，拥有所有权的进入策略虽然能帮助跨国公司更有效地协调控制其全球性业务，但是也将带给企业更高的费用和风险。对跨国公司而言，具备所有权的海外市场进入方式主要有绿地投资、海外并购与合资企业，下面我们着重讨论三种方式的优缺点与适用情况。

（一）绿地投资

> **绿地投资**
> (greenfield approach)
> 通过从零开始建立一个独资子公司来进入国外市场。

虽然出口、许可以及特许经营都依靠国外市场上同盟者的资源和能力，来向购买者配送产品或服务，但追求国际化扩张的公司，可能选择自己担负起在国外市场上执行所有需要的价值链活动的责任。喜欢直接控制国外市场经营中所有问题的公司，可以通过并购一个外国公司，或通过从无到有自建经营实体，建立一个有完全所有权的子公司，这样的附属子公司被称为绿地投资。

绿地投资指跨国公司在东道国新建一家独资附属机构的海外市场进入方式。新建附属机构代表企业需要凭借一己之力，完成选址安排、土地购买、设施建造、员工招聘等工作。

1.绿地投资的优缺点

绿地投资的优势主要在于它能够给予跨国公司最大限度的控制权。首先，企业在选址上得以最大化东道国市场的区位优势，比如选择在接近目标消费者或者低成本劳动力所在地建立设施。区位经济优势很好地解释了为什么过去几十年来跨国公司通常选择在人口基数大的发展中国家建立生产设施。这么做不仅能够有效降低劳动力成本，还能帮助跨国公司降低进口关税，从而降低总的制造成本。其次，独资公司还能有效帮助企业实现技术保护。最后，员工招聘方面可以完全按企业的需求选择适用人才。

绿地投资的缺点主要有以下三点。第一，对跨国公司来说，独立在海外市场新建附属机构所需资金投入较高。第二，所有权带来的风险。比如，在海外市场新建设施的过程当中，跨国公司需要应对来自东道国政府法规与政策上的不确定性，比如税收或环保方面法规的变动。第三，跨国公司在海外市场需要应对不同的文化与法治环境，在新环境中新建附属机构、完成员工招聘与培训工作必然耗时较长。当企业在新建附属机构过程中急于求成，可能导致海外运营失败并造成重大经济损失。第四，在海外市场新建附属机构要求跨国公司具有较为丰富的海外运营经验。

2.绿地投资的适用情况

与另外两种具有所有权的海外市场进入方式相比，绿地投资具有以下两点相对优势。首先，相较于合资企业，绿地投资能保障跨国公司最大限度的控制权。其次，相较于海外并购与合资企业，绿地投资能够避免不同企业文化融合过程中带来的冲突与矛盾。由此可见，绿地投资适用于对经营自主权与技术保护要求较高并且希望减少冲突与矛盾来源的跨国公司。

（二）海外并购

海外并购是除了绿地投资外，另一种跨国公司在海外市场获取独资附属机构的进入方式。一般来说，海外并购除了需要经历较为复杂的谈判与交易过程，还需要克服法律或政策方面的困难，尤其当并购对象在东道国市场上享有盛名或是国有企业的情况下。

两种选择中，并购是更快的，并且可获得当地的经销渠道、建立供应关系、与关键的政府官员和其他支持者建立工作关系等，是进入壁垒的风险最小、富有成本效益的方式。购买现有公司使并购者直接调动资源和人力到新并公司，整合和重新调整被并购业务到公司营运系统中，使自己的战略就绪，快速建立有利的市场地位。

1.海外并购的优缺点

海外并购的优点在于帮助跨国公司快速进入东道国市场。由于并购对象通常是既有企业，跨国公司可以承接并直接运用企业原有的有形与无形资产，在快速进入东道国市场的同时迅速占领市场。第一，目前各行各业竞争日趋加剧，企业必须不遗余力地提升全球运营效率，因此对跨国公司而言比竞争对手更早进入东道国市场尤为关键。第二，跨国公司通过海外并购可以获得有价值的有形资产，比如生产设施、设备与产品线等。第三，海外并购能够帮助跨国公司获得对象企业的无形资产，比如品牌声誉与关键性独特技术等构成有效竞争优势的无形资产。跨国公司在获得并购企业有价值的重要资产后，有可能将其转化为海外市场的运营收入并因此获益。

对于跨国公司来说，海外并购的缺点主要在于需要应对以下三方面风险。第一，无论并购对象是私有企业或国有企业，跨国公司通常在获取资产权益的同时，不得不接手并购对象原有的问题，例如不良劳资关系、既有债务、设备陈旧、客户服务和产品质量低下等方面的问题。第二，跨国公司与并购企业在文化特征与管理方式上的差异通常难以克服。第三，所有权带来的风险，比如资本税、进出口关税、消费税等方面法规变动导致的不确定性。

2.海外并购的适用情况

首先，由于海外并购在时间上的优势，因此当跨国公司希望尽早进入需求量大且对产品或服务偏好统一的东道国市场时尤为适用。其次，跨国公司在选择海外市场进入方式时，应充分考虑企业所处行业的特征。只有当行业的全球发展趋势是集中化程度不断提升，并且海外并购能够帮助企业更好地整合各类要素从而使企业整体得到巩固和加强时，跨国公司才能通过海外并购的方式获取最大收益。

有并购意向的公司必须考虑的一个重大问题：是溢价购买当地成功的公司，还是用有利的价格购买一个苦苦挣扎的公司。如果意欲并购的公司缺乏当地市场知识，但是拥有充足的资本，并购有能力的、市场地位强的公司往往更好，除非并购价格令人望而却步。然而，当并购者找到富有希望的方法使一个虚弱企业变为一个有实力的企业时，并且拥有完成该任务的资源和专门的管理能力，则苦苦挣扎的公司也可能是更好的长期投资。

当公司已经在若干个国家经营，拥有自建以及运营、监管子公司的经验，并且有充足的资源以及能力为其子公司快速配置其成功竞争以及盈利所需的人员、能力时，通过自建进入一个新国家是有意义的。四种其他情形使得自建子公司战略富有吸引力：

(1)当自建一个子公司比并购更便宜时。

(2)当增加新的产能不会对当地市场的供求平衡产生不利影响时。

(3)当自建子公司有能力获得好的经销渠道(可能是因为公司的著名品牌)时。

(4)当自建子公司拥有可与竞争对手迎头竞争的规模、成本结构以及资源优势时。

在国外市场新设企业也可能存在问题，正如别的进入战略一样。国外市场新设企业意味着高昂的资本投资，承受较高程度的风险，可能还需要公司通过其他途径引进其他大量资源。在缺乏运行良好的强大市场和保障外国投资者权益，以及能够提供其他法律保护机构的国家，新设企业效果也不佳。而且，与其他国际化扩张方式相比，新设企业的一个重要劣势就是进入方式最慢，尤其是，如果目标是获得相当可观的市场份额时。此外，成功的新设企业可能提供更高的收益来回报高风险和缓慢的进入路径。

(三)合资企业

> **合资企业**(joint ventures)
> 两家或更多企业成立一家新的法人企业，并共享新企业主体所有权的合作方式。

跨国公司进入海外市场也可以采用与当地企业合作的形式，其中一种合作形式就是合资企业。合资企业指的是两家或更多企业成立一家新的法人企业，并共享新企业主体所有权的合作方式。当两家企业结成合资企业时，所有权可以是每一家企业各占 50%，或是一家企业为主占大部分所有权比例的形式。

1.合资企业的优缺点

合资企业的优点主要在于以下两方面。一方面，跨国公司可以从东道国企业对于当地目标市场的知识中获益，包括东道国企业对于当地文化、法律法规与商业惯例的了解。另一方面，采用合资企业的形式可以有效降低跨国公司进入海外市场的资金投入、对东道国市场的了解程度以及进入海外市场所带来的各类风险，这一点对于进入新兴海外市场的跨国公司而言尤为关键。

合资企业的缺点主要有以下三方面。第一，一旦关键技术或核心知识被东道国合作企业掌握，该合作企业就有可能成长为有力的竞争对手从而对跨国公司构成威胁。第二，不同企业在文化与管理方面存在的差异很可能导致冲突，因而妨碍合资企业的正常运营。除此之外，合作对象的选择、合资企业的管理与制定绩效考评方案本身就非常棘手。第三，合资企业的所有权共享特征也可能带来风险。举例来说，当各方在同一问题上存在不同意见时，合作企业之间达成共识的过程很可能耗时耗力。或是当跨国公司拥有的控制权不足时，很可能难以确保其充分利用东道国市场的区位优势或在全球附属机构之间进行有效协调。

2.合资企业的适用情况

第一，合资企业的形式适用于多家企业之间共同制造产成品的情况。当制造类跨国公司与东道国企业在成立新的法人企业时，如果跨国公司主要提供核心技术，一般会采用自身占绝大部分所有权的合作方式；通过采用占股的方式进入海外市场，不仅能帮助跨国公司获得东道国合作企业对于目标市场的知识，还可以有效保护与管理跨国公司的核心技术。第二，合资企业的形式也适用于多家企业共同获得原材料、生产零部件或提供服务的情况。第三，不同企业也可能为了新建生产设施和收购既有企业而组建合资企业。综上所述，合资企业的所有权分配方式、组建目的与适用情况是多种多样的。

此外，许多文化和管理上的冲突也会为合资企业造成麻烦。选择合伙人、管理合资企业以及建立绩效评估策略十分棘手。然而，如果合资企业想取得好的绩效，那么解决这种问题就非常关键。使合伙人之间冲突最小化的一种机制是利用授权协议来管理合资企业。换句话说，合伙人同意从日常经营管理中退出并雇用新经理或重新指定经理。但正如你能想到的那样，这只是部分解决方法。在有关解雇谁或调任谁的问题上可能会爆发许多冲突。表 9-1 列出了建立合资伙伴关系时需要提出的决策问题。

表 9-1　合资企业伙伴建立的过程：必须回答的决策问题

建立伙伴关系	决策问题
评估建立合资企业的战略合理性	我们的目标是什么？我们已经有了长期计划还是只是短期行为？ 为了实现上述目标我们还需要哪些资源？如何获取这些资源？ 合资是最好的选择吗？

续表

建立伙伴关系	决策问题
选择最合适的合资伙伴	合资伙伴的目标是什么？他们的目标与我们的目标一致吗？ 合资伙伴是否拥有我们所需要的资源，他们愿意提供这些资源吗？ 合资伙伴是否拥有国际合资企业的经验？ 合资伙伴的动机是什么？我们两家作为企业能够合得来吗？
与合资伙伴讨论合作条件	对于这家企业，怎样做才是最好的，我们的管理层对此充分支持吗？ 在合资企业将要运营的国家，企业通常是怎样经营的？ 合资企业由谁来负责管理？如何评估绩效？ 如何分配双方的股份比例？合作伙伴各方最重视的是什么？ 所有的问题都说出来了吗？有没有还没解决的？
建立和管理合资企业	如何处理纷争？是否需要重新谈判合作条件？ 如果企业绩效不佳，我们应当如何改进？在哪些情况下应当终止合资企业？ 我们是否正在从合资企业运营中学习？双方母公司是否能够从中获益？

资料来源：百度资料

三、国际市场进入模式选择影响因素

企业在选择国际市场进入模式时需要从两个方面和多个因素进行权衡，这两个方面就是国际市场方面和企业自身方面。国际市场方面包括市场规模、市场结构、资源条件、政治因素、社会文化因素、经济因素等。

(1)市场规模。如果国际市场需求量很大或者很有发展潜力，那么，中小企业适宜选择股权进入模式，采用独资或者合资模式在当地投资建厂，就地生产，就地销售。如果国际市场需求量不大或者市场波动厉害，那么，中小企业则适宜选择出口进入模式，因为一旦出口交易完成，市场风险就与企业无关了。

(2)市场结构。如果是完全竞争市场或者垄断竞争市场，中小企业适宜选择出口进入模式或许可进入模式。如果是垄断市场或者寡头垄断市场，则市场进入壁垒很高，中小企业适宜选择许可进入模式或者股权进入模式。

(3)资源条件。如果国际市场资源禀赋比较丰富，那么企业就地生产成本较低，企业适宜选择股权进入模式，在当地投资生产。反之，如果国际市场资源禀赋比较稀少，企业则适宜选择出口进入模式。

(4)政治因素。如果国际市场政治稳定，经济开放度高，政策环境、法治环境良好，那么企业适宜选择股权进入模式。如果国际市场政治动荡，不鼓励对外经济贸易，制定许多限制外国产品或者外商投资的政策，那么企业适宜选择风险性低的出口进入模式。

(5)社会文化因素。当本国文化与国际市场文化存在很大的差异时，企业要进入国际市场，就需要花费更多的时间和成本来适应这种文化差异，尤其当企业选择股权进入模式，就会面临很高的环境成本和管理成本，因此，在这种情况下，企业应该选择出口进入模式或者许可进入模式。

(6)经济因素。如果国际市场经济发达，那么，一般来说其市场需求也大，市场环境也好，但资源可能比较紧张，生产成本比较高，所以，企业比较适宜选择出口进入模式和许可

进入模式。如果国际市场经济不够发达，那么，一般来说，其资源条件可能比较好，特别是劳动力成本和其他资源价格可能比较低，所以，企业比较适宜选择股权进入模式，以便长期在国际市场经营。

第三节　战略联盟

一、战略联盟的定义与类型

> **战略联盟**(strategic alliances)
> 两个或多个企业为了实现共同目标，通过协议而结成的松散型组织。

战略联盟是两个或多个企业为了实现共同目标，通过协议而结成的松散型组织。战略联盟的存续过程中，成员企业保持各自的独立性。对于跨国公司而言，选择战略联盟作为海外市场进入方式的好处在于，战略联盟可以更好地帮助跨国公司学习无形技能，比如伙伴公司的专业知识与管理诀窍。通常，企业独特专业知识与管理诀窍源于母国的文化特征与文化环境，并且体现在企业运营的方方面面，因此，对于其他企业而言通过结成战略联盟从而近距离观察学习是必要的。

战略联盟、合资企业以及其他与外国公司合作的协议，是进入国外市场广泛使用的方式。公司可以大大受益于国外合作伙伴对当地政府制度的熟知、购买者习惯以及产品的偏好、合作者的分销渠道等。为了在27个欧盟成员国更好地竞争，日本和美国的公司都利用出现在东欧国家的机会，积极和欧洲公司结盟。许多美国和欧洲的公司同亚洲公司结盟，以此挤入中国、印度、泰国、印度尼西亚以及其他亚洲国家市场。当然，许多外国公司对能提升它们在美国的立足能力的战略合作关系特别感兴趣。

跨国联盟的第二大吸引力就是在生产和销售上获得经济规模。通过加入零部件生产、组装和产品销售等队伍，公司可以达到仅凭它自身数量所不能实现的成本节约。进入跨国联盟的第三个动机就是弥补技术专长以及当地市场知识的缺口(购买习惯、消费者的产品偏好、本地习俗等)。在联合研究、共享技术专长、研究彼此的制造方法，以及理解如何调整销售和营销方法来适应当地文化和传统等过程中，加盟者可以相互学习。事实上，一个双赢联盟的好处就是学习合作者的技能、技术专长和能力，并将这些知识和专长灌输给公司的全部员工。

跨国联盟的第四个动机就是共享配送设施和经销商网络，并且相互提高每个合作者接近购买者的能力。第五大好处就是跨国联盟能使它们的竞争指向共同的竞争对手，减少内部相互竞争。合作可以帮助它们缩短与领先企业的差距。决定进入新的国外市场的公司认为：与当地公司结盟是一个与东道国关键政府官员建立工作关系的有效方式，这就是第六个动因了。最后，对全世界的公司来说，联盟可能是一个获得重要技术标准许可的非常有用的方法——用于各种电脑设备标准、互联网相关标准、高清电视标准以及手机标准。

使跨国联盟成为拥有上述诸多好处、富有吸引力的战略方式(同并购或者合并外国公司相比)的原因是：加入联盟的战略合作关系使公司保持独立，并避免使用可能稀缺的金融资源去收购。而且，联盟为公司提供了灵活性：一旦目标达成或者证明难有益处时，可随时离开。相反，并购则是一种更持久的安排。

战略联盟通常有下面四种类型，分别是生产联盟、研发联盟、财务联盟与营销联盟。与合资企业相比，其他联盟类型合作范围更窄、稳定性更差、存续时间更短，并且缺乏正式的组织机构形式与独立法人地位。不同战略联盟类型的选择通常取决于海外市场进入的难易度、共同分担特定风险以及是否能够充分利用成员企业的竞争优势。

（一）生产联盟

生产联盟是两个或多个企业为了在共同的生产设施内制造产品或提供服务而达成的协议关系。其中，生产设施可以由成员企业共同建设，或是由其中一家成员企业所提供的现成设施。企业之间结成生产联盟的目的主要有两点，其一是为了学习伙伴公司的设计与制造过程，其二是为了降低生产过程中产生的管理费用。

（二）研发联盟

研发联盟是两个或多个企业为了共享研发结果，通过协议结成联盟关系从而共同研发新的服务、产品或技术。结成研发联盟的企业之间通常存在共同研发的成果的交叉许可协议，因此成员公司均得以共享研发结果以更好地应对瞬息万变的技术变革情况。

生产联盟(production alliances)

两个或多个企业为了在共同的生产设施内制造产品或提供服务而达成的协议关系。

（三）财务联盟

财务联盟是两个或多个企业为了降低特定项目的财务风险而达成的协议关系。财务联盟在高科技行业尤为普遍，以芯片制造为例，由于企业独立研发芯片的投入非常高，耗时长久且不一定能够获得成功。苹果公司首席财务官 Luca Maestri 曾公开表示，公司每年几十亿美元的资金投入，大部分都花在了芯片研发上。

研发联盟

(research and development alliances)

两个或多个企业为了共享研发结果，通过协议结成联盟关系从而共同研发新的服务、产品或技术。

（四）营销联盟

营销联盟是两个或多个企业为了共享营销方面的专业能力与服务而达成的协议关系。当跨国公司希望集中力量进入合作伙伴所在的海外市场时，一般会与合作伙伴结成营销联盟。营销联盟在航空业中尤为普遍。

财务联盟

(financial alliances)

两个或多个企业为了降低特定项目的财务风险而达成的协议关系。

二、战略联盟所面临的挑战

跨国公司战略联盟所面临的挑战通常包括应对文化差异、结成战略联盟、战略伙伴的选择、伙伴关系的管理、政府方面的影响与退出战略联盟六个方面。

（一）文化差异

尽管有越来越多的跨国公司结成战略联盟，但在战略伙伴之间建立信任关系仍是非常困难的，尤其当不同企业的母国文化特征差异很大时。然而，文化差异并非不可克服的，当联盟当中的企业能够先放下自身得失而帮助合作企业时，联盟伙伴之间就有可能建立稳定的信任关系。

(二)结成战略联盟

对于跨国公司而言，首先应当评估与其他企业结成战略联盟是否对企业而言是最优选项，通常需要在让渡部分控制权与获得的收益之间进行比较。具体来说，结成联盟可以帮助跨国公司从联盟伙伴的能力中获益，然而也必须充分考虑到丧失独立性、管理困难与成本提升等负面结果。

(三)战略伙伴的选择

战略伙伴的选择需要考虑企业的经营哲学、管理风格、需求、目标与能力。一方面，虽然不同企业母国的文化可能差异非常显著，联盟伙伴公司应当具备相同或相似的经营哲学与管理风格。另一方面，战略联盟内部的企业应当具备互补的需求、目标与能力。能力互补能确保每一个成员公司都从其他企业的能力中获益。

(四)伙伴关系的管理

一方面，随着跨国公司越来越多地与其他企业结成战略联盟，寻找新的、尚未加入同类联盟的伙伴企业非常困难，尤其对民航企业而言。另一方面，跨国公司通常难以确保对战略联盟的有效管理，导致许多联盟存续时间非常短暂。尤其当联盟内部成员公司数量较多时，持续管控与调整将更难落实。有时候跨国公司会选择与多个企业结成战略联盟，构建联盟网络。联盟网络是指以特定企业为中心，所有与其具有联盟关系的企业的集合，从而帮助特定企业从联盟伙伴以较低的成本获取不同的竞争优势。联盟网络的管理通常需要投入较多的时间，并且还有可能对于特定企业的独立性构成威胁。

(五)政府方面的影响

战略联盟能否建构与存续还受到来自各国政府不同程度的影响。与东道国政府之间的关系好坏有时会对于战略联盟的管理起到关键性影响，如果跨国公司无法与东道国政府建立并维持良好关系，那么东道国政府可能颁布不利的法律法规而对企业在海外市场的销售造成致命的影响。金融业、基础通信、医疗卫生与航空业的战略联盟关系受东道国政府的影响一般较为显著。

(六)退出战略联盟

跨国公司在结成战略联盟之前，应当谨慎与联盟伙伴进行商讨，从而在退出联盟的各方各面达成协议。成员公司可能因为企业目标、环境中的机会或财务情况变化而决定中止战略联盟的存续，然而退出战略联盟的过程可能比想象中更加混乱，给企业造成财务负担并导致成员公司之间成为敌对关系。

各种国际市场进入模式的优缺点总结见表 9-2。

表 9-2　各种国际市场进入模式的优缺点

进入模式	优　　点	缺　　点
出口	成本较低，容易进入外国市场，没有所有权风险	错过区位经济，物流配送上的困难（运输/交通）
许可	成本较低，当贸易壁垒或关税妨碍出口时有用，能够利用区位经济而不需考虑所有权	知识产权保护较弱时具有一定风险，让与受许方的控制权可能会阻碍协作、可能会产生新的竞争对手

续表

进入模式	优　　点	缺　　点
特许经营	低成本、低风险，比许可方式拥有更大的控制权，快速进入某一市场	控制权仍是一个问题，受许方可能没有动力达到特许方所要的标准
管理合同	非常低的成本，低风险的收入	不会长期存在，会产生竞争对手
交钥匙工程	直接投资不可行时的一种策略，当存在长期不稳定性时降低了风险	不会长期存在，会产生竞争对手，易受政治和法律变化的影响
合约制造	几乎没有财务风险，减少制造成本，允许企业关注于其他增值领域	较低控制权（可能会营销产品质量或运送），学习的效果不佳，公众形象可能会受损
新建子公司	高度控制权，具有区位经济优势，可以自己挑选厂址、员工、技术	建造成本很昂贵、建造很费时，要求具备相当的国际知识，所有权带来的风险
收购子公司	高度控制权，快速进入市场，具有区位经济优势	所有权带来的风险，文化差异可能难以应对，可能会把问题一起"买"过来
建立合资企业	财务风险比建立子公司低，享有合作伙伴的资源、专有技术	存在部分控制权或技术转移给合伙人的风险，仍存在一定的所有权风险

资料来源：改编自 Griffin, R.W., & Pustay, M.W.(2004). International business(4th Ed). Upper Saddle Ridge, NJ: Prentice-Hall.

本章小结

企业的国际化发展一般经历以下六个阶段，分别是出口、建立海外销售子公司、国际部结构、多国企业、全球化公司、战略联盟、合伙人与合伙公司。

海外市场进入方式一般分为两类，具有所有权的海外市场进入方式与不具备所有权的海外市场进入方式。对跨国公司而言，具备所有权的海外市场进入方式主要有绿地投资、海外并购与合资企业。而不具备所有权的海外市场进入方式主要包括出口、许可、特许经营、交钥匙工程、管理合同与合同制造。影响海外市场进入方式选择的因素主要分为四大类，分别是特定风险因素、区位因素、行业因素与企业因素。

战略联盟是两个或多个企业为了实现共同目标，通过协议而结成的松散型组织。通常有以下四种类型，分别是生产联盟、研发联盟、财务联盟与营销联盟。战略联盟类型的选择通常取决于海外市场进入的难度、分担特定风险，以及是否能充分利用成员企业的竞争优势。有效的联盟管理要求跨国公司处理好文化差异、战略联盟结成、战略伙伴选择、伙伴关系管理、母国与东道国政府的影响与退出战略联盟六个方面。

重要名词

许可　　　　特许经营　　　　合资企业　　　　战略联盟

生产联盟　　研发联盟　　财务联盟　　营销联盟

案例分析

星巴克入华20年，从授权转向直营

1999年1月11日第一家中国星巴克开业，开在了北京国贸一期一层，周围都是奢侈品店，比邻中国大饭店。有演讲致辞、有舞龙舞狮、有邀请外媒到场报道，但没有一位星巴克高管在场。当时中国还被认为是一个只喝茶的国家，星巴克北京一开始只是星巴克的授权业务，它甚至不占股份。

事实上，同时期星巴克已经有到2003年在亚洲开500家店的计划——主要是日本，在中国的计划是18个月开10家店。1995年进入日本市场时，星巴克直接占股近40%，进入泰国则是100%。作为对比，到2000年，和统一合资进江浙沪的时候，星巴克也只愿意出资5%，远低于当时政府对于外企控股不超过50%的限制。

2005年以后，中国放开外资企业独资经营，星巴克逐步将中国内地市场由授权、合作变为直营。2005年年底，星巴克在上海成立大中华区支持中心，负责中国大陆和港澳台地区的经营管理。2006年，星巴克买回华北公司股权，开始独资经营。当麦当劳、肯德基把经营权卖给中国公司、不再自营的时候，星巴克在2017年花13亿美元从统一那里收回华东地区剩余的50%股份，将中国变为100%直营的市场。通过特许经营或者加盟的方式虽然可以实现在海外市场的快速扩张，但在企业控制自身产品质量、维护品牌美誉度等方面存在较大不确定性。

在外就餐的习惯促成星巴克在华快速发展

中国人习惯了在外就餐，而星巴克抓住了他们当中更年轻的一代。根据星巴克自己的数据，星巴克频繁消费用户中77%是1980年后出生。

从1999年到2017年，中国社会商品零售总额翻了11.8倍，其中餐饮收入总额翻了12.4倍，增速比社会商品零售总额更快。中国人在这些年里养成了在外就餐的习惯，根据CEIC的统计，中国人均在外就餐的消费支出从2001年的314.24元增长到2012年的1315.07元。喝咖啡不是这个巨大增长的首个受益者，但当人们习惯了在外吃饭、购物之后，星巴克提出来的“空间”才会有存在意义。

依托商业地产的发展实现进一步扩张

星巴克跟着购物中心进入中国的各个城市。在一二线城市渐趋饱和之后，购物中心向一线城市郊区，向三四线城市扩张、开店是最近数年星巴克在中国继续推进的策略。

这些商业地产项目通过带来商户吸引了消费，人们看电影、吃饭、购物，当然也要喝咖啡。2010年起，万达广场每年开业数量增加到两位数。也是从那一年开始，星巴克开始和万达合作，通过它入驻二三线城市，包括福州、济南、镇江、泰州、廊坊、唐山、南昌、淮安、泉州等。

中国门店增长迅速

在全球门店同店销售放缓的同时，中国门店则保持着6%、7%以上的增速。星巴克的股价在那之后获得回升、业绩持续增长。星巴克在继续押注，更适合中国的操作方法被应用，2018年9月开始，星巴克外卖在饿了么上线，更早的时候接入微信和支付宝，星巴克在其他地区都是坚持自己的数字支付方式。

从2018年正式全部收归直营之后，星巴克中国开新店的速度已经从近每天一家，变成了每15小时一家。然而，根据星巴克的计划，中国大陆市场的门店数量要在2022财年末开到6000家，覆盖230个城市，其中有100个是新城市。相应地，星巴克2019年计划在美国关闭150家门店。

曾经帮助星巴克增长的基础正被动摇

一方面，人口结构变动将更剧烈。由于出生率持续降低，今天中国10～19岁的人口比2005年同年龄段人口减少了36%，这意味着接下来10年步入工作的年轻人会比10年前少了超过1/3。他们正是星巴克最依赖的消费群体。

另一方面，在一二线城市渐趋饱和之后，向一线城市郊区、向三四线城市扩张、开店是最近数年星巴克在中国继续推进的策略。但是延续十多年的商业地产红利衰退，万达已经提前开始转向海外投资。江阴这种百强县没能靠万达广场建起新市中心，在一二线城市愈加密集的万达也遇到了问题。

当中国持续增长的时候，星巴克在这个不喝咖啡的国家20年间开出3600家门店，覆盖150个城市。星巴克选择继续在中国加码，舒尔茨则更加频繁地到访中国。星巴克还与阿里巴巴达成了合作，使用饿了么平台销售和配送咖啡。

问题：星巴克能否在中国实现进一步增长还有待观察。全球化背景下，中国作为一个日益受到星巴克重视的海外市场，星巴克应该采取什么样的进入模式和所有权选择来拓展中国市场？

第十章　有效的国际化运营

学习目标

1.了解影响国际市场进入模式的因素。

2.掌握跨国企业不同组织结构类型。

3.了解跨国企业如何选择组织结构模式。

4.认识获取与保持技术优势的重要性。

美的借37亿欧元收购德国机器人公司

2017年8月28日，中国家电制造企业美的集团宣布获得中资银行主导的银团贷款37亿欧元(约292亿人民币)，这笔贷款将用于置换此前要约收购德国库卡项目的过桥贷款。随着此次37亿欧元银团贷款放款成功，这也标志着美的集团库卡再融资项目结束。目前美的持有库卡94.55%股份。“美的的目标是于未来数年将整体销售额提升至超过250亿欧元，其中智能设备及服务机器人会为销售额增长带来巨大贡献。”美的在收购库卡的新闻稿中表示。它将收购库卡视为全球扩张计划的一部分。

库卡是全球四大工业机器人制造商之一，它生产的机器人可以用在物流、加工、电焊、自动化等多个领域。同时，其工业自动化解决方案和机器人(车)产品出现在全球多家公司，比如空中客车、西门子、亚马逊(仓储)、三星等公司。2016财年库卡营业收入达到30亿欧元，提供自动化生产流程解决方案的系统部门(Systems Division)以及机器人部门的收入约为24亿欧元。物流子公司瑞士格(Swisslog)贡献近6亿欧元。

目前中国工业机器人市场全球最大，达到91.5亿欧元。但大部分中国工厂更信任进口机器人，2016年国产机器人67%用于出口。中国希望在2020年以前提高国产工业机器人在国内的市场份额。

中国政府几年来对工业的跨国并购案的态度比较积极，国家支持的工业跨国并购案数量排到了第二。这也解释了为什么在外管局、商务部、金融机构严格控制中资企业海外并购的时间窗口里，放行并在融资环节给予美的支持。

收购库卡以前，美的自己开展过工业自动化方面的尝试，他们做了自己的智能物流平台。2017 年 5 月，美的旗下负责物流业务的子公司安得物流改名"安得智联"，业务是给各个公司提供物流集成解决方案和配送服务，承诺 100 公里 24 小时内到达。奥马、TCL、创维等是安得智联的客户。但 2016 年，美的物流业务收入 19 亿元，占比 1.9%。这块业务只是一个新的尝试，美的主营业务还是卖家电。

自动化物流是库卡子公司瑞士格擅长的事情。目前，安得智联正在融合库卡和瑞仕格的技术，继续做自动物流，提供仓储和配送中心自动化解决方案。

引导问题

1.美的公司购买德国机器人公司后，应当如何保持技术方面的核心竞争力？

2.美的集团为何选择购买其他公司的成熟技术，而非自主研发相关技术？

第一节　国际化运营

随着全球化进程的加快，国际企业的组织结构演变不断深化。伴随着企业的不断发展壮大，企业规模也不断扩张，国际企业通过组织结构改革适应企业发展的需要。企业发展对外贸易的初期主要依靠第三方贸易公司的订单，随着利润和规模的变大，企业逐渐开始适应市场和发展的需要不断调整内部的组织结构。

组织结构(structure)

组织结构指的是组织建立的方式，它影响了组织内部的资源配置、员工关系协调、任务分配、执行过程与决策过程中的信息收集与传递。

一、跨国公司组织结构

(一)变化规律

国际企业组织结构变化逐渐呈现扁平化、简单化，国际企业的组织结构呈现逐渐偏"扁"和偏"瘦"的规律。"扁"化趋势使企业不断削减管理层数，使企业的最高层和企业基层员工之间的距离变短，企业上层的指令不必再经过漫长的过程才传达到基层。组织结构改革加速了信息传递、提高了信息的准确性。"瘦"化趋势是企业削减横向的职能结构，减少职能部门数量，增强企业的活力。

管理结构呈现网络化趋势。网络组织结构是企业内各个具有较高专业性的职能部门被放在特殊的位置上，从专业的角度和企业管理层一起对企业的相关经济活动进行多维度管理的企业组织结构。企业网络型组织结构通过丰富的横向协调取代传统的纵向命令，增强组织结构的灵活性和管理民主性。企业组织结构网络化体现了"分散经营，集中控制"的企业管理原则。

(二)国际企业组织结构的常见形式

企业在国际化的初期很少会改变其组织结构的基本构成。多数企业初期是被动地接受国外的出口订单，但随着销售利润和规模的扩大，企业必然会考虑通过改变企业组织结构，防止组织僵化，更高效地开展国际性经济活动。

1.企业专门的出口职能部门

企业中专门的出口职能部门是企业销售部中针对国际业务的职能分支机构。出口职能部门在企业发展过程中，因为其占企业内业务总量的不断增大，按照企业会计统计中的重要性原则，企业会对该出口职能部门进行单独的财务核算，将其重要性和销售部同等，从而在企业组织结构中形成专门的国际贸易部门。

2.产品出口分部产品

出口分部是大型企业专设的产品出口分部单位，是企业中专注于某类产品出口业务的企业分支机构。我国出口贸易企业中很多企业在其发展前期隶属于规模较大企业的一个或几个产品形成的出口分部，而伴随其出口业务量和规模的增长，企业将该产品出口分部改设为一个独立的国际贸易公司。

3.自主分公司结构

自主分公司结构给予海外分公司极高的自主权，使海外分公司能够因地制宜、因时制宜地根据海外公司所在国家和地区的经济文化特点开展经营活动。企业总部的总经理直接参与海外分公司的决策过程，企业总部与海外公司保持经营策略和战略目标的高度一致，企业总部更着重于从宏观上调整企业的发展策略，保证企业整体运营的协调性。这种依靠企业总部直接管理的组织结构主要适合企业进行跨国经营活动的初期，或者企业专门在临近诸国进行跨国经营企业，同时该企业具备总部的规模不大且分布在海外的分公司数量不是特别多的特点。

4.国际业务部结构

国际业务部结构是在企业总部内设置专门的国际业务职能部门，同时在该职能部门中设立和企业总部各个职能部门有对应关系的科室或部门。国际业务职能部门的业务通常是企业总部的副总经理来负责管理。企业总部在设立了国际业务职能部门以后，企业应该根据企业发展的需要和市场变化的需求合理调整国内、国际业务中涉及资源的分配。国际业务职能部门和国内业务职能部门相比，整合跨国资源促进企业运营过程中资源合理配置比单纯依靠国内资源的整合配置企业运行资源更有效率，其中国际业务职能部门在吸纳国际资金为企业发展筹措资金方面有着天然的优势，这些优势主要体现在更为广泛的融资渠道和更低的融资利率上。

5.全球联合结构

全球联合结构是企业在经济发展过程中对同类问题的联合攻关组织结构，它的目的是针对文化、产品、地域等具有专业指向且覆盖企业所有经营分部的经济发展问题的联合研究和攻关。这种组织结构的优势性在于超越地域、文化、经济实体等因素的束缚，在宏观上就某一专业领域对企业在发展中遇到的问题进行攻关和指导。全球联合结构有四种类型，分别针对全球化进程中国际贸易活动的四大趋向：职能结构针对日趋加快的全球化；区域结构针对日趋增强的经济区域化；产品结构针对不断扩大的产品纵深；矩阵式结构针对跨领域经营（见图 10-1）。

全球矩阵结构

(global matrix structure)

按业务与区域市场划分并设立部门，基层管理者需要同时向区域负责人与产品负责人进行工作汇报。

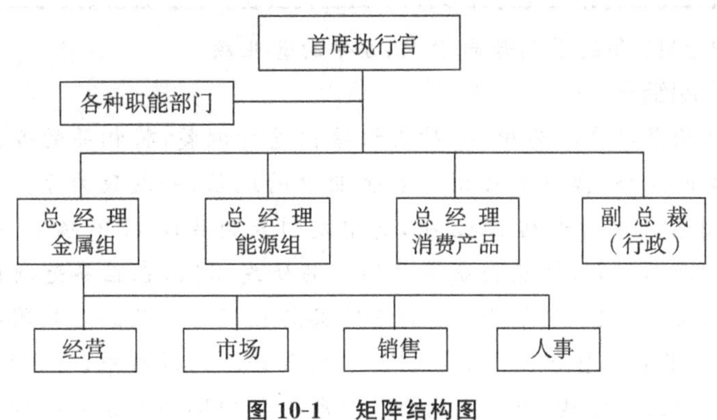

图 10-1　矩阵结构图

海尔集团组织转型与探索

海尔集团自成立之初到发展成为今天国内白色家电的领军人，其组织结构在借鉴跨国企业组织结构变化经验的基础上进行了调整。海尔集团的组织结构调整大致分为四个阶段。

（一）直线职能制阶段

直线职能制组织结构是企业组织结构网络化的一种形式，被青岛电冰箱厂成立之初采用。海尔集团最初在企业内部实行直线职能制，企业组织内设立专门用于保障企业目标达成的直线式管理部门，同时也按照企业运营流程中涉及的专业分工成立相应的职能管理部门，该职能管理部门虽然对直线式管理部门具有管辖权，在实际工作中却以服务直线管理部门为主。而直线式管理部门只有负责人对职能管理部门负责，其他员工并不直接听从职能管理部门的调遣。

（二）事业部制（按产品划分）阶段

事业部制是自主分公司组织结构的一种形式，从企业内部逐步推行而成。海尔集团总部成为资本运营和战略决策中心，各事业部独立核算成为具有自主决策和财政权的个体。这种结构的采用不仅降低了企业的运营成本，还增强了企业员工的积极性。

（三）本部制阶段

1997 年海尔集团通过学习日本松下公司的组织结构改革经验，在企业内实行本部制。企业组织结构经过改革之后，设立两级的利润分层控制中心，组织结构由集权的直线式管理逐渐转向企业管理权较为分散的扁平式组织结构形式，进一步明确职能部门的职责，突出其工作职能以帮助企业更好地服务市场。

（四）国际业务部阶段

1999 年 8 月，海尔集团为了更突出企业发展的特色，在原来组织结构上设立专门的针对国际市场的产品分部，并要求不同产品分部面对国际市场变化制定针对性的产品策略。海尔集团在改革组织结构时，根据企业的业务流程，专门设立了物流本部与商品本部，以提高企业对产品和物流运输活动的整合，从而缩减企业运营消耗的成本费用。海尔集团的销售额在1996年达到62亿元，2006年达到1039亿元，2010年达到

1357 亿元，其中 2010 年的盈利等同于 1996 年的营业额。

（五）全球产品结构

全球产品结构是以产品为中心，对组织结构进行调整，将相关的专业团队进行更有利于产品开发的组合，提升专业团队在企业中的地位，一起致力于产品开发。2007 年一年海尔集团累计申请专利 7883 项，其中发明专利共计 1736 项，这一时期的海尔集团更加致力于产品创新，打造企业强大的产品研发团队，在世界范围内打造自己的产品品牌。海尔集团于 2008 年开始实行全球品牌化战略。从海尔集团组织结构调整的历程可以看出，其在借鉴国际企业组织结构调整经验的过程中，有目的、有计划地吸纳符合企业本身的组织结构，并没有完全经历所有的国际企业组织结构形式。同时多种组织结构形式在海尔集团内部并存或被有机地结合成为一种全新的形式。随着企业发展的深化，海尔集团在产品研发上的强势状况，促使企业实行以产品为重心的全球产品战略和全球产品结构的组织结构形式。

二、跨国企业组织结构的选择因素

对于跨国企业来讲，究竟选择哪种组织结构形式，要从两个方面考虑：跨国经营战略与组织结构以及企业的跨国经营程度。

（一）跨国经营战略与组织结构

跨国公司选择的组织结构模式必须与它制定的跨国经营战略一致，才能保证企业经营战略有效的实施。

实行国际战略的跨国企业，多数处于跨国的初期阶段，海外子公司数量少、规模小，国外业务在整个企业中所占比重较小，只需设立一个专门部门管理和协调国外业务。因此，国际业务部组织结构适合于国际公司。

实行多国战略的跨国企业，海外子公司数量多，区域分散，对在不同东道国生产的产品要根据当地的市场需求情况，进行适应性调整。这要求企业按地理位置把国外业务分成不同区域，设立地区分部，根据本地区各东道国的特点管理和协调地区内的生产经营活动。因此，地区组织结构适合于多国公司。

实行全球战略的跨国企业，即全球企业的产品品种多，产品标准化程度高，多数产品已具有全球性市场。这要求企业以产品为核心，从全球市场角度统一管理和协调跨国经营活动按产品设置部门可以满足这种要求。因此，产品组织结构适合于全球企业。

实行跨国战略的跨国企业，海外子公司数量多、规模大；产品品种多，部分产品属于全球性产品；另一部分产品则需要根据不同东道国的市场需求进行适应性调整。跨国经营活动分布的行业多，区域分散。这要求企业建立较为复杂的，既包含产品部门也包含地区部门的组织结构。因此，混合组织结构或矩阵组织结构适合于实行跨国战略的企业。

般地说，随着企业跨国经营活动广度和深度的不断提高，跨国经营战略会不断调整，组织结构也需要进行相应改变，以保证跨国经营战略目标的实现。

（二）企业的跨国经营程度

企业的跨国经营程度可以用不同指标衡量，具有代表性的两个指标是：国外销售额占销售总额的百分比以及国外生产的多样性，即跨国经营的产品品种的数量。一般地说，企业的跨国经营程度不同，所采用的组织结构形式也不相同。

第二节 跨国公司的技术管理

一、技术管理内涵

目前，对企业技术管理的理解，可以从技术管理的过程、资源以及能力三种角度理解。

从技术管理的过程理解，技术管理是对企业的一切技术活动过程进行科学管理，它是整个企业管理的基础和重要组成部分。其中技术的发明和创新以及技术的变革，都是影响技术管理的重要因素。

从技术管理的资源来看，将技术作为公司最重要的资源来考虑，强调技术和其他各种资源的集成。也就是说将企业所拥有的技术资源转化到技术创新当中，以满足顾客的需要，这不仅有助于企业当前的创新活动，而且能够为企业的可持续发展奠定基础。

从能力的角度来看，技术管理不应当只注重技术活动，同时应当关注技术管理能力对于跨国企业经营能力的影响。

成功地进行技术管理在于提高企业的下列能力：①创造对商业和技术的共同理解，认识到彼此的需求和约束；②认识到战略商业计划过程的局限；③将技术作为公司战略计划过程的一部分进行整合；④认识到人力资源的有效管理可能是公司唯一的战略优势。因此如何发挥科学技术的潜在优势，使其转变为更大的生产力和竞争力，是技术管理的重中之重。

以上三种观点，从三种不同的角度对技术管理的内涵进行了诠释，主要区别在于对技术管理的对象和内容的侧重不同。过程观强调对技术过程的管理；资源观认为技术和其他资源是技术管理的重点；能力观则从更广阔的视角审视技术管理的本质，指出技术管理作用的对象是技术能力，其目的是实现企业目标。

二、技术管理的产生

技术是一种商品，这种特殊的商品是随着社会分工的扩大、生产力的发展以及科学技术的进步，逐渐脱离物化产品而独立出来的。体现了技术知识对社会生产的重要性。它的存在可以实现技术进步，提高劳动生产率，提高社会生产的经济效益。

技术管理的主要内容有资源管理、组织管理和质量管理三个方面。

三、技术管理能力

从系统的角度看，技术管理包括对与技术能力相关的多方面内容的管理，技术管理能力应当集成技术管理体系所包含的多方面内容。技术管理能力包括技术资源管理能力、技术组织管理能力和技术质量管理能力。

技术资源管理能力是指对投入各种技术活动中的资源进行选择、配置及合理使用的能力，包括资金管理能力、设备管理能力、人力资源管理能力、信息管理能力和成果管理能力。

技术组织管理能力是指为使技术管理活动顺利进行，而设置合理的组织结构和职务、理顺责权关系的能力，以及形成并发展适合本企业技术管理的共同信仰和价值观的能力，包括组织结构管理能力和组织文化管理能力。

技术质量管理能力是指对技术活动涉及的质量要素进行管理的能力，包括技术质量管理能力、技术标准化管理能力和技术风险管理能力。每一种能力都和其他两种能力相关。一种能力的状态变化，会影响到其他能力的状态。因此这三种能力相互联系、相互制约，形成一个有机的整体。

四、企业技术管理能力动态表现

企业技术管理能力是一个持续积累、能带来持续技术优势的企业内在能力。因此，要实现企业绩效的持续提高，技术管理能力必须从其载体运动的过程加以考察。技术管理体系是技术管理能力的载体，技术管理能力是在技术管理系统不断运动的过程中体现出来的。技术管理的运作过程包括搜寻、选择、执行、反馈四个步骤，这四种活动贯穿技术管理的能力结构，使技术管理能力呈现出动态的特征，并从搜寻能力、选择能力、执行能力和反馈能力这四个方面来反映技术管理能力的动态表现。

本章小结

跨国企业适用的组织结构多种多样。在国际化的初期，大部分跨国企业通常任命出口经理负责海外业务的管理。当企业的海外业务发展一段时间并扩张到更多海外国家市场时，通常采用国际部结构来管理海外业务。在海外业务进一步发展的情况下，跨国企业通常采用全球结构，包括按产品划分的全球结构、按区域划分的全球结构与矩阵式全球结构。

跨国企业内部的沟通协调方式，除了正式的上下级垂直沟通外，还有非正式沟通。随着信息技术的发展，企业得以运用的通信方式种类不断增加，也催生了不同职能部门与不同区域附属机构之间的非正式沟通。为了促进非正式沟通网络的建立，企业首先应当鼓励管理者充分运用新的通信技术，其次应当鼓励不同区域或国家的员工之间相互联系、建立人际关系并进行充分的互动。

对于跨国企业来说，海外运营需要应对不同类型的风险。其中，技术风险带来的负面影响尤为显著。因此，获取并保护技术方面的竞争优势对跨国企业而言尤为关键。

重要名词

组织结构　　全球矩阵结构　　横向沟通　　供应链　　技术管理

案例分析

HPM 公司的技术战略管理策略

HPM 公司成立于 1925 年，它是一家独资公司，主营业务是设计、生产插座、开关等。HPM 采用传统的营销模式，即以电子批发市场作为主要渠道，就目前而言 HPM 的这种营销模式给它带来了极大的成功。

今天，HPM 在国内的工厂、仓库和销售办事处已经有 1100 多名员工，他们控制着多达 3500 条产品线。仅在悉尼，HPM 就拥有超过 800 名生产工人。另外还有 200 多名销售、财务、管理人员遍布全国。

战略方向：利用技术进步和设计创新走差异化道路

为了实现其目标，HMP 的主要战略就是利用技术和产品设计上的创新走差异化的道路，以此区别于那些低成本生产的竞争者。HPM 的管理者们将立足于企业富于创新的传统之上，将 HPM 定位于业内新产品和技术的领导者，在竞争者眼中 HPM 应该一直成为推陈出新的代表。

与 3M 公司的做法类似，HPM 多年来一直致力于在企业内部营造一种鼓励创新的文化氛围。这种做法仍然保持得就像公司刚建立的时候那样好，而这种做法持续不断地奏效了。

创建鼓励革新的文化氛围

事实上 HPM 这种鼓励创新的企业文化在很早以前就通过一种称为“自由思考”的处事方式引进来。在企业中很少制定详细的规章制度，如果不得不编制一定的规章制度，管理者们也将持非常审慎的态度。在 HPM 中，不对各个岗位的工作内容进行严格限定。HPM 的经营主管提到：“我们不喜欢任何过于正式的东西。”他们在工作上没有给出明确的方向性的指导，他们懂得这样做的局限性。在 HPM 公司我们看不到那些用于记录公司愿景、任务、目标或战略的形式化文档，实际上这些概念都只存在于董事会和高层管理人员这个小群体中，而且对于战略，HPM 很少给出详细的描述，这主要是由于随着市场的变化，董事会要对战略进行相应调整。公司里唯一的正式文档是关于公司经营目标的图表，该图表中给出了 HPM 5 条重要产品线的生产目标。HPM 的管理人员认为如果制定目标的过程太过规范或者说过于形式化将会破坏企业建立起的这种和谐的氛围。

在 HPM 管理人员会得到相对外界较高的薪水待遇，而销售商们也会得到比 MTIA 高 30%～40%的收益；对于设计和工程人员他们将得到所需的任何资源，同时公司不对他们从事的研究工作进行严格的约束，开发工作通常由技术人员全权负责，技术人员可以随意展示他们的想象力和创造力——没有限制的规定。

HPM 公司和工厂的员工之间在过去的五六年间达成的协议给公司提供了必要的灵活性，同时增加了公司对灵活性、员工的贡献以及新思想的要求，现在已经发现的协议的特点主要有：

●生产车间的灵活性：HPM 提出对于某些特殊的情况可以灵活调整排班的时间，例如有时候需要调整临时岗位员工的可以灵活调整排班时间。

●质量的改进将成为一个持续的过程：在每个生产环节，员工都要对产品的质量负责，这样保证产品质量的责任将被分解到各个工作岗位，而不是像从前只有生产管理人员一个人承担。

●各个岗位上的员工可以自行编制生产计划，并控制相应的进度而不是由辅助人员或其他间接人员来制定。

●建立咨询委员会以便不间断地对新技术的培训、多种技能的培训以及工作的分工，还有新员工和转来的员工的基本培训，以及车间生产规划中英语的使用，质量保障的流程和要求的基本培训等方面进行监控和评价。

为了强调创新和新思想的重要性，公司还建立了独立的研究和开发组织，该组织主要负责寻求新产品的构思以及从概念到市场的更好的途径。HPM 对研发部门给予了极大重视，他们认为企业未来的成功与否的关键在于该部门的实力。

外部影响

HPM 公司利用外部关系鼓励创新有如下一些方法：

●HPM 与联邦政府的智能制造系统(MS)协会合作共同进行一些大型的研发项目。通过这些项目，HPM 接触到许多前沿的研究课题，同时利用互联网，HPM 可以与许多项目相关的组织和团体建立联系，这些组织和团体包括：Daimler Benz(德国戴姆勒奔驰)、加拿大联合技术公司、联合技术公司、德国技术学院和 MIT(麻省理工)。

通过与国际性的研究组织建立合作，HPM 将使用最新的工艺占据非常有利的位置。

HPM 公司进行产品开发的原则是根据市场的需要，以市场为导向。正如 Stuart Romm 所说："所谓革新就是要敏锐地发现市场上存在的问题，并给出相应的解决方案，这就是创新。"

案例问题：

案例中体现了 HPM 公司技术管理能力哪些方面？

第十一章　国际人力资源管理与跨文化激励

学习目标

1.理解并掌握国际人力资源管理的相关概念。

2.理解并掌握国际人力资源管理的特点及主要模块。

3.掌握跨文化激励理论。

国际巨头3M的用人之道

3M并不期望雇到一位在一个岗位上一直待到退休的员工，而是期望他有志向、有职业道德，能够在职业发展中利用3M提供的所有优势，与公司一起度过美好而漫长的职业生涯。近期，《中外管理》对成立于1902年，有着百年历史的科技创新型跨国企业3M公司进行了采访，通过专访其大中华区人力资源总监Laura Lorenz，了解3M公司如何招聘和管理那些值得信任的员工，以及如何在不同的文化差异下铸造自己的百年基业。

全球统一的价值观：尊重、信任、互动。"尊重员工的尊严和价值，这是我们整个公司历史发展过程中始终不变的核心理念。这一价值观指导了我们的决策，并且培养了我们的企业文化。"Laura Lorenz对《中外管理》着重介绍了3M公司的价值观。其实，Laura Lorenz在3M公司的成长历程，就是这种价值观的体现。"我的整个职业生涯几乎都是在3M度过的。我在这里与人力资源部门共同成长。"毕业于威斯康星大学人力资源管理专业，并获得美国明尼苏达大学卡尔森管理学院人力资源及劳资关系硕士学位的Laura Lorenz，在3M公司工作已有18年的时间。Laura Lorenz表示，在3M她见证了人力资源专业的理论，以及3M的人力资源方法论是如何随着时间的推移而不断发展的。作为HR总监，她负责管理的人力资源部门为约8000名员工提供人力资源支持，涵盖12个工厂及物流中心、2个研发中心、4个技术中心、26个办事处。对于3M在人力资源管理方面的突出特点，LauraLorenz开门见山地向《中外管理》讲道，

3M在全球各区域的很多人力资源管理流程是一样的,各区域的价值观也是一样的:尊重员工的价值。尊重每一位员工,让他们感到自己的价值,以及为实现企业目标所做出的贡献。鼓励员工的主动性。提供开放的环境,鼓励员工勇敢尝试新事物,积极主动并保持好奇心。提供员工成长和探索的机会。为改善员工体验,3M采用了员工学习和职业发展的"7-2-1"理论——70%的职业发展来自岗位培训和学习,即通过轮岗来体验不同的岗位,了解不同的业务和岗位职责,从而促进员工个人和职业发展;20%的职业发展来自向他人学习,即协作和沟通文化;最后的10%来源于正式培训,比如:研讨会、正式的高级训练、阅读和课堂培训等。

没有管理新思维,只有坦诚的员工互动。但Laura Lorenz也坦诚地说道,3M的HR管理也并非固守传统、一成不变。在最近的几年里,3M收集并且分析了更多行业管理数据,从而建立洞察机制,以便更聚焦于采用现代的人力资源管理方法。比如,随着年轻一代(尤其千禧一代)逐步进入职场并成为职场主力,如何加强与这部分员工的"职场互动"成为所有公司不可回避的问题。"年轻的一代是数字原生代,因此通过数字手段与他们建立联系和互动尤为重要。"Laura Lorenz着重介绍了3M利用数字化工具与员工互动的措施——在线意见池,即:全球不同地域、不同部门的同事都能参与其中,就公司的企业文化、管理和发展等问题在线各抒己见,每个人的意见和建议都会进入在线意见池,供全球所有员工投票。基于广泛的员工反馈和数据汇总,最终在CEO的推动下,将有价值的意见转化为公司全新的管理文化要素,公司会持续帮助员工将这些文化要素融入日常工作中。而这只是其中一个例子,现在3M也开始做更多基于不同主题的在线意见他项目。比如:最近3M正计划就员工绩效评估的方式,进行在线意见收集和投票,以让员工帮助公司找到他们接受且更有效的绩效评估方式。Laura Lorenz强调说:"与其一味地跟风各种所谓的管理新思维,靠所谓的'新趋势'来判断公司需要什么样的管理,不如在HR推出及实施新流程和实践之前,通过员工们习惯的方式去咨询他们的看法,尊重他们的意见,了解什么对他们是重要的,什么是不重要的。基于信任和尊重为先的管理会获得更多的成效。"而这些改变也体现了3M的一个HR管理优势:拥有全球统一的流程,公司运转并不依赖于一个领导者。公司内部许多系统、工具和流程,无论是否有领导者、管理层,都可以独立运行,而同时,3M对团队以及团队的领导者也给予了足够的信任。

人才储备:为未来招聘。信任和尊重,这也是3M公司选拔和培养员工成为领导者的重要标准。那么,3M会青睐怎样的人才?Laura Lorenz透露,首先,3M是一家跨国企业,实行的是全球招聘,以确保公司管理层来自世界各地。因此,公司的CEO和直接向CEO汇报的管理层们,很多都不是美国人,而是来自世界许多不同的地域,包括亚洲。而3M期待的不只是能招聘到优秀的人才,而是要寻找一个"终身学习者"——他有好奇心,能够勇于创新,全力制胜。"我们寻求有强烈的积极主动性和领导意愿的人。我们招聘的是有潜力者,即为未来招聘。"Laura Lorenz补充说,3M并不期望雇到一位在一个岗位上一直待到退休的员工,而是期望他有志向、有职业道德,能够在职业 发展中利用3M提供的所有优势,与公司一起度过美好而漫长的职业生涯。而在人才提拔上，现在3M一方面在外部雇用了越来越多有经验的员工，同时也非常善于从内部提拔和培养自己的领导者。了解3M的人会发现，在3M公司里，与公司一起成长，共度整个职业生涯的员工非常多。公司有不少员工工龄达20年、30年，甚至有35年。“我们当然会从外部招聘人才，但我认为，如果我们从员工那里看到了忠诚和承诺，我们也希望在内部培养自己的领导者，并在他们的职业生涯中提供成长机会，保证他们的相关技能跟得上时代。”Laura Lorenz解释说。

HR的战略意义

而更进一步看，3M人力资源管理对未来长期目标的关注，与其着眼于公司战略密切相关。3M的HR部门和公司的战略有着密切的联系，人才的招聘和培养也并不是孤立的。HR总监与领导企业战略规划的总监，在规划过程中始终保持着紧密的合作关系，围绕公司战略共同确立人力资源规划，这一点非常重要。

3M在科技、制造、全球业务和品牌方面的核心战略优势背后，你会看到HR的强力支持。因为在3M研发团队和制造团队背后，长期以来一直有由人力资源领导的强大的人才绩效考核计划，这使3M能够在这些领域拥有优秀的领导者和员工。

因此，Laura Lorenz也相信，从战略的角度来看，人力资源管理是企业战略的核心。而人力资源管理不仅关注人才，也关注文化。这其中包含很多：包容性和多元化、人才培养、有意义的工作经验，以及引人入胜的企业文化。

外企，但不能外行

如今，3M有越来越多像Laura Lorenz一样的美国人在中国任职，服务中国，3M也有一些来自中国的高管在美国或其他不同地域工作。的确，3M推崇的统一的管理文化和价值观，保障着公司的百年基业。但对于一家足迹遍布于87个国家，在全球拥有超过9.3万名员工，仅3M中国就有12家分公司的外企，这个“老外”身份，注定会面临管理上的员工文化差异。

连Laura Lorenz也承认，一开始就被中国员工的工作方式“惊到了”。初到上海后，她感受最深的是员工们习以为常的上下等级关系。直白地说，就是中国的员工们总是对领导的要求无条件执行，他们会始终如一地达到或超过领导的预期。但美国的员工们却并非总是如此。

“在西方文化中，员工可能更常见的是质疑领导者，并且需要领导层进一步激励和劝说，他们的工作才会超过领导的期望。”对此，Laura Lorenz表示，首先这是一种出色的职业道德，但另一方面，这种工作风格也有一定的限制性，因为有时候员工可以比领导者有更好的想法和主意。从这个层面看，职场上西方文化下的员工也许能更快地找出更好的对策。

“这样一来，从HR管理的角度来看，在中国想要员工自由地公开表达自己对领导、对工作的真实想法，是颇具挑战性的。我可能需要更长的时间和不同的方法。”所以，Laura Lorenz提到，面对文化差异，在统一的公司价值观下，管理方法也会针对中国市场的本土化实践随之调整，包括很多细节上的改变。

例如，3M中国会把微信作为员工沟通的渠道之一。元宵节那天，3M中国的领导团队，包括外籍管理层，都穿着传统中国服装向员工致以问候。除此之外，她正计划在公司零食中提供更多地方特色小吃，通过饮食文化帮助大家增进了解。

此外，3M 建立了与上海交通大学合作的 mini MBA 课程，为高潜力员工提供培训课程。

“这对我来说，只是一个非常小的改变。但高兴的是我得到非常积极的反馈，大家都表示这样的领导团队非常可爱，他们很喜欢。3M 虽然是一家全球化的公司，但是我们在中国，就希望让员工感受到我们中国的特色。”Laura Lorenz 总结道。

正如，3M 首席执行官将“人才与文化”作为与“产品组合”“转型”“创新”平行的四大重点领域之一，他认为培养人才，并与他们保持有意义的紧密联系、留住人才，以及将文化作为差异化因素，将使 3M 成为一个更成功的公司。这一观点对很多公司都很受用。

如今，Laura Lorenz 的丈夫和四个孩子也从美国迁居上海，一家人在努力学习汉语。

资料来源：凤凰网财经，《国际巨头 3M 的用人之道：我们需要“共度职业生涯”的员工》，2019 年 4 月 18 日，https://finance.ifeng.com/c/7lxsJizPyk7

引导问题

1.3M 公司国际人力资源战略意义是什么？

2.3M 公司如何对中国员工进行管理？

第一节　国际人力资源管理

随着国际经济、文化交往的日渐频繁以及跨国企业的盛行，国际人才的培养途径研究愈来愈受到企业实践者及理论学者们的重视。为了赢得全球优势，跨国企业开始从战略角度去建立健全国际人才管理机制。

本节将根据国内外学者对国际人力资源管理的概念界定进行探讨。

一、国际人力资源管理定义

国际人力资源管理是为其海外子公司获取和保留所需的人力资源，制定有效的具有多元文化背景的企业员工的人力资源管理政策，以实现企业的整体战略目标。跨国企业人力资源管理是指跨国企业对海外工作人员进行招聘选拔、培训开发、业绩评估和激励酬劳等过程的管理。

国际人力资源管理
(international human resource management)
跨国企业对海外工作人员进行招聘选拔、培训开发、业绩评估和激励酬劳等过程的管理。

跨国企业人力资源管理与国内企业人力资源管理的基本框架总体一致，比如，国内企业人力资源管理与跨国企业人力资源管理的研究都以招聘选拔、培训开发、绩效评估和激励酬劳等为主要管理内容。但是跨国企业人力资源管理又有其特殊性。只有清楚地认识到了这种特殊性，才能在跨国企业人力资源管理过程中使管理更具针对性，从而促进管理的有效性。

二、国际人力资源管理的特点

国际人力资源管理拥有更多功能、更复杂的管理、更多地参与到国际员工的个人生活和受到更多外部因素的影响，主要呈现以下新的特点：

1.国际人力资源管理需要有效管理环境复杂性

由于经济、社会、自然环境等因素的不同，使得跨国公司面对的环境更加不确定，这也就要求跨国公司在充分了解当地环境的基础上，有针对性地调整管理思想和实践，以提供具有差异化的人力资源管理。

跨国公司往往会在政治环境不是很稳定，但市场前景看好的国家中选择建立合资企业，并根据当地习惯提供诸如招聘、培训、考核等不同做法。例如对员工进行导向培训，通过对东道国语言的学习，熟悉东道国国情、社会禁忌和制度、风俗习惯、当地的劳资关系、工作人员雇佣方式，以及当地居民、政府对跨国公司经营业务的态度，以在复杂的国际环境中有效地适应当地环境。

2.国际人力资源管理需要巧妙处理文化多元性

文化多元性是跨国公司国际经营中需要面对的重大问题，因此进行多元文化管理是非常有必要的。这时跨国公司需要处理的问题是如何在使用原有的、已经证明有效的人力资源管理实践，在适应当地文化，减少文化冲突的风险的同时，保证公司绩效。

跨国公司对于雇员民族化及女性任职等问题必须遵守当地文化习俗。例如在日本和拉丁美洲的一些地区，报纸上的招聘广告可能很清楚地列出了公司需要一名年轻男性员工，其年龄范围也被严格限制，尽管这些标准与工作要求没多大关系。而这种招聘广告如果在美国出现，就违反了公平雇佣准则法案。很多国家在招募、选拔和雇佣人员上几乎没有设置任何限制，雇主可以提出任何问题，或积极地雇佣那些有着某种特定品格的人。

3.国际人力资源管理需要谨慎权衡目标多重性

跨国公司虽然只是一般企业的特例，但从人力资源管理职能来看，他们都执行了人力资源计划、招聘、培训、绩效考核和报酬管理等职能，但人力资源管理的目标会受到环境复杂性和文化多样性的影响。例如，单方面地提高雇员技能、增强岗位适应性，也可能是对东道国征收工资税的一种回应。

4.国际人力资源管理需要明智应对雇员多样性

跨国公司的雇员种族构成多种多样，其可能来自母国、东道国、第三国。这对跨国公司人力资源管理是一个严峻的挑战，使得跨国公司人力资源管理涉及一系列的新问题。例如外派经理的选拔与培训、绩效考核、薪酬设计、跨国调动及海外遣返等问题。

三、国际人力资源管理的功能

人力资源能力的提升是国际人力资源管理的主要内容，人力资源能力的提升可以满足跨国公司和全球性公司的各个子公司的不同需求。跨国组织与国内公司在人力资源上的管理有很大不同。普遍情况下，表现在招聘员工、薪金支付、员工培训、能力提升和职员升迁等诸多方面。它们必须不断地将公司策略与人力资源管理结合起来，同时还要兼顾国家差异和文化差异在这些因素上的作用，导致其成为一个很复杂的问题。国际人力资源管理主要包括三大功能：

第一，管理全球性企业的人力资源，特别是员工的外派和归国问题。例如外派员工的薪资、家庭、人际关系问题以及归国后的文化差异适应性、职业生涯发展焦虑等，都是跨国企业需要解决的问题。

第二，以公司战略为指导，根据公司所在国的政治、经济和文化环境来调整合适的人力资源的管理方式。例如本田进入中国后，一直致力于本土化人力资源管理，采用内外招聘相结合的模式，以本田特有的企业文化理念和良好的工作环境吸引人才，通过招收更多当地员工和管理者来实现人员配置的本土化；在晋升渠道设置上，给予中国员工更多机会与空间，制定符合中国国情的福利制度等，使本田更好地融入中国，不断发展。

第三，在每个子公司灵活采取和当地需求相匹配的劳工关系。国际人力资源管理越来越被认为是跨国企业成功的重要因素之一。在竞争激烈的今天，资本、技术、信息、原料等生产因素都可以被轻易复制，企业特别是跨国企业应当高度重视独特的人力资源优势。独特的人力资源优势是组织竞争优势的唯一可靠来源，是组织立于不败之地的保证。

四、国际人力资源管理的主要模块

(一)员工的招募与选拔

招募和选拔工作是跨国公司在海外设立子公司需要面对的首要问题，是最关键的环节。招募过程中，员工的分类很重要，它决定了企业应该采取哪一种国际人力资源管理方法。

跨国公司的员工一般可分为三类：

母国员工(简称 PCNs，Parent-Country Nationals)指来自母公司所在国，并且拥有母国国籍的员工。母国员工通常被公司总部外派到海外子公司担任高层管理者或重要技术专家。

东道国员工(简称 HCNs，Host-Country Nationals)指在跨国公司海外子公司工作的具有东道国国籍的员工，他们在所在国家享有公民权。

第三国员工(简称 TCNs，Third-Country Nationals)来自第三国，既不属于子公司所在国家，又不是总部所在国家的公民。例如，一位美国经理在一家中国跨国公司设立在英国的海外子公司工作，这位美国籍经理就属于第三国员工。

跨国公司应制定国际经营人才规划，通过对于员工的招募与选拔，聘用符合公司需求的人才，实现公司经营目标。

(二)员工的培训与职业发展

培训是改变雇员的行为与态度，使其更好地实现工作目标的过程。管理人员通过管理开发获得必要的技能、经验及态度，以便继续成为成功领导者，这是两个紧密联系的环节。

员工的培训与职业发展的职能包括计划有效的学习过程、组织发展和职业发展。跨国公司的培训不是集中而是分散的。首先在总部进行集中化的培训，由各地子公司的培训师或高管参加，而后培训师们回到各自分公司。需要注意的是，培训师必须具备将总公司培训方案与分公司所在地情况相结合的能力，这样才能确保政策的通畅施行，从而开展分公司的学习与培训，确保总公司政策的传达。

(三)绩效评估

绩效评估是对员工工作绩效进行评价的过程，这个过程很必要也很重要，好的绩效评估系统能够清晰衡量员工为公司所做的贡献，这是公司对员工工作的肯定，也为员工进一步提高工作绩效给定了标准。

但对于跨国公司来说，要评估其海外子公司员工的绩效又显得更加复杂。当公司存在不同国籍、不同工作习惯的员工时，绩效评估的一致性要求在这里要经受重大打击。比方说，在中国，给人留面子是很重要的，公开批评一个员工肯定是一个极其不理智的做法，因为这很可能会导致他以后工作绩效的下降甚至离职。对海外经理人员的评估是国际人力资源管理的重要内容。合适的绩效评估既能对海外经理人员的业绩作出恰如其分的评价，并据以制定有效的激励与淘汰政策，又有利于企业制定更为有效的聘用标准与培训方案，并为企业制定战略性发展计划提供依据。子公司的绩效评估系统一般与母公司有一定继承性，但不能全盘照搬，在设计子公司的绩效评估系统时，一定要综合考虑公司的总体运营战略和子公司所在地(国)的独特性。分寸把握很重要，只有这样，才会使绩效评估系统具有公司和文化的双重适应性。

(四)薪酬与福利

激励问题是关系企业健康运营的关键问题，一直以来受到中西管理学家的广泛研究。随着社会逐步发展，人们的需求也日益增高，员工在满足基本的物质层面上的需求后，更多地转向了追求精神上的愉悦，追求工作的成就、实现自我的价值。这也就使得公司的薪酬计划必须紧密贴近员工的实际，尽可能去实现激励员工效用最大化。在符合公司战略大背景的情况下，反映出当地的文化环境、经济水平、大众偏好等。

很多外资企业来到中国后，每年都会对本地区、本行业的薪酬福利情况进行调查，或者与当地的人力资源服务公司合作，向他们购买服务，获得有关薪酬福利水平的资料。并且根据掌握的薪资福利情况制定本企业调整薪资福利策略、涨薪比例和薪酬福利结构。像公司的其他管理一样，外企员工福利制度到中国都会相应“本土化”，充分考虑到政府的法规政策、文化差异。

星巴克的人力资源管理秘诀

在星巴克，“伙伴”被看作是“销售美好体验”的最关键环节，也在不断强化的过程中成为星巴克公司文化的一个重要成分，而另一个星巴克文化的成分，就是员工的薪酬福利措施。

星巴克有一个特别的豆股计划，它从1991年(中国内地是1999年)开始为员工提供一定比例和份额的公司股票折价购买机会，即使你是兼职员工，在满足了最低工时要求的条件下也同样能够享受，此外还有为每周工作超过20小时的员工提供的卫生、扶助方案及伤残保险等额外福利措施……这些优于行业平均水平的员工激励政策也在全球范围内被看作是星巴克在职场上竞争力的重要表现。

据星巴克(中国)伙伴资源副总裁解说，对于每一位新加入星巴克的员工，除了对自己伙伴身份的新鲜感，他们还会接受一系列培训，包括除了所在岗位要求的业务培训和每个员工都需要完成的咖啡知识和门店经营培训。2012年11月，星巴克(中国)大学成立，这个面向公司内部所有员工开放的培训平台与咖啡知识培训、门店经营培训一起构成了完整的星巴克"伙伴"教育。

卖一杯咖啡也许真的不仅仅只是卖了一杯咖啡,星巴克的确让员工和很多顾客都相信了这一点。但如果从职场角度来说,这种工作状态和效果显然不是让员工互称伙伴就能够实现的。那么星巴克还有哪些办法?它的培训系统和福利措施又有哪些具体设置?我们一起来看看星巴克的"伙伴"法则。

一、星巴克的员工构成

作为一家咖啡连锁零售商,如你所见,星巴克的绝大部分员工都集中在门店。据余华透露,最近几年星巴克在中国的员工招聘总数每年都在6000～7000人左右,而其中超过90%的新人都会以门店员工的身份进入星巴克。星巴克计划未来两年将在全球新开2400家门店,在中国内地的计划是两年内将门店增加到1200家——这将带来更多的工作机会。

星巴克门店和支持中心的人员是双向流动的。比如说,一位具备意愿的门店员工在得到经理的推荐之后,可以参加支持中心的空缺职位面试。余华说,每一年星巴克都有超过20%的门店员工进入支持中心。

二、星巴克的招聘

1.招聘方式

校园招聘—管理培训生项目:在星巴克2013年面向校园的管理培训生招聘计划中,开放职位的部门均为门店,到目前为止招聘的管培生数量约为400名。

毕业生在提交求职申请之后,还要完成星巴克的在线测评和面试。管培生进入星巴克之后与社招员工的发展机会基本相同,但前者通常能够在9—15个月的时间里成长为门店副理。

社会招聘、内部员工推荐:针对门店普通员工的岗位,星巴克更多还是面向社会公开招聘。当然门店员工也可以向公司推荐适合的人选——星巴克也更乐见这种方式——候选人只需要通过面试便可以进入该门店工作。

管理培训生:除了每年面向大学校园招聘一部分管理培训生,星巴克内部员工也可以向公司申请加入管理培训生计划。

其他途径:经由其他社招途径进入星巴克的员工可以有更多选择,比如可以跳过门店直接申请支持中心的岗位。余华说,支持中心部门包括门店开发及设计部、市场推广及产品部、公共对外事务工作部、伙伴人力资源部、研发与质管物流部、供应链部等。

2.选人原则

与他人开展良好合作:星巴克柜台后面就是一个咖啡制作到售出的流水线,而且员工的工作情绪和合作技巧对顾客来说也是可见的。

以客户为先:顾客在接触其产品之前首先接触的是员工,员工的服务态度会直接影响顾客对于公司品牌的印象。

优秀的学习能力:也许你得从一位门店的咖啡师做起,但只要你具备优秀学习能力,你会有一个更好的发展机会。

影响他人的能力：尤其是当你希望在未来领导一个团队时，比如领导自己门店的员工，甚至是领导一个区域的门店经营，这种能力很重要。

三、职业发展路径

1.门店垂直晋升路径

余华称，每两个职位间并没有严格的时间间隔，员工能否快速升职主要看自己的业务能力、知识储备能否有一个较快的发展，每年大约有20%的员工获得各类升职。

2.跨部门发展路径

任何级别的员工都有机会进入支持中心或门店，换部门工作。在通过跨部门应聘面试后，公司将根据员工的具体能力，再结合公司需求给予相应职位。余华说，每年有20%的员工从门店零售进入支持中心。

3.升迁和跨部门的条件

个人能力是否达到升迁标准：在原有职位做得好不好是前提。

业务知识(也包括咖啡知识)是否积累到标准：在条件不成熟时，员工可以申请相关的培训以弥补弱势。

是否有职位空缺：公司职位一般是一个萝卜一个坑，只有存在相关的职位空缺员工才有机会成功升职和跨部门任职。时机和个人能力同样重要。

四、星巴克的培训体系

在星巴克，所有新加入员工除了接受相关部门的业务培训之外，还必须参与一段时期的门店见习和考核，同时接受咖啡知识的培训。

1.门店经营培训

所有新员工在入职之初均要在门店实习。对于进入支持中心的新员工而言，门店培训的持续时间约为两到三周。这期间，新人会在老员工的指导下从如何泡出不同口味的咖啡做起，整个培训主要会涉及零售课程、岗位锻炼、门店负责辅导等内容。

相比招聘外部人员，星巴克在营运管理人员的招聘方面更倾向于任用从基层做起的员工。对员工自身而言，对公司的一线经营业务的了解也能够有助于未来职业的发展。

2.咖啡知识培训

员工获得咖啡知识主要通过员工分享和自学两个途径。入职之初，新员工会接受来自公司的咖啡知识的培训，主要涉及一些诸如咖啡豆产地分布、烘焙方式等基础知识，在培训结束后，新人往往还需要通过一个考核。在基本的培训之后，员工可以借助公司内部的资料发放、员工分享活动等来了解更多的咖啡知识。

星巴克中国为所有的员工设立了“咖啡大师”和“咖啡公使”的认证通道，在每年的星咖啡知识比赛中，公司会评选出对咖啡知识掌握得较好的员工，并且授予他们这两个称号，然后在次年对其再次进行认证，通过考核的员工可以继续拥有这项荣誉。

“目前国内有咖啡大师称号的伙伴大约有1800个，咖啡公使不到20个。”余华说，拥有荣誉头衔的员工有资格申请所在职位以外的公司兼职，比如可以申请星巴克(中国)大学的讲师职位。

3.星巴克(中国)大学

这是星巴克中国在2012年11月推出的一个面向员工的企业大学培训平台。员工除了接受入职的相关培训之外，还可以报名入学，接受更加系统性的培训，为今后进一步提升做知识技能储备。

像所有企业大学一样，他们提供的课程主要是：

新员工课程：包括获取星级咖啡师证书的相关课程、公司体验、咖啡交流等。

员工推荐课程：这类培训项目是由员工的直属上司根据员工的个人特点和发展需求来做个性化推荐的，比如咖啡大师认证项目、项目管理、谈判技巧等。当员工希望从门店进入支持中心时，在接受资格面试之前，会被要求接受这一类的培训。

优秀员工进阶课程：这类培训所面对的对象是那些潜在的管理人员。比如专门针对门店经理设置的星光计划培训项目。这个项目在每一年会举办一期，但培训时间会被分成多部分，这样的目的在于让员工能够将培训与工作结合起来。

五、星巴克的福利措施

不同的公司针对员工会设计不同的福利政策，但目的都是在提高员工的积极性。好的福利政策未必就是高财务投入的福利政策。通过强调对每一个员工的关注，星巴克希望它的福利政策能够显得公平和人性。

1.股票

每一位星巴克的员工都能享受到公司的股票，包括那些在星巴克做兼职的临时员工。“兼职员工只要每星期工作超过20小时，一年做满360小时就可以享受当年的股票了，第二年这个股票就能够兑现。”

当然，这个股票发放存在一个标准体系。每一年，星巴克总部会向不同市场投放不同数量的股票，员工可以根据绩效、表现、薪资水平得到属于自己的那份股票。公司每年投放的股票比例保持在10%以上。

2.保险

除了国家规定的保险，公司还为包括门店兼职员工在内的所有员工购买了补充的医疗保险和意外险。余华说，星巴克希望以此让员工在工作时能更安心。

3.星基金

这是星巴克员工自发的一个互助计划，公司还会定期往基金中投入资金。假如员工遇到意外，他们能够向委员会提出申请，并且有机会获得帮助。即便这个扶持基金并不能覆盖所有的需求。星基金同样向兼职员工开放。

资料来源：HR人力资源管理网，《星巴克的人力资源管理秘诀》，2016年11月06日，http://www.hrsee.com/?id=70

【问题】

1.星巴克人力资源成功的秘诀是什么？

2.星巴克采用了哪些考核机制去激励员工？

第二节　激励理论与跨文化适用性

人才是企业国际经营中的宝贵资源。有效的员工激励机制建立，能够为企业吸引优秀的人才，开发员工的潜能，减少人才流失，增强企业凝聚力，创造良性的竞争环境。美国哈佛大学的威廉·詹姆斯教授在对员工激励的研究中发现，按时计酬的分配制度仅能让员工发挥20%～30%的能力，但若员工受到激励，其能力可以发挥出80%～90%。

在多元文化背景下，跨国企业原有的管理体系将不可避免会遇到文化差异带来的影响，文化激励已成为跨文化管理研究领域中迫切需要探讨的问题。中国学者指出，激励在跨文化管理理论中的应用，实质是为了设计出切实可行的激励机制和激励体系，在激励过程中寻找超越文化冲突的企业激励目标，以激励具有不同文化背景的员工共同的行为，从而激发员工的创造性和积极性。

美国最受欢迎的10个员工激励措施

1.弹性工作制度

在员工效率最高的时候进行工作，并且还能有时间去处理私事，没有比这个更好的激励措施了。这种弹性工作制度，能极大地提升员工的士气，并且将员工离职率至少降低10个百分点。

代表企业：Netflix

在Netflix，员工不用担心自己的考勤，因为没有人会去记录，而且员工的假期也是“无限期”的。

2.带薪休假

当员工带着自己的家人去旅行度假的时候，他们不用对费用有太多的担心。因为公司会有带薪休假的制度，员工可以毫无压力地度完自己的假期之后，他们能以一个崭新的精神面貌出现在工作中。

代表企业：Moz

提起Moz在国内知道的人可能并不多，但是在SEO界它的名头可是响当当的。Moz为自己的员工提供2000美元的度假奖金，以补偿他们的度假开销。

3.公司郊游

以公司名义组织郊游或者是各类户外活动，能够让员工们暂别沉重的办公室，让他们学到一些新的技能，结交一些新的朋友，并且此举迎合了员工对于旅游的需求。

代表企业：Yahoo

Yahoo会经常为员工举办一些音乐会或者是后院烧烤活动。

4.美食

当企业能为员工提供可口而且健康的美食时，他们还有什么理由离开办公室而出去吃呢？这些美食可以为员工提供工作所需要的能量和效率。

代表企业：Google

Google 的美食无需赘言,在业界已经是非常出名,而且它不会让自己的员工离免费美食的距离超过 200 英尺。

5.礼品和服务

给员工一些礼品和服务,比如电影票、居家清洁等,都是比较赞的激励。

代表企业:强生

强生公司会为员工在工作时提供礼宾服务,甚至还会为员工排队买音乐会的门票。

6.健康计划

据统计,美国的雇主一年在员工及其家人医疗保健上的花费达到了 1.2 万亿美元,几乎与美国联邦政府相当了。企业提供的健康计划能极大地降低员工的负担,并将他们与企业之间紧密地捆在了一起。

代表企业:星巴克

在星巴克,连兼职员工都可以获得健康保险和福利。

7.心理保健

2 个美国人中就有 1 个在一生中会出现心理危机。企业在职场中为员工提供心理保健,能帮助员工正确地处理心理问题。

代表企业:UPS

UPS 的 EAP(员工帮助计划)在员工抚养子女出现焦虑时或丧失亲人出现痛苦时,帮助他们,支持他们。

8.育儿经费

美国一年平均育儿费用约为 11666 美元。企业为员工提供育儿经费的计划,能减轻父母们的压力,让他们工作的积极性更高。

代表企业:Facebook

Facebook 向新父母们提供四个月的带薪产假,并且报销日托和领养费用,还提供 4000 美元的育儿经费。

9.移动办公

美国职场调查显示,36%的人宁愿在家上班也不想要更高薪水的工作岗位。移动办公能为员工节约时间和金钱。

代表企业:摩托罗拉

摩托罗拉几乎一半的员工是处于“移动状态”——果然是家移动通信公司。

10.娱乐项目

娱乐项目和带宠物上班,能让员工们通过“游戏”形成积极向上、融洽和谐的同事关系。

代表企业:Zynga

作为一家社交游戏公司,Zynga 建有多个游戏室和篮球场帮助员工们工作之余放松身心。

案例选自:节选自 HR 案例网,《美国最受欢迎的 10 个员工激励措施》,2018 年 8 月 22,http://www.hrsee.com/? id=761

引导问题:

1. 思考你最喜欢的激励措施有哪些?请具体分析说明。
2. 哪些因素会影响到员工的工作满意度?

一、内容型激励理论

早期的激励理论研究是对于“需要”的研究，回答了什么才能激发起员工工作积极性的问题，包括马斯洛的需求层次理论及赫茨伯格的双因素理论等。

1.马斯洛需求层次理论

> **马斯洛需求层次理论**
> (Maslow's hierarchy of needs)
> 激励因素和保健因素对员工产生的影响。

在马斯洛看来，人类价值体系存在两类不同的需要，一类是沿生物谱系上升方向逐渐变弱的本能或冲动，称为低级需要和生理需要。另一类是随生物进化而逐渐显现的潜能或需要，称为高级需要。人都潜藏着这五种不同层次的需要，但在不同的时期表现出来的各种需要的迫切程度是不同的。人的最迫切的需要才是激励人行动的主要原因和动力。人的需要是从外部得来的满足逐渐向内在得到的满足转化。马斯洛理论把需求分成生理需求、安全需求、情感和归属需求、尊重需求和自我实现需求五类，依次由较低层次到较高层次(如图 11-1 所示)。

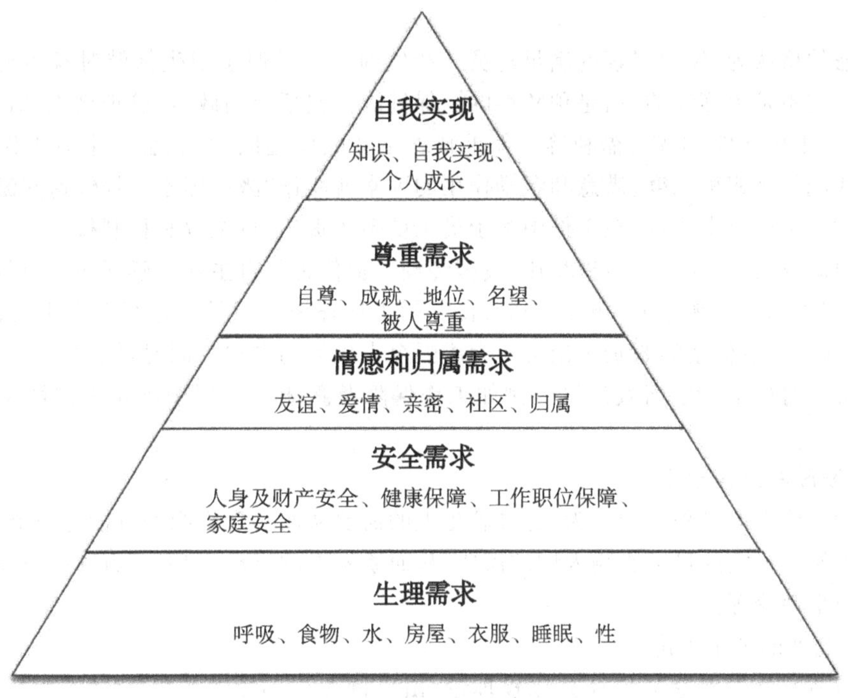

图 11-1　马斯洛需求层次

马斯洛的需求层次理论，在一定程度上反映了人类行为和心理活动的共同规律。马斯洛指出了人的需要是由低级向高级不断发展的。然而，研究发现，现实中的模式更为复杂。例如中国员工把具有合作精神的同事及其他社会需要排在自我实现需求之上；美国员工更热衷于追求个人成就。一些专家认为马斯洛需求层次理论是一种反映美国价值的哲学理念。

2.赫兹伯格的双因素激励理论

双因素理论又叫激励保健理论（motivator-hygiene theory），是美国的行为科学家弗雷德里克·赫兹伯格提出来的，也叫"双因素激励理论"。赫兹伯格（Herzberg）的双因素理论，和马斯洛的需求层次理论一样，重点在于试图说服员工重视某些与工作有关绩效的原因。

双因素理论
(two factor theory)
激励因素和保健因素对员工产生的影响。

第一类因素是激励因素，包括工作本身、认可、挑战、自主权、成就和责任，这些因素涉及对工作的积极感情，又和工作本身的内容有关。这些积极感情和个人过去的成就，被人认可以及担负过的责任有关，它们的基础在于工作环境中持久的而不是短暂的成就。

第二类因素是保健因素，包括公司政策和管理、技术监督、薪水、工作条件以及人际关系等。这些因素涉及工作的消极因素，也与工作的氛围和环境有关。也就是说，对工作和工作本身而言，这些因素是外在的，而激励因素是内在的，或者说是与工作相联系的内在因素。

赫兹伯格认为，保健因素的满足对员工产生的效果类似于卫生保健对身体健康所起的作用。它不是治疗性的，而是预防性的。保健因素包括公司政策、管理措施、监督、人际关系、物质工作条件、工资、福利等。如果缺乏足够的保健因素，就会产生对工作的不满意。那些能带来积极态度、满意和激励作用的因素就叫作"激励因素"，提供这些激励因素的方法称为工作丰富化，即在工作中赋予员工更多的责任、自主权和控制权。

一项研究表明，与法国经理相比，英国经理对责任感及自主权更感兴趣。而与英国人相比，法国人则更重视保障、额外福利及良好的工作环境。当员工重视个人主义、风险挑战及绩效时，赫兹伯格的激励理论可作为增强个人成就的方法。同时，保健因素在某些情况下也可以对员工产生高效激励。例如工作保障及薪酬在发展中国家中常被视为激励因素。

二、激励的过程理论

激励理论中的过程学派认为，通过满足人的需要从而实现组织的目标有一个过程，即需要通过制定一定的目标影响人们的需要，从而激发人的行动，如弗洛姆的期望理论与亚当斯的公平理论等。

1.亚当斯的公平理论

亚当斯的公平理论又称社会比较理论，由美国心理学家约翰·斯塔希·亚当斯（John Stacey Adams）提出：员工的激励程度来源于对自己和参照对象（referents）的报酬和投入的比例的主观比较感觉。

亚当斯的公平理论
(equity theory)
员工激励程度来源于对自己和参照对象报酬和投入的比较。

公平理论包括三个方面内容：

（1）公平是激励的动力。公平理论认为，人能否受到激励，不但受到他们得到了什么而定，还要受到他们所得与别人所得是否公平而定。

（2）公平理论的模式（即方程式）：$Q_p/I_p=Q_o/I_o$。

Q_p 代表一个人对他所获报酬的感觉。I_p 代表一个人对他所做投入的感觉。Q_o 代表这个人对某比较对象所获报酬的感觉。I_o代表这个人对比较对象所做投入的感觉。

(3)不公平的心理行为。当人们感到受到不公平待遇时，在心里会产生苦恼，呈现紧张不安，导致行为动机下降，工作效率下降，甚至出现逆反行为。个体为了消除不安，一般会出现以下一些行为措施：通过自我解释达到自我安慰，逐渐造成一种公平的假象，以消除不安；更换对比对象，以获得主观的公平；采取一定行为，改变自己或他人的得失状况；发泄怨气，制造矛盾；暂时忍耐或逃避。

公平理论认为，当员工发现组织不公正时，会有以下六种主要的反应：改变自己的投入；改变自己的所得；扭曲对自己的认知；扭曲对他人的认知；改变参考对象；改变目前的工作。

事实上，公平与否的判定受个人的知识、修养的影响，即使外界氛围也是要通过个人的世界观、价值观的改变才能够起作用。现有的研究成果表明，管理者有必要参照公平理论来进行管理。例如，重视个人主义的文化倾向于支持公平的概念，个人绩效产出的高低主要取决于付出的多少。而在集体主义文化背景下，报酬更可能被平均分配给每位员工，不论其绩效的多少，以此保证企业的凝聚力。

工资低、机会少、员工不满意

干活不卖力，或者干脆寻找新的工作机会：安永咨询公司进行的一项最新调查显示，对于多数对雇主或上司心怀不满的上班族而言，工作就是“当一天和尚敲一天钟”。

按照这份调查数据，在德国只有44%的雇员信任自己所在的企业，47%信任自己的上司。

就此而言，德国的雇员们比其他国家的更容易感到怀疑和不满。在调查纳入的总共八个国家中，共有46%的受访者表示信任所在企业，信任上司的比例是49%。而谈到信任缺失的主要理由时，53%的人认为是报酬太低，48%的人认为是工资和晋升方面的不平等。

对于企业而言，这样的员工心态可能会导致严重问题。在对于企业及领导层信心不足的访者中，42%的人考虑换一份工作，30%的人上班只是“例行公事”，28%的人承认，工作不投入，效率很低。四分之一的雇员将质量视为儿戏，接近四分之一的人会在同事或应聘者面前说老板的坏话。

超过三分之一的受访者不相信努力能够带来回报。在德国接受调查的1200多名雇员中，甚至有45%的受访者不认为，辛勤工作完成目标能够换来涨工资或待遇改善。

2016年3月底到5月初，安永公司在巴西、中国、德国、印度、日本、墨西哥、英国和美国调查了近1万名19岁至68岁的雇员，此外还有大约3200名16岁至18岁之间的年轻人也接受了调查。问题包括：对于雇主及上司有多信任？哪些因素产生影响？

安永咨询公司的专家格罗内特(Ana-Christina Grohnert)分析称，人们必须重视员工对于企业和上司总体而言的信任缺失问题。在错综复杂的全球竞争和日益变化的环境之下，员工必须能够信赖企业和上司。“如果情况并非如此，那就是一个警讯，尤其是对于企业而言。"对于雇员来说，老板能够信守承诺，保障工作位置尤为紧要。合适的报酬公开透明及在工资待遇方面做到机会平等也很重要。上司在与员工打交道时必须顾及对方的尊严。

资料选自：德国之声中文网，《研究：工资低 机会少 全球员工满意度不高》，2016 年 10 月 3 日，https://www.dw.com/zh/研究工资低—机会少—全球员工满意度不高/a-35946083。

2.期望理论

期望理论

(expectancy theory)

以三个因素反映需要与目标之间的关系。

期望理论，是北美著名心理学家和行为科学家维克托·弗鲁姆在《工作与激励》中提出来的激励理论。期望理论是以三个因素反映需要与目标之间的关系的，要激励员工，就必须让员工明确：(1)工作能提供给他们真正需要的东西；(2)他们欲求的东西是和绩效联系在一起的；(3)只要努力工作就能提高他们的绩效。

弗鲁姆认为，人总是渴求满足一定的需要并设法达到一定的目标。这个目标在尚未实现时，表现为一种期望，这时目标反过来对个人的动机又是一种激发的力量，而这个激发力量的大小，取决于目标价值(效价)和期望概率(期望值)的乘积。用公式表示就是：

$$M = \sum V \times E$$

· M 表示激发力量，是指调动一个人的积极性，激发人内部潜力的强度。

· V 表示目标价值(效价)，是指达到目标对于满足他个人需要的价值。同一目标，由于各个人所处的环境不同、需求不同，其需要的目标价值也就不同。同一个目标对每一个人可能有三种效价：正、零、负。效价越高，激励力量就越大。

· E 是期望值，是人们根据过去经验判断自己达到某种目标的可能性是大还是小，即能够达到目标的概率。目标价值大小直接反映人的需要动机强弱，期望概率反映人实现需要和动机的信心强弱。如果个体相信通过努力肯定会取得优秀成绩，期望值就高。

这个公式说明：假如一个人把某种目标的价值看得很大，估计能实现的概率也很高，那么这个目标激发动机的力量越强烈。

期望理论隐含着这样一种假设：薪酬体系的设置必须与员工的文化价值观相联系。例如，美国员工认为奖金应该与绩效紧密结合起来。相反，法国人与荷兰人对薪酬并不是很感兴趣，并对工资与绩效之间的联系表示怀疑。

3.激励的强化理论

强化理论是美国的心理学家和行为科学家斯金纳、赫西、布兰查德等人提出的一种理论。

斯金纳等认为强化作用离不开强化物。强化物在塑造人们的行为上有着极大作用。所谓强化物不一定是实物，也可以是行为、表情等。

斯金纳把强化物分为两种：正强化和负强化。管理者可以通过正面强化来改进员工的绩效。相反，使用惩罚，如降低薪水，可以消除业绩不佳的情况。

正强化 ——对正强化物的效用可以从两个层面来理解。一个层面是某一行为如果会带来行为者的愉快和满足,如给予食物、金钱、赞誉和关爱等,行为者就会倾向于重复该行为;另一个层面是某一行为如果能减少和消除行为者的不快和厌恶,如减少噪声、严寒、酷热、电击和责骂等,行为者也会倾向于重复该行为。

负强化 ——与此类似,对负强化物的效用照样可以从两个层面来理解。惩罚性强化物和消退性强化物。惩罚性强化物是指会给行为者带来不快的东西,能使行为者的行为倾向减弱;消退性强化物是指减少或取消令行为者愉快的东西,也能使行为者倾向于终止或避免重复该行为。对正强化物与负强化物的区分,不能想当然,而要以其效果确定。

管理者应该知道员工需要什么,才能有效地使用正面强化。例如,不同文化对绩效相关的反馈方式表现出的不同反应:美国员工喜欢展示个人成就,倾向于正面反馈;日本员工更欢迎批评性建议;墨西哥人则更倾向于强调集体主义,忽略上级的正面评价。

本章小结

国际人力资源管理是为其海外子公司获取和保留所需的人力资源,制定有效的具有多元文化背景的企业员工的人力资源管理政策,以实现企业的整体战略目标。跨国企业人力资源管理是指跨国企业对海外工作人员进行招聘选拔、培训开发、业绩评估和激励酬劳等过程的管理。

跨国企业人力资源管理有其特殊性,只有清楚地认识到了这种特殊性,才能在跨国企业人力资源管理过程中使管理更具针对性,从而促进管理的有效性。国际人力资源管理主要呈现以下新的特点:管理环境复杂性、文化多元性、目标多重性及雇员多样性。

国际人力资源管理的主要模块包括:国际员工的招募与选拔、培训与职业发展、绩效评估、薪酬与福利及劳工关系。

在多元文化背景下,跨国企业会遇到文化差异带来的影响,文化激励已成为跨文化管理研究领域中迫切需要探讨的问题。常用的激励理论主要有内容型激励理论和过程型激励理论。

重要名词

国际人力资源管理	马斯洛需求层次理论	双因素理论
亚当斯的公平理论	期望理论	强化理论

案例分析

关爱员工——华为可持续发展

员工是企业的宝贵财富,是企业实现可持续发展的重要贡献力量。任何企业的成功都离不开员工的贡献。同时,企业的成功和发展也促进了员工个人价值的实现。华为认为只有真正在实际行动中做到关爱员工,让员工有归属感,为员工的个人价值实现提供广阔的发展平台,企业才能充满活力、和谐有序地持续发展。

华为始终坚持"积极、多元、开放"的人才观,构建公司与员工"同创共赢"的人才管理机制。面对更加动态变化的商业环境、更加复杂的内部业务需求,对外打开组织边界,用多种方式整合优秀资源,"一杯咖啡吸收宇宙能量,一桶糨糊粘接世界智慧";对内敢于破格提拔优秀人才,给予更多成长的机会;同时大胆地开展各类人才的差异化管理,形成主管、专家、职员各司其职的管理机制,促使各类人才在最佳时间、最佳岗位,做出最佳贡献,获得最佳回报。

截至 2018 年 12 月 31 日,华为全球员工总数 18.8 万人。华为的员工来自全球近 160 个国家和地区,仅在中国,就有来自 41 个民族的员工。华为从员工的国籍、性别、年龄、种族、宗教信仰等方面,全方位地制定并实施多元化目标。华为严格遵守各地相关法律法规及国际公约,保障男女员工就业公平。近几年来,华为女性员工的比例基本保持稳定。华为注重女性管理者的选拔,帮助其职业发展,2018 年,女性管理者的比例达到 7.05%。

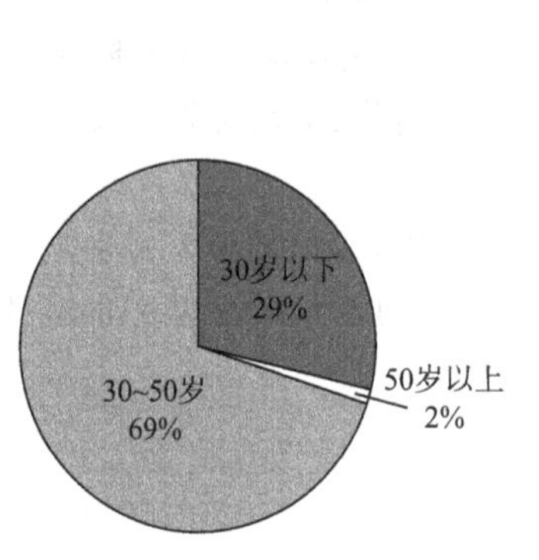

华为全球员工年龄比例

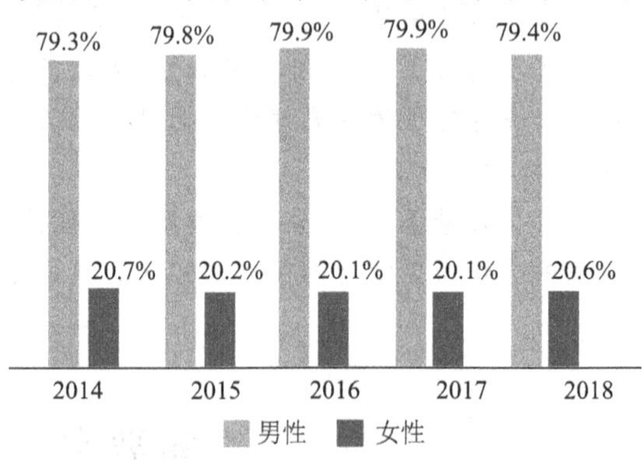

华为 2014—2018 年员工性别比例

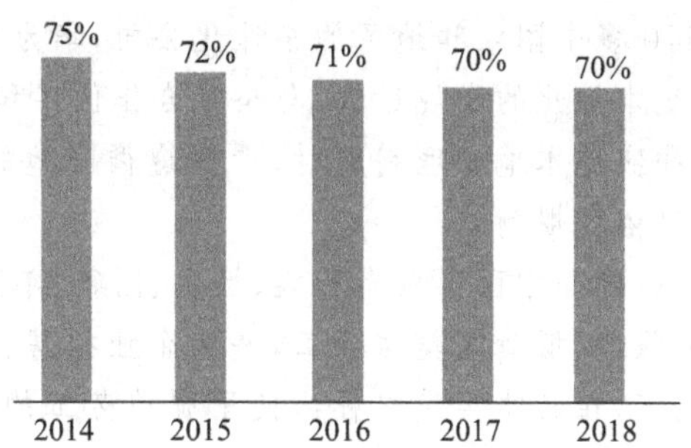

华为 2014—2018 年海外员工本地化率

* 海外员工本地化率＝海外聘用的员工总数/海外员工人数×100％

作为一家国际化公司，华为一直以积极的态度推动海外员工本地化进程。员工的本地化有利于公司深入了解各地迥然各异的文化，促进当地人口的就业，为当地经济的发展提供帮助。2018 年，华为在海外聘用的员工总数超过 2.8 万人，海外员工本地化率约 70％。

“在华为工作的三年里，我成功找到了一家伟大的公司，专注于为客户提供服务，并通过大力投资研发为世界带来最佳的数字通信解决方案，为社会做出贡献。作为当地员工，我受到了整个团队的热烈欢迎。在华为，我们都在尽最大努力进行多元文化融合，并有一种共同的团队归属感。”——Fernando Manuel Montes Martinez（拉美大区运营商业务部）

华为建立了完善的员工健康保障体系。2018 年，华为更关注以防代治，为全球员工构筑起全覆盖的“安全伞”。员工更加关注自身健康，“我的健康我做主”。华为全力整合内外部健康资源，打造一体化平台，提供多元化获取渠道及健康服务，与员工一起共同实现对健康风险的有效防范。

在员工保障方面，除了法律规定的社会保障外，公司还提供了人身意外伤害险、重大疾病险、寿险及商务旅行险等商业保险和医疗救助，三种不同类别的保障机制紧密结合，有效解决了员工保障问题，为员工保驾护航。

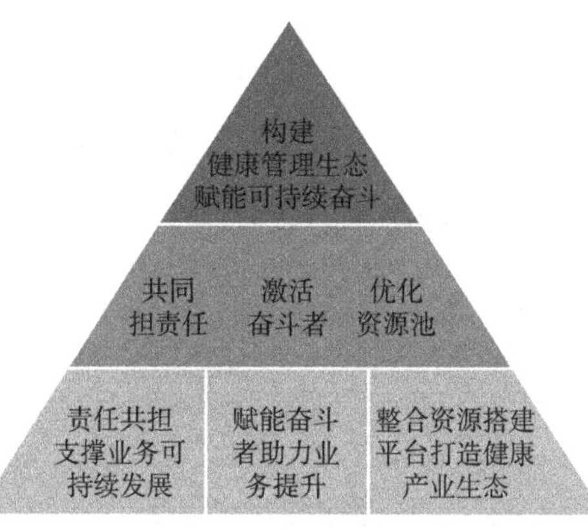

2018 年，华为针对非洲等艰苦地区，成立了健康保障项目组，派驻多名医生及保障专家前往喀麦隆、中非、布基纳法索、尼日利亚等十余个国家，通过专业梳理及属地医疗资源适配，改善艰苦地区健康环境，从而降低疾病发生率，让员工安心工作，并将成功经验复制到其他艰苦国家。

作为一家业务遍布170多个国家和地区的全球化公司,华为充分整合全球优质资源,打造全球化的价值链,通过本地化的合规运营,与全球合作伙伴和客户分享价值。在执行人力资源管理政策、制定和实施本地管理制度时,严格遵循当地的法律法规、行业规范的要求,并注意尊重本地的习俗和惯例。

华为规定招聘、晋升、薪酬等方面不应有种族、性别、国籍、年龄、怀孕或残疾等方面的歧视。华为明确禁止使用强迫、抵债或契约劳工,并在企业招聘、用工和离职等重要环节上都做了详细且合理的规定,在具体实践中杜绝使用强迫劳工的现象。华为在运营过程中从未发生过强迫劳工的情况。

华为明确禁止使用童工。在员工招聘、用工等重要环节都制定了相关政策及完善的预防措施,从而杜绝使用童工的现象。同时,将这一要求传递给供应商,并定期监督审核,确保其不使用童工。

华为尊重员工依法享有的自由结社和集体谈判的权利,不反对员工在自愿及不违反当地法律的基础上,参加当地合法注册的工会的合法活动。

此外,华为还通过员工关系部收集和了解员工的意见和建议,建立畅通的沟通渠道。员工还可以通过道德遵从委员会(CEC)投诉热线、人事服务投诉和建议受理热线等进行相关问题投诉。

资料来源:华为官网,《关爱员工,华为可持续发展》,摘用日期2020年2月3日,https://www.huawei.com/cn/abouthuawei/sustainability/win－win－development/develop_love。

【问题】

1.华为大量聘用海外员工的原因是什么?

2.华为公司的人才激励机制有哪些?

第十二章　战略培养高效能的国际员工

学习目标

1.理解战略性国际人力资源管理的内涵。

2.理解并掌握国际人力资源配备模式。

3.掌握国际外派员工的特点及其重要作用。

4.理解并掌握国际外派员工的甄选与培训的方法。

万豪酒店的游戏化招聘策略

游戏化(gamification)就是将游戏设计元素和游戏原则应用于非游戏场景,现在的研究表明通过游戏化的手段能增加用户的参与度、提高组织效率等。万豪酒店就曾经执行了一次游戏化的招聘。万豪国际连锁酒店主要面对国际用户,为了能吸引和招揽更多的国际人才,万豪酒店在脸书(Facebook)上推出了一款叫作“我的万豪酒店”(My Marriott Hotel)小游戏,这个游戏允许玩家在一个酒店扮演经理的角色,但游戏一开始的场景是被限制在厨房里,玩家可以使用预算来购买设备和配料,雇佣和培训员工。在后面的游戏设计中,玩家还可以对酒店的客房进行管理,游戏会在不同场景中设置相应的岗位任务,玩家完成任务后,可以获得积分并进入更难的任务或酒店的其他职位。这款游戏一经推出,就大受欢迎,短短两周内,来自 83 个国家的玩家都玩过这款游戏,据说有个玩家曾连续在线玩游戏超过 36 个小时。这款游戏对于万豪酒店来讲无疑是一种新的吸引全球人们加入酒店事业的新手段。值得注意的是,在这款游戏界面的右上角有个“Do It For Real” 按钮,点击这个按钮就直接进入了万豪酒店的职业招聘网站。原来这款游戏背后的商业目的是为万豪连锁酒店在美国以外的地区(特别是中国和印度)招聘 5 万名新员工。

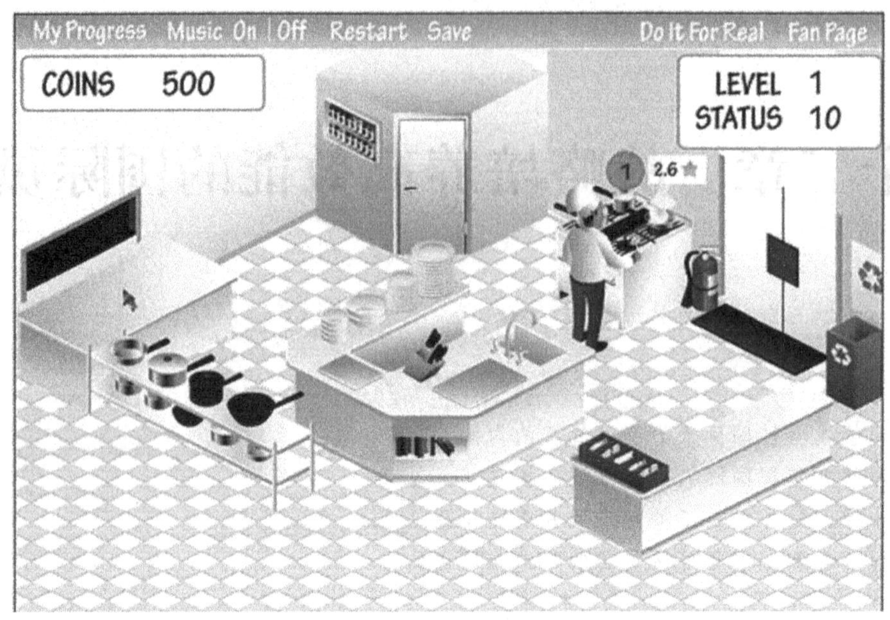

资料来源：HR 案例网，名企案例，万豪酒店的游戏化招聘案例，2017 年 12 月 08 日，http://www.hrsee.com/? id=550

引导问题

万豪酒店的游戏化招聘策略会更有效地招聘人才吗？请说说你的看法。

第一节 战略性国际雇员配备模式

战略性人力资源管理
(strategic human resource management)
在企业总体战略框架下对人力资源进行使用。

企业如果要实现国际化目标，国际人力资源部门必须在自己的职能范围内从战略角度考虑问题，对企业的整体国际化战略计划流程做出贡献。

战略性人力资源管理将企业人力资源管理同企业整体战略目标相结合，通过有计划的人力资源开发与管理活动，改变人力资源管理部门的工作方式，建立健康有序的组织文化，促进企业战略目标的实现。跨国企业的战略性人力资源管理必须随企业的国际环境及国际化目标的调整而调整，满足企业未来业务发展的需要，以提高企业在全球的核心竞争力。

一、战略性国际人力资源管理内涵

战略性国际人力资源管理的内涵包括四个方面：

1.资源的战略性。战略人力资源是指在企业组织的人力资源系统中，具有人力某些核心知识和关键技能，处于组织经营管理系统的重要岗位上的那部分人才。战略性人力资源将成为组织获取竞争优势的首要资源。

2.人力资源管理的系统性。企业组织强调通过人力资源规划、政策及实践达到获取竞争优势的人力资源配置。

3.人力资源管理的战略性。人力资源管理必须与组织的发展战略相匹配。

4.人力资源管理的目标导向性。企业通过组织架构，将人力资源管理配置于组织经营系统，以实现组织的整体战略目标。

二、战略性国际雇员配备的基本模式

跨国企业在国际化经营中，常会受到母国公司管理观念与价值观的影响。有效的国际人力资源管理政策，不仅可以提高工作效率，同时还能增进员工对组织的信任。

1.民族中心模式（ethnocentric）

民族中心模式是指跨国企业以本国利益为出发点，在世界各国的子公司的重要职位的管理人员都由母国公民担任。

大多数跨国企业都倾向于采取这种模式，如丰田 就是采用民族中心模式，派遣日本管理团队到美国去管理新的公司。其优点在于：

(1)能够保证公司整体目标和政策的成功转移，并与母公司保持良好的沟通、协调和控制；

(2)选派有丰富海外管理经验的管理者，有利于母公司在国外顺利拓展市场；

(3)同时，有利于经营活动在技术方面的保密。

在跨国企业发展初期，由于母国员工熟悉母公司的经营战略与经营方式，可以很好地贯彻母公司的宗旨和意图，确保分公司与母公司在企业目标、企业政策等方面保持一致。因此，在初期阶段让母国员工担任子公司的重要管理职务是最佳选择。

民族中心模式也存在很多缺点：

(1)外派员工需要时间去适应东道国的文化、语言、法律环境，在这期间，外派管理员可能因为不熟悉环境而做出错误的决策。

(2)增加了跨国企业的经营成本。例如，跨国企业需要支付给外派员工额外津贴，以及家属和本人在国外生活与工作能否适应。

(3)影响东道国管理人员的积极性。从母国公司挑选管理人员，限制了东道国员工的晋升机会，从而导致这部分员工的低生产率和高流动率，阻碍了海外分公司的管理层与下属的有效沟通与合作。

(4)妨碍外派员工在总公司晋升的机会。很多在国外任职的母国人员因在海外为公司服务，会使他们丧失跻身于总公司高层职位的机会。

2.多中心模式(polycentric)

多中心模式是指跨国公司选聘当地人员担任子公司的重要管理职位，但公司总部要职仍由母国员工担任。这类型的跨国企业倾向于把海外子公司当作不同的有一定决策权的实体，强调“本土化”管理原则。如摩托罗拉公司在中国的每一项投资都遵循“管理的本土化—员工本土化”原则。摩托罗拉公司在北京、天津成立摩托罗拉学校，大规模地对员工进行培训，同时还选派优秀员工到美国本部去参加长期或短期培训。联合利华公司在高管人员设置上遵循中国子公司本地的人力资源管理习惯，公司主要雇用或选拔中国人作为高级管理人员,公司60%的高管人员是由中国人来担任的。

多中心模式具有以下优点:

(1)东道国员工熟悉当地的社会、经济和法律环境,可以降低子公司在当地政治环境下所受的影响。

(2)降低语言障碍与当地经营的沟通成本,母公司不必投入资金进行语言及文化培训。

(3)不用考虑管理人员及其家属的跨文化调整问题。

(4)相应东道国政府的本土化需求。

多中心模式的缺点在于:

(1)由于东道国管理人员对其公司整体战略的不了解,可能会将自己国家的观念与总公司的精神对立。

(2)母公司员工因只能在母国公司服务,缺乏国际工作经验的锻炼,使他们失去获取国际经验的机会。

(3)东道国员工与母公司的沟通存在一定的障碍。

3.全球中心模式(geocentric)

全球中心模式是指在整个组织中选聘适合的人员担任重要的职务,而不考虑其国籍的策略。全球中心模式从世界范围看待经营管理,无论是总公司还是子公司,它们的每一个部分都在运用本身的竞争优势做出贡献,因此在运作过程中采取了广泛的措施。在其所有公司的主要职位上,包括总公司董事会、高级管理层中都可以找到三种不同的人员,即母国人员、东道国人员和其他国人员。如可口可乐公司出于战略考虑,全球中心模式是在世界范围内招聘和选拔雇员,满足当地对高管人员的需求,同时在全球范围内培养和配备人才。

全球中心模式具有以下优点:

(1)能够在全球范围内合理地利用人力资源,实行管理人员的最优化组合。

(2)多元文化背景,使员工能从不同角度分析问题。

然而,全球中心模式也存在许多不足之处:

(1)耗时长,成本较高。由于在世界范围内分散选拔人才,须进行语言及文化的培训,加之外派员工家庭在不同国家间流动,所需费用大。

(2)东道国法律会要求外国子公司雇佣当地人做管理人员,如印度政府。

(3)国际化管理人员任用会造成母公司在人事管理上进行高度集中控制,对子公司管理人员限制较多。

4.区域中心模式(region-centric)

区域中心模式是跨国企业用一种限定的方法管理众多的经理人才。人员可以到外国任职,但只能在一个特定的区域内。地区经理不可能被提拔到总公司任职,但是他在所辖范围内具有较高的决策权。例如在欧洲的子公司会倾向于被欧洲人管理,亚洲的子公司会由亚洲人管理。

区域中心模式可促进区域高级管理人员与母国总公司之间的互动,降低语言障碍与当地经营的沟通成本。但其缺点是有可能在某地区内形成联合从而限制企业全球化战略的实施。

三、从战略的角度看待国际人力资源管理问题

在第十一章中，我们考虑了跨国公司中管理者在人力资源管理激励方面所面临的挑战。在本章中，我们将考虑，如果企业要实现国际化目标，国际人力资源管理就必须站在战略的高度去思考如何培养高效能的员工。

为何国际人力资源管理的战略性观点如此关键呢？简单来说，那些拥有受过高度训练、工作灵活性强、受到激励的国际化雇员的公司，往往比竞争对手拥有更大的竞争优势，在这些雇员直接支持公司目标的情况下更是如此。正如波特所说的："通过决定雇员的技能和激励，人力资源管理会对所有企业的竞争优势产生影响。"此外，与购买技术或保护资本安全相比，高效的国际员工队伍更难被竞争对手模仿。是否能够管理好世界各地的人力资源往往成为决定跨国企业成败的关键。以下所列出的是能够有效地管理国际雇员的跨国公司胜过竞争对手的几大部分：

- 准确地识别新的国际商机，并且能够更好地调整自己以适应不同的国外环境。
- 很少违反当地的文化准则及价值观（并很少因此而失去商业机会）。
- 成功地在整个组织中推广学习习惯，能挖掘创新思想而不论它们是怎样产生的。
- 能够很好地协调及整合分散在世界各地的子公司。
- 拥有一批具有高满意度及忠诚度的海外雇员，并且流动率低。

显然，随着各个公司面临的多元化程度日益提高，这种平衡行动变得更难以实现。例如，让我们考虑下这种情况：母公司与海外子公司所处的文化背景完全不同。在这种情况下，母公司很难与子公司进行信息、技术和创新方面的共享。同样，必要的组织变革会因此而更加难以推进，不同国家间的雇员冲突问题将更加难以处理。然而，国际人力资源管理战略可以解决这些问题。例如，国际人力资源经理可以采取措施，以确保高层管理者能够理解公司内部劳动力之间以及世界各地的文化差异问题。他们同时也可以提出建议，让公司对跨国界职能部门进行协调，并由此培养出雇员出色的跨文化技能（如通过涉及大量海外问题处理的培训项目及职业发展路径）。

麦当劳的人才本土化战略

麦当劳积极选聘当地人才来保证消费者对服务、语言、文化的认同，增加亲切感，提高满意程度。麦当劳中国区中西部市场总经理李辉阐释了高层的中国本土化。以往的麦当劳中国高层当中，100%都是外国人，而如今，区域市场的领导实现了本土化，本土高管的比例达到了 50%。

麦当劳利用海报、传单、互联网等媒介广泛地传播招聘信息，进一步与微信公众平台合作，推出系列线上招聘信息，吸引更多年轻群体。每年的春季与秋季，麦当劳都会进驻各大校园，向应届毕业生敞开大门，也给他们晋升和进入管理层的机会。为创新招聘渠道，麦当劳推出了“全景式招聘”——让求职者在品牌大使的带领下参观工作和休息场所，了解麦当劳的企业文化、培训项目、职业发展路径以及员工激励活动。

资料来源：曹梦婷.跨文化管理下的人力资源本土化[J]。中国集体经济 2016 年第 13 期

第二节　培养高效能的外派员工

跨国企业迅猛发展，促进人力、资本、商品、服务、技术和信息实现跨国界的流动，国际外派员工作为一个独特的员工群体，对企业的发展起到至关重要的作用。

一、外派员工的定义

国际外派是指跨国企业由总部派遣母国员工或者第三国员工到海外子公司进行一段时间的任职，任期满后返回母国或者第三国。国际外派员工特指由跨国企业总部外派到其海外子公司服务在东道国的母国人员或第三国人员。

外派员工(expatriate)

跨国企业总部外派到其海外子公司服务在东道国的母国人员或第三国人员。

企业国际化经营中面临这样的问题：海外子公司的工作人员究竟是选聘东道国员工还是选择母国员工？海外子公司是否要与东道国员工采用相同的薪酬标准和绩效考核方式？

总之，为了提高外派员工成功率，国际外派人力资源管理的核心任务就要求跨国企业通过对不同文化背景中人力资源管理问题进行分析，对国际外派员工从规划、选聘、培训、激励、酬劳、劳资关系管理及最终归国调整的一系列过程进行合理开发与调配，以实现企业利润最大化。

二、国际外派人力资源管理的特点

与国内一般人力资源管理相比，国际外派人力资源管理具有以下特点：

(一)管理对象的特殊性

与国内人力资源管理实施对象不同，外派员工管理的对象主要是指工作和生活地点在国外的，受母公司指派经营和管理海外子公司的管理人员以及技术专家。

(二)人力资源管理所涉及的内容复杂

国内人力资源管理所从事的工作不外乎人力资源战略、人力资源规划、招聘、选拔、培训、薪酬、绩效、职业生涯管理和劳动关系等，而外派员工管理除了履行上述职能外，还要考虑以下几个问题：

(1)跨文化适应问题。母公司需要强化对外派员工的跨文化培训，以促使其能尽快适应海外子公司的工作和工作环境，因此，外派员工培训具有独特性。

(2)课税问题。众所周知，不同国家有着不同的个人所得税课税模式。概括起来讲，有分类所得税、综合所得税和分类综合所得税三种模式。如何使得同一国家在不同东道国的驻外人员所负担的税负公平，以减少驻外人员的税负负担，这是外派员工管理的一大难题。

(3)外派员工的回任配置问题。完成外派任务,外派员工还面临着回任配置问题,包括回任岗位问题、回任家庭问题、薪资问题、重返适应问题等。

(三)外派员工的个人生活成为人力资源管理的内容

外派不仅是个人工作的变动,而且是外派员工整个个人生活的变动。因此,人力资源管理部门必须和员工家庭有深层次的互动和接触,甚至包括说服员工的家庭,使家庭成员了解驻外的相关信息,比如当地情形、公司职员、薪酬情况、回任期限等,使得家庭成员成为外派员工的坚强后盾。

(四)外派地人力资源管理环境的差异

因为海外子公司的环境与母公司不同,母公司对于工作地点不同的外派员工的人力资源管理制度和政策也会有所不同。

(五)面临诸多的风险和外部影响

由于涉及不同文化环境,人力资源管理需要面临更多的不确定因素,例如,东道国的政治经济环境的变化、发达国家重视工会力量和作用等。

(六)管理过程需要广阔的国际视野

由于各国的文化存在差异,外派员工要在异文化环境中有效开展工作,必须具备开放心态、国际视野和跨文化的人际能力与管理能力。

中国外派海外人员数量已超境外派入人员,保险保障尚待提高

随着"一带一路"快速推进,继海外工程险、企业财产险等以往不太热门的险种成为财险公司布局重点后,又一个新的保险蓝海正在产生——海外派驻人员的人身意外保障。

目前我国外派海外人员的数量已超过境外派入人员。中国正逐渐成为全球劳务市场特别是高端劳务市场的主力。据统计,目前我国在外劳务人数规模较大,呈现整体稳定上升、小幅波动的事态。2019 年 1—7 月在外劳务人数达到 97.2 万人,累计派出劳务人员 26.5 万人,商务签证派出人员高达 14.3 万人;与此同时,同期在我国境内工作的外派入境人员数量为 68.75 万人,且商务签证人员数量仅为 4.18 万人。

随着中国企业走出国门,人才资源的跨国流动性日益普遍化,越来越多中国劳动者通过各种形式被派到其他国家工作。这些外派员工在海外工作场所及商旅途中的安全、企业在海外的财产安全都成为一个值得关注的问题。

目前,中国企业外派用工主要有三种模式,包括:投资外派模式、对外承包工程模式以及对外劳务合作模式。但只有第三种模式下的"劳务输出"在《对外劳务合作管理条例》里明确规定,由对外劳务合作企业与劳务人员签署服务合同或劳动合同,并且购买境外人身意外险。另外两种外派模式都无明确提及。同时,针对这一块的保险供给也十分不足。在国内,仅有安达保险一家开展了此项业务,推出了全球人员意外险。

分析人士认为,相较于在国内开展同类保险项目,海外项目的保险保障工作复杂得多。例如,海外各地情况复杂多变,需要保险公司有强大的风险跟踪能力和全球资源配置能力。据了解,安达专门设计了一套实时监测系统,可观测全球的大小风险事件,及时连通外派员工和企业端。人力资源及风控经理都能随时随地关注海外商旅期间的各类风险,及时管理自身保单,并在出险后第一时间找到救援,并在线上理赔。又如,工作人员在各地还会面临不同的法律风险、政治风险、社会文化冲突等各类风险,因此很多项目需要"因人而异"。此外,国内企业的意识不足也是国内该类保险保障发展受限的原因。

安达保险全球意外健康险负责人 Natasha Reoutt 告诉《国际金融报》记者,"全球经济发展的大环境下,各跨国公司间的经济联系也与日俱增。大型跨国公司将员工派驻海外等行为也逐渐常态化,其实这也正是经济全球化、企业影响力扩大的生动体现。但是各国经济、政治、文化环境有很大的差异,风土人情也各不相同,外派的员工很可能因为政治环境、文化差异等各种因素陷入危险。如何切实保障员工人身和财产安全、为企业规避风险成为大中型跨国企业的一大难题。"

资料来源:节选自新浪财经,国际金融版,《中国外派海外人员数量已超境外派入人员,保险保障尚待提高》,2019 年 11 月 6 日,https://finance.sina.com.cn/roll/2019-11-06/doc-iicezuev7674724.shtml

三、国际外派人力资源管理的作用

国际外派人力资源管理不仅是决定跨国公司国际经营成败的主要因素,并且是跨国公司获取和保持竞争优势的主要战略手段。国际外派人力资源管理的作用具体体现在以下几个方面:

(一)利于跨国公司内部协调和控制

随着跨国公司的快速发展,海外子公司逐渐建立起自己的资源和能力,对总部的依赖性也逐渐下降,并且东道国政府可能对子公司产生一定的影响,跨国公司需要加强其协调与控制职能。

母公司向海外子公司进行员工外派成为一种重要的战略控制手段。母公司可以通过外派员工最大限度地依据总部的利益行事,协调和控制子公司的经营管理活动,并且母国外派员工更熟悉母公司的企业文化和控制体系,因此能够带来有效的沟通和合作。

(二)利于保持足够质量和数量的人力资源配置

跨国公司在经营发展的过程中,需要足够质量和数量的人才。但是如果海外子公司所在的东道国是经济欠发达的国家,优质的本地人才在数量上会有所欠缺,这就促使跨国公司倾向于选用长期接受母公司的经营管理理念的外派员工。

(三)利于公司内部知识转移和保密

由于外派员工不断接触东道国的政治环境、经济环境、法律环境、社会文化环境及其技术环境,跨国公司通过外派员工的海外任职获得当地市场的信息,积累了宝贵的国际知识,从而为公司经营发展注入新动力。

为了更好地进行内部知识转移与保密,就需要跨国公司派遣合格的关键员工至海外。该转移过程是下属机构通过外派员工获得总公司一般信息,而总公司则是通过外派任务的分配以及外派员工的任职获得下属机构所在市场的特定信息。随着海外子公司的发展，母公司的制度渐渐传授给子公司，外派员工的作用会随之减弱。

(四)利于建立和维持国际并购后的信任

因为对东道国环境的不了解，许多跨国公司常常不愿意将新收购来的外国公司交给目标公司的东道国国民来管理。反之，跨国公司认为外派员工来自母国公司总部，他们对母公司的忠诚度会高于当地管理者，并且与母公司的沟通无障碍，因此选用母公司外派员工有助于维护国际并购后的信任。

(五)利于国际管理者的开发和培养

为了增强对国际环境的了解，跨国公司将外派员工送到海外分公司去提高其有效跨越国界的工作能力和管理能力。当外派员工任务结束归国后，能够帮助发展公司国际业务，并且能够采取行动使之成为全球社会网络的一部分。

四、外派雇员的甄选与培训

跨国企业人力资源管理的基础是建立一支具有跨国经营能力的外派员工队伍。跨国企业必须考虑到这些问题：优秀的外派员工应该具备的基本技能？如何通过培训计划，使外派员工尽可能多地获取国际经营方面的知识和经验？

(一)国际外派员工成功因素

制定国际外派员工选拔标准除了要考虑企业国际化过程外，还要考虑外派员工自身的特征，如年龄、性别、教育程度、婚姻状况、健康状况及社会适应能力等。同时，外派任务的不同对外派员工的要求也会各不相同。跨国企业在进行人员外派时应结合不同环境因素对外派员工进行甄选。根据国内外学者与企业实践者研究，国际外派员工成功的职业因素主要包括以下几个方面：

1.职业技术技能

职业技术技能，一方面包括外派工作所需的专业技能。如果外派员工到海外子公司所担任职位属于高层管理者，那么外派员工应具备管理能力，即制定经济高效的计划的能力、合理组织生产要素的能力、激励员工的能力等。另一方面还包括相关专业知识。例如，国际管理知识及东道国文化礼仪知识等。

2.交际能力

交际能力强主要表现在对模糊的容忍性、较高的文化移情、较低的自我中心民族优越感、较高的人际关系技巧等。交际能力可以帮助外派员工尽快地了解东道国公司的基本信息，融入新集体，降低冲突的发生。而且外派员工拥有较强的交际能力还可以较好地处理东道国公司与当地政府之间的关系。

3.激励因素

主要表现在乐意接受外派的职位，对派遣所在地文化感兴趣，具有很强的国际任务责任感。激励机制健全才能使外派员工在实际海外工作中产生动力。

4.家庭状况

外派员工配偶的支持能坚定外派员工完成任务的信心。外派员工需考虑其配偶与子女是否愿意到国外生活。

5.语言技能

语言是提高沟通能力的前提。外派员工如果能够掌握东道国的语言,便能更有效地与当地人员洽谈业务,减少沟通障碍。

到海外工作要如何结交新朋友?

据 BBC 媒体报道,很多外派人士搬到新的国家必然面临一系列挑战——从适应不同的文化习惯到寻找新的栖身之所。

在中东、非洲、美国和欧洲大陆这些"所有社交生活都由同事来决定的地方"工作多年之后,马克·理查德·亚当斯(Mark Richard Adams)于 1991 年前往挪威参加一个新的项目。

"我开始以为,这不过又是一个新的国家、一个新的项目,但我随后去了健身房,还学会了滑雪……甚至开始在山间徒步。通过这些活动,我开始结交工作之外的朋友。"

"我在挪威连续居住了 26 年,娶了一位漂亮的挪威太太,还有一个 11 岁的儿子。挪威人不太容易结交,所以你必须保持耐心,但这么做完全值得。我尽可能地学习他们的语言、文化、历史和政治,这都很有帮助。"

对刘君旎 (Jeannie Liu)来说,关键在于持之以恒。"我尽量让自己反复前往相同的地方,例如餐厅或超市。最终,我认识了一些人,还受邀参加各种各样的聚会。后来,我见到了更多人,结交了更多朋友。"

她表示,共同语言也很有帮助,但"即便没有共同语言,也可以微笑满面、待人亲切、善于倾听、体贴旁人。"

· 线上和线下社交网络

当克里斯汀·尼迪兰谷(Christine Ndirangu)来到英国伦敦时,加入社交网站 Meetup 上的小组为他提供了很多帮助。"这里的生活节奏很快,很难见到我之前的熟人。幸运的是,Meetup 就可以帮助人们解决这个问题。令我意外的是,就连伦敦本地人也会在老朋友安顿下来而不愿经常外出后,借助这款工具拓展自己的社交网络。"

"我不敢说我交到了一生的挚友,但我至少可以出门找乐子了。"

类似地,卡罗·陈(Caro Chan)也认为 Meetup 上的舞蹈和语言小组很适合在英国结识新朋友。但她发现日本的难度更大,她在那里结交的新朋友多数都是通过工作认识的。

通过信仰结交朋友对戴夫·凯利(Dave Kelly)而言"意义重大"。"共同的信仰有助于消除文化差异,打破潜在的交友障碍,从而将不同国籍的人聚集起来。"他写道。

国外居住了 5 年的纳伊姆·阿马里(Nayim Amarid)设计了 4 种融入新国家的主要方法:接纳他人、尊重差异、了解新文化、结交新朋友。

· "无畏精神"

对其他人来说,情况却没有这么简单。例如,住在日本的艾米莉亚·伯格里奥(Emilia Bergoglio)认为,在新的国家开创社交生活并非易事:"很简单,我根本没有(交朋友)。"

她写道，当地的同事都不愿跟她交朋友，其他的外国人往往也会扎堆。“我现在的语言水平已经可以跟本地人交流，但我与他们之间的关系仅限于以礼相待的熟人。”

“我并没有因为这种状况而心烦意乱，当我很想跟人聊天时，我会通过 Skype 跟欧洲那边的老朋友畅谈。我很快就会开始一份新的工作，所以这种状况或许很快就能改观。”

即使在波兰生活了 10 年，大卫·W.杜菲(David W. Duffy)仍然感到孤独。但他表示，独立精神至关重要。“需要怀有一定程度的无畏精神，还要有足够强大的心态才能应对这种孤独感，逐步弱化这种感受。”

“越是怀念故乡的舒适生活和家人的温馨关怀，面临的挑战就越大。但我不为所动——对我来说，冒险带来的刺激更加强烈。”

资料来源：BBC Capital,《到海外工作要如何结交新朋友?》,2017 年 02 月 08 日，https://www.bbc.com/ukchina/simp/vert-cap-38906713

(二)外派员工甄选方法

外派员工甄选方法多种多样，常用的有：面试、笔试、背景调查、心理测试等。

1.面试

面试是人员甄选最常用的方法。面试给公司和应聘者提供了进行双向交流的机会，能使公司和应聘者之间相互了解，从而双方都可做出更准确的决定。

面试能够让面试官在交谈中获取应聘者的个体信息，以考察应聘者的反应能力及沟通能力，比如智商和情商，什么样的性格、对什么样的身份更认同，更重要的就是这个人的价值观、信仰。同时也可以就海外工作的某些问题进行假设性提问，做出最直观的判断，以判断面试者是否适合海外派遣。

外派员工面试一般包括三个方面：一是行为面试，二是深度沟通，三是行为面试。

外派员工面试考官主要由人力资源工作人员和用人部门主管组成，同时还可能包括具有海外工作经验或具有国际工作方面知识的人员参加，从而保证面试的有效性、精准性。

2.笔试

外派员工必须掌握相关国际管理知识及东道国文化风俗习惯等，通过综合性问卷可以考察应聘者的知识掌握情况。可以测试候选人的业务能力、文化智力、个性特征等。

在选择测试问卷时应注意以下两点：一是选用试题的信度和效度。信度即测试工具需要反映被测者稳定的、一贯的真实特征；效度指测试工具的有效性和正确性，达到预定的目标。

3.背景调查

通过与第三方电话访谈或邮件确认等方式确认应聘者所描述的相关工作经验是否真实可靠。第三方可以是应聘者的上级，也可以是应聘者原来海外工作时的同事。

在设计调查问题时要注意以下两点：第一，将问题拆分，尽量细化，让对方“言之有物”。第二，采用封闭式问题，譬如想调查工作积极性，可以将问题拆分为——工作繁忙时，候选人是否会选择加班？加班是由工作量导致还是工作能力和工作效率导致？要避开开放性问题，尽量将主观信息客观化。

4.心理测试

心理测试是指借助心理量表，对心理特征和行为的典型部分进行测验和描述的一种系统的心理测试程序。依据测试对象的不同，可将心理测试分为认知测试和人格测试。认知测试主要测评应聘者的认知行为，如观察力、判断力、应变能力、知识运用能力及创新能力等；人格测试主要针对人的动机、需求、兴趣、爱好、性格、气质及价值观等方面进行测试。

（三）外派员工跨文化培训

外派员工培训与开发是为了让他们获得国际经营管理的知识和经验，提高其对不同文化的敏感度，使外派员工具有文化差异意识，从而了解影响人们行为的文化因素。

1.培训的目的与主要内容

根据培训的主要目的，可以将跨文化培训定义为：针对外派员工出国后可能遭遇的文化冲击与归国后可能遭遇的逆文化冲击等跨文化问题，为外派人员及其家属提供的语言技能、文化敏感性等方面的教育准备。培训的主要内容包括以下几个方面：

(1)管理技巧。例如，熟悉东道国的经营原则；处理对母公司持有异议的当地员工的管理工作；熟悉东道国的政治及法律等。

(2)会计和审计。例如，换算和统一海外子公司的账目；实行报告制度和控制制度；适应东道国的会计程序；实施国际审计制度。

(3)财务。例如，找到外国资金来源；与外国银行取得联络；熟悉外汇知识；妥善办理国外金融资产的保护事宜；熟悉资本和利润转入国内的程序。

(4)市场营销。了解东道国市场和销售情况；能够与东道国经销商一起工作；熟知关税壁垒与非关税壁垒的情况。

(5)投资。能与东道国政府和代理人商谈投资计划等。

(6)东道国生活条件。了解东道国的医疗、教育等设施情况，以及其食物、气候、习俗、宗教等情况。

2.外派员工跨文化培训的方法

跨国企业在对外派人员进行培训时，应根据他们能力的差异，有针对性地对其进行培训。常见的培训方法有以下几种：

(1)自我意识培训

受训者在培训师的指导下，更好地认识他们所处的文化环境对其认知、态度、价值观、行为方式等方面的影响。

(2)信息收集与处理能力培训

训练师向受训者提供有关其他文化的各种信息，使受训者能在“浸泡式”的环境中全方位了解其他文化的知识。例如东道国的政治、经济、法律、风俗习惯等。受训者可通过角色扮演来充分感受文化差异。

(3)行为修正培训

行为修正培训的成果在于外派人员能够独立分析文化间的差异来调整自己的行为。培训师会为受训人员提供一个概念框架,让受训人员了解文化冲击下的各种情感反应,并且教授他们处理这些反应的技巧。然后,培训师再模拟出一个"真实"的压力场景,让受训人员可以在体验文化冲击的同时,尝试应用所学到的技巧来处理问题。

(4)讲座

培训者可以将组织中曾经成功完成过与当前外派者相似的任务的人员组织起来,召开讲座,分享其经验。

(5)互动培训

组织外派人员与其海外任职时期所在地的工作人员共同参加培训,通过外派人员与客体文化员工相互交流与学习来营造出愉快的工作氛围。

(6)导师制

安排导师对其外派人员进行外派准备阶段、外派期间、归国回任期间进行培训,以保证外派人员整个外派过程的成功。

3.外派员工跨文化培训的时间安排

外派员工跨文化培训是一个完整的过程,培训时间安排可以分为三个阶段,如表12-1所示:

表12-1 外派员工跨文化培训时间安排表

外派阶段	培训起始时间	培训内容	培训时长
准备阶段	派遣前 1~3个月	介绍东道国的生活条件、娱乐方式、医疗教育情况; 介绍东道国的社会环境、文化体系、商业特征; 相关语言培训; 安排外派员工参与自我意识、行为修正、文化敏感训练等培训项目	1~3个月
外派任职阶段	到达东道国 (即刻开始)	集中于外派员工及随同家属生活上衣食住行的规划	1个月左右
	到达东道国后 (1个月)	侧重于外派员工工作的培训: 加强与当地人的交流,将之前所学的技能应用到实际中; 与子公司同事建立良好关系,强化自己的跨文化管理能力;	根据任职期限的长短及具体工作情况而定
回任阶段	回国前 (1个月)	学习回任阶段需要书写的报告等; 归国文化适应性培训; 与母国人力资源部门或导师联系,学习规划归国后的职业生涯	1个月左右

资料来源:魏华颖.国际外派人力资源管理[M].经济管理出版社,2012:第114页。

本章小结

战略国际人力资源管理将人力资源管理同企业整体战略目标相结合,通过有计划的人力资源开发与管理活动,改变人力资源管理部门的工作方式,建立健康有序的组织文化,促进企业战略目标的实现。战略性国际雇员配备的基本模式包括:民族中心模式、多中心模式、全球中心模式和区域中心模式。

国际外派是指跨国企业由总部派遣母国员工或者第三国员工到海外子公司进行一段时间的任职,任期满后返回母国或者第三国。国际外派员工特指由跨国企业总部外派到其海外子公司服务在东道国的母国人员或第三国人员。与国内一般人际资源管理相比,国际外派人力资源管理的特点包括:管理对象的特殊性、人力资源管理所涉及的内容更为复杂、外派员工的个人生活成为人力资源管理的内容、外派地人力资源管理环境的差异性、面临诸多的风险和外部影响,及管理过程需要广阔的国际视野。

跨国企业人力资源管理的基础是建立一支具有跨国经营能力的外派员工队伍。外派员工甄选方法多种多样,常用的有:面试、笔试、背景调查、心理测试等。

外派员工培训与开发是为了让他们获得国际经营管理的知识和经验,提高其对不同文化的敏感度,使外派员工具有文化差异意识,从而了解影响人们行为的文化因素。根据培训的主要目的,可以将跨文化培训定义为:针对外派员工出国后可能遭遇的文化冲击与归国后可能遭遇的逆文化冲击等跨文化问题,为外派人员及其家属提供的语言技能、文化敏感性等方面的教育准备。培训的主要内容包括以下几个方面:管理技巧、会计和审计、财务、市场营销、投资、东道国生活条件。

跨国企业在对外派人员进行培训中,常见的方法包括:自我意识培训、信息收集与处理能力培训、行为修正培训、讲座、互动培训、导师制。

重要名词

战略国际人力资源管理　国际外派　外派员工　甄选　培训

案例分析

雀巢公司的员工培训体系

雀巢公司(Nestlé)是世界上最大的食品制造企业,总部设在瑞士沃州沃韦,拥有152年的悠久历史,业务遍及世界上几乎每个国家。2018年《财富》世界500强榜单中,雀巢公司名列第69位,其全球员工人数超过了32万。

雀巢的主要资产不是办公楼、工厂甚至品牌,人才是最重要的资产。它是一个由许多不同背景(国籍、地区、宗教、种族、民族)的员工所组成的跨国企业,所有这些员工都在一个统一的企业文化中共事。

・雀巢文化和人力资源政策

雀巢的企业文化统一了来自各大洲的不同员工。在雀巢的战略中,最重要的就是要不断去开发本地的人力资源。雀巢的文化和人力资源政策总结为以下几点:

1.学习是雀巢文化中不可或缺的一部分;

2.人员开发是雀巢的人力资源政策的动力;

3.该项政策涉及招聘、薪酬、培训和开发的各个方面,并强调了作为雀巢的管理人员,必须具备强大的领导力和对终身学习的承诺;

4.作为"雀巢人"的必要条件就是对于学习的意愿;

5.雀巢的培训将会是在工作中完成;

6.对于主管或者经理来说,训练和指导下属是他们工作职责的一部分,同时对于他们的升迁也至关重要;

7.员工正式的培训计划通常是以个人目标为导向,旨在提高员工的相关技能和能力。因此,培训计划将会囊括于个人发展计划之中;

8.雀巢对于员工的培训不是基于对员工的奖励。

・扫盲培训

你会很奇怪,雀巢公司竟然还会去进行扫盲?的确如此。因为,在一些国家,有的员工错过了小学教育。但雀巢没有歧视,也没有抛弃这些员工,而是为他们设立了特别的培训计划,加强他们基本的识字技能和读写能力。

别小看这个培训计划。雀巢正将日益复杂的生产技术引入其经营的每个国家。随着雀巢工厂的技术水平稳步提高,各级培训需求不断增加。如果没有这个扫盲培训,就谈不上如何去培养操作更先进设备的特定技能。

・雀巢学徒计划

学徒计划是雀巢培训的重要组成部分。这些学徒每周在学校学习两天,在雀巢工作三天。来自雀巢哥伦比亚的 Jair Andres Santa 自己就是个学徒,他认为这样的学徒培训计划对他非常有用,不仅仅只是学习烘焙面包,而且还要学到微生物学、财务、预算、成本、销售、如何对待客户,等等。

・本地培训

据统计,雀巢有三分之二的员工是在工厂上班。这些工厂持续对员工进行培训以满足他们特定的培训需求。此外,许多雀巢在当地的公司都有自己的住宿培训中心。本地培训是雀巢全球员工开发活动中最大的组成部分。

该公司 32 万名员工中的绝大多数每年都接受培训,在许多情况下,经理会亲自参与教学工作。因此,对于经理培训技能的提升也成为雀巢公司培训计划中的一部分。如果有必要,额外的培训课程会在工厂之外的地方举行,这些课程通常与新技术的操作有关。

如果有学徒有潜力成为主管或部门领导,那么针对他们的一系列持续的、包含几个层次的培训计划就开始了,具体课程涉及技术、电气、维护工程、IT 管理等。雀巢会把这些培养起来的学徒称为"本土专家"。

雀巢菲律宾公司前任CEO胡安·桑托斯就是一个典型的例子，它向人们展示了雀巢的理念：人是最重要的资产。胡安·桑托斯早期加入雀巢的青年经理培训项目，而这个培训项目一直在持续对胡安·桑托斯进行培训和支持，直到他成为世界上12家最大的雀巢公司之一的首席执行官。

几乎每家雀巢公司都为高中或大学学历的新员工组织管理培训课程。但是他们的课程有很大的不同。例如，在日本，这些课程包括一系列通常持续三天的短期课程。课程包括人力评估技能、领导能力和策略，以及为新主管和新关键员工开设的课程。

雀巢公司在墨西哥建立了一个国家培训中心。除了进行常规培训计划之外，每年还有大约100人在这里参加年轻经理的培训计划。这些课程基于一系列模块，这些模块允许为每个参与者提供量身定制的课程。

雀巢印度为销售和营销、财务和人力资源管理培训生提供为期12个月的培训项目，以及牛奶采集和农业服务。这些工作包括实地考察，不仅要培养广泛的技能，还要向新员工介绍公司的组织和制度。本地培训的范围正在扩大。

对信息技术的日益熟悉使“远程学习”成为一种宝贵的资源，许多雀巢当天公司在这一领域任命了企业培训助理。它最大的优点是允许学员选择他们个人需要的课程，并在方便的时间按照自己的节奏完成工作。

举个例子，在新加坡，工作人员可以得到经济援助，参加与工作相关的夜校课程。成功修习贸易证书、高中文凭、大学入学资格及学士学位课程，可以报销学费。

·国际培训

雀巢在每个国家发展本土企业的成功，很大程度上受到其位于瑞士公司总部附近的国际培训中心运作的影响。30多年来，瑞威—莱纳国际培训中心汇聚了来自世界各地的雀巢经理们，他们向总部的高级经理们学习，彼此之间也可以互相交流。

国际培训中心对来自这些不同地区和职能背景的人精心编排课程，通常在一个班里面包含了15～20个民族。中心每年举办约70个课程，来自80多个国家的约1700名管理人员参加。

大多数的课程的讲师都是雀巢公司的经理，他们在许多国家都有多年的经验，只有25%的教学是由外部专业人员完成的。这些课程大致可以分为两类：

管理课程：大概占到全部课程的66%。参与课程的人通常是在雀巢公司工作了4～5年，这样做是为了参与者能够真正理解雀巢的价值观和商业方法。这些课程侧重于内部活动。

高管课程：这些课程的学员通常都是5～10年前上过管理课程的人。重点是发展雀巢与外界合作的能力，课程会强调行业分析。

雀巢的首要原则是每个员工都应该有机会最大限度地发挥自己的潜力。雀巢之所以这样做，是因为他们相信，从长远来看，这对雀巢的经营业绩是有好处的。而且通过这种培训能加强雀巢和高素质员工的密切关系，这对企业的持续盈利能力是非常关键的。

雀巢公司给员工提供终身学习的机会，要求所有员工在瞬息万变的世界中提升自己的技能。

案例选自：HR案例网，《雀巢公司的员工培训体系》，2018—08—13，http://www.

hrsee.com/? id=746

【问题】

1.雀巢是一个由许多不同背景(国籍、地区、宗教、种族、民族)的员工所组成的跨国企业,雀巢公司是如何对其员工进行培训的?

2.雀巢国际培训中心对来自不同地区和职能背景的人精心编排课程,通常在一个班里面包含了15～20个民族。中心每年举办约70个课程,来自80多个国家的约1700名管理人员参加。跨文化员工培训为什么那么重要?

第十三章　国际人力资源绩效管理

学习目标

1.理解并掌握目标管理法、360度反馈、平衡计分卡和关键绩效指标法。

2.理解并掌握外派员工绩效计划、绩效沟通、绩效考核和绩效反馈的方法。

Google 绩效管理体系

Google 是一家美国的高科技公司，目前其品牌价值已经超过苹果，成为全世界高科技公司之最。取得这样的成就，除了优秀的企业文化外也离不开它独特的绩效管理体制。

• Google 绩效考核体系

绩效考核通常有两个目的：一方面正确评估员工的实际绩效和行为，给予及时和适当的奖励或惩罚；另一方面为员工的进一步开发提供依据，根据绩效评估结果找到员工的不足，从而提供适当的培训和辅助，帮助员工提升和更新知识结构与技能，进一步提高素质，创造更好的绩效。

每个成功的公司都有自己的绩效考评体系和特定的实施方式，Google 也毫不例外。Google 绩效考核由两部分构成，分别是：业绩考核和能力考核。

• Google 绩效考核（Google 工作业绩考核）

Google 绩效考核体系（Google 工作业绩效考核体系）是由五个重要部分构成的连续过程，这五个部分分别是：目标设定、自我评估、同事评估、校准会议、绩效面谈。五者彼此之间存在密切联系，其中任何一个环节在执行上出现问题都会对整个业绩考核体系带来负面的影响。

1.目标设定。在绩效考核中，每位评估者都应明确了解自己所应达到的目标。

2.自我评估。通过自我评估，员工可以反思自己的绩效表现，认识自己的优点和不足。

3.同事评估。来自团队内部其他同事的评估会给绩效考核带来一个崭新的观察角度，同时同事评估也是该员工在团队合作绩效方面的第一手资料，同事评估通常有几个人参与，这些评估包含很多人的观点，评价的客观性比较强。

4.校准会议。在员工自我评估、同事评估之后，这些评估内容会交给经理，经理进行打分，打完分后，所有的这些打分最后要进入校准会议进行最后的审核。

5.绩效面谈。通过校准会议确认最终考核结果，然后根据出来的结果，经理和员工进行面对面的绩效面谈。

• Google 能力评估

能力是指对个人和公司绩效至关重要的、可辅导的、可观察的、可衡量的，以行为方式表现出来的组合，核心能力反映了公司的价值观、文化和经营准则，是所有员工应该具备和展示的。Google 能力评估标准包含六个方面，分别是 Google 人、解决问题的能力、执行力、思想领导力、新兴领导力、存在感。

1.Google 人。即符合 Google 价值观的员工。每家公司都希望员工符合公司的价值观，Google 的价值观可以简单概括为：以用户为中心，其他一切水到渠成；心无旁骛、精益求精；快比慢好；网络的民主作风；获取信息的方式多种多样，不必非要坐在电脑前；不做坏事也能赚钱；信息永无止境；信息需求没有国界；没有西装革履也可以很正经；没有最好，只有更好。

2.解决问题的能力。公司员工的主要职责就是解决各种各样的企业问题。只有具备了关键的问题解决能力，员工才能够成为公司所需要的合格人才。

3.执行力。执行力"就是按质按量地完成工作任务"的能力。个人执行力的强弱取决于两个要素——个人解决问题的能力和工作态度，能力是基础，态度是关键。

4.思想领导力。思想领导力是指具有创新的思想从而能引领他人的能力。思想领导力的两个关键要素是创新和引领，公司希望员工能够成为某个领域的专家，并把这些专业知识分享出去，对他人产生影响，引导潮流。

5.新兴领导力。在 Google 有很多年轻的员工，他们虽然没有带领团队的机会，但是可以通过在项目里面，带领一些虚拟的团队，不断地锻炼、提升自己的领导能力。

6.存在感。存在感主要指员工在组织当中发挥自己的能力，体现自己的价值。我们知道能力是一种潜在的特征，Google 希望公司的员工能够把这些潜在的特征表现出来。

资料来源：腾讯新闻，《Google 绩效管理真经》，2018 年 8 月 29 日，https://new.qq.com/omn/20180829/20180829A0A0QT.html

引导问题

1.国际员工绩效管理的主要目的是什么？

2.Google 绩效考核由哪几部分构成？这样分的优点是什么？

第一节　国际人力资源绩效考核方法

绩效考核最早起源于英国文官考核。1854—1870 年，英国实施文官制度改革，针对文官实行按年度逐人逐项进行考核，根据考核结果的优劣，实施奖励与升降。考核制度的实行，充分地调动了英国文官的工作积极性，增强了政府的廉洁与效能。1887 年，美国也建立了考核制度，称为功绩制。

文官考核制度以优胜劣汰为核心，这种考核制度的成功实施，使得很多企业开始借鉴这种方法，在组织内部实行绩效考核，试图通过考核对其员工的表现进行实事求是的评价，并作为奖、惩、升、降等实施的基础与依据。

评估海外子公司员工的绩效对于跨国公司而言显得更加复杂。当跨国公司存在不同国籍、不同文化习惯的员工时,绩效评估的一致性要求在这里会经受冲击。例如,在中国的工作环境中,给员工留面子极其重要,如果公开批评员工,可能会导致他/她以后工作绩效的下降甚至离职。

对海外雇员进行评估是国际人力资源管理的重要内容。有效的绩效评估既能对海外经理人员的业绩作出恰如其分的评价,并据以制定有效的激励与淘汰政策,又有利于跨国公司制定更为有效的聘用标准与培训方案,并为企业制定战略性发展计划提供依据。子公司的绩效评估系统一般与母公司有一定继承性,但又不能完全复制,在设计海外子公司的绩效评估系统时,一定要综合考虑到公司的总体运营战略和海外子公司的独特性。

国际员工的考核多种多样,以下的目标管理法、360 度反馈、平衡计分卡和关键绩效指标法是最常用的方法:

一、目标管理法(management by objectives,MBO)

目标管理是由"现代管理学之父"彼得・德鲁克(Peter Drucker)1954 年在其名著《管理实践》中最先提出的,其后他又提出"目标管理和自我控制"的主张。德鲁克认为,有了目标才能确定每个人的工作。

目标管理的特点,主要表现在以下几个方面:

1.明确目标。美国马里兰大学的早期研究发现,明确的目标要比只要求人们尽力去做能带来更高的业绩,而且高水平的业绩是和高的目标相联系的。在企业中,目标技能的改善会继续提高生产率。

2.参与决策。目标管理中的目标是用参与的方式设定的,上级与下级共同参与选择设定各对应层次的目标,即通过上下协商,逐级制定出整体组织目标、经营单位目标、部门目标直至个人目标。

3.规定时限。目标管理强调时间性,制定的每一个目标都有明确的时间期限要求,如一个季度、一年、五年,或在已知环境下的任何适当期限。

4.评价绩效。目标管理寻求不断地将实现目标的进展情况反馈给国际员工,以便他们能够调整自己的行动。

例如某机床厂通过推行目标管理法,充分发挥了各职能部门的作用,充分调动了职能部门人员的积极性,该厂首先对厂部和科室实施了目标管理。经过一段时间的试点后,逐步推广到全厂各车间、工段和班组。通过实践表明,目标管理改善了企业经营管理,挖掘了企业内部潜力,增强了企业的应变能力,提高了企业素质,取得了较好的经济效益。

二、360 度反馈(360 degree feedback)

360 度反馈是从多个角度对国际人员进行全方位评估。评价者不仅仅是被评价国际员工的东道国上级主管、母国上级主管,还包括其他与之密切接触的人员,比如东道国同事、东道国下属、东道国客户等,同时包括外派员工自我评价。

360 度反馈评价作为绩效管理的一种新工具,被国际知名大企业越来越多地使用。据调查,在《财富》杂志排名前 1000 位的企业中,已有 90%的企业在使用不同形式的 360 度反馈评价,比如 IBM、摩托罗拉、摩根士丹利、诺基亚、福特、迪士尼、西屋、美国联邦银行等,都把 360 度反馈评价用于人力资源管理和开发。

三、平衡计分卡(balanced score card,BSC)

平衡计分卡源自20世纪90年代初由哈佛商学院的罗伯特·卡普兰(Robert Kaplan)和诺朗诺顿研究所(Nolan Norton Institute)所长、美国复兴全球战略集团创始人兼总裁戴维·诺顿(David Norton)所从事的"未来组织绩效衡量方法"的一种绩效评价体系。平衡计分卡曾被《哈佛商业评论》评为75年来最具影响力的管理工具之一,它在财务指标的基础上加入了未来驱动因素,即客户因素、内部经营管理过程和员工的学习成长,在集团战略规划与执行管理方面发挥着非常重要的作用。

平衡计分卡以组织的共同愿景与战略为核心,运用综合与平衡的哲学思想,依据组织结构,将企业的愿景与战略转化为下属各责任部门在财务、顾客、内部流程、创新与学习等四个方面的系列具体目标,并设置相应的四张计分卡,其基本框架见图13-1。

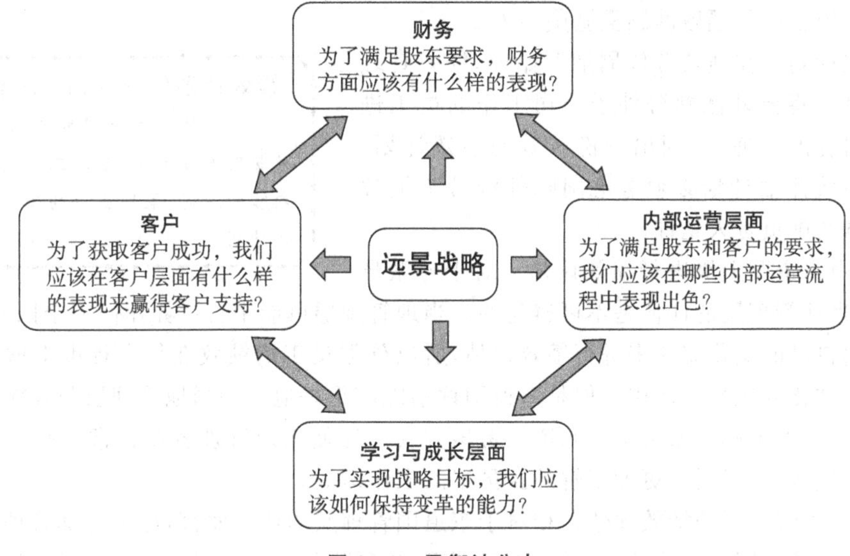

图13-1　平衡计分卡

资料来源:MBA智库——平衡计分卡

四、关键绩效指标法(key performance indicator,KPI)

企业关键绩效指标是把企业的战略目标分解为可操作的工作目标的工具,是企业绩效管理的基础。关键绩效指标是用于衡量外派员工工作绩效表现的量化指标。

关键绩效指标法的理论基础是由意大利经济学家帕累托提出的一个经济学原理——二八原理。在一个企业的价值创造过程中,存在着"80/20"的规律,即80%的工作任务是由20%的关键行为完成的。

在实际工作中,各部门、各职位对其关键业绩指标通过沟通讨论,达成共识,运用绩效管理的思想和方法,来明确各部门和各个职位的关键贡献,并据此运用到确定各部门和个人的工作目标。在实际工作中围绕KPI开展工作,不断进行阶段性的绩效改进,达到激励、引导目标实现和工作改进的目的,避免无效劳动。

第二节　外派员工绩效管理

国际人力资源绩效考核是跨国企业不可或缺的管理工具。它主要针对企业中每个外派员工所承担的工作，应用各种科学测评方法，对外派员工行为的实际效果及其对企业的贡献进行评估。有效的绩效考核，不仅可以作为公平地奖赏国际员工的依据，更能提高外派员工的工作绩效，从而激励员工士气。

国际人力资源绩效管理对跨国企业的人力资源规划、薪酬福利设计以及员工自身职业发展都起到至关重要的作用。绩效管理包括：绩效计划、绩效沟通、绩效考核、绩效反馈。

一、外派员工绩效计划

绩效计划作为绩效管理的一种有力工具，使决策层能够把精力集中在对企业价值的关键经营决策上，确保企业总体战略的逐步实施和年度工作目标的实现，有利于在公司创造一种突出绩效的企业文化。

（一）外派员工绩效评估实施负责人

绩效计划是在绩效考核周期开始前，绩效管理人员通过与将要外派到海外子公司工作的员工进行相关内容的沟通，策划出一份有效的绩效计划。有效的绩效评估计划必须考虑国际外派员工绩效评估具体实施负责人是谁。

> **绩效计划**（performance plan）
> 指在绩效考核周期开始前，绩效管理人员通过与员工进行相关内容的沟通，策划出一份有效的绩效计划。

(1)由东道国上级进行绩效评估。对于外派员工而言，当地管理层的评估是不可避免的。当地管理层可能来自世界任何一个国家，评估者将根据自己的文化观念来进行绩效评估，所以外派员工的绩效在很大程度上取决于外派员工对文化的领悟与运用。但是东道国评估能够更好地利用当地管理层与外派员工的日常接触，更加了解外派员工。东道国考核方式能够使当地管理者在日常接触中更了解外派员工绩效这一优势，更加了解外派员工的工作绩效。

(2)母国管理层的绩效评估。相对于东道国管理层的评估而言，母国总部管理层更有明显优势。首先因为文化的一致性，母国管理层可能更了解外派员工，可以对外派员工海外带来的新消息进行综合性考虑。再者母国管理层与外派员工所属文化相同，外派员工的评估反馈能更清晰有效。但由于外派员工可能更少与母国管理层联系，会无法正确了解并评估外派员工的绩效。

（二）绩效计划制定的原则

(1)价值驱动原则。绩效计划的制定要与提升企业价值和追求股东回报最大化的宗旨相一致，突出以价值创造为核心的企业文化。

(2)流程系统化原则。与战略规划、资本计划、经营预算计划、人力资源管理等管理程序紧密相连，配套使用。

(3)与企业发展战略和年度绩效计划相一致原则。设定绩效计划的最终目的是保证企业总体发展战略和年度生产经营目标的实现，所以在考核内容的选择和指标值的确定上，一定要紧紧围绕企业的发展目标，自上而下逐层进行分解、设计和选择。

(4)突出重点原则。外派员工担负的工作职责越多，所对应的相应工作成果也较多。但是在设定关键绩效指标和工作目标设定时，切忌面面俱到，而是要突出关键，突出重点，选择那些与企业价值关联度较大、与职位职责结合更紧密的绩效指标和工作目标，而不是整个工作过程的具体化。通常，国际员工绩效计划的关键指标最多不能超过 6 个，工作目标不能超过 5 个，否则就会分散员工的注意力，影响其将精力集中在最关键的绩效指标和工作目标的实现上。

(5)可行性原则。关键绩效指标与工作目标一定是国际员工能够控制的，要界定在国际员工职责和权力控制的范围之内，也就是说要与外派员工的工作职责和权力相一致，否则就难以实现绩效计划所要求的目标任务。同时，确定的目标要有挑战性，有一定难度，但又可实现。目标过高，无法实现，不具激励性；过低，不利于企业绩效成长。另外，在整个绩效计划制定过程中，要认真学习先进的管理经验，结合企业的实际情况，解决好实施中遇到的障碍，使关键绩效指标与工作目标贴近实际，切实可行。

(6)全员参与原则。在绩效计划的设计过程中，一定积极争取并坚持国际员工、各级管理者和管理层多方参与。这种参与可以使各方的潜在利益冲突暴露出来，便于通过一些政策性程序来解决这些冲突，从而确保绩效计划制订得更加科学合理。

(7)足够激励原则。使考核结果与薪酬及其他非物质奖惩等激励机制紧密相连，拉大绩效突出者与其他人的薪酬差距，打破分配上的平均主义，做到奖优罚劣、奖勤罚懒、激励先进、鞭策后进，营造一种突出绩效的企业文化。

(8)客观公正原则。要保持绩效透明性，坦率、公平、系统、客观地评估绩效。

(9)综合平衡原则。绩效计划是对职位整体工作职责的考核手段，因此必须要通过合理分配关键绩效指标与工作目标完成效果评价的内容和权重，实现对职位全部重要职责的合理衡量。

(10)职位特色原则。相似但不同的外派职位，其特色由绩效管理体系来反映。这要求绩效计划内容、形式的选择和目标的设定要充分考虑到不同业务、不同部门中类似职位各自的特色和共性。

二、外派员工绩效沟通

绩效沟通是绩效管理的核心，是指考核者与被考核外派员工就绩效考评反映出的问题以及考核机制本身存在的问题展开实质性的面谈，并着力于寻求应对之策，服务于后一阶段企业与外派员工绩效改善和提高的一种管理方法。

通过妥善有效的绩效沟通将有助于及时了解外派员工存在的问题，以便帮助外派员工优化后一阶段的工作绩效，提高工作满意度，从中推动企业整体战略目标的达成。和谐的企业文化的构建及优秀的人力资源品牌，离不开妥善有效的绩效沟通的助推作用。

三、外派员工绩效考核

外派员工绩效考核通常也称为业绩考评，是针对跨国企业中外派员工所承担的工作，应用各种科学的定性和定量的方法，对其行为的实际效果及其对企业的贡献或价值进行考核和评价。

外派员工绩效考核是跨国企业人事管理的重要内容。绩效考核的目的是通过考核提高国际员工的工作效率，最终实现企业的整体战略目标。在对外派员工进行绩效考核时需要遵循以下原则：

(1)客观评价原则。进行科学评价，使之具有可靠性、客观性、公平性。

(2)全面考评的原则。多方面、多渠道、多层次、多角度、全方位地进行立体考评。

(3)公开原则。考评标准和考评程序科学化、明确化和公开化。

(4)差别原则。考评等级之间应当产生较鲜明的差别界限，才会有激励作用。

(5)反馈原则。考评结果一定要反馈给被考评外派员工本人，否则难以起到绩效考评的教育作用。

四、外派员工绩效反馈

绩效反馈要提供事实依据，客观地陈述国际员工工作业绩状况，并且允许国际员工对自己的评估结果进行辩解和评价，然后再由上级和人力资源部门做出结论。绩效反馈要帮助被评估国际员工分析问题所在，双方共同协商出解决方案，制定出绩效改进计划。

本章小结

有效的绩效评估既能对海外经理人员的业绩作出恰如其分的评价，并能据以制定有效的激励与淘汰政策，有利于跨国公司制定更为有效的聘用标准与培训方案，并为企业制定战略性发展计划提供依据。国际员工的考核最常用的方法包括：目标管理法、360度反馈、平衡计分卡和关键绩效指标法。

外派员工绩效考核是跨国企业不可或缺的管理工具。它主要针对企业中每个外派员工所承担的工作，应用各种科学测评方法，对外派员工行为的实际效果及其对企业的贡献进行评估。有效的绩效考核，不仅可以作为公平地酬赏国际员工的依据，更能提高外派员工的工作绩效，从而激励员工士气。外派员工绩效管理主要包括：绩效计划、绩效沟通、绩效考核、绩效反馈。

重要名词

国际员工绩效考核　　目标管理法　　360度反馈
平衡计分卡　　关键绩效指标法　　外派员工绩效考核

案例分析

佳能(中国)公司的绩效管理

对于在华日资企业来说，绩效管理所面临的挑战重大，若有一套完整良好的绩效管理机制，对内可以有效激励与约束员工，提高员工的工作积极性与对企业的忠诚度，这也符合日本的以集体为重的文化特点，对外则能吸引更多优秀的人才为企业创造利益，保持企业长久不衰的竞争优势。

一、建立独特的绩效文化

所谓的绩效文化，也应归属于企业文化之中。绩效文化的作用就在于鼓舞员工的士气，带动员工的工作热情，特别是对于佳能这样的跨国公司而言，文化的差异性很容易导致内部发生激烈的冲突。因此建立起一种融合了日本文化和中国文化的独特的绩效文化就显得尤为重要。

佳能(中国)非常看重员工的热情与士气，努力让每一个人在工作中能有一种满足感，让他们觉得是在为社会做贡献。公司为此把周一定为公司内部的"激情日"，这一天员工都要穿红色衣服，以提醒自己应该精神饱满地开始一周的工作。

每天，每个部门会轮流到其他部门打招呼，说"你好"，这个活动就叫作"你好"活动。在"你好"活动的感召下，员工还自发地将一些非常能鼓舞士气的标语列印在T恤衫上，例如"No Passion, No Money"(没有激情就没有钱)、"No Money, No Honey"(没有钱就没有蜜月)、"No Honey, No Baby"(没有蜜月就没有宝宝)……

佳能（中国）的首席执行官小泽秀树希望公司的员工都能够开朗、活泼，因此为员工设计了非常多的活动，如每天中午1点员工定时的舞蹈时间，公司为员工创作的"加油歌"等。他还鼓励派驻中国的日本员工学好中文，并鼓励中国员工学习英文。这也成为了佳能现在重要的公司文化之一。不论是哪种语言，希望员工之间能够增进了解，拉近距离，这样才能够一起工作和生活。

正是在这种独一无二的绩效文化带动下，佳能(中国)员工的工作热情空前高涨。这既符合日本文化中的"集体"意识，又能让员工发挥主观能动性。

二、绩效管理核心方法——目标管理&遵循SMART原则

佳能(中国)公司同总公司一样，实行"目标管理制度"，该制度用于进行公司绩效计划与员工组织贡献绩效评价。不同于其他在华日资企业，佳能（中国）公司的绩效管理时间段是在每年的1月1日到12月31日内展开。目的是建立透明、公开的绩效体系。

佳能(中国)公司的绩效考核目标制定的依据是自身的全球战略目标。公司每年有基于全球的战略目标，之后是区域目标、分公司目标、部门目标、科室目标，最后到个人目标。员工的个人目标由上一级领导帮助设立或者员工参照科室目标自行设立，员工个人目标需要与公司战略相互关联。

所有目标的制定都遵循SMART原则，同公司整体战略目标、部门目标相符，并取得上下级双方共同认可，不能存有争议。

三、绩效沟通的全面贯彻

众所周知，日本文化非常强调服从，它的企业也有着类似的文化基因，即对于权力的崇拜和上级的服从。特别是在目标管理过程之中，很多日资企业很少会听取员工的意见，给员工制定绩效目标，员工所做的只有服从。而佳能(中国)却建立公开、透明的绩效考核体系，强调"沟通"与"尊重"，公司有经理、部长、科长等不同层级的员工，战略目标形成后如何落实到个人身上，都通过沟通来完成。

例如，上司为下属提出一个建议目标，在此之前需要双方不断地去沟通目标的可行性，其间允许员工提出各种不同意见。最后的绩效目标一定是在双方沟通下产生的，目标确定后，每半年有一个跟踪回馈，每年的7月要做一次针对目标跟踪，以HR为主导的交流。因为信息是公开、透明的，公司与员工可以双方共用，员工可以随时发现自己的问题在哪儿，知道公司时刻在了解关注自己，从而不断修正不足，始终保持自己的工作激情。

我们从公司的目标管理的具体流程来看,也足以发现公司非常重视与员工之间的沟通。

佳能(中国)公司目标管理的流程具体为:

目标设定:发送目标管理—设定目标—沟通—最终确认;

组织贡献管理:自身问题—上司回顾—沟通—最终确认;

组织贡献评价:自我评价—沟通—上司评价—最终确认;

沟通—能力开发—日后努力方向—发送目标管理。

资料来源:HR案例网,《佳能(中国)公司的绩效管理》,2018年07月18日,http://www.hrsee.com/? id=717

【问题】

1.佳能(中国)绩效管理的核心方法是什么?

2.佳能(中国)员工高绩效输出的原因是什么?

第十四章　国际人力资源薪酬管理

学习目标

1.理解并掌握国际人力资源薪酬管理的基本原则。
2.理解现代国际企业薪酬法律法规。
3.理解并掌握国际外派人力资源薪酬管理原则。
4.理解并掌握外派员工薪酬构成及方法。

Costco 高薪酬福利、高员工忠诚度

Costco 在全球有 24 万员工，对于这些员工，Costco 践行一个简单的逻辑，那就是：高薪酬福利、高员工忠诚度、极致消费者体验。

也就是说如果想要让顾客满意，首先要让员工满意，因为顾客满意是由满意的员工创造出来的。对此，Costco 深谙其道。

在薪资上：Costco 的平均工资达到了 22 美元/小时，是美国零售业平均时薪（＄11.24）的近 2 倍，而隔壁的沃尔玛基本上是按照美国最低标准付工资。Costco 分店经理年薪能够达到 14 万美元，但这只是分店经理薪资的一部分，如果加上分红和股票，分店经理的总薪资可达年薪的三倍。

美国企业薪酬满意排名上，排名第一的是谷歌（Google），排名第二的就是 Costco。所以不管是影响薪酬的绝对值，还是相对值，Costco 的薪酬都具有竞争力。

一位员工，加入 Costco 工作满一年，就能获得股票和期权的奖励。而医疗保险这样的传统福利更是不用说了，就连兼职员工都能获得医疗保险和牙科保险。假期的制度更是很宽松，员工的年假从 2 周起步，如果工作表现出色还可以获得奖励，最高能达到一年 5 周的年假。

即使是在美国经济低迷时期，Costco 也没有裁员。

创始人吉姆·西格尔说过，“这是一笔划得来的好生意。当你雇用了优秀的人才，提供了好的工作、高工资和职业生涯，好事就会发生。”

资料来源：腾讯新闻，《Costco 火爆刷屏……》，2019 年 8 月 31 日，https://new.qq.com/omn/20190831/20190831A09MAB00.html

引导问题

1.分析影响 Costco 员工满意度的因素有哪些?

2.Costco 薪酬制度的优点有哪些?

第一节　国际人力资源薪酬管理概况

国际员工薪酬管理,是跨国企业针对国际员工所提供的服务来确定他们应当得到的报酬总额以及报酬结构和报酬形式的一个过程。作为一种持续的组织过程,企业还要持续不断地制订薪酬计划,拟订薪酬预算,就薪酬管理问题与国际员工进行沟通,同时对薪酬系统的有效性做出评价而后不断予以完善。薪酬不仅对员工起到较强的激励作用,还能让企业在同行业竞争中立于不败之地。在不同国家,员工和管理者的薪酬水平均不相同。薪资与福利的跨国区别给国际人力资源管理带来了一系列挑战。本节将针对跨国公司薪酬管理原则与特征进行探讨。

一、跨国薪资水平概况

据法国《费加罗报》报道,欧洲各国间最低工资存在着很大差别。根据欧盟统计局最新数据显示,最大的差异存在于卢森堡和保加利亚之间,前者最低工资为 1999 欧元,后者仅为 261 欧元。即使把物价水平考虑在内,对比购买力,两国间的差异仍然巨大:保加利亚为 546 欧元,卢森堡为 1597 欧元。欧盟成员国的最低工资水平可以分为三个梯队,见图 14-1、14-2、14-3。

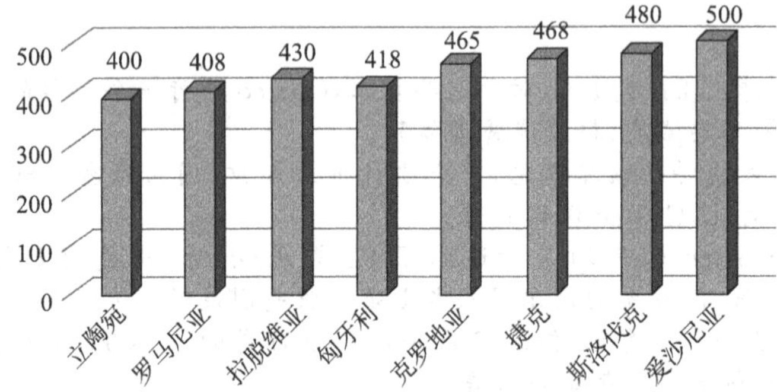

图 14-1　欧盟成员国的最低工资水平:500 欧元以下

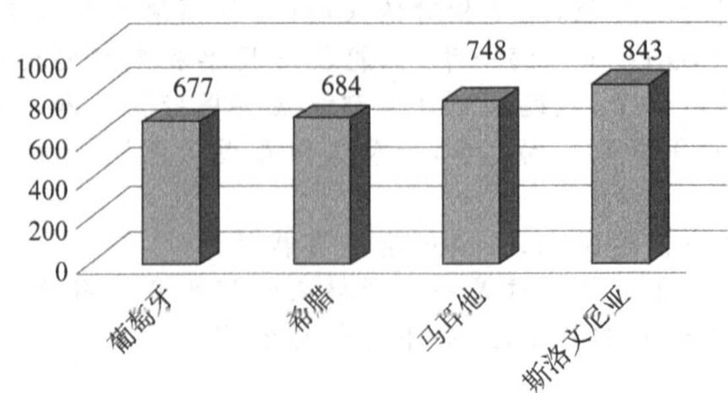

图 14-2　欧盟成员国的最低工资水平:500～1000 欧元

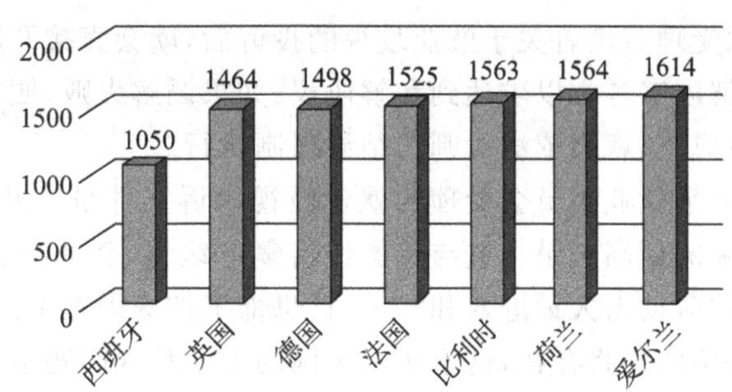

图 14-3　欧盟成员国的最低工资水平：1000 欧元以上

数据整理自：英中网，《欧盟各国最低工资水平差异巨大……》，2018 年 12 月 15 日，http://ukchinese.com/2018/12/15/欧盟各国最低工资水平差异巨大，统一标准可能吗？

2016 年纽约家庭中位数收入为 61000 美元，相当于 37 万人民币。也就是一个月 3 万人民币的收入。中国国家统计局 2020 年公布了各个省份的居民可支配收入情况，数据显示，2019 年中国人均可支配收入为 30733 元人民币，相较于 2018 年实现了 8.9%的增长。

二、现代国际企业薪酬法律法规

世界各国有关薪酬的法律法规是影响薪酬的重要外部因素。为了维护劳工权利和体现企业的薪酬公平，许多国家都出台了各自的一系列法律法规，用于指导企业的薪酬设计。比如美国比较有名的代表性法规有：《公平劳工标准法》《公平薪资法》《民权法案》等。

1.《公平劳工标准法》

美国《公平劳工标准法》(1938 年)所确定的内容在美国劳动标准中最具代表性。

首先，美国联邦政府及各州政府颁布了许多工时方面的法律，这些标准明确规定雇员每天和每周的最长工作时间。如，《公平劳工标准法》1977 年的修正案中规定，受雇于经商和从事商品生产企业的雇员在一个工作周内工作时间不应超过 40 小时，并规定 40 小时以外工作算作加班。另外有关工时的劳动法律还规定了许多特殊情况，如雇员在从事照顾病人、老年人、精神病人或残疾人的工作中，以连续 14 天的工作期代替连续 7 天的工作期计算加班时间；在一定条件下，公共机构雇员从事消防或执行法律活动时，其工作时间可以超过法定的最长工作时间。

其次，美国的工作条件标准还对最低工资方面做了规定。在有关工时和最低工资的法规中，1938 年美国《公平劳工标准法》明确规定了小时最低工资标准为 0.25 美元，这标志着最低工资立法进入了一个新的阶段。

2.《公平薪资法》

1965 年美国专门解决就业歧视问题的机构——公平就业委员会宣告成立。这主要是基于为解决就业歧视问题而通过的《民权法案》，"禁止基于种族、肤色、性别、宗教和地域的歧视"。随后，一部部涉及就业歧视性问题的具体法律相继问世，如《公平薪资法》《公平就业机会法》《雇佣年龄歧视法》等。

作为一个政府部门，美国公平就业委员会也是一个独立的准司法机构。一般说来，公平就业委员会在正式受理劳动者关于就业歧视的投诉后，就会直接开展举证工作；在掌握足够证据后，先是调解涉案各方以求达到和解协议；如果调解失败，便直接向法院起诉；如果法院判定就业歧视成立，就会依法对判罚结果强制执行。

近几年来，美国公平就业委员会受理的就业歧视投诉案件呈上升势头，其中 2002 年达到了自 1995 年以来的最高纪录。这与美国经济复苏缓慢、就业机会增长有限、劳动力年龄结构老龄化、外国劳动力大量进入和“9・11”恐怖事件等因素不无关系。而这些因素在今后相当长一段时期内都将存在，这意味着美国的就业歧视问题不容乐观。

3.《民权法案》

1964 年 7 月 2 日，美国总统约翰逊签署了美国历史上最有影响的《民权法案》。在批准 1964 年的民权法时，约翰逊总统在电视演说中，要求所有公民帮助消除美国沿袭的侵犯他人人权的残余。这是美国黑人经过长期斗争获得的结果。

三、薪酬制度设计的一般原则

薪酬作为分配价值形式之一，设计时应当遵循按劳分配、效率优先、兼顾公平及可持续发展的原则。同时，薪酬制度设计还应该做到：合理适度、市场竞争、分类管理、客观公正、有效激励。

(一)薪酬体系设计需要遵循的基本原则

1.内部公正

按照承担的责任大小，需要的知识能力的高低以及工作性质要求的不同，在薪资上合理体现不同层级、不同职系、不同岗位在企业中的价值差异。

2.具有外部竞争力

保持企业在行业中薪资福利的竞争性和优势地位，能够吸引优秀的人才加盟。

3.体现绩效水平

薪酬必须与企业、团队和个人的绩效相联系，不同的绩效考评结果应当在薪酬中准确地体现，从而最终保证企业整体绩效目标的实现。

4.有效激励

薪酬以增强员工激励性为导向，通过动态工资和奖金激励来激发员工的工作积极性。通过设计和开发不同薪酬通道，使得不同岗位员工有同等晋级机会。

5.考虑企业的实际支付能力

确定企业薪酬在其可承受范围内，用适当的工资成本增加激励员工创造更多经济效益，实现可持续发展。

6.合法性

薪酬体系应在国家和地区相关劳动法律法规允许范围内进行。

(二)3P＋2M 原则

外企一般都有非常明确的薪酬方案，公司会根据职位高低、工作的复杂度等，来确定工资的级别，工资的增长跟员工的业绩是紧密相连的。多数外企的薪酬是按照 3P＋2M 的原则设计的，即根据实际业绩(performance)、岗位职责(position)、个人能力(people)，参照行业市场(industry market)和人才市场(talent market)而制定。

第二节　国际外派人力资源薪酬管理

外派薪酬福利管理与一般意义上的薪酬福利一脉相承，但又有着其特别的战略目标：支持公司战略、利于人员调配、利于长期和整体利益实现、利于处理薪酬关系、吸引全球人才。

一、国际外派人力资源薪酬管理原则

由于外派员工工作的特殊性，国际外派人力资源的薪酬管理原则比一般企业薪酬管理更为复杂，可以归纳为以下几个方面：

(1)战略一致性。国际外派人力资源薪酬与福利的每个环节都应与企业整体战略保持一致。

(2)激励性。外派员工薪酬设计必须有助于激发他们的工作热情以支持企业战略目标的实现。

(3)薪酬内部一致性。国际外派员工薪酬应与外派地同级别岗位员工的薪酬在同一薪酬等级之内。

(4)薪酬福利外部竞争性。外派员工薪酬福利应具备外部竞争性以吸引和保留人才。

(5)可承受性。高薪酬是吸引员工参与外派任务的其中一个重要原因，但企业的薪酬必须在可承受范围之内。

(6)简单性。以简便的方式设计外派员工的薪酬。

(7)梯度设计。外派薪酬不宜过高或过低，应合理设计并考虑归国后的薪酬福利衔接问题。

(8)可持续性。外派员工薪酬设计要有一定程度的增长空间。

二、国际外派员工薪酬的特征

(一)国际外派员工薪酬收入水平更高

外派员工赴海外子公司工作，将面临跨国文化差异、环境压力、职业生涯发展的不连贯等风险，企业为了让外派员工适应新环境，通常会提供比国内员工更高的基本工资与补贴。这些补贴、绩效奖励与基本工资构成了外派员工的收入。

(二)国际外派员工薪酬标准由外派期限长短决定

对于外派期限为2～5年的员工，他们的薪酬通常按国内标准来确定。如果外派员工派遣期限长于5年，该外派员工的薪酬就会实现当地化。

(三)国际外派员工薪酬差异化更明显

外派员工薪酬水平会根据其外派国家的经济状况制定，不同国家同一级别的管理人员的报酬可能存在很大差异。

(四)国际外派员工薪酬采取秘密发放方式

由于外派员工业务能力及所赴国家经济状况不同，外派员工之间薪酬差异较大，秘密发放有利于团队的稳定，同时也可以保护低收入者的自尊心，避免同事之间的攀比。

三、国际外派员工薪酬构成

国际外派员工薪酬通常由六个部分组成：基本工资、驻外补贴、福利、津贴、奖金、税收。

(一)基本工资

国际外派员工基本工资通常与其母国类似职位的基本工资水平相同，以母国货币或东道国货币支付，或两种结合使用。

(二)驻外补贴

驻外补贴通常只提供给母国外派员工和第三国员工，一般为基本工资的5%～40%。

(三)福利

外派员工在国外的医疗、养老金等福利水平与母国一致。跨国企业还会给外派员工提供额外的假期和特殊的休假。例如，为外派员工及其家属提供一年一次或一次以上的回国探亲、应急休假等活动的机票费用。

(四)津贴

跨国企业会为外派员工提供住房津贴、探亲津贴、教育津贴及安家津贴等。

(五)奖金

外派员工奖金是因为其在本国以外工作而得到的额外报酬，是激励员工接受海外外派的手段。大多数公司的奖金比例是基本工资的10%～30%，平均为16%。越来越多的公司以一次性奖金发放取代对外派员工的持续奖励。

(六)税收

除非东道国与外派员工的母国间有互惠纳税协议，否则外派员工必须向母国与东道国政府双重纳税。跨国企业一般会为外派员工支付在东道国的所得税。如果东道国的所得税率减少了外派员工的净收入时，公司会对此差额作出补偿。

新加坡外派员工薪金福利创五年新低

在新加坡工作的外派员工在2017年获得的薪金和福利配套，相比2016年缩减了超过16060新元，创下五年新低。

这类配套一般涵盖外派员工的工资、税务及一些福利，如住所、孩子的国际学校学费、水电费和汽车等。

ECA国际亚洲区域总监关礼廉接受《联合早报》访问时说，这是由于派驻新加坡的员工，平均工资2017年缩减约4%，房租和国际学校学费等福利也更便宜。

针对平均工资的下滑，关礼廉解释，传统上，员工外派到新加坡的时间相当短，介于一年至三年，所以外派期间的工资仍与母公司所在国的工资挂钩。因此，在新加坡工作的外派员工，若是以英国、中国香港、澳大利亚等高薪地区的员工居多，则平均工资较高，若是以低薪地区的员工居多，平均工资则会有所下降。

另一个原因是，外派员工如今驻留新加坡的时间越来越长，介于5～15年，外国企业因此选择将他们的薪资与本地员工挂钩，以致他们的工资较低。

至于与新加坡仅一水之隔的马来西亚，外派到当地的中层经理2017年所获得的薪金和福利配套，平均价值为202056新元。

这意味着,外国企业派遣员工到马来西亚的成本,是派遣员工到新加坡的成本的三分之二。

关礼廉指出,对于在新马两地都有业务的公司,这可能影响他们的人力资源规划,他们或许选择将员工派遣到吉隆坡等马国城市而不是新加坡。

另一方面,派驻香港的中层经理 2017 年获得的福利配套,平均价值则为 359618 新元,相比 2016 年增加了 4060 新元,并且高于新加坡。

关礼廉说,新加坡和香港都有意吸引跨国公司前来设立区域总部。"如果派遣员工到新加坡比较便宜,跨国公司就可能选择将区域总部设在新加坡而非香港。"

共有来自 160 个国家和地区的 290 多家公司参与了这项调查。就全球而言,在日本工作的外派员工所获得的薪金和福利配套最为优渥,其次则是英国、印度、中国。

英国的排名此次落后于日本。对此,关礼廉说:"过去几年,在英国工作的外派员工所获得的薪金和福利配套逐步缩减。英国脱欧后,英镑贬值也意味着企业派遣员工到英国更便宜。"

资料来源:节选自杨浚鑫,《去年我国外派员工薪金福利创五年新低》,联合早报,2018 年 5 月 29 日,https://beltandroad.zaobao.com/beltandroad/news/story20180529-862754

四、国际外派员工薪酬方法

当前应用最为普遍的外派员工薪酬方法是资产负债表法与现行费率法。

(一)资产负债表法

国际薪酬的资产负债法是一个使得外派员工在海外的购买力与母国相似职位的员工的购买力相等,并且提供激励性的奖酬,以提高外派员工赴海外工作意愿的方法。资产负债表法的薪酬理念是外派员工不会因为接受外派工作而遭受经济上的损失。

(二)现行费率法

现行费率法又称工资本土化,是参照东道国人员的标准来确定外派员工的薪酬。现行费率法要求外派员工的基本薪酬与东道国薪酬挂钩。跨国企业通常从东道国当地薪酬调查机构获得信息,然后决定是以东道国当地人员、相同母国的外派员工,还是所有国家的外派员工为基准作为参照。如果东道国薪酬水平较低,跨国企业则会提供给外派员工额外的补贴。

本章小结

薪酬不仅对跨国公司员工起到较强的激励作用,还能让跨国公司在同行业竞争中立于不败之地。在不同国家,由于员工和管理者的薪酬水平均不相同,跨国公司在薪酬管理中面临着严峻的挑战。

世界各国有关薪酬的法律法规是影响薪酬的重要外部因素。为了维护劳工权利和体现企业的薪酬公平，许多国家都出台了各自的一系列法律法规，用于指导企业的薪酬设计。比如有名的美国代表性法规：《公平劳工标准法》《公平薪资法》《民权法案》等。

薪酬作为分配价值形式之一，设计时应当遵循按劳分配、效率优先、兼顾公平及可持续发展的原则。同时，薪酬制度设计还应该做到：合理适度、市场竞争、分类管理、客观公正、有效激励。

由于外派员工工作的特殊性，国际外派人力资源的薪酬管理的特征比一般企业薪酬管理更为复杂。国际外派员工薪酬收入水平更高，薪酬标准由外派期限长短决定，薪酬差异化更明显并采取秘密发放方式。国际外派员工薪酬通常由六个部分组成：基本工资、驻外补贴、福利、津贴、奖金、税收。当前应用最为普遍的外派员工薪酬方法是资产负债表法与现行费率法。

重要名词

跨国员工薪酬管理　　《公平劳工标准法》　　《公平薪资法》　　《民权法案》
外派员工薪酬组成

案例分析

香港外籍员工薪酬待遇全球第 6，对人才具吸引力

中新网 5 月 22 日电 据香港《大公报》报道，近日，有人力资源顾问机构调查显示，赴香港工作的外派员工薪酬成本在全球排名下跌至第 6 位，但派驻香港的中层管理人员的整体薪酬待遇，仍上升逾 6 万元（港币，下同），至约 217 万元，其中员工实际“落袋”薪酬增加 3%，至 68.2 万元，该机构认为香港对海外人才仍具吸引力。

2018 年，人力资源管理顾问机构 ECA International 调查了 160 个国家及地区、超过 280 间国际公司，共 1 万名外派员工的薪酬福利，包括现金报酬、福利及税款支出三部分。

调查结果显示，英国为薪酬福利最高的派驻地区，中国香港全球排名第 6，在亚洲排第 4。亚洲前三位依次为日本、中国内地和印度。

派驻香港的雇员整体薪酬待遇上升，除了实际“落袋”薪酬，子女学费和交通费等福利也带动升幅，增加逾 4.7 万元。

ECA International 亚洲区域总监关礼廉表示，香港薪酬待遇高，主要是因为住房及教育津贴份额大，以及派驻员工主要来自高收入国家。香港对企业和外籍人士仍持续具吸引力，港元与美元挂钩下收入不会受汇率影响。

资料来源：中国新闻网，《香港外籍员工薪酬待遇全球第 6 对人才具吸引力》，2019 年 05 月 22 日，https://m.chinanews.com/wap/detail/zw/ga/2019/05-22/8844234.shtml

【问题】

1.薪酬管理对国际人才吸引起到哪些作用？

2.薪酬管理对国际人力资源管理的重要意义是什么？

参考文献

[1]Berger-Walliser G, Scott I. Redefining Corporate Social Responsibility in an Era of Globalization and Regulatory Hardening [J]. AMERICAN BUSINESS LAW JOURNAL,2018,55(1):167-218.

[2]Clunan A. Russia and the Liberal World Order[J].ETHICS & INTERNATIONAL AFFAIRS,2018,32(1):45-59.

[3]Gamso J. South-South trade and collective labour laws: do developing countries race to the top when they trade with the South? [J].JOURNAL OF INTERNATIONAL RELATIONS AND DEVELOPMENT,2019(4):954-982.

[4]HRsee. 美国最受欢迎的10个员工激励措施[EB/OL]. http://www.hrsee.com/? id=761.

[5]HRsee. 华为公司的人才激励机制[EB/OL]. (2017-05-05)http://www.hrsee.com/? id=511.

[6]HRsee. 沃尔玛人力资源战略体系之全方位诠释[EB/OL]. http://www.hrsee.com/? id=151.

[7]HRsee. 星巴克的人力资源管理秘诀[EB/OL]. http://www.hrsee.com/? id=70.

[8]HRsee. 万豪酒店的游戏化招聘案例[EB/OL]. http://www.hrsee.com/? id=550.

[9]HRsee. 美国戴尔(DELL)公司的面试过程及典型面试问题[EB/OL]. http://www.hrsee.com/? id=590.

[10]HRsee. 雀巢公司的员工培训体系[EB/OL]. http://www.hrsee.com/? id=746.

[11]Jahoda G.,石绍华. 跨文化心理学中的知觉和认知[J].心理学报,1983(3):311-315.

[12]Lee J, Zhao H, Heo J, et al. Predicting Cultural Values in Islamic Countries: The Six Cultural Dimensions of Hofstede's Model[J].YONSEI BUSINESS REVIEW,2020,57(1):1-27.

[13]McSweeney B. Hofstede's Model of National Cultural Differences and their Consequences: A Triumph of Faith — a Failure of Analysis [J]. HUMAN RELATIONS,2002,55(1):89-118.

[14]Meyer E. The Culture Map[M].Public Affairs, 2016.

[15]Mikus M. Globalization, EU Democracy Assistance and the World Social Forum: Concepts and Practices of Democracy [J]. JOURNAL OF WORLD-SYSTEMS RESEARCH,2020,26(1):129-132.

[16]Minkov M. A revision of Hofstede's model of national culture: old evidence and new data from 56 countries[J].CROSS CULTURAL & STRATEGIC MANAGEMENT, 2017,ahead-of-print.

[17]Piperopoulos P, Wu J, Wang C. Outward FDI, location choices and innovation performance of emerging market enterprises[J].RESEARCH POLICY,2018,47(1):232-240.

[18]Posen A. The Post-American World Economy Globalization in the Trump Era[J]. FOREIGN AFFAIRS,2018,97(2): 28-38.

[19]Schuler R S, Tarique I. International Human Resource Management: A Thematic Update and Suggestions for Future Research[J].INTERNATIONAL JOURNAL OF HUMAN RESOURCE MANAGEMENT,2007,5: 717-744.

[20]Smith Ken G., Hitt Michael A. 管理学大师中的大师——理论建构之旅[M].五南图书出版股份有限公司, 2011.

[21]Strum D. The Origins of Globalization: World Trade and the Making of the Global Economy, 1500－1800[J].JOURNAL OF INTERDISCIPLINARY HISTORY,2020, 50(3): 438-440.

[22] Taylor S, Beechler S, Napier N. Towards an Integrative Model of Strategic International Human Resource Management[J]. ACADEMY OF MANAGEMENT REVIEW,1996,21(4): 959-985.

[23]Zak Paul J. 提高员工敬业度之秘诀——依赖的科学[J].哈佛商业评论,2017(1): 87-92.

[24]奥尔特温・雷恩, 伯内德. 跨文化的风险感知:经验研究的总结[M].北京:北京出版社, 2007.

[25]白云先生. 世界是红的:看懂中国经济格局的一本书[M].贵州:贵州人民出版社, 2017.

[26]参考消息网. 中国等亚洲国家企业向海外派员工激增[EB/OL]. http://www.chinanews.com/gn/2017/03-05/8165619.shtml.

[27]曹爱伟. 浅谈"走出去"企业的人员外派管理[J].中国核工业,2017(04): 46-49.

[28]曾向红. 全球化、逆全球化与恐怖主义新浪潮[J].外交评论(外交学院学报),2017,34(03): 130-156.

[29]查尔斯・希尔, 托马斯・霍特. 国际商务(第 11 版)[M].北京:中国人民大学出版社, 2019.

[30]陈继勇. 中美贸易战的背景、原因、本质及中国对策[J].武汉大学学报(哲学社会科学版),2018,71(5): 72-81.

[31]陈劲, 郑刚. 创新管理:赢得持续竞争优势(第三版)[M].北京:北京大学出版社, 2017.

[32]陈莉, 李文虎. 背景表情对目标表情知觉的影响:中美跨文化比较[J].心理科学,2013, 36(3): 586-591.

[33]陈晓萍. 跨文化管理[M].北京:清华大学出版社, 2015.

[34]陈晓萍. 跨文化管理[M].北京:清华大学出版社, 2017.

[35]程东升, 刘丽丽. 华为三十年:从"土狼"到"狮子"的生死蜕变[M].贵州:贵州人民出版社, 2016.

[36]崔亚静, 王薇. 浅析跨文化激励[J].现代商业,2012(14): 156.

[37]崔智东, 郭志亮. 沃顿商学院最受推崇的商务沟通课[M].北京:台海出版社, 2013.

[38]冯文婷, 彭泗清, 涂荣庭. 品牌刻板印象对规避参照群体负面效应的调节作用——基于"好"品牌遇上"坏"群体的视角[J].企业经济,2018,37(7): 12-20.

[39]韩召颖, 姜潭. 西方国家"逆全球化"现象的一种解释[J].四川大学学报(哲学社会科学版),2018(5): 94-102.

[40]胡青青. 高低语境文化视域下中美商务英语谈判文化及风格差异[J].湖南工业大学学报(社会科学版),2018,23(6)：116-119.
[41]胡舒立. 新常态改变中国——首席经济学家谈大趋势[M].北京：民主与建设出版社，2014.
[42]华为官方网站. 关爱员工[EB/OL]. https://www.huawei.com/cn/about－huawei/sustainability/win－win－development/develop_love.
[43]黄良进，刘海梅，刘欣. 跨国公司外派管理：失败原因及改善措施[J].国际经济合作，2009(11)：78-80.
[44]黄明珠. 跨文化管理沟通中的人际关系处理[J].中国市场,2015(04)：104-105.
[45]黄任之，刘明矾，姚树桥，等. 大、中学生对文化维度的知觉[J].中国临床心理学杂志，2007(6)：624-626.
[46]黄震. 中华法系与世界主要法律体系——从法系到法律样式的学术史考察[J].法学杂志,2012(9)：43-49.
[47]霍夫斯泰德. 文化与组织：心理软件的力量(第二版)[M].中国人民大学出版社，2010.
[48]蒋萍. 时间观与文化差异[J].学理论,2010(1)：153-155.
[49]金玲. 英国脱欧：原因、影响及走向[J].国际问题研究,2016(04)：24-36.
[50]雷达. 中美贸易战的长期性和严峻程度[J].南开学报(哲学社会科学版),2018(3)：3-5.
[51]李馥伊. 美墨加贸易协定(USMCA)内容及特点分析[J].中国经贸导刊,2018(12)：26-28.
[52]李克强. 政府工作报告——2018 年 3 月 5 日在第十三届全国人民代表大会第一次会议上[R]. 2018：
[53]李文娟. 霍夫斯泰德文化维度与跨文化研究[J].社会科学,2009,12：126-129.
[54]李新建，孟繁强，苏磊. 企业薪酬管理理论[M].北京：中国人民大学出版社，2006.
[55]李研. 努力实现“五通”交流合作,积极促进“一带一路”建设——党的十九大后“一带一路”倡议新的挑战和对策[J].理论与现代化,2018(2)：16-21.
[56]李仲周. 反全球化是当前世界经济心腹大患[J].WTO 经济导刊,2018(10)：62.
[57]梁咏. 国际投资仲裁机制变革与中国对策研究[J].厦门大学学报(哲学社会科学版),2018(3)：160-172.
[58]廖天舒. 全球化并未终结,企业须适应多极格局[J].哈佛商业评论,2017,52(1)：48-59.
[59]刘昕. 对外商务管理勿忘文化差异[J].中国经贸导刊,2011(23)：121-123.
[60]刘雅静. 对跨国公司外派人员薪酬方法选择的研究[J].知识经济,2016(15)：40-41.
[61]隆玲. 领导者的非语言沟通技巧[J].领导科学,2009(13)：28-29.
[62]马伟超. 国际人力资源管理人才培养途径研究[J].现代商业,2011(18)：186-188.
[63]麦克法林·迪恩·B.，斯罗尼·保罗·D. 国际管理[M].北京：中国市场出版社，2014.
[64]毛蕴诗，袁静. 跨国公司经营管理——案例与阅读材料[M].广州：中山大学出版社，2010.
[65]孟闻卓. 公司层和业务层视角下浅析格力国际化战略[J].中国管理信息化,2020,23(7)：91-93.
[66]潘晓东. 非言语行为的文化内涵及其在外语教学中的应用[J].劳动保障世界,2017

(27)：65.

[67]潘英丽，周兆平. 美国的全球化陷阱、贸易争端诉求与中国的战略应对[J].国际经济评论,2018(6)：85-97.

[68]彭慕兰，史蒂文 托皮克. 贸易打造的世界——1400年至今的社会、文化与世界经济[M].上海人民出版社，2018.

[69]人民网. 中国内地外派员工薪酬居亚太第二 中层年薪29万美元[EB/OL]. http://finance.people.com.cn/n1/2016/0711/c1004－28542883.html.

[70]任满收. 浅谈跨文化沟通方式与渠道的特征及适用条件[J].科技信息,2012(32)：213-215.

[71]任腾飞. 企业共建"一带一路"五年的探索与实践[J].国资报告,2018(11)：11-13.

[72]斯蒂格利茨 约瑟夫・E. 全球化逆潮[M].北京：机械工业出版社，2019.

[73]孙国辉，梁渊，李季鹏，等. 社会认知理论视角下区域刻板印象的形成机制研究——基于深度访谈和扎根理论的数据分析[J].中央财经大学学报,2019(1)：118-128.

[74]孙若彦. 美洲自由贸易区与美拉关系[J].山东师范大学学报(人文社会科学版),2006,51(6)：123-127.

[75]汤普森 小阿瑟 A.，彼得拉夫 玛格丽特 A.，甘布尔 约翰 E.，等. 战略管理：概念与案例(原书第19版)[M].北京：机械工业出版社，2016.

[76]唐德根. 跨文化交际中的归因问题[J].湖南社会科学,2000(6)：55-57.

[77]托马斯・弗里德曼. 世界是平的：21世纪简史[M].长沙：湖南科技出版社，2008.

[78]汪成慧. 从交际中的"微笑"看俄汉民族文化差异[J].重庆工商大学学报(社会科学版),2014,31(3)：124-128.

[79]王福兴，王丹. 逆全球化背景下的中国智慧和中国方案——习近平"共促全球发展"思想与实践[J].北方论丛,2018(4)：1-7.

[80]王丽丽，李玉梅. 美墨加新贸易规定对中国出口贸易的影响及对策[J].国际贸易,2019(3)：24-32.

[81]王灵桂. 中国在当前全球化进程中的使命与担当[J].紫光阁,2018(12)：38-39.

[82]王瑞，冯宝莹，黎明. 选择性注意的发生机制及影响因素[J].心理技术与应用,2017,27：65.

[83]王瑞平. 对当前西方"反全球化"浪潮的分析：表现、成因及中国的应对[J].当代世界与社会主义,2018(6)：126-134.

[84]王振民. 文化、知觉与中日关系[J].世界经济与政治,2004,11(31)：31-35.

[85]王振民，许门友. 文化、知觉与中美关系[J].陕西社会主义学院学报,2007(1)：42-45.

[86]魏华颖. 国际外派人力资源管理[M].北京：经济管理出版社，2012.

[87]魏谨，佐斌. 知行一致的强度指标[J].心理研究,2013,6(5)：51-56.

[88]熊俊."一带一路"背景下中国对外贸易发展现状探析[J].经济研究导刊,2018,34：174-176.

[89]徐蒙. 媒介使用、文化产品消费与大学生对日本人刻板印象[J].青年研究,2018(6)：82-90.

[90]杨丹辉. 国际直接投资的新动向与新时代中国利用外资的政策建议[J].全球化,2018

(10)：62-73.
[91]杨国亮. 跨国公司经营与管理[M].北京：中国人民大学出版社，2016.
[92]杨骁. 以我国电商在美被诉案论跨境司法文书电子送达制度与长臂管辖原则[D]. 华东政法大学，2017.
[93]银锋. 金融资本全球化对中国经济发展的影响[J].理论探讨，2013(2)：88-92.
[94]余子威. 中国企业跨国并购文化重组的冲突与化解[J].改革与战略，2018(12)：97-103.
[95]袁波. 标准必要专利禁令救济立法之反思与完善[J].上海财经大学学报，2018，20(3)：125-141.
[96]原来是喵. 跨国企业麦当劳的金蝶人力资源系统探究[EB/OL]. http://www.lunwenstudy.com/gllilun/111741.html.
[97]原松华. 英国"脱欧"：逆全球化还是全球化发展的新动力？[J].中国发展观察，2016(14)：14-16.
[98]张吉. 中西方文化差异中的时间概念解读[J].东南学术，2012(2)：267-274.
[99]张景云. 中国品牌全球化战略：华为的案例研究[J].社会科学文摘，2018(10)：11-13.
[100]张静，岳福新. 高低语境文化视角下中美言语交际风格的对比研究[J].边疆经济与文化，2018(10)：96-99.
[101]张丽娜. "一带一路"国际投资争端解决机制完善研究[J].法学杂志，2018，39(08)：32-42.
[102]赵曙明. 人力资源管理研究[M].北京：中国人民大学出版社，2001.
[103]赵越. 高低语境与跨文化交际浅析[J].海外英语，2017(22)：201-202.
[104]郑春荣. 欧盟逆全球化思潮涌动的原因与表现[J].国际展望，2017，9(01)：34-51.
[105]郑刚，陈劲，蒋石梅. 创新者的逆袭：商学院的十六堂案例课[M].北京：北京大学出版社，2018.
[106]郑一明，张超颖. 从马克思主义视角看全球化、反全球化和逆全球化[J].马克思主义与现实，2018(4)：8-15.
[107]中国与全球化智库. 全球化浪潮下的中国企业——中国企业全球化探索之路与发展现状[J].中国中小企业，2016(3)：18-22.